Weihnachten 1974
die letzte in Marbach
für Eckart v. Mutti

LILY ABEGG

Japans Traum vom Musterland

Der neue Nipponismus

LILY ABEGG

Japans Traum vom Musterland

Der neue Nipponismus

VERLAG KURT DESCH

Lucy Rudolph gewidmet

VERLAG KURT DESCH MÜNCHEN WIEN BASEL

Gedruckt bei E. C. Baumann KG, Kulmbach
Gebunden in der Verlagsbuchbinderei Hans Klotz, Augsburg
Schutzumschlag von Christel Aumann, München
Schutzumschlag gedruckt von Poerschke & Weiner, München
Printed in Germany 1973
ISBN 3-420-04675-8

Inhalt

JAPAN WANDELT SICH – DER NIPPONISMUS BLEIBT

FUNDAMENTALE PROBLEME

SCHLUSSBETRACHTUNGEN

Einleitung

Warum ich dieses Buch schreibe

Schon Charles Darwin (1809–1882), der wahrhaftig kein Wirtschaftswissenschaftler, Soziologe oder Politologe gewesen ist, geriet über Japan ins Staunen. Er erklärte, die rasche Modernisierung Japans sei das größte aller Wunder der Welt[1]. Viele ähnliche Urteile liegen vor, frühere und spätere. Im 16. Jahrhundert sprach der heilige Franz Xaver, der große Missionar, von den Japanern als »dem Entzücken seiner Seele«, im Jahre 1860 behauptete ein Mitglied der ersten preußischen Gesandtschaft im Inselreich[2], daß die Japaner trotz ihrer zweihundertfünfzigjährigen Abgeschlossenheit vom Westen bereits mehr gelernt hätten als alle übrigen Völker Asiens. Philipp Franz von Siebold (1796–1866), der erste bedeutende Erforscher Japans, der Japan mit großer Zurückhaltung beurteilte, sprach von den Japanern als dem »zivilisiertesten Volke der alten außereuropäischen Welt[3]«, und neuerdings prophezeite der vielzitierte Amerikaner Hermann Kahn, das 21. Jahrhundert werde das japanische sein. Allerdings hat es auch immer kritische Urteile gegeben, jedoch haben die staunenden überwogen. Eines kann als unbestritten gelten: Japan hat immer verblüfft. Es muß schon eine besondere Bewandtnis mit diesem Volke haben.

In den letzten zwei Jahrzehnten ist mehr über China geschrieben und diskutiert worden als über Japan, was durchaus berechtigt war, denn das riesige Reich der Mitte hat sich ja erst neuerdings wieder auf die Beine gestellt. Und zwar in so imposanter Weise, daß es heute schon beinahe zu den »großen Drei« der Erde zählt. Aber darüber darf man Japan, das zweitausend Jahre lang neben und unabhängig von China bestanden hat, nicht vergessen. Es gibt in Ostasien eben zwei bedeutende Mächte: China und Japan.

Auffallend ist auch, daß sich seit hundert Jahren fast sämtliche Japanbücher vornehmlich mit dem Thema »Japan im Übergang« beschäftigen. Ganz mit Recht, nur sollten wir nicht übersehen, daß das Inselvolk sich schon seit seinen Ursprüngen, also seit ungefähr zweitausend Jahren, immer wieder gewandelt hat. Die japanische Geschichte besteht aus Wandlungen, wenn auch nicht immer aus Entwicklungen, die zum Fortschritt im modernen Sinne führten, so doch aus grundlegenden Veränderungen. Wenn man sich mit irgendeiner Periode der japanischen Geschichte befaßt, so lassen sich fast immer schon die inhärenten Ansätze zur folgenden Periode erkennen. Im Grunde genommen hat man es also stets mit Wandlungen zu tun.

Die größte und stärkste Veränderung, die Japan je durchzumachen hatte, ist diejenige seit dem 19. Jahrhundert gewesen. Dies wird manchmal bezweifelt mit dem Hinweis darauf, daß die Übernahme der chinesischen Kultur und des Buddhismus, die im 6. und 7. Jahrhundert so recht in Schwung kam, eben so grundlegend und folgenschwer gewesen sei. Vielleicht ist es müßig, darüber zu streiten, aber ich glaube, daß die neuzeitliche Wandlung, hervorgerufen durch die Begegnung mit einer total fremden, aus dem fernen Westen stammenden Kultur doch tiefgreifender und vor allem auch schwerer und schmerzlicher gewesen ist. Auch scheint mir, daß dieses Mal das Moment der Entwicklung (im Sinne einer progressiven Entwicklung im Gegensatz zum bloßen Wandel) ganz besonders stark zum Ausdruck kommt.

Wegen dieses ständigen Wandels, verbunden mit der jetzigen galoppierenden Vorwärtsentwicklung, ist es geradezu ein Elend, über Japan zu berichten. Man kann eine Behauptung aufstellen und mit dem gleichen Recht das genaue Gegenteil aussagen. Beides ist richtig. Existiert das alte Familiensystem noch? Ist Japan eine Demokratie? Haben die Industrieunternehmungen immer noch paternalistische Züge? Hat sich die Stellung des Kaisers verändert? Diese und andere Fragen lassen sich im gewissen Sinne ebensogut bejahen wie verneinen. Das kommt eben daher, daß Japan, wie dies immer der Fall war, aber heute ärger als je, ein Land im Umbruch ist. Vieles Alte besteht noch, während gleichzeitig das Neue durchbricht. Es kommt also darauf an, den Wandel darzustellen. Und dabei kommt unwillkürlich der Ehrgeiz auf, herauszufinden, welches die Grundtendenz der Veränderungen ist und wie diese sich wohl weiterentwickeln werden.

In den letzten Jahren sind viele, darunter ausgezeichnete Bücher über die japanische Wirtschaft erschienen, vor allem in englischer, aber auch einige in deutscher Sprache. Die Hinwendung zu den wirtschaftlichen Fragen (auch in allgemeinen Japanbüchern) war begreiflich, denn man wollte die Ursachen und die Aussichten des phänomenalen japanischen Wirtschaftswunders erkunden. Es ist nunmehr an der Zeit, sich mehr mit den kulturellen, sozialen und politischen Fragen zu beschäftigen. Dieser Versuch soll hier unternommen werden. Ich werde nur soweit wie unbedingt notwendig auf wirtschaftliche Dinge eingehen.

Das Unterfangen, etwas über Japan und seine Zukunft auszusagen, ist schwer, ja, in gewisser Weise und vom wissenschaftlichen Standpunkt aus sogar unmöglich. Dies gilt besonders für die Mutmaßungen über die Weiterentwicklung. Aber was interessiert uns denn am meisten an Japan? Es ist doch wohl die Frage, wohin das Land geht. Denn die Zukunft eines so bedeutenden Landes wie Japan ist für uns alle, ist für die ganze Welt von großem Belang. Japans Schicksal beeinflußt unser Schicksal.

Ein solches Buch kann nicht streng wissenschaftlich sein. Ich muß mich, obwohl ich natürlich die Japan-Literatur, die wissenschaftliche und unwissenschaftliche, wacker studiert und seit vielen Jahren zahlreiche Menschen in Japan gesprochen habe, weitgehend auf meine eigenen Erfahrungen, auf meinen Instinkt und auf mein Urteilsvermögen verlassen. Ich möchte versuchen, das Bild Japans wiederzugeben, wie es mir nach jahrzehntelangen Beobachtungen und Studien erscheint. Damit gelange ich zu der Frage, warum ich dieses Buch schreibe.

Japan ist das Land meiner Jugend gewesen. Als meine Familie im Jahre 1916 aus Yokohama in die Schweiz zurückkehrte, war ich schon beinahe 15 Jahre alt. Später habe ich 18 Jahre als Zeitungskorrespondentin in Tokyo gearbeitet. Weitere 6 Jahre Asienaufenthalte verteilen sich hauptsächlich auf China und dann auf Südostasien, Indien, Pakistan und den Mittleren Osten. Den Hauptteil meines Lebens, über 32 Jahre, verbrachte ich also in Japan. Davon waren vielleicht die Jugendjahre am wichtigsten. Ein Kind wird nun einmal durch die Umgebung, in der es aufwächst, sehr stark beeindruckt. Natur ist für mich letzten Endes immer noch japanische Natur, und wenn ich die Westländer mit Asiaten vergleiche, so nehme ich unwillkürlich immer noch die Japaner als Gegenmaßstab. Die Jugendjahre in Japan haben mir natürlich später bei meiner journalistischen Tätigkeit geholfen. Allerdings wurde uns damals nur wenig über Japan und seine Geschichte beigebracht. Es herrschte ja noch die kolonialistische Zeit, die zwar in bezug auf Japan keine politischen, wohl aber kulturelle Auswirkungen hatte. Jedenfalls lebten in der Hafenstadt Yokohama die Ausländer, meist Kaufleute, im wesentlichen unter sich. Wir Kinder erfuhren aber trotzdem von alten und neuen japanischen Erzählungen und Märchen, rannten bei den Matsuri, den religiösen Festen, begeistert hinter den kleinen Heiligtümern her, die herumgetragen wurden, legten Steinchen zu Füßen des Jizo-Sama, der als steinerner Schutzgeist der Kinder am Wegrand stand, spielten und zankten uns fröhlich mit den japanischen Kindern und sprachen, obwohl wir keinen Sprachunterricht erhielten, genauso gut japanisch wie diese. Über das Weltgeschehen erfuhr ich recht viel, da die Gespräche der Erwachsenen in den überseeischen Gebieten sich sehr häufig um internationale Fragen drehten. Sogar der Boxeraufstand (1900), der jahrelang einen Gesprächsstoff lieferte, ist mir seit damals noch in Erinnerung, ferner etwas deutlicher – der Russisch-Japanische Krieg von 1904/5, sodann – bereits recht deutlich – die japanische Annexion Koreas im Jahre 1910 und der Tod des Kaisers Meiji im Jahre 1911. Und schließlich der Ausbruch des Ersten Weltkrieges.

Ich beneide die westlichen Kinder in Japan, die heute in den Ausländer-Schulen ein korrektes Japanisch mitsamt den Schriftzeichen lernen können. Ich mußte als erwachsener Mensch neben meiner journalistischen Tätigkeit mein Japanisch, das ursprünglich mehr oder weniger ein Kinderjapanisch war, aufpolieren, Unterricht nehmen und oft bis ein Uhr nachts die in Japan verwendeten chinesischen Schriftzeichen büffeln. Am Ende des

Zweiten Weltkrieges vermochte ich ungefähr ebensogut zu lesen wie ein vierzehn- oder fünfzehnjähriger Japaner oder, anders ausgedrückt, wie mein Koch oder mein Dienstmädchen. Inzwischen habe ich vieles vergessen, vor allem die Schrift. Nach dem Zweiten Weltkrieg hatte ich keine Muße, mich mit der japanischen Sprache zu beschäftigen, weil ich zu viel herumgereist bin, und wenn ich in Tokyo weilte, abends nach der Tagesarbeit zu müde war, um wie in den jüngeren Jahren bis in die Nacht hinein chinesische Schriftzeichen zu kritzeln. Vielleicht darf ich zu meiner Entschuldigung vorbringen, daß selbst Japaner, die lange Zeit im Ausland verbringen, viele Schriftzeichen vergessen. Da sieht man sie dann, wenn sie nach ihrer Rückkehr nach Japan einen korrekten Brief schreiben müssen, mit kummervoller Miene immer wieder nach einem Lexikon greifen. Heute kann ich eine gewöhnliche Unterhaltung einigermaßen fließend führen, aber wenn das Gespräch um intellektuelle Fragen und schwierige politische Probleme geht, habe ich große Mühe. Es ist für uns sprachlich Unvollkommene wirklich ein Segen, daß die Japaner neuerdings so viele englische Ausdrücke übernommen haben! Dies hilft einem über manche Schwierigkeiten hinweg.
Die Sprachenfrage ist von großer Bedeutung. Sie kann als stellvertretendes Beispiel für unser Verständnis Japans und anderer asiatischer Länder dienen. Immer wieder stoße ich bei uns auf die Tendenz, das Erlernen der japanischen oder chinesischen Sprache mit der Aneignung etwa des Französischen oder Englischen gleichzusetzen. Als ob es nicht ganz bedeutend leichter wäre, eine europäische Sprache zu erlernen! So heißt es etwa: »Oh! Der wird sich in Japan rasch zurechtfinden. Er hat schon ein Jahr lang japanisch gelernt.« Ein Jahr ist natürlich viel zu kurz, besonders wenn der Betreffende das Studium des Japanischen neben seiner Berufstätigkeit betrieben hat. Nach allgemeiner Erfahrung – zum Beispiel bei den christlichen Missionen – ist ein zweijähriges Studium das Minimum. Aber auch nur dann, wenn dies in Japan selbst und vollberuflich geschieht. Nach diesen zwei Jahren kann man dann, je nach Begabung, zwar noch längst nicht perfekt, aber einigermaßen japanisch sprechen. Ebenso wie mit der Beherrschung der Sprache verhält es sich mit dem Verständnis des Landes. Es braucht einige Jahre, bis man sich in das Wesen dieses höchst differenzierten Volkes der Japaner einigermaßen eingefühlt hat – vorausgesetzt, daß man überhaupt den Wunsch danach hegt, was durchaus nicht bei allen in Japan lebenden Ausländern der Fall ist. Selbstverständlich ist es leichter, wenn man sehr enge Beziehungen zu Japanern besitzt, etwa als Europäer eine Japanerin geheiratet hat oder als Europäerin einen Japaner. Kann man sich etwa vorstellen, daß ein Japaner, der ein paar Jahre in Deutschland, Frankreich oder England verbracht hat, wirklich das Wesen dieser Länder und der christlich-abendländischen Kultur im allgemeinen erfaßt hat? Das ist äußerst selten. Und genauso ergeht es uns gegenüber Ostasien. Bei uns

herrscht, allgemein gesprochen, immer noch zu wenig Hochachtung vor der tiefen Substanz und der überreichen Fülle der ostasiatischen Kulturen. Auf geistigen und kulturellen Gebieten verfällt man immer noch zu leicht in ein gewissermaßen kolonialistisches Denken. Man meint mit allzu großer Selbstverständlichkeit, daß wir Asien verstehen können. Dazu ironisch vermerkt: Wir können offenbar alles und sind der Maßstab aller Dinge.

Ich erinnere mich an ein Erlebnis, das ich vor einigen Jahren hatte. In Hongkong traf ich einen deutschen Journalisten, der in Indonesien herumgereist war und erklärte, er habe noch drei oder vier Wochen Zeit, »um auch Japan kennenzulernen«. Er sagte zu mir: »Nennen Sie mir bitte ein Japanbuch! Ich möchte gerne rasch einen Überblick gewinnen.« Ich war verblüfft und fühlte mich für Ostasien beleidigt. Meine Antwort war: »Ein japanischer Bekannter von mir, ein Journalist, reist jetzt nach Deutschland. Nennen Sie mir bitte ein Deutschlandbuch für ihn! Er möchte gern rasch einen Überblick gewinnen.« Was hätte ich sonst antworten können?

Zurück zur Frage, warum ich dieses Buch schreibe. Nicht nur, daß ich meine ersten Eindrücke in Japan erhielt und für mich wie für jeden Menschen das Land der Jugend unvergeßlich ist. Ich habe auch später sehr Vieles, das für mich entscheidend war, in Ostasien gelernt, vor allem in Japan, aber auch in China. Ostasien war für mich ein Bildungserlebnis. Man verzeihe diesen abgedroschenen Ausdruck, aber ich kenne keinen besseren. Ich plädiere dafür – und habe es immer getan –, daß auch viele andere Menschen dieses Erlebnis erfahren. Was soll denn das Gerede von unserer »Weltoffenheit« und von der »einen Welt«, wenn wir immer nur europäische Nabelbetrachtung von den Griechen über die Römer bis zur Jetztzeit betreiben? Nicht nur mir, auch vielen andern, Europäern und Asiaten, die aus Ostasien hierher kommen, dünkt die Einstellung in Europa reichlich provinziell. Nun kommt der Einwand, daß wir, wenn wir uns gründlicher mit Ostasien (auch mit Indien und andern Gebieten) auseinandersetzen müßten, bildungsmäßig überfordert seien. Dieses Argument gilt aber nur, wenn wir, wie bisher, europäische Nabelbetrachtung in vollem Umfange betreiben. Selbstverständlich müssen wir von der Kenntnis unserer eigenen Vergangenheit einiges abschneiden. Das ist hart und bitter. Aber die Welt geht weiter und wandelt sich. Gerade diese Einsicht gewinnt man heutzutage eher in Ostasien als in Europa. Wer weiterleben, wer weiterhin schöpferisch sein und der Menschheit dienen will, muß imstande sein, Ballast abzuwerfen. Mit der Pfahlbauernmentalität und dem ängstlichen Drang, möglichst alles Überlieferte zu erhalten, ist es nicht getan. Ich bin jedenfalls dagegen, daß man Europa mumifiziert.

Ich glaube, daß die Zeit der allgemeinen Japan-Darstellungen vorüber ist. Weil das japanische Volk eben viel zu bedeutungsvoll und viel zu kompliziert ist, um in einem Bande beschrieben zu werden. Ich besitze nicht den Ehrgeiz, einen solchen Überblick zu liefern, sondern möchte versuchen,

etwas über die Grundeinstellung des japanischen Volkes auszusagen. Denn diese Grundeinstellung, die ich Nipponismus nenne, bestand immer und besteht noch heute. Kurz gesagt: War Japan in der militaristischen Zeit von einem aggressiv-kriegerischen Nipponismus besessen, so träumt es nunmehr, davon bin ich überzeugt, von einem friedlichen Nipponismus und von dem Wunsche, ein Musterland zu werden.
Meine Beurteilung ist trotz aller Kritik positiv. Der Schwede Håkan Hedberg, der schon vor zwei Jahren ein aufsehenerregendes Buch über die japanische Wirtschaft veröffentlichte, schreibt in seinem Buch*, daß die Japaner heutzutage nur Japanbücher ernst nähmen, in denen ihr Land verrissen, das heißt negativ beurteilt werde. Vielleicht ist Hermann Kahn, der es für möglich hält, daß das kommende Jahrhundert das japanische sein werde, mit schuld daran. Diese tolle Zukunftsprognose hat viele Japaner erschreckt. Ihre Reaktion war: Um Himmels willen! Laßt uns in Ruhe! Bürdet uns doch nicht solche überehrgeizigen Ziele auf! Hinzu kam, daß gerade in den letzten Jahren die Japaner die Problematik ihres wirtschaftlichen Aufschwungs zu spüren begannen. Sie bekamen es mit einer niederschmetternden Umweltverschmutzung zu tun. Daher wurde der bis dahin auf das wirtschaftliche Wachstum ausgerichtete Optimismus gedämpft. Da die Japaner sehr emotionell reagieren, gerieten viele von ihnen in eine Phase des Pessimismus, ebenso wie sie vorher zu optimistisch gewesen waren. Sie sind launisch, es kann geradesogut sein, daß sie nun wieder optimistischer werden und positive Bücher begrüßen.
Und dann, um auf die eingangs erwähnten früheren Beurteilungen zurückzukommen: Sie waren sämtlich bejahend. Gegen Ende des 19. Jahrhunderts häuften sich die Mutmaßungen, die dem Insellande eine bedeutende Zukunft voraussagten. Sie haben sich bewahrheitet. Warum soll die Meinung, das Japan immer noch höchst lebendig ist und noch manches Erstaunliche leisten wird, nun plötzlich nicht mehr stimmen? Jedenfalls haben die Japaner, die 1945 zertrümmert und zerknirscht am Boden lagen, ihr bisheriges Ziel, eine wirtschaftliche Spitzennation zu werden, erreicht. Warum soll man dann ihr neues Ziel, einen friedlichen Wohlfahrtsstaat und ein Musterland aufzubauen, nicht auch ernst nehmen?

Zürich, März 1973 L. A.

* »Japan: Europas Markt von morgen«, Verlag Hoffmann und Campe, Hamburg 1972.

WAS IST NIPPONISMUS?

1 Einzigartigkeit und Sendungsglaube

»Japan ist Gottheits-Reich. Der himmlische Urahn begründete es zu Anbeginn; die Sonnengottheit setzt, hin durch die Zeiten, ihrer Linie Herrschaft fort: Nur in unserem Lande gibt es dies, in andern Ländern gibt es derart nicht.« Mit diesen Worten beginnt das 1339 verfaßte Jinno-Shotoki, der Geschichte Japans von Kitabatake Chikafusa.

Ähnliche Äußerungen liegen schon aus früherer Zeit vor, vor allem aber aus dem 18. und 19. Jahrhundert. Einen lärmenden und machtpolitisch verdrehten Höhepunkt erreichte das Bewußtsein der Einzigartigkeit in der militaristischen Periode und während des Zweiten Weltkrieges. Nun hieß es »Hakko Itchiu«, ein alter chinesischer Ausdruck, der »Acht (Himmels-)Richtungen unter einem Dach« bedeutet und offenbar für die Herrschaft des Kaisers von China in seinem Riesenreiche gelten sollte. Als die japanischen Supernationalisten diesen Ausdruck anwandten, unterlegten sie den »Acht Richtungen« sinngemäß das ganze Asien, manchmal sogar die ganze Welt, und unter dem »Dach« wurde der Kaiser von Japan verstanden. Von manchen Leuten wurde nicht nur davon gefabelt, daß die japanischen Armeen den deutschen in Indien begegnen würden, sondern auch von einem siegreichen Einmarsch der Divisionen des Tenno in Washington. Aus dem Gedanken von Japans Einzigartigkeit war ein machttrunkener Sendungsglaube geworden.

Japan ist in den früheren Jahrhunderten ein im Vergleich mit andern Ländern friedliches Land gewesen. Es hat im Laufe seiner zweitausendjährigen Geschichte bedeutend weniger Eroberungskriege geführt als die europäischen Nationen. Im 3. Jahrhundert setzte die Kaiserin Jingo (oder Jingu) mit ihren Heerscharen nach dem nahegelegenen Südkorea über und errichtete dort, wie wir heute sagen würden, einen japanischen Stützpunkt, den die Japaner, zeitweise mit militärischem Einsatz, ungefähr dreihundert Jahre lang zu halten vermochten. Die Expedition der Herrscherin kann jedoch nicht ohne weiteres als aggressiv und imperialistisch bezeichnet werden. Die Südkoreaner unterstützten nämlich einen Stamm in Südwestjapan, der sich gegen die kaiserliche Herrschaft auflehnte. Die Kaiserin begab sich also nach Korea um das Übel dort zu bekämpfen. Den Japanern, die damals bereits darauf erpicht waren, kulturelle Anregungen und Erzeugnisse aus Korea und über Korea aus China zu erhalten, lag daran, normale Beziehungen wiederherzustellen. Dies ist ihnen, wie der rege Verkehr zwischen Japan und dem Festland in den folgenden Jahrhunderten beweist, im großen und ganzen gelungen.

Der bekannte englische Ausdruck »jingoism« (etwa »säbelrasselnder Chauvinismus«) bezieht sich auf diese japanische Herrscherin. Ich habe nicht herausgefunden, wie er entstanden ist. Dieser Ausdruck wirft ein falsches Licht auf die Verhältnisse auf den japanischen Inseln in den frühen Jahrhunderten. Es spricht wenig dafür, daß Japan damals »jingoistisch« gewesen ist.

Danach haben japanische Truppen 1400 Jahre lang (wenn das kein Weltrekord ist!) keine Eroberungszüge im Ausland unternommen. Der einzige Kampf gegen einen auswärtigen Feind, den die Japaner in diesem langen Zeitraum führten, war ein Verteidigungskrieg im wahren Sinne des Wortes: die Abwehr der aggressiven Mongolen im 13. Jahrhundert.

Ende des 16. Jahrhunderts sandte der große Hideyoshi Toyotomi (1536 bis 1598) seine Divisionen auf die koreanische Halbinsel, wo sie bis zum Yalu-Fluß vordrangen. (Also ebensoweit wie die Amerikaner im Korea-Krieg 1950/51.) Doch trotz mancher Erfolge wurden die Japaner durch die Kälte und die Strapazen geschwächt. Außerdem erlitten sie vernichtende Niederlagen zur See, weil der geniale koreanische Admiral Yi Sun-Sin zum ersten Mal in der Weltgeschichte gepanzerte Schiffe eingesetzt hatte, die zudem sehr schnell waren. Der Tod Hideyoshis machte diesem Feldzug endgültig ein Ende.

Dies ist, bevor dreihundert Jahre später der Japanisch-Chinesische Krieg von 1894/95 ausbrach, der erste und einzige imperialistische Feldzug Japans gewesen. Hideyoshi, der Einfluß in Korea suchte, war nicht nur über die Koreaner aufgebracht, sondern auch gegen ihre chinesischen Helfer, die auf der Halbinsel entscheidenden Einfluß zu gewinnen suchten. Die Japaner mußten in diesem Kriege also auch über chinesische Truppen kämpfen. Es war jedoch Hideyoshis Ziel gewesen, schließlich ganz Ostasien zu unterwerfen. Der Kaiser von China sollte sich dem Kaiser von Japan unterstellen! Ja, einmal, als seine Truppen nach Korea ausrückten, rief er begeistert aus »Ich sehe euch schon bis Indien marschieren!« Der »Taiko«, wie er meistens genannt wird, hat zwar seine Verdienste als einer der drei Wiedervereiniger Japans nach langen Bürgerkriegen gehabt, aber im übrigen war er ein Vorläufer der späteren Imperialisten und Militaristen.

Doch dies blieb damals eine Episode, denn kurz danach hat Tokugawa Iyeyasu das Land endgültig geeinigt und die solide Grundlage zur zweihundertfünfzigjährigen Herrschaft seines Hauses gelegt. Sein Sohn und Nachfolger verfügte die endgültige Abschließung des Landes (ab 1630), die über 200 Jahre währen sollte. Der Hauptgrund dafür lag, wie man in vielen Japanbüchern nachlesen kann, in der langsam aufkommenden Bedrohung durch europäische Völker. Es war aber nicht nur die Furcht vor den fremden Eroberern, die bereits Teile Asiens besetzt hatten, sondern auch vor einer inneren Zersetzung, die von der Tätigkeit der christlichen Missionare ausging (vgl. S. 52). Die Tokugawa-Shogune waren bemüht, die Verhältnisse in dem neu geeinten und befriedeten Japan zu sichern und zu stabilisieren. Dabei konnten keine ausländischen Störenfriede irgendwelcher Art geduldet werden. Im Grunde genommen haben sich Iyeyasu und seine Nachfolger nur widerwillig zur Abschließung entschlossen, sie hätten viel lieber Handel getrieben, um das Gedeihen und den Reichtum des Landes zu fördern. Im übrigen war Japan nicht das einzige Land, das auf diese Weise auf den expandierenden Westen reagierte. Auch China hat lange Zeit ähnliche abwehrende Abschließungsmaßnahmen ergriffen.

Iyeyasu, der wie alle japanischen Usurpatoren offiziell im Namen und im Auftrag des Kaisers regierte, ist ein gerissener und zugleich ein weiser Staatsmann gewesen. Welches Volk kann sich rühmen, in der neueren Zeit einen Frieden von zweihundertfünfzig Jahren erlebt zu haben? Das haben nur die Japaner, die wir neuerdings als gefährliche Aggressoren und Imperialisten kennengelernt haben, zustande gebracht. Den Grundstein dazu hat Iyeyasu gelegt, der einer der größten Staatsmänner der Weltgeschichte gewesen ist. Die Einstellung Iyeyasus und der andern Tokugawa-Shogune war nicht zuletzt durch ihre Friedensliebe geprägt. Das Streben nach Harmonie und Menschlichkeit sind seit alters die hauptsächlichen Wesenszüge des japanischen Volkes gewesen. Man kann sagen, daß die Friedensliebe die »große Tradition« Japans darstellt und der kriegerische Geist die »kleine Tradition«. (Diese Terminologie stammt von dem Sinologen Wolfgang Bauer, der sie – in etwas anderer Weise – auf China anwendet.)

Schließlich ist die Abschließungspolitik der Tokugawa-Shogune wohl nicht nur eine Reaktion auf das Auftauchen der aggressiv-unternehmungslustigen Europäer gewesen, sondern auch auf die Abenteuer des kriegerischen Toyotomi. Seinen Koreafeldzügen war nicht nur der Erfolg versagt geblieben, sie hatten auch beinahe zum finanziellen Ruin geführt. Zuerst Bürgerkriege, dann Koreafeldzüge – es ist nicht zu verwundern, daß schließlich der Wunsch nach Ruhe und Frieden obsiegte.

Nach der Restauration von 1868, als der Kaiser wieder in den Vordergrund trat und die Tokugawa abdanken mußten, wurden diese, begreiflicherweise, beiseite gestoßen. Sie waren sozusagen als altmodische Feudalherren unbeliebt. Nach dem Zweiten Weltkrieg wurde es in den intellektuellen Kreisen Japans mit dieser Unbeliebtheit noch ärger. Denn »feudalistisch« galt in den Nachkriegsjahren als eines der allerschlimmsten Schimpfworte. Die Wurzeln aller Übel, die in Japan bis 1945 vorhanden gewesen waren, wurden auf das Feudalregime der Tokugawa zurückgeführt. Daß Japan in dieser Periode eine lange Friedenszeit genossen hatte und kulturell aufgeblüht war, wurde kaum erwähnt. Erst neuerdings ist – und zwar besonders von amerikanischen Forschern – auf die

positiven Seiten der Tokugawa-Herrschaft hingewiesen worden. Die These lautet nun, einfach ausgedrückt: ohne Japans Entwicklung in der Tokugawa-Zeit bliebe die rasche Modernisierung Japans um die Jahrhundertwende und damit auch das neuerliche »Wirtschaftswunder« unerklärlich. Dies ist sicher richtig. Ich kann hier keine Einzelheiten (etwa über die Entwicklung von Handel, Bankwesen und Handwerk und die ersten industriellen Betriebe) anführen, weil ich sonst zu weit vom Thema abkomme. Es sei nur erwähnt, daß es gegen Ende der Tokugawa-Zeit neben rund 340 Samurai-Schulen bereits 15 000 Bürgerschulen gab. (Bei einer Bevölkerungszahl von ca. 30 Millionen.) Manche Autoren meinen, daß es in jener Zeit in Japan relativ weniger Analphabeten gegeben habe als im damaligen Europa (um vom übrigen Asien ganz zu schweigen), andere, die Belesenheit und das Bildungsniveau sei »fast so groß gewesen wie in Europa«. Marius P. Jansen erklärt dazu, daß die japanischen Behörden die Schulerziehung gefördert hätten und im Gegensatz zu einer damals in Europa verbreiteten Einstellung keinerlei Furcht vor der Verbreitung der Volkserziehung gehabt hätten[1]. Dies ist Jansen zufolge damit zu erklären, daß »es in Japan keinen Klassenhaß gegeben habe, so groß die Klassenunterschiede auch gewesen seien«.
Es mag deshalb nicht verwundern, daß manche Westländer, die im vorigen Jahrhundert, als die Tokugawa noch an der Macht waren, nach Japan kamen, der Meinung waren, Japan sei das zivilisierteste Land Asiens.

Dies führt zu der manchmal gestellten Frage, was wohl aus Japan geworden wäre, wenn es seine Tore zu Anfang des 17. Jahrhunderts nicht geschlossen hätte. Einzelne japanische Autoren behaupten, die Abschließung habe nur ungünstige Folgen gehabt, weil Japan dadurch ins Hintertreffen geraten sei. Das Land sei gerade in jener Periode isoliert gewesen, als im Westen mit der Entstehung einer liberalen Denkweise und des Kapitalismus, mit den Anfängen des Industrialismus und dem Aufblühen von Naturwissenschaft und Technik die moderne Entwicklung richtig begann. Nun, zunächst einmal war das Land nicht hermetisch abgeschlossen. Es gab einige wenige offiziell genehmigte Kontakte, zum Beispiel durch die Holländer, die in Nagasaki eine, wenn auch winzige, Handelsniederlassung besaßen. Manche westlichen Dinge drangen auch auf verbotenen Pfaden in Japan ein. Neugierig und lernbegierig waren die Japaner immer. Viele von ihnen waren geradezu versessen darauf, etwas von der überseeischen Welt zu erfahren, in die sie nicht reisen durften. (Auf das Verlassen des Landes stand die Todesstrafe.)
Andererseits hat die, wenn auch nicht totale, Abschließung zur Homogenität der japanischen Kultur und zur Kräftigung ihres urjapanischen Charakters beigetragen. Zudem ist durch die Isolierung das Empfinden der Schicksalsgemeinschaft des Volkes stärker geworden.

Eine Art nationaler Renaissance, die 1868 mit der kaiserlichen Restauration zum Durchbruch kam, bahnte sich an. Bedeutende Persönlichkeiten, die von der Welt abgeschlossen waren und sich zugleich von den überall vordringenden Europäern auf das unheimlichste bedroht fühlten, wandten sich der Vergangenheit und damit der nationalen Selbstbesinnung zu. Das Studium der alten japanischen Schriften, von denen damals manche schon über 1000 Jahre alt waren, wurde auch von einzelnen Tokugawa-Fürsten gefördert, die damit, unwillkürlich und ohne es zu ahnen, ihren eigenen Untergang herbeiführten. Durch die alten Schriften wurde nämlich dem Kaiserkult, der durch die Tokugawa mehr denn je eingedämmt worden war, verbunden mit dem Glauben an Japans Einzigartigkeit und Berufung, neuer Ansporn gegeben. Japans Urreligion, der Shintoismus, der sehr weitgehend dem Buddhismus einverleibt worden war, kam wieder zu Ehren. Einige Zitate zweier bedeutender gelehrter Verfechter dieser Richtung belegen dies.

Motoori Norinaga (1730–1801) schrieb unter anderem[2]: »Der wahre Weg ist ein und derselbe in jedem Land und im Himmel und auf Erden. Dieser Weg ist jedoch nur in unserem kaiserlichen Land richtig überliefert worden.«

»In Übereinstimmung mit dem Auftrag der Sonnengöttin, ewig und ebenso dauerhaft wie Himmel und Erde zu regieren, ist es unserer kaiserlichen Linie bestimmt, in unserem Land bis in alle Ewigkeit zu herrschen, solange das Weltall besteht. Das ist die Basis unseres Weges. Daß unsere Geschichte nicht von den göttlichen Anweisungen abgewichen ist, beweist die Unfehlbarkeit unserer Überlieferung.«

»... unser kaiserliches Land ist das Land, wo unsere am Himmel scheinende Göttin geboren wurde und wo ihre Nachfahren die höchste Herrschaft innehaben; es ist deshalb allen andern Ländern überlegen und kann nicht mit diesen gleichgestellt werden.«

Hirata Atsutane (1776–1843) schrieb unter anderem: »Alle Völker der Welt weisen auf Japan als das Land der Götter hin und bezeichnen uns als die Abkömmlinge der Götter. Es ist genau wie sie sagen: Unser Land wurde als Zeichen der Gunst der Götter von diesen hervorgebracht, und es besteht ein derartig gewaltiger Unterschied zwischen Japan und allen andern Ländern der Welt, daß ein Vergleich unmöglich ist. Unser Land ist herrlich und gesegnet, das Land der Götter ohne allen Zweifel, und wir, hinunter bis zum einfachsten Manne und zur einfachsten Frau, sind die Nachkommen der Götter[3].«

Es gab noch viele Stimmen ähnlicher Art, wobei es bemerkenswert ist, daß manche dieser Historiker, Forscher und Autoren bereits im 18. Jahrhundert mit großem Eifer für fortschrittliche Bemühungen eintraten. Japan solle von Europa lernen. Es müsse wirtschaftlich erstarken und seine Verteidigung verbessern. Denn die »schwarzen Schiffe« der westlichen »Bar-

baren« waren längst in der Nähe der japanischen Küsten aufgetaucht. Einer von diesen Mahnern, Honda Toshiaki (1744–1821), war bereits ein ausgesprochener Imperialist. Im Jahre 1798 entwarf er, von der Frage ausgehend, »Wie wird Japan das größte und stärkste Land der Erde?«, den Plan zu einer weiträumigen Expansion des Insellandes und meinte, die »amerikanischen Inseln« seien eigentlich japanisches Gebiet[4]! Dieser Honda nun begann mit dem Studium der westlichen Mathematik und anderer westlicher Wissenschaften, zu welchem Zwecke er, wie dies damals bei den Fortschrittlichen üblich war, Holländisch lernte. Es waren damals hauptsächlich holländische Bücher, die über die winzige holländische Handelsniederlassung in Nagasaki meist illegal ins Land gelangten. Honda ist einer der ersten und bedeutendsten Pioniere für das Erlernen westlicher Dinge in Japan gewesen. Hier stoßen wir auf ein Phänomen, das sich später wiederholte: Je mehr die Japaner vom Westen wußten, desto eher verfielen sie imperialistischen Neigungen.
Doch Honda war eine Ausnahme. Im ganzen ist die nationale Renaissance jener Zeit, wie gesagt, eine mit starken Emotionen durchtränkte Selbstbesinnung auf das eigene Wesen und auf die Einzigartigkeit Japans gewesen. Falls der Einwand erhoben werden sollte, daß die oben angeführten Zitate überholt seien und nichts mit unserer Zeit zu tun hätten, so stimmt das nicht. Denn diese Äußerungen spiegeln das eigentliche Wesen der Japaner wider, wie es heute noch besteht, auch wenn es sich ganz anders äußert.
An dieser Stelle sollte zunächst dargelegt werden, daß das Inselland unter den Tokugawa-Herrschern immer mehr zu einer geschlossenen Nation wurde.

Als Japan dann dem westlichen Drängen nachgab und die Abgeschlossenheit ihr Ende nahm, war das geeinte und geschlossene Volk, das ja bereits eine hohe Kultur besaß, in der besten Verfassung, den Ansturm des Neuen zu überstehen und zu verarbeiten. Es ist erstaunlich, wie relativ reibungslos – obwohl es natürlich einige Kämpfe gegeben hat – die Ablösung des Tokugawa-Regimes durch das erneuerte Kaisertum erfolgt ist. Doch die führenden Geister waren sich bewußt, daß gerade in dem Augenblick des Betretens der kalten, harten und ihnen schwer begreiflichen internationalen Bühne, auf der jedes Land nur seinen eigenen Interessen nachzugehen schien, Einigkeit notwendig war, um die Auseinandersetzung bestehen zu können. Was wäre geschehen, wenn Japan in dieser Periode so schwach gewesen wäre wie China zur Zeit des westlichen Ansturms? Es wäre wahrscheinlich zu einer Kolonie geworden. Das riesige China ist zwar nie gänzlich überrannt worden, aber mit dem kleinen Japan hätte dies geschehen können. Um 1600 war das kaum wieder einig gewordene Japan politisch noch schwach und recht arm. Die Ausländer hätten die damals noch schwelenden Rivalitäten ausnützen und entscheidenden Einfluß gewinnen können. Auf diese Weise sind ja die andern asiatischen Länder kolonisiert worden. Ich glaube daher, daß sich das feudalistische Tokugawa-Regime mit seiner Entschlossenheit zur Isolierung günstig für Japan ausgewirkt hat. Die Friedenspolitik ist ein Segen für das Land und seine Zukunft gewesen.

Wenn soviel von der friedlichen Tradition der Japaner die Rede ist, könnte man einwenden, daß sie zwar bis in die Neuzeit hinein keine Eroberungskriege, dafür aber zahlreiche Bürgerkriege geführt haben. Es kommt darauf an, was man unter »Bürgerkrieg« versteht. In Japan handelte es sich um Streitigkeiten, bei denen die Herren mit ihren Rittern und schon früh mit Flinten bewaffnetem Fußvolk gegeneinander loszogen. Auch die buddhistischen Klöster lieferten sich zeitweilig untereinander Gefechte oder kämpften gegen die Ritter. Das Volk aber blieb unbeteiligt. Nie sind in Japan ganze Städte ausgeplündert oder total niedergebrannt worden. Es ist bezeichnend, daß es in Japan nie Stadtmauern gegeben hat, sondern nur – übrigens wunderschöne – eher wie Schlösser wirkende Burgen einiger mächtiger Herren. Nur bei den Bauernrevolten war das Volk beteiligt. Diese blieben lokal begrenzt und hatten nur eine geringe räumliche Ausdehnung. Eine Ausnahme war der Volksaufstand von Shimabara 1637/38. Die Stadt war durch die ungerechte Willkürherrschaft, der sie unterworfen war, in arge wirtschaftliche Not geraten. Sie vermochte ein Heer von 40 000 Mann aufzustellen. Da Shimabara in jener Gegend Südwest-Japans lag, wo die portugiesischen Missionare im 16. Jahrhundert erfolgreich missioniert hatten, waren fast alle Stadtbewohner Christen. Infolgedessen wurde behauptet, daß die Portugiesen die Rebellion unterstützten. Shimabara wurde erst nach heftigen Kämpfen durch eine Hungerblockade zur Übergabe gezwungen. Dieser Aufstand hat übrigens zu den immer strikter werdenden Abschließungsmaßnahmen beigetragen.

Jedenfalls blieb Japan der Schrecken der Bauernkriege oder auch der Religionskriege, wie sie Europa erlebte, erspart. Man darf sich durch die Vorliebe der Japaner für ihre vielen Heldengeschichten nicht irritieren lassen. Es handelt sich um Berichte über einzelne, um die Macht kämpfende Rittergeschlechter und ihre Gefolgsleute (Loyalität, Opfersinn, Todesverachtung, Kaisertreue, Vasallentreue), aber dabei wurden, um einen modernen Ausdruck zu gebrauchen, Zivilisten wenig in Mitleidenschaft gezogen. Es ist bezeichnend, daß im 15. und 16. Jahrhundert, als die Feudalherren untereinander rivalisierten und es immer wieder zu Kämpfen zwischen ihnen kam, die in Japan als Missionare tätigen Jesuiten berichteten, das Inselland sei eines der friedlichsten und sichersten der Erde!

Dies alles muß man wissen, um zu begreifen, warum das japanische Volk seit 1945 den Frieden als etwas Selbstverständliches betrachtet, keinerlei Furcht vor irgendeiner Kriegsgefahr besitzt und daher empfindlich und abwehrend reagiert, wenn es heißt, es solle weiter aufgerüstet werden. Dies ist die Einstellung eines Volkes, das vor 1945 nie erobert oder besetzt gewesen ist. Das Volk glaubt, vor allem auf Grund seiner jüngsten Erfahrungen, daß Japan nicht in einen Krieg verwickelt werden wird, wenn es diesen nicht selbst beginnt. Das heißt mit anderen Worten: Wenn es keine bösen japanischen Militaristen gibt, die einen Krieg anzetteln, dann wird Japan in Frieden und Ruhe gelassen. Eine recht naive Einstellung, wenn man will, ja, ein Wunschtraum. Diese Einstellung erklärt, warum viele Japaner durchaus nicht begreifen wollen, daß auch ein friedlicher und neutraler Staat imstande sein muß, sich zu verteidigen.

Japan hat seit rund 100 Jahren mehrere aggressive Kriege unternommen. Die wichtigsten waren: Der Chinesisch-Japanische Krieg (1894/95), der Russisch-Japanische Krieg (1904/05), die Eroberung der Mandschurei (1931/32), der Chinesisch-Japanische Krieg (1937–1945) und der Pazifische Krieg, der mit den Angriffen gegen die Vereinigten Staaten und England begann (1941–1945). An diesen wütenden japanischen Ausbrüchen ist der Westen mitschuldig gewesen. Primitiv ausgedrückt: Die Japaner versuchten, den Westen auch auf dem Gebiet des Imperialismus und der Eroberungen nachzuahmen. Als Japan mit seinen Aggressionen begann, herrschte noch das Zeitalter des Kolonialismus. Im Jahre 1857 wurde der große Aufstand in Indien (den die Engländer »Meuterei« nannten) niedergeschlagen, im Laufe des 19. Jahrhunderts setzten sich die Franzosen in Indochina fest, China wäre ums Haar von den Großmächten aufgeteilt worden. Um 1900 wurde Burma endgültig unterjocht, und die Engländer setzten sich in Ägypten fest. Indonesien, die Philippinen und andere Gebiete waren schon längst Kolonien. Der Philippinische Unabhängigkeitskampf 1898/99 endete damit, daß nunmehr die Amerikaner anstelle der Spanier die Inseln beherrschten. Japan mußte das alles mit ansehen, ohne eingreifen zu können. Schließlich konnte es die »ungleichen Verträge«, die es (ebenso wie China, aber nicht dermaßen belastend und demütigend) mit den Fremdmächten hatte abschließen müssen, selbst erst um 1899 loswerden (einen sogar erst 1910).
Einer der Gründe dafür, warum die Westmächte sich herabließen, die »ungleichen Verträge« mit Japan aufzugeben, war der vollständige japanische Sieg im Chinesisch-Japanischen Krieg von 1894/95. Die Welt staunte. Niemand hatte es für möglich gehalten, daß das kleine Japan, das kaum einen Blick in die Welt getan hatte, das große China, das immerhin noch einiges Ansehen genoß, besiegen könnte. Eine Bewunderung, ja, eine Schwärmerei für Japan brach vielerorts aus. In den Vereinigten Staaten wurden plötzlich zahlreiche Japaner in amerikanische Privathäu-

ser eingeladen, amerikanische Damen trugen japanische Kimonos, wenn sie auf Gesellschaften gingen, und die Amerikaner rühmten die japanischen Siege so, als ob es ihre eigenen wären. Ein Engländer namens Sir Edwin Arnold verfaßte ein endlos langes Gedicht über den – auch in Japan als Held besungenen – Trompeter Shirakami Genjiro, der, seine Trompete an die Lippen gedrückt, tot auf dem Schlachtfeld aufgefunden worden war[5]. Schon die erste Strophe gibt die Stimmung jener Zeit wieder:

»Shirakami Genjiro,
Bugler in the Line!
You shall let our Westerns know
Why the kiku shine!
Why the Sun-flag, gleaming
Bright fom field to field,
Drives the Dragon, screaming,
Makes the Pig-tails yield.«[5]

(»Kiku« ist das japanische Wort für Chrysantheme, das Wappenbild des japanischen kaiserlichen Hauses, und mit den »pigtails« sind natürlich die damals noch bezopften Chinesen gemeint.)

Wenige Jahre nach diesem Siege hielt es England sogar für angebracht, einen (gegen Rußland gerichteten) Bündnisvertrag mit Japan abzuschließen.

In Japan gab es in jenen und den darauffolgenden Jahren China gegenüber, allgemein gesprochen, zwei verschiedene Einstellungen. Viele Japaner glaubten immer noch an China und waren darauf aus, dem bedrohten, altehrwürdigen Reich wieder auf die Beine zu helfen. Zu diesem Zweck wollten sie bei der Modernisierung Chinas behilflich sein, und zwar in jeder Beziehung: politisch (Reformen im westlichen Sinne), wirtschaftlich und technisch-wissenschaftlich. Ein Japaner schlug sogar, wenn auch vergeblich, vor, Japan solle die Übersetzung westlicher wissenschaftlicher Bücher in die chinesische Sprache finanzieren! Diese Tendenz, China zu helfen, ist in Japan nie ganz erloschen. Auch nicht während des letzten Krieges. Es gab japanische Offiziere, die erklärten, Japan habe dem Reich der Mitte geistig und politisch nichts zu bieten, die einzige Hoffnung sei, daß China durch den Krieg »zum Erwachen« gebracht werde. Doch dies ist ein recht kompliziertes Thema, zu dem sich viel sagen ließe. Kurz: das japanische Vorgehen in China beruhte bis in den Zweiten Weltkrieg hinein auf einem Gemisch von Idealismus und Machtpolitik.

Es gab nämlich schon gegen das Ende des 19. Jahrhunderts auch Japaner, die sich nach dem Vorbild der Westmächte an der für möglich gehaltenen Aufteilung Chinas beteiligen wollten. Einer der Hauptbefürworter dieser Richtung war in seinen späteren Jahren ausgerechnet Fukuzawa Yukichi (1834–1901), der hervorragende liberale, demokratisch und fortschrittlich eingestellte Schriftsteller und Erzieher. Er hat mit einer Kompetenz, wie kaum ein anderer Japaner sie damals besaß, über Amerika und Europa, die er als junger Mann bereist hatte, sein Volk aufgeklärt und zum Lernen und Nacheifern aufgerufen. In vielen Japan-Büchern wird er als Vorkämpfer für die Modernisierung lobend erwähnt, aber nie wird ein Wort über seine imperialistischen Ideen verloren. Fukuzawa war für die Zerstückelung Chinas, das »wie Polen« (seine Worte!) unter die Großmächte aufgeteilt werden sollte, wobei Japan natürlich ein ordentlicher Happen zugedacht war. War es ein Zufall, daß der stark westlich beeinflußte Fukuzawa zu einem Imperialisten und Kolonialisten geworden ist? Keineswegs. Er hat sich in seiner China-Politik ausdrücklich auf das Vorbild der »zivilisierten westlichen Nationen« berufen. Er hat sogar eine »Karte zur Aufteilung des Chinesischen Reiches« gezeichnet[6]. In gewissem Sinne ist also das Abendland, das als Vorbild diente, an der Entstehung des japanischen Imperialismus mitschuldig gewesen. Vergleichen wir noch einmal mit der europäischen Geschichte: In Japan gab es von Anbeginn an bis Ende des 19. Jahrhunderts nur einen einzigen imperialistischen Staatsmann und Feldherren, nämlich Toyotomi Hideyoshi, der manchmal als »japanischer Napoleon« bezeichnet wird. Und wie war es in Europa und anderen asiatischen Ländern?

Der Russisch-Japanische Krieg 1904/05 war zum Teil ein Abwehrkampf Japans, weil die Russen in die Mandschurei (das offiziell zu China gehörte) vorgedrungen waren, was als Bedrohung empfunden wurde; andererseits beruhte er aber auch auf dem Wunsch der Japaner, sich dort und in Korea selbst festzusetzen. Der japanische Sieg wirkte sensationell, noch sensationeller als der Sieg über China zehn Jahre früher. In den unterjochten Völkern Asiens blühte eine neue Hoffnung auf: Zum ersten Mal war eine weiße Großmacht von einem asiatischen Volk geschlagen worden. Das Inselreich hatte sich als das »Schwert Asiens« erwiesen. Die Japaner haben diesen Krieg (übrigens auch schon früher den ersten China-Krieg) auf höchst unvorschriftsmäßige und unfaire Weise begonnen. Sie veranstalteten nämlich ihr erstes »Pearl Harbour«. Ein japanischer Flottenverband überfiel im Frieden, genau genommen zwei Tage vor der Kriegserklärung, zweimal russische Kriegsschiffe, wobei einige von ihnen schwer beschädigt wurden.

Bei unserer Betrachtung ist nun der Umstand von Interesse, daß die Welt den Japanern diese Angriffe nicht übelnahm. Wie anders war es bei dem Überfall auf Pearl Harbour 1941! Sofort erhob sich ein großes Geschrei über das schnöde japanische Vorgehen. Nach dem Sieg der Japaner über das Zarenreich dachte man kaum noch an die japanischen Flottenüberfälle im Frieden, mit denen der Krieg begonnen hatte. Wenn von Admiral Togo die Rede ist, wird dieser Überfall, für den er verantwortlich gewesen ist, fast nie erwähnt, sondern nur noch sein Sieg in der welt-

berühmten Seeschlacht von Tsushima, in der die Hauptflotte des Zaren vernichtet wurde.
Damals wurde Japan bestaunt und bewundert, sogar trotz seiner Sünden, sofern sie ihm Erfolg bescherten. Japanische Schriftsteller haben sich schon seit Jahrzehnten darüber beschwert, daß Japan im Westen nur Ansehen und Sympathie erwecke, wenn es kriegerische Taten vollbringe, während seine kulturellen Leistungen als nebensächlich behandelt würden. Okakura Kakuzo klagte 1930, Japan habe früher als barbarisch gegolten, aber »nachdem es Siege in Kriegen errungen hätte, werde es von den Westländern als zivilisiertes Land bezeichnet[7]«. Wieder sehe ich hier eine Art Mitschuld des Westens an der immer imperialistischer und kriegerischer werdenden Entwicklung Japans.
Die bisherige Darstellung sollte zeigen, daß die Japaner in ihrer langen Geschichte bis zur Begegnung mit dem Westen – mit einer Ausnahme – nicht auf Eroberungen und überseeische Expansion aus gewesen sind. Das andere große Inselvolk, die Engländer, sind es gewesen. Zuerst führten sie lange Zeit gegen Frankreich Krieg, und dann drängten sie in die Welt hinaus und schufen das britische Weltreich. In Japan war in älterer Zeit fast nichts von dem Willen zu spüren, ein Imperium zu schaffen, wie dies einst bei den Römern, Mongolen, Türken, Spaniern, Portugiesen, Engländern und anderen der Fall gewesen ist.

Gewiß hat es in Japan immer ein Gefühl für die Besonderheit des Landes gegeben, womit ein gewisser Sendungsglaube verbunden war. Es war aber kein machtpolitischer Sendungsglaube, sondern eine Schwärmerei für die Herrlichkeit der »Erhabenen Acht Inseln« (ein alter Name für Japan) und für die segensreiche Harmonie unter der Herrschaft des Tenno. Der Gedanke der Harmonie ist immer das japanische Ideal gewesen, und unwillkürlich schwelte die Empfindung, daß dies auch für andere Völker ein Vorbild sein könne. Es gibt verschiedene Ursachen dafür, warum diese friedliche Träumerei in der neueren Zeit umgeschlagen ist. Das Beispiel des Westens wurde bereits erwähnt, aber es gab natürlich noch mannigfache Gründe politischer, wirtschaftlicher und sozialer Art, die ganz besonders nach dem Ersten Weltkrieg wirksam wurden. Diese sind schon oft genug geschildert worden. Sie hingen mit der raschen Modernisierung zusammen, durch welche die Zustände in jeder Beziehung ins Wanken und in Unordnung zu geraten drohten. Damit war auch eine Kulturkrise verbunden, was vielleicht zu wenig beachtet wird. Viele Japaner waren von dem kommerziellen Geist, von dem Rennen nach Geld angeekelt. Das einströmende westliche Gedankengut, liberales und marxistisches, verwirrte die Köpfe. Viele Intellektuelle waren »links« eingestellt, manche Ultranationalisten und national gesinnte junge Offiziere versuchten, einen Staatskapitalismus oder Sozialismus (fast Kommunismus!) zu propagieren, mit seiner Majestät dem Kaiser an der Spitze. Der Kaiser sollte dabei in jeder Beziehung heilig und absolut, durch keinerlei Verfassungsbestimmungen gehemmt sein. Die Konservativen hielten am kapitalistischen System und an der Monarchie fest, so wie sie verfassungsmäßig bestand. Japan, bedrängt durch wirtschaftliche Nöte (nicht zuletzt durch die Weltwirtschaftskrise 1930) und durch die seit dem Einfall in die Mandschurei sich anbahnende Feindseligkeit des Auslandes, wußte kaum mehr ein noch aus. Es begann auch für seine Rohstoffversorgung zu fürchten. Unter der Parole »Das Vaterland ist in Gefahr« gelang es nationalistischen und kriegshetzerischen Persönlichkeiten, sich vorzudrängen, wobei sie Hand in Hand mit einflußreichen Armeekreisen gingen. Und wenn eine Kriegsstimmung aufkommt, was mit der Aufnahme der Kampfhandlungen gegen China im Jahre 1937 begann, dann ist es kein großer Schritt mehr bis zu einer von den Militärs beherrschten Regierung. So ist es denn allmählich geschehen.

Das Volk machte mit. Nicht weil es kriegslustig gesinnt gewesen wäre, sondern weil es patriotisch war. Es war ihm eingetrichtert worden, daß sich Japan in Gefahr befände, und es war bereit, für die Rettung von Kaiser und Heimatland einzutreten. Aber es gab keine Begeisterung.

Jeder kann dies bezeugen, der Anfang Dezember 1941 zur Zeit Pearl Harbours in Japan war. Ich sah in Tokyo die Menschen vor den Lautsprechern stehen, als sie von dem dramatischen Überfall der japanischen Luftwaffe und etwas später von den Kriegserklärungen erfuhren. Die Gesichter der Zuhörer waren betreten, einige sogar erschreckt. Die meisten verneigten sich gefaßt und mit ernster Miene in Richtung des kaiserlichen Palastes. Es war, als ob das Volk ahnte, daß es einen schweren Gang antrat.

Später entwickelte sich eine gewisse Begeisterung (wenn dieser Ausdruck auf die Japaner, die zurückhaltend sind, überhaupt angewendet werden kann), vor allem nach dem Fall von Singapur im Februar 1942. Ja, wenn man den Feind so rasch schlagen und zurückdrängen konnte, war der Krieg offenbar keine so schlechte Sache. Tatsächlich schien Japan unbesiegbar zu sein. Die Militärs hatten es immer behauptet, sie hatten also, so dachte das Volk nun, recht behalten. Die weißen Völker, die andere Asiaten unterdrückten, waren degeneriert, hatten keine Kampfkraft mehr und ergaben sich zu Zehntausenden. Japan gehörte die Zukunft. Der Krieg gegen die »Weißen« war populär. Der Krieg gegen China, der schon lange im Gange war, ist es nicht gewesen.

Vielleicht kann man diese Reaktion des japanischen Volkes, die vor allem nach den großen Siegen einsetzte, verstehen. Viele Japaner besaßen schon längst ein Ressentiment gegenüber den Westvölkern. Diese hatten zwar, besonders als Japan erst am Erstarken war, das tüchtige Land bewundert, ihm aber trotzdem, wenn etwas ihren Interessen zuwider lief, Knüppel zwischen die Beine geworfen. Dies begann schon 1895, als einige, natürlich neidische, europäische Mächte Japan daran hinderten, alle Früchte seines Sieges zu ernten. Nur um sich dann kurz darauf selbst chinesische Gebiete anzueignen! Die damalige japanische Enttäuschung klingt auch aus den Worten des Kaisers Meiji, der nach dem siegreichen Kriege und dem unbefriedigenden Friedensschluß sein Volk beschwor, »das Unerträgliche zu ertragen«. Genau dieselben Worte hat dann sein Enkel, der jetzige Kaiser, gebraucht, als er 1945 die bedingungslose Kapitulation durch den Rundfunk bekanntgab. Dieses und manches andere hatten viele Japaner in Erinnerung, etwa die im Jahre 1919 erfolgte Ablehnung des Völkerbundes, die Klausel der Rassendiskriminierung zu beseitigen, die straffen Einwanderungsbeschränkungen der Vereinigten Staaten, durch welche die Japaner und andere Asiaten diskriminiert wurden, die antijapanischen Intrigen der Westmächte in China, die von den Japanern mit Verbitterung empfundene Weigerung Englands, den Bündnisvertrag mit Japan zu erneuern (1921), und anderes mehr. Natürlich soll dies nicht bedeuten, daß sämtliche japanischen Forderungen und Ansprüche berechtigt waren. So haben die Japaner schon während des Ersten Weltkrieges, die Machtgier der Westmächte fast in den Schatten stellend, in China ihre Expansion betrieben.

Das japanische Ressentiment, zum Teil auf berechtigten, zum Teil auf unberechtigten Fakten basierend, war jedenfalls vorhanden und in den Jahren vor dem Pearl-Harbour-Überfall noch angewachsen. (Opposition gegen das japanische Vorgehen in der Mandschurei und in China.) Und nun mit den großen Siegen vom Winter 1941/42 schien die Stunde der Vergeltung gekommen zu sein. Daher war das Volk im allgemeinen bis zuallerletzt, bis zur Kapitulationsansprache des Kaisers, trotz der vernichtenden Luftangriffe und dem Mangel an Nahrungsmitteln, opferbereit und gewillt, weiterzukämpfen. Die weitaus meisten Menschen kannten die wahre Kriegslage nicht. Sie wußten nicht, daß es unter den führenden Japanern einsichtige Männer gab, die schon seit der See-Luft-Schlacht bei Midway (Juni 1942) mit einer Niederlage rechneten, falls es Japan nicht gelingen sollte, einen Friedensschluß herbeizuführen, wofür es einen äußerst hohen Preis hätte zahlen müssen.

In Japan gab es keine Konzentrationslager oder dergleichen. Die Gefängnisse waren groß genug, um ein paar tausend Oppositionelle und politisch Verdächtige zu inhaftieren. Die meisten Menschen, die gegen den Krieg und die Militärherrschaft waren, schwiegen, so daß ihnen nichts geschah. Übrigens haben manche Intellektuelle und Linkspolitiker schon vor dem Kriege klein beigegeben. Aus Marxisten wurden eifrige, sogar kriegerisch gesinnte Nationalisten. In der Nachkriegszeit wurde von japanischen Linksintellektuellen (von denen sich manche über ihren schwachen Widerstand schämten) behauptet, dies sei auf den Druck der Regierung und der

Polizei zurückzuführen gewesen. Meiner Ansicht nach kann man das aber nicht ohne weiteres behaupten. Prof. Roggendorf S. J. (Sophia Universität, Tokyo), der die japanische Sprache vollkommen beherrscht und seit Jahrzehnten in Japan lebt, ist sogar der Meinung, daß viele japanische Marxisten und andere auf jeden Fall umgefallen wären, auch ohne Druck von oben[8]. Ideologien sind bei den ideologie-immunen Japanern nie das letzte Wort gewesen. Sie hatten außerdem – damals noch mehr als heute – Mühe, die nicht auf japanischem Boden gewachsenen Theorien wirklich zu begreifen. Sie berührten – und auch das manchmal nur auf oberflächliche Weise – nur den Kopf, aber kaum das Herz. Verstand und Gefühl gingen nicht zusammen. Als deshalb mit japanischen Vorstellungen und mit japanischer Tenno- und Heimatliebe an sie appelliert wurde, brachen die Emotionen, die aus der Vergangenheit und aus der Tiefe kamen, bei ihnen durch, und zwar beim gesamten Volke. Es bestand, wie gesagt, eine Kulturkrise, und nirgends war ein Rettungsanker zu erblicken, ausgenommen der nationalistische und immer kriegerischer werdende Sendungsglaube. Vielleicht haben manche nachdenklichen Japaner, wie einzelne ausländische Autoren nachträglich behaupteten, das dumpfe Gefühl gehabt, daß eine Katastrophe notwendig sei. Demnach hätten die Japaner, die ja nicht mehr ein noch aus wußten, einen totalen Zusammenbruch instinktiv in Kauf genommen, weil Katastrophen reinigend wirken und sich danach neue Möglichkeiten öffnen. Tatsächlich ist es ja dann so ähnlich gekommen. Aber ich habe damals nichts von einer solchen dumpfen Schicksalsergebenheit gespürt. Doch jedenfalls haben die Japaner auf Grund der Katastrophe von 1945 ihre Lektion gelernt. Sie werden die Existenz ihres Landes nicht wieder durch einen gefährlichen Militarismus aufs Spiel setzen.

In den dreißiger Jahren sprachen die Ausländer in Tokyo gelegentlich vom Nipponismus. Dieser Ausdruck war – ohne daß damit impliziert wurde, daß sie alle denselben Zielen nachgingen – ein Sammelbegriff für die Anschauungen verschiedener Gruppen, nämlich der Ultranationalisten, der fanatischen Kaiserverehrer, der Förderer des staatlichen Shintoismus, der nationalistischen jüngeren Offiziere, der Kritiker des »dekadenten Westens«, der Propagandisten einer übertriebenen Opfer- und Todesbereitschaft, der Anbeter eines zum Teil neu interpretierten Samurai-Geistes, der Verbreiter der Auffassung von der himmelhohen geistigen und moralischen Überlegenheit der Kinder Nippons und anderer mehr. Wahrscheinlich stammt dieser Ausdruck von dem japanischen Wort »Nihon Shugi«, das mit Japanismus oder Nipponismus übersetzt werden kann. Doch ist es fraglich, ob die Japaner unter Nihon Shugi genau dasselbe verstehen, was in diesem Buche als Nipponismus dargestellt wird. Wie dem auch sei, in den weiteren Ausführungen wird erklärt werden, was hier darunter gemeint ist.

Damals verstanden wir unter Nipponismus etwas Urjapanisches, gleichzeitig aber auch, der Einstellung jener Zeit entsprechend, die nationaldünkelhaften und machtpolitisch größenwahnsinnigen Tendenzen, die zu dieser Zeit herrschten. Das Urjapanische ist geblieben, die Elemente der militaristischen Periode sind verschwunden. Deshalb ist hier von dem »neuen Nipponismus« die Rede.

II Die »menschliche Verknüpfung« und die Große Eintracht

Um mit einer paradox klingenden Feststellung zu beginnen: Die Japaner sind Nipponisten, begreifen aber meistens nicht recht, was das bedeuten soll. Dies ist indessen nicht verwunderlich, denn der Ausdruck »Nipponismus« ist nur ein Hilfsbegriff, den wir anwenden, um die Japaner zu verstehen. Wir sind daran gewöhnt, wenn wir etwas begreifen wollen, artikulierte Begriffe anzuwenden, die sich möglichst genau definieren lassen. Insbesondere, wenn, wie es hier versucht wird, das Wesen des japanischen Volkes – wenigstens annähernd – erklärt werden soll. Den Japanern selbst genügt ein meist vages Grundgefühl. Sie haben ihre Emotionen, die sie, bewußt oder unbewußt, als selbstverständliche Gegebenheiten hinnehmen. Selten besteht bei ihnen der Drang, darüber etwas auszusagen. Sie halten das für überflüssig, ja, unerwünscht, sie sind dagegen, alles zu zerreden, um so mehr, wenn es sich um Dinge handelt, die sie instinktiv als wertvoll empfinden.

Natürlich gibt es – und zwar nicht erst seit der Erschütterung durch die Niederlage von 1945 – Ausnahmen. Manche Japaner haben, im Bewußtsein ihrer besonderen Situation, über ihr Wesen nachgedacht und verschiedene Aspekte ihrer Einstellung auf westliche oder beinahe westliche Weise analysiert. Dabei kommt zuweilen die angelernte westliche Denkweise so stark zum Ausdruck, daß vom eigentlich Japanischen nur wenig übrigbleibt. Manche Intellektuelle tun dies absichtlich, um zu demonstrieren, daß sie die westliche Denkungsart beherrschen und vollkommen übernommen haben. Einige werden dabei so »westlich«, daß sie von der japanischen Geistesart nichts wissen wollen. Aber überzeugend wirken sie nicht. Sie sprechen zum Beispiel, wenn sie die japanische Wesensart erklären wollen, recht unbeholfen von einem »Sumpf«. Ein japanischer Professor für Romanistik versucht die iapanische Kultur folgendermaßen zu erklären: »Da ist eine Schicht modernen Bewußtseins, die vom Westen beeinflußt ist. Darunter ist die alte Samurai- und konfuzianische Schicht, die als feudalistisch gilt. Noch weiter unten ist eine schlammige, stagnierende Schicht, die schwer zu erklären ist, aber die aus alten Zeiten zu stammen scheint ...[1].« In einer vielbeachteten Erzählung[2], die der Schriftsteller Shusako Endo über das Schicksal einiger Missionare im Japan des 16. Jahrhunderts geschrieben hat, legt der Verfassers dar, daß das Christentum in Japans »trübem Sumpf« zugrunde gegangen sei. Wenn solche Erklärungen genügten, dürfte der Untertitel dieses Buches nicht »Der neue Nipponismus« lauten, sondern »Im Sumpf des neuen Japan« oder so ähnlich.

Im allgemeinen gilt die Regel, daß die Japaner über manche Dinge gerne schweigen. Bücher westlicher Autoren über Japan gefallen ihnen im allgemeinen nicht. Sie sind höflich genug zu erklären, diese oder jene

Schrift sei »ganz interessant«, oder sogar sie könnten etwas über sich selbst daraus lernen. Es kann schon allein die harte und sachliche Art westlicher Analysen sein, die die Japaner irritiert. Wenn sie sagen, daß die Ausführungen eines Ausländers »hart« seien, so meinen sie damit weniger, daß sie das darin enthaltene Urteil als hart empfinden, sondern daß ihnen die ganze messerscharfe analytische Darstellungsweise unsympathisch sei. Außerdem sind viele westliche Erläuterungen Japans zu einseitig oder irgendwie schief – dieses Buch ist es hoffentlich nicht allzu sehr. Wenn etwas schief ist, so kann es, wenn auch in keiner Weise beabsichtigt, kränkend wirken. Nehmen wir einmal den umgekehrten Fall. Was haben die Japaner alles über das Christentum geschrieben! Manches war einigermaßen richtig, manches falsch und sehr vieles schief. Wenn dies mit Mangel an Respekt und Ehrerbietung verbunden ist, fühlen wir uns gekränkt.

Der Nipponismus ist keine Ideologie. In Japan haben Ideologien nie eine Rolle gespielt. Theoretische Gebäude, in denen alles mehr oder weniger logisch zusammenhängt, liegen den Ostasiaten nicht. Sie haben nie Ideologien entwickelt, wie etwa die liberale oder die marxistische, auch nichts dem christlichen Dogma Ähnliches. Denken wir in diesem Zusammenhang an China. Im Westen ist heute vom »Maoismus« die Rede, ein Ausdruck, den die Chinesen selbst nicht kennen. Sie sprechen mit Recht von den »Gedanken Mao Tse-tungs«. Dementsprechend war ja die verbreitetste Schrift aus seiner Feder, das rote Büchlein, eine Sammlung von Aphorismen und Leitsätzen, aber keine theoretische Abhandlung. Mao ist kein Theoretiker oder Dogmatiker im engeren Sinne. Natürlich hat er gelegentlich theoretisiert, aber als empirischer Praktiker, der er ist, kein System daraus gemacht. Ebensowenig wie Konfuzius so etwas je getan hätte. Die Japaner besitzen, so läßt sich wohl behaupten, noch weniger theoretische Neigungen als die Chinesen.

In Japan ist die Bedeutung des rationalen Denkens und Analysierens nie recht anerkannt worden. Im Zusammenhang damit stand die Wertschätzung des Schweigens, was, nach ihrer Auffassung, gegen das unfruchtbare Zerreden gemünzt war. Die Einstellung, daß sich die wichtigsten Dinge nicht mit Worten aussagen lassen, ist bei uns vor allem durch den japanischen Zen-Buddhismus bekannt geworden. Diese buddhistische Richtung, die aus China nach Japan kam und dort schon ähnliche Grundzüge aufwies, ist in dem Insellande dann weitgehend japanisiert worden. Manches, was für zen-buddhistisch gehalten wird, ist urjapanisch und ist in Japan immer vorhanden gewesen. Die zen-buddhistische Haltung kann wohl als bekannt vorausgesetzt werden, und es seien hier deshalb zwei Zitate wiedergegeben, von denen das eine aus alter Zeit, das andere von dem bereits zitierten Motoori Norinaga (1730–1801) stammt.

In dem Manyoshu, der ältesten japanischen Anthologie, die über 4500 Gedichte aus dem 5.–8. Jahrhundert enthält, befindet sich ein berühmtes

Gedicht, das folgende Zeilen enthält: »In unserm Land des Schilfgefildes und der Reisähren wurde seit den Zeiten der Götter nicht argumentiert.« Das Echo hierzu erschallt aus dem 18. Jahrhundert, als Motoori Norinaga schrieb:

»In alten Zeiten haben wir nichts erörtert, nicht einmal den Weg. Die klassische Schrift erklärt, daß in unserm Land des Schilfgefildes und der Reisähren seit den Zeiten der Götter nicht argumentiert worden ist. Nicht argumentieren bedeutet, sich nicht weitläufig ergießen und nicht viel reden, so wie dies in fremden Ländern der Fall ist.«

»... In fremden Ländern ist es Brauch, sich über viele verschiedene Doktrinen zu unterhalten, über die Prinzipien der Dinge und über diesen Weg oder jenen Weg. Das Land des Kaisers hatte in alter Zeit überhaupt keine Theorien oder Doktrinen, aber wir genossen Friede und Ordnung, und die Nachkommen der Sonnengöttin haben fortlaufend die Thronfolge angetreten[3].«

Es ist klar, daß der Nipponismus keine Ideologie sein kann. Es hat in Japan sozusagen nie »ismen« gegeben. Daraus folgt, wie bereits angedeutet, daß auch der Ausdruck »Nipponismus« eigentlich falsch ist, doch habe ich keinen besseren gefunden. Eins sei vorausgeschickt: Nipponismus ist nicht einfach japanischer Nationalismus, obwohl er nationalistische Züge annehmen kann und auch, stärker oder schwächer, angenommen hat.

Der Nipponismus ist ein Grundgefühl, das durch verschiedene Einflüsse geweckt und lebendig geworden ist. Diese Faktoren seien zunächst nüchtern aufgezählt: Die Natur des Landes und die geographische Lage, die Heimatliebe, die Geschichte (ursprünglich einschließlich der Mythologie), die Geschlossenheit des Volkes und das Gefühl der Schicksalsgemeinschaft. All dies muß man sich im Zusammenhang vorstellen, die Einflüsse dürfen nicht zu sehr gesondert betrachtet werden. Der Nipponismus durchtränkt das gesamte japanische Leben, von der Sozialstruktur bis zur Dichtkunst, von der Wirtschaft bis zur Religion.

Die japanischen Inseln gleichen (oder besser glichen einst) einer vom Meer umspülten Parklandschaft, so als ob sie von dem genialsten Gärtner aller Zeiten angelegt worden wären. Es gibt genug begeisterte, ergriffene und schwärmerische Beschreibungen der japanischen Natur, so daß hier wohl darauf verzichtet werden kann. Eins sei jedoch hervorgehoben: früher lebten die Japaner meist im Innern des Landes, seltener an der Küste. Dies hing wohl mit den Gefahren und Schrecken des Meeres zusammen, nicht zuletzt mit den Taifunen. Die Küsten des Südwestens, den die Japaner zuerst besiedelten, sind den Taifunen am meisten ausgesetzt. Die japanische Naturbetrachtung war daher in sich gekehrt, sie beschäftigte sich kaum mit der Weite des Meeres und den ebenfalls als unheimlich empfundenen, in alter Zeit schwer zugänglichen Bergen. Damit hängt es wohl zusammen, daß die Japaner – zum Beispiel in der Kunst – mehr Sinn für das Kleine und Nahe als für das Große und Weite haben. Ferner sind die Japaner seit sehr alter Zeit nicht Nomaden, sondern seßhafte Bauern gewesen. So kam es, daß sie sich mit dem Fleckchen Erde, auf dem sie lebten und das ja wunderschön war, identifizierten und dieses über alles liebten. Diese Liebe ging dann allmählich mit der Ausweitung der kaiserlichen Herrschaft auf das ganze Land über.

Spricht man heute von der wundersamen Herrlichkeit Japans und der Naturliebe der Japaner, so stößt man oft auf höhnische Bemerkungen. Was? Dieses gräßliche Tokyo, dieser häßliche, unordentliche Wasserkopf? Und die meisten anderen Großstädte, die ebenfalls aussehen wie durcheinander geschüttelte Baukästen? Diese trostlosen, verrauchten, mit Fabrikgebäuden, primitiven Baracken und Abfallhaufen bedeckten Industriegebiete? Die Aussichtspunkte sind von den unappetitlichen Abfällen der Besucher übersät, die kleinen städtischen Parks sehen oftmals (besonders während der berühmten Kirschblüte) genauso aus und desgleichen die Badestrände am Meer. Dies alles entspricht den Tatsachen. Doch hier sollte zunächst einmal von der ursprünglichen japanischen Natur und Landschaft, die das japanische Volk geformt haben, die Rede sein. Man fragt sich natürlich, wie es weitergehen soll. Was wird aus den einst – und in den entlegeneren Gebieten immer noch – schönen Inseln werden? Wie steht es mit der Naturliebe der Japaner, deren Mehrheit in städtischen und industriellen Agglomerationen lebt? Diese Fragen sind so wichtig, daß ihnen ein gesondertes Kapitel gewidmet werden soll. Vielleicht sind sie für die Zukunft des Landes sogar entscheidend. Viel ist über die rapiden Wandlungen Japans auf verschiedenen Gebieten, neuerdings besonders auf wirtschaftlichem, geschrieben worden, aber äußerst wenig über die Einstellung der Japaner zur Natur im Zusammenhang mit der Verstädterung. Und dabei kann man geradezu behaupten: ohne Naturempfinden und Naturliebe keine Heimatliebe, ohne Heimatliebe kein Nipponismus und ohne Nipponismus kein Japan. Doch bevor wir zu diesem zentralen Problem übergehen (siehe Kapitel IX), seien die andern Aspekte des Nipponismus betrachtet.

Mythologie und Geschichte gehen in Japan, wie schon die wenigen Zitate angezeigt haben, ineinander über. Natürlich lachen die heutigen Japaner über die endlosen mythologischen Erzählungen, über das »Götterland«, über die Reichsgründung durch den ersten »irdischen« Kaiser Jimmu, die angeblich am 11. Februar im Jahre 660 vor Chr. stattgefunden haben soll. (Trotzdem ist aber seit dem Jahre 1967 der 11. Februar, der Reichsgründungstag, wieder offizieller Feiertag.) Wenn sie auch über manches verächtlich die Achseln zucken – das Gefühl für die Einzigartigkeit ihres Landes haben die Japaner dennoch im Blute. Es läßt sich tatsächlich nicht leugnen, daß die Geschlossenheit des japanischen Volkes und damit verbunden seine Assimilationskraft etwas Besonderes gewesen sind. Dies kann man erörtern, ohne von einem »Götterland« zu reden.

In alter Zeit lebten sehr viele Koreaner und auch Chinesen in Japan. Wie stark der – auf andere Weise ja längst bekannte – festländische Einfluß auf die japanische Kultur gewesen ist, wurde neuerdings wieder durch überraschende Funde bestätigt. Im Jahre 1972 wurden in der weiteren Umgebung von Nara (Hauptstadt von 710 bis 793) an zwei verschiedenen Orten Gräber entdeckt, die wahrscheinlich aus dem 7. Jahrhundert stammen und mit chinesisch-koreanischen Wandmalereien ausgeschmückt sind. Die Entdeckungen wirkten sensationell, weil das Vorhandensein so besonders kunstvoll ausgestatteter Gräber aus der frühen Zeit bisher unbekannt geblieben war. Die Chinesen und Koreaner sind damals in großer Zahl als Handwerker, Lehrer der chinesischen klassischen Schriften und der chinesischen Sprache, als Verwaltungsexperten und als Verkünder des Buddhismus nach Japan gekommen. Im 5. Jahrhundert waren zum Beispiel nicht weniger als 20 000 chinesische und koreanische Seidenweber in dem Insellande tätig. Es handelte sich dabei um eine friedliche Einwanderung, denn die Fremden kamen freiwillig und waren nicht auf Grund von Eroberungsfeldzügen nach Japan verschleppt worden. Sie nahmen – wie später die Westländer im 19. Jahrhundert – als Lehrmeister eine geachtete Stellung ein und sind dann samt und sonders durch das Yamato-Volk und den Yamato-Geist assimiliert worden. (Yamato ist ein alter Name für Japan.) Genauso wie die Dinge, die sie brachten, von der Seidenweberei bis zum Buddhismus, allmählich japanisiert worden sind.

Die Chinesen und auch die Koreaner waren damals schon hoch zivilisiert, die Japaner noch ziemlich primitiv. Die Inselbewohner hatten ursprünglich keine Schrift, wußten nichts von der Organisation eines Staates, waren handwerklich rückständig und besaßen nur eine Stammesreligion, den Shintoismus, der anfangs nur aus Animismus und mündlich überlieferten Mythen bestand. Aber schon zeigte sich die Urkraft des noch »unterentwickelten« Yamato-Volkes, das bald mit den vom Festland her kommenden Kulturgütern fertig wurde und sie zum eigenen Nutzen und auf eigene Weise weiterentwickelte.

Später wurden andere Asiaten nicht mehr so leicht assimiliert. Und erst recht galt dies für die Westländer, falls diese überhaupt, was selten war, den Wunsch hegten, Japaner zu werden. Schuld an der schwieriger werdenden Assimilierung war wohl vor allem das Tokugawa-Regime, das die Fremden gern gesondert hielt und sie mit Mißtrauen betrachtete. Immerhin war es um 1700 noch möglich, daß ein Mann, dessen Vater ein Chinese war, sich zu den »Siebenundvierzig Ronin« zählen konnte. Die Geschichte von diesen Ronin ist die populärste Samurai- und Loyalitätsgeschichte Japans, die von einer typisch japanischen Problemstellung ausgeht.

Im 13. Jahrhundert, also im ganzen früher als die europäischen Nationen, waren die Inselbewohner, die sich in Ruhe hatten entwickeln können, bereits zu einer Nation zusammengeschweißt. Einen gewissen Beweis dafür liefern die beiden abgeschlagenen Mongolenüberfälle von 1274 und 1281. Der Mongolenherrscher Kubilai Khan, der bereits China und Korea erobert hatte, stellte an Japan das Ansinnen, sich ihm zu unterwerfen. Die Japaner lehnten schroff ab. Kublai Khan schickte zweimal eine Flotte, die zweite mit hunderttausend Mann an Bord. Um die Worte eines deutschen Japanhistorikers zu gebrauchen: »Japan bangte. Greise beteten. Der Tenno wallfahrtete nach Ise zum Tempel der Sonnengöttin. Die Jugend griff zu den Waffen[4].« Zweimal wurden die weltberühmten Mongolen, die bis nach Europa hinein gefürchtet waren, mit großer Not bis nahe an den Meeresstrand zurückgedrängt. Und zweimal brauste dann ein Taifun, der göttliche Wind (Kamikaze), und vernichtete die Mongolenflotten. Neuerdings ist von kompetenter Seite behauptet worden, die Mongolen hätten auch ohne den Kamikaze die japanischen Inseln nicht erobern können. Der Widerstand sei zu entschlossen und zu hart gewesen. Außerdem wären die Mongolen durch den gebirgigen Charakter Japans und durch Nachschubschwierigkeiten behindert worden. Das mag sein. Aber wieviel Blut und Verwüstung hätte die Japaner diese Abwehr gekostet! Der zweimalige Taifun im richtigen Augenblick muß auf das japanische Volk wie ein Wunder gewirkt haben. Zweifellos: Es konnte nur ein Götterwind sein, der das Land schützte, das der Herkunft nach von den Göttern geschaffen worden war und von den Nachkommen der Sonnengötter regiert wurde.

Der Götterwind hatte also die Einzigartigkeit Japans bewiesen. Es ist bezeichnend, daß in jener Zeit des verstärkten Nationalgefühls der buddhistische Sektengründer und Prophet Nichiren (1222–1282) auftrat. Er war ein überzeugter Buddhist und zugleich ein Nipponist. Japan war für ihn die Stätte, von der das Heil für die ganze Welt ausgehen sollte. Er wies, wie der Kenner der japanischen Religionen Wilhelm Gundert schrieb, »seinem Vaterlande Japan eine zentrale Stelle im universalen Heilsplan zu. In ihm ist der Buddhismus im besonderen Grade japanisch – national geworden[5]«. Nichiren ist – vielleicht ist auch dies bezeichnend – der einzige Japaner gewesen, der eine buddhistische Sekte gegründet hat. Die übrigen buddhistischen Sekten in Japan stammen aus China, was ihnen jedoch nicht ersparte, teilweise ebenfalls sehr weitgehend japanisiert zu werden. Während des letzten Krieges galt Nichiren, obwohl das Militärregime im allgemeinen gegenüber den Buddhisten mißtrauisch war und auch einige Buddhistenführer einsperren ließ, weithin als eine große nationale Führergestalt. Die heute mächtige Soka-Gakkai-Bewegung, von der noch die Rede sein wird, beruft sich auf die Lehre Nichirens und hat dessen Sendungsglauben übernommen.

Die Eroberungsversuche der Mongolen haben also im Sinne des Nipponismus und auch des Nationalismus gewirkt. So hat die Geschichte zum Lebendigbleiben des japanischen Grundgefühls beigetragen. Diese Entwicklung ging über das japanische Mittelalter bis zum Anfang der Neuzeit weiter. Das Auftauchen der Europäer im 16. Jahrhundert hat dann, wie wir sahen, in der Tokugawa-Zeit die Besinnung auf die eigene Art in recht krasser Weise zum Durchbruch gebracht.

Neben der Naturliebe, der Heimatliebe und dem Einzigartigkeitsglauben ist die Auffassung von der gegenseitigen Abhängigkeit der Menschen und der Harmonie ein wesentlicher Bestandteil des Nipponismus. Die Betonung der gegenseitigen Abhängigkeit ist sozusagen kollektivistisch orientiert, die einzelnen Menschen werden nur im Zusammenhang mit einer Gruppe – etwa der Familie – und dem Gemeinwesen gesehen. Deshalb kannten die Japaner in der Vergangenheit unsern Begriff des Individualismus nicht, er bereitet ihnen heute noch Mühe. Es ist gesagt worden, die Menschen des Abendlandes empfänden sich als Sandkorn am Strande, die Japaner aber als Tropfen im Meer. Daran ist etwas Richtiges, der Vergleich führt uns aber zu sehr auf das weltanschaulich-religiöse Gebiet. Hier soll von der sozialen Auffassung die Rede sein. Dem Japaner Hajime Nakamura zufolge, dem Verfasser eines grundlegenden Werkes über die Denkweise der Inder und Ostasiaten, ist in Japan die »menschliche Verknüpfung« (human nexus) das Wichtigste[6]. Diese Formulierung trifft unser Thema im Kern. Wird das Hauptgewicht auf die »menschliche Verknüpfung« gelegt, die man auch schlicht als die »menschlichen Beziehungen« bezeichnen kann, so ergibt sich daraus, daß besondere ethische Regeln, Verhaltensvorschriften und auch der Anstand und die Höflichkeit von entscheidender Bedeutung sein müssen. So ist es in Japan.
Es kommt nicht darauf an, was der einzelne Mensch denkt oder fühlt, vielmehr darauf, daß die Regeln und der Ritus eingehalten werden. Dies mag einfach klingen, entspricht aber nicht unserer gewohnten Denkweise. Es ist kein substantielles, sondern ein funktionelles Denken. Das Ding oder der Mensch werden kaum gesehen. Die Beziehungen zwischen den Dingen und dem Menschen werden gesehen. Die Funktionen sind das Leben. Dies erinnert an die Erkenntnisse der modernen Naturwissenschaft. Die materielle Substanz ist zweifelhaft geworden, den Reaktionen und den Beziehungen innerhalb der sogenannten Materie wird die Aufmerksamkeit gewidmet. Man kann, kennt man die Reaktionen, die »Materie« sogar verändern oder vernichten.
Nun, soweit geht es bei der »sozialen Verknüpfung« zwar gewissermaßen im Prinzip, aber nicht in Wirklichkeit. Ständig bestehen Spannungen zwischen der Grundauffassung und dem wirklichen Leben. Die japanische Geschichte und die Literatur sind davon erfüllt. Die einzige Haltung,

welche diese Spannung zu unterdrücken oder zu überwinden vermag, ist die Menschlichkeit und das menschliche Mitgefühl (japanisch: ninyo). Diese Anteilnahme ist echt und kann sehr tief gehen. Nicht selten brechen in einem besonderen Falle alle beteiligten Japaner, Männer und Frauen, in Tränen aus. Wenn aber ein mitfühlender Mensch einen Freund oder einen Verwandten zu trösten und zu beruhigen versucht, so ist er doch immer bemüht, den Betroffenen zu überreden, sich an die bestehenden Regeln zu halten. Wenn das nicht gelingt, so entscheidet sich der Betroffene nicht selten für den Freitod. Spannungen zwischen dem Individuum und der Gesellschaft, wie wir sagen würden, waren in Japan stets häufiger als bei uns, eben wegen der strengen gesellschaftlichen Regeln. Damit hängt es zusammen, daß die Japaner einen ausgesprochenen Sinn für Tragik besitzen (vgl. S. 194).

Alles dies ist nicht so einfach und vor allem nicht einfach zu erklären. Die Japaner sind ein sehr temperamentvolles Volk. Manchmal wird behauptet, daß sie sich gerade deswegen so strenge Regeln gegeben hätten. Sonst würden, so heißt es, in diesem Lande der vitalen und tatenlustigen Menschen chaotische Zustände herrschen. Darin mag etwas Wahres liegen. Es gibt jedoch, wie mir scheint, offensichtlichere Gründe, welche die Wertschätzung der »menschlichen Verknüpfung« erklären.

Japan erscheint, wenn man nur an den Flächeninhalt der Inseln denkt, nicht als besonders kleines Land. Aber der größte Teil der Inseln ist mit oft ziemlich steilen Bergen bedeckt. Es gibt nur wenige Ebenen, die dazu noch sehr klein sind, und die meisten Täler sind recht eng. Die bewohnbaren Gebiete, die im Altertum, als es noch kaum Wege und Stege gab, noch viel begrenzter gewesen sind, waren immer dicht bevölkert. Gegen Ende des 16. Jahrhunderts hatte Japan ungefähr 18 Millionen Einwohner, sehr viel für jene Zeit. Es ist klar, daß ein Volk, das sehr gedrängt lebt, auf den Umgang der Menschen untereinander Gewicht legen muß. Zudem waren die Herrscher des wichtigsten japanischen Stammes, des Yamato-Volkes, von der Frühzeit her darauf bedacht, für Ordnung und Frieden zu sorgen. Deshalb wurden, soweit überliefert, schon seit ungefähr 600 n. Chr. wiederholt Gesetze schriftlich erlassen. Es soll hier kein historischer Abriß gegeben werden. Erwähnt sei nur, daß der chinesische, vor allem konfuzianische, und auch der buddhistische Einfluß dabei stark gewesen sind. Aber es gab keinen Erlaß, in dem nicht zugleich an der Herrschaft des Tenno und meistens auch an andern altjapanischen Überlieferungen festgehalten wird. Welches Selbstbewußtsein bereits! Shotoku Taishi (573–621), der höchst bedeutungsvolle Regent, der für seine Tante, die Kaiserin Saiko, regierte, sandte Schreiben nach China, die das eine Mal »der Sohn des Himmels im Lande der aufgehenden Sonne an den Sohn des Himmels im Lande der untergehenden Sonne« adressiert waren, und ein anderes Mal »der östliche Kaiser grüßt den westlichen

Kaiser«. Für den chinesischen Hof war das natürlich eine Anmaßung sondergleichen.
Stets wurde die Zusammengehörigkeit von Herrscher und Volk betont und gefordert, daß sich das Volk der Gemeinschaft einfügen solle, aber nicht ausgenützt und ausgebeutet werden dürfe. Dem Volke und vor allem auch der Beamtenschaft wurde Eintracht und Zusammenarbeit gepredigt. Die Gemeinschaft des japanischen Volkes wurde als eine Art von Familie angesehen, in der jeder Familienangehörige seinen Platz und seine Pflichten hatte.
Hiermit (und auch damit, daß Japan keine Eroberungsfeldzüge unternommen hat) hängt es zusammen, daß es in Japan nur wenige Sklaven gegeben hat und das auch nur in der ältesten Zeit. Der amerikanische Historiker John Whitney Hall sagt dazu: »Man nimmt an, daß alles in allem die Sklaven vielleicht 5 Prozent der Bevölkerung ausmachten. Sie wurden zumeist als Dienstboten verwendet, und es spricht wenig dafür, daß sich die Japaner auf ein System stützten, in dem große Sklaventrupps wesentliche wirtschaftliche Aufgaben erfüllten[7].« Welch ein Unterschied zum antiken Europa, zu den frühen Vereinigten Staaten, zu Indien, China und vielen andern Ländern! Darauf dürfen die Japaner, die so oft wegen ihrer geregelten sozialen Gliederung geschmäht worden sind, wohl stolz sein. Es gab zwar keinen Individualismus, aber alle Menschen besaßen auf ihrem Platze gleichermaßen ihre Menschenwürde. Nie lag die Betonung auf Herr und Knecht, sondern – im übertragenen Sinne – auf Vater und Sohn.
Das alte Japan atmete den Geist des Friedens und der Menschlichkeit. Die vielen chinesischen Anregungen wären nicht auf fruchtbaren Boden gefallen, wenn die Japaner nicht von vornherein bereit gewesen wären, die Ermahnungen des Konfuzius und anderer Weisen, friedlich, ehrbar und tugendhaft zu sein, sehr ernst zu nehmen.
In Japan ist im Mittelalter die Todesstrafe abgeschafft worden, und das Land ist zweihundert Jahre lang ohne sie ausgekommen. Meines Wissens gibt es kein anderes Volk, in dem die Todesstrafe so lange Zeit verpönt war.
Einige japanische Gelehrte und Autoren sind der Meinung, daß der Sinn der Japaner für ein friedliches Zusammenleben auch auf das milde Klima der japanischen Inseln zurückzuführen sei. Dem ist zuzustimmen. Vielleicht kann man das nur begreifen, wenn man sich wiederholt und lange in den Hügeln, in den kleinen Tälern, an den Seen oder in einem Fischerdorf an der Meeresküste aufgehalten hat. Der Fremde, der nur die modernen Großstädte kennt und ein paar Ausflüge unternimmt, hat nicht die Muße und die Ruhe, die Stimmung der Natur und Landschaft der schönen Inseln in sich aufzunehmen. Mild und zart sind die leichten Brisen, sind die Düfte und der Anblick der Landschaft. Japan läßt sich kaum

mit Öl malen, denn diese Technik verfälscht den Eindruck. In dem Insellande herrscht eine oft mit einer dunstigen Zartheit verbundene Sanftmut, die wir nicht kennen, aber es gibt auch sehr unsanfte Schrecken, die wir ebenfalls nicht kennen.
Die betreffenden japanischen Autoren verweisen Erdbeben, Vulkanausbrüche und Taifune auf den zweiten Platz. Das Bestimmende sei das freundliche Klima, seien nicht die gelegentlichen Katastrophen. Man könnte – in Analogie zu einer früheren Formulierung – etwa sagen, daß die Milde die große Tradition darstellt und die Katastrophe die kleine.

Ist die alte japanische Auffassung von der Eintracht des Volkes und seiner Zusammengehörigkeit mit dem Kaiser eine der Wurzeln des Festhaltens an der »menschlichen Verknüpfung«, so liegt eine andere im Reisanbau und in der Dorfgemeinschaft. Der Reis ist das edelste Getreide, weil auf einer bestimmten Fläche der Anbau von Reis viel ertragreicher ist als der von Weizen und andern Getreidesorten. Dafür ist aber auch die Pflege der Reisfelder bedeutend schwieriger. Der Reis wächst in bewässerten Sumpffeldern. (Der Trockenreis, der von geringerer Qualität ist und den es in Japan nicht gibt, sei hier beiseite gelassen.) Die Reisfelder müssen ganz eben sein, damit das Wasser die Saat gleichmäßig bedeckt. Die – manchmal winzigen – Reisfelder sind meistens terrassenförmig auf den Hügeln angelegt. Das unterste Feld muß genauso viel Wasser bekommen wie das oberste. Das ist nicht immer leicht zu bewerkstelligen. Wie sorgfältig der Boden ausgenützt wird und wie winzig Terrassenfelder sein können, zeigt eine schöne Geschichte. Im Frühling, als die Reisfelder noch nicht bewässert waren, saß ein altes Bäuerlein nachdenklich auf der Anhöhe und sagte: »Wie merkwürdig! Hier waren doch immer acht Reisfelder, ich zähle aber nur sieben.« Ein anderer Bauer antwortete: »Aber natürlich. Du sitzt ja auf dem achten Feld.«
Auch gehören die nebeneinander oder übereinander liegenden Reisfelder oft verschiedenen Besitzern, so daß also auf den Wasserbedarf fremder Felder zu achten ist. Rücksichtnahme und Zusammenarbeit sind nötig. Man darf auch nicht aus Versehen einen der sehr schmalen kleinen Erddämme, die manchmal leicht abbröckeln, zwischen den Feldern beschädigen. Denn dann stimmt unter Umständen die Bewässerung nicht mehr. Wieder heißt es, vorsichtig und rücksichtsvoll sein. Vom Reis wäre noch viel zu berichten: zum Beispiel, daß er in den Feldern nicht gesät (das geschieht in kleinen Saatbeeten), sondern angepflanzt wird; heute noch wird jede Pflanze aus dem Saatbeet mit der Hand gesetzt, und in manchen Gebieten gilt es als verdienstvoll, das Unkraut schon unter der Wasseroberfläche zu rupfen. Der heilige Reis verursacht viel Arbeit, und eigentlich richtet sich das ganze Dorfleben nach ihm. Auch müssen von Regengüssen oder Taifunen zerstörte Wege, Brücken und Stege wieder

instandgesetzt werden, müssen Wasserreserven angelegt und Bäche und Flüsse reguliert oder kanalisiert werden, alles Arbeiten, welche die Bauern gemeinschaftlich verrichten. Entsprechend ist die Dorfgemeinschaft aufgebaut. Natürlich ist diese, je nach den geographischen und klimatischen Besonderheiten, der Bodenbeschaffenheit und den historischen Voraussetzungen, nicht überall auf die gleiche Weise gestaltet. Jedoch läßt sich allgemein sagen: Nicht irgendein »Dorfchef« allein ist wichtig, genauso wichtig, wenn nicht wichtiger, waren immer die Dorfversammlungen und Beratungen, an denen die Bauern gleichberechtigt teilnahmen. Oft wird bei der Beschäftigung mit Japan zu einseitig an die paternalistische Überlieferung gedacht. In Wirklichkeit hat es in Japan immer zwei gleichzeitig bestehende Arten der Gemeinschaft gegeben: Die vertikale und die horizontale. Die vertikale besteht aus einem Chef und seinen Untergebenen, die horizontale aus den Volksangehörigen untereinander. Die horizontalen Gemeinschaften setzen sich aus den verschiedenen Gruppen der Dorfbewohner, der städtischen Nachbarn, der Handelstreibenden und andern zusammen. Es handelt sich dabei um ein gewisses demokratisches Element im japanischen Leben. Ferner ist zu beachten, daß auch in einer vertikalen Organisation der Chef nicht einfach befehlen kann; von ihm wird erwartet, daß er sich beraten läßt und auf seine Gefolgsleute Rücksicht nimmt. Denn wenn das nicht geschieht, dann wird nach japanischer Auffassung die Harmonie gestört. Davon wird noch die Rede sein.

Der Sinn für die Bedeutung der menschlichen Beziehungen, der Zusammenarbeit und der Harmonie wurde im Laufe der Jahrhunderte von den Dörfern in die Städte getragen. Der Zustrom vom Lande in die Stadt war in Japan immer recht groß, besonders in den letzten Jahrhunderten und dann in der jüngsten Zeit. Deshalb wird, gerade auch von den Japanern selbst, oft darauf hingewiesen, daß das Gefühl der Japaner für die »menschliche Verknüpfung« aus den Dörfern und damit vom Reisanbau her stamme.

Natürlich waren, wie überhaupt in Japan, auch auf dem Lande die verwandtschaftlichen Beziehungen von überragender Bedeutung. Einige Familien oder besser Großfamilien besaßen mitunter beträchtliche Macht. Hier herrschte das hierarchische – oder vertikale – Element. Doch besaß das Familienoberhaupt, etwa im Gegensatz zum römischen Patriarchat, praktisch keine absolute Gewalt[8]. Es war vom Familienrat abhängig. Gegen die Meinung und gegen die Stimmung bei den Beratungen der Familienmitglieder, einschließlich der Frauen, traf es keine Entscheidung. Denn die Durchsetzung eines Befehls gegen eine starke Opposition würde, wie schon erwähnt, zu einem unharmonischen Zustand führen, der vermieden werden mußte. Von der damit zusammenhängenden Kompromißsucht der Japaner wird ebenfalls noch die Rede sein[9].

Die Macht der Familien mit ihren loyalen Angehörigen konnte mit den andern Familienstämmen in Konflikt geraten. Die Verhältnisse waren manchmal kompliziert und, der Gegend entsprechend, verschiedenartig. Diese Gegebenheiten werden hier aus Raumgründen etwas schablonenhaft wiedergegeben.

Die Struktur des japanischen Familiensystems wird häufig erörtert. Mancher Leser mag sich gewundert haben, daß davon nur nebenbei die Rede war. Das geschah absichtlich. Denn das japanische Familiensystem zerbröckelt. Bald wird Japan nur noch die Kleinfamilie kennen, so wie sie bei uns besteht (Ehepaar und Kinder). In einem der folgenden Kapitel werden wir darauf eingehen. Das alte japanische Familiensystem hat keine Zukunft, so daß es nicht viel Sinn hat, sich in einer Darstellung wie dieser ausführlich damit zu beschäftigen. Wie sich heute zeigt, ist das alte japanische Familiensystem, so verblüffend es klingen mag, kein Bestandteil des sozusagen ewig währenden Nipponismus. Deshalb geht auch die Ahnenverehrung, jedenfalls wie sie bisher aufgefaßt und vollzogen wurde, allmählich zurück. Das frühere Familiensystem und die paternalistischen Tendenzen haben die Anschauung und das Grundgefühl des japanischen Volkes zwar sehr stark beeinflußt, aber Japan hat sich immer gewandelt und wandelt sich heute schneller denn je. Dabei stellt sich heraus, daß Dinge, die bisher als »typisch japanisch« galten, es eigentlich gar nicht sind. Das Urgefühl der Japaner, der Nipponismus, besteht weiter, auch ohne sie.

Wiederholt ist schon von dem Streben nach Harmonie gesprochen worden. Dieses Streben war immer da und wird anhalten, solange Japan besteht. Mit Shotoku Taishi, dem berühmten Regenten, den wir schon erwähnten, hat Japan seine Laufbahn als Kulturnation begonnen. Im Jahre 604 gab er seine berühmten »17 Artikel« bekannt, welche die ethische und religiösweltanschauliche Grundlage für das sich entfaltende japanische Staatswesen bilden sollten. Der erste Artikel beginnt mit den Worten: »Harmonie ist das Wichtigste.« Sie sind zwar den Analekten des Konfuzius entnommen, aber es ist bezeichnend, daß sich der japanische Staatsmann gerade diese Worte des chinesischen Weisen auswählte. Desgleichen ist es von Bedeutung, daß der Name Japans seit alters oftmals mit den Schriftzeichen für »Groß« und »Harmonie« (oder Eintracht) geschrieben wird. Der alte Landesname »Yamato« wird fast immer so geschrieben, aber zuweilen werden diese Schriftzeichen auch für »Nippon« verwendet (es handelt sich um eine Schreibweise dem Sinne, nicht der Aussprache nach). Mit andern Worten: »Große Eintracht« steht für Japan.

Es soll nun etwas näher betrachtet werden, wie sich das Ideal der Harmonie und die Betonung der »menschlichen Verknüpfung« auf das japanische Leben auswirken.

III Der Nipponismus ist urjapanisch

In Japan sind Entscheidungen immer auf dem Wege der Beratung gesucht worden. Autoritäre Befehle einzelner Persönlichkeiten waren sehr selten. Auch das Majoritätsprinzip, das für das japanische Empfinden auf einer kalten, rationalen Rechnung beruht, war unbekannt. Noch heute wird, wenn die Regierungspartei auf Grund ihrer Mehrheit im Parlament etwas durchzusetzen versucht, die »Diktatur der Majorität« angeprangert. Den Japanern kam es immer auf die Übereinstimmung an, auf die Übereinkunft, die auch anfänglich widersprechende Meinungen in sich einschließen sollte. Auch im japanischen Kabinett werden Entscheidungen nicht durch Abstimmung, sondern durch Konkordanz getroffen. Falls keine Übereinstimmung herrscht, wird keine Entscheidung getroffen, sondern es wird immer wieder von neuem beraten, bis eine einheitliche Meinung erzielt worden ist. Das kann sich unter Umständen Wochen und Monate hinziehen. Zudem werden die Beratungen nicht protokolliert, so daß die Regierungsmitglieder frei reden können, ohne befürchten zu müssen, daß ihre Äußerungen eines Tages veröffentlicht werden könnten. Auf diese Weise fällt es ihnen dann leichter, gegebenenfalls im Laufe der Erörterungen ihre Meinung zu ändern[1].
Infolge dieser Einstellung muß auf allen Gebieten sehr viel beraten werden. Das war schon in der Mythologie der Fall. Die japanischen Götter haben Massenversammlungen abgehalten. Der letzte der erwähnten »17 Artikel« des Shotoku Taishi aus dem Jahre 604 lautet: »Entscheidungen dürfen nicht nur von einer einzelnen Person getroffen werden, deshalb beredet euch ordentlich mit den andern. Bei einer geringfügigen Angelegenheit ist es leicht; da braucht man nicht durchaus viele, um mit ihnen zu beraten; nur im Falle, daß es sich um wichtige Angelegenheiten handelt, und daß ihr besorgt seid, ihr möchtet irren, müßt ihr mit vielen beraten und über die Sache zur Klarheit gelangen. Dann wird es etwas Vernünftiges geben.« Diese Lehre gilt auch heute noch.
Die Beratungen können manchmal sehr lange dauern, bis es nach vielem Hin und Her zu einer Entscheidung kommt. Ist diese aber einmal gefallen, wird im allgemeinen konsequent und entschlossen danach gehandelt. Warum auch nicht? Es sind ja nunmehr alle Beteiligten im großen und ganzen einig. Ausländische Geschäftsleute in Japan können ein Lied davon singen, wie lange es dauern kann, bis sie von einer japanischen Firma einen Bescheid bekommen.
Es gibt in Japan außerdem, wie anderswo auch, Beratungen ohne Entscheidung. Die Japaner haben eine besondere Vorliebe für Gespräche am runden Tisch. Sie werden nicht nur vom Fernsehen und vom Rundfunk veranstaltet, sondern sehr häufig auch von Zeitungen und Zeitschrif-

ten, die sie dann in gedruckter Form veröffentlichen. Die Japaner lieben solche Gespräche, obwohl sie nicht immer konsequent durchgeführt werden, sondern oft sprunghaft verlaufen und obwohl, wie man so sagt, meistens nichts dabei herauskommt. Bei uns zieht man ein umgrenztes Thema vor und liebt keine Abweichungen. Man schätzt in Europa durchaus eine gewisse Tendenz, das Herausarbeiten einer bestimmten Meinung oder gar ein abschließendes Urteil. Dies alles erwarten die Japaner in solchen Fällen nicht. Abweichungen sind für sie keine Abweichungen, sondern Elemente, die zur Meinungsbildung beitragen. Sie wollen, ähnlich wie im Familienrat, verschiedene Ansichten und die positiven und negativen Seiten von allen Dingen und Problemen erfahren. Es geht für unsere Begriffe alles etwas vage vor sich. Und doch tragen diese Konferenzen am runden Tisch langsam zur Meinungsbildung bei. Es sind kleine Beratungen, die oftmals die nationale politische Ebene berühren.
Mit der Wertschätzung der Übereinstimmung an Stelle der Majorität hängt die Neigung für Kompromisse zusammen. Wenn einer den andern, eine Gruppe die andere nicht zu überreden vermag, werden die Verhandlungen meistens nicht abgebrochen; es wird versucht, einen Kompromiß zu erreichen. Manchmal sind es faule Kompromisse, aber sie werden Zank und Streit vorgezogen. Uns Europäern mag diese Art im allgemeinen nicht recht liegen, aber wir müssen zugeben, daß die Japaner trotzdem – oder deswegen? – mit ihrem Gemeinschaftsleben recht erfolgreich waren. So haben sie trotz aller Wandlungen und Umwälzungen nie eine Revolution erlebt und werden auch nie eine erleben. Der Nipponismus arrangiert die Wandlungen auf seine Weise.
Es wird nun begreiflich, daß in Japan relativ wenig prozessiert wird. Oft besteht eine gewisse Scheu davor, einen Prozeß zu gewinnen, auch wenn das möglich wäre. Denn dann könnte es auf der verlierenden Seite böses Blut geben. Das Leben geht weiter, und man kann ja nie wissen, was kommt. Der Herr X mit seiner bankrotten Firma, die einem Geld schuldet, könnte eines Tages wieder auf die Beine kommen. Es ist deshalb gescheiter, ihm ein wenig entgegenzukommen, anstatt ihn total zu verärgern. Auch könnte das Ansehen von jemandem, der einen Prozeß verliert, Einbuße erleiden. Dann könnte er auf Vergeltung sinnen – auch nicht gut, auch gefährlich.
Es mag deshalb nicht verwundern, daß es in Japan nur wenige Rechtsanwälte gibt. Die entsprechenden Vergleichszahlen mit andern Ländern sind geradezu erstaunlich. Nach einer aus dem Jahre 1967 stammenden Gegenüberstellung kamen in den Vereinigten Staaten auf 100 000 Einwohner 150 Rechtsanwälte, in der Schweiz 42, in der Bundesrepublik Deutschland 33 und in Japan bloß 8![2] Man könnte wirklich meinen, Japan sei das Land der »großen Eintracht«. Aber man streitet sich in Japan eben anders.

Zwar gibt es nur wenige Rechtsanwälte, dafür aber um so mehr Mittelsmänner. Wenn in Japan zwei verschiedene Gruppen miteinander verhandeln oder sich streiten, sind Mittelsmänner unentbehrlich. Japan ist das Land der Vermittler – in der Politik, in der Wirtschaft, im Familienleben, im Sportwesen und überhaupt auf allen Gebieten. Die Mittelsmänner sind nicht etwa Juristen, sondern meistens Leute von einigem Ansehen, die oftmals die Weisheit eines Kadi entfalten. Sie sind die Versöhner, die Helfer im Lande der begehrten Eintracht.

Häufig ist in der Nachkriegszeit, das heißt genau genommen, nachdem Ruth Benedict 1947 ihr berühmtes Buch »The Chrysanthemum and the Sword« (Verlag Secker & Warburg, London) veröffentlicht hat, von »On« »Giri« und andern japanischen Begriffen die Rede gewesen. Wir können uns hier, obwohl diese Begriffe einen sehr wesentlichen Bestandteil der »menschlichen Verknüpfung« ausmachen, nicht eingehend damit beschäftigen. Es sei nur erwähnt, daß es sich dabei um Pflichten und Verpflichgen handelt, die, etwas vereinfacht ausgedrückt, schon mit der Geburt auf den Menschen zukommen (zum Beispiel gegenüber den Eltern und dem Kaiser) und sich weiterhin für jeden im Laufe des Lebens ergeben. Das segensreiche Gute, das der Japaner sozusagen von vornherein vom Kaiser und von den Eltern empfangen hat, verpflichtet ihn sein Leben lang dazu, seine Dankbarkeit durch seine Lebensweise und durch seine Taten zum Ausdruck zu bringen. Ferner muß er die Wohltaten und Vorteile, die er etwa durch Freunde oder Gönner erfahren hat, auf irgendeine Weise »zurückbezahlen«. Tatsächlich sind die Japaner ihr ganzes Leben lang mit verschiedenartigen Verpflichtungen beladen, solchen, die nie abgebaut werden können (Kaiser, Eltern, Lehrer) und solchen, die nach der »Rückzahlung« erledigt sind. Die Darstellung von Ruth Benedict wird von den Japanern meistens als etwas schief und übertrieben empfunden, sie fühlen sich zuweilen sogar unangenehm berührt. Auch manche Ausländer halten Ruth Benedicts Behauptungen für übertrieben. Sie führen etwa an, daß man auch in Europa einer alten Tante, die einem Gutes getan hat, dankbar sei und sich einem Gönner, der einem eine gute Position zugeschustert hat, verpflichtet fühle. Dies scheint mir eine ziemlich oberflächliche Kritik zu sein. Meiner Erfahrung nach hat Ruth Benedict den Kern der Sache getroffen. Die japanische Reaktion ist begreiflich, denn es handelt sich dabei um Dinge, die ihnen so sehr in Fleisch und Blut übergegangen sind, daß sie nicht darüber nachdenken. Und nun kommt eine Amerikanerin daher, welche die japanischen Gegebenheiten prinzipiell zu analysieren versucht, wobei sie vielleicht etwas zu kraß zeichnet. Wenn Japaner über die christliche Nächstenliebe sprechen oder schreiben, so reagieren wir häufig auf ähnliche Weise. Uns kommen ihre Äußerungen verzerrt vor, auch wenn sie im Prinzip richtig sein sollten. Etwas verdutzt sagen

wir: Aber so sind wir doch gar nicht. Manche unserer Verhaltensweisen sind uns so selbstverständlich geworden, daß wir kaum noch daran denken, daß sie letzten Endes auf christlichen Lehren beruhen. Bei uns springt man ins Wasser, um ein Kind zu retten, hilft jemandem, der in ungerechtfertigter Weise angepöbelt wird, oder bemüht sich um eine alte Frau, die auf der Straße einen Schwächeanfall erlitten hat. Die Japaner tun das, jedenfalls nach der alten Auffassung, nicht ohne weiteres. In ihrem Kodex der Verpflichtungen gibt es keine gegenüber ganz fremden Menschen.
Als ich vor einigen Jahren Japan verließ, empfand ich in gewisser Beziehung eine Erleichterung. Die Japaner erwarteten von mir, daß ich die japanischen Sitten einigermaßen kennen würde und daher bemüht sein müsse, mich dementsprechend zu benehmen. Nach so vielen Jahren in Japan konnte ich nicht immer die unwissende Ausländerin spielen, der man »schlechtes Benehmen« verzeiht. Doch muß ich sagen, daß mich das »Rückzahlen« manchmal irritierte. Man kann in Japan nie jemanden gern und freigebig mit einem Geschenk beglücken, sondern man muß stets daran denken, was für eine Verpflichtung man dem Beschenkten auferlegt.
Einmal habe ich zum Beispiel eine Japanerin zu einer Reise eingeladen, woraufhin sie mir jahrelang Geschenke schickte. Natürlich wollte sie mir herzlich danken, aber ich merkte dabei – mit Verdruß –, daß sie sich offenbar die Höhe der Reisekosten ausgerechnet hatte und diese mit den Geschenken zurückerstatten wollte. Sie hatte gesellschaftlich die gleiche Stellung wie ich, und deshalb durfte sie weder mit zuwenig noch mit zuviel gleichziehen. Der Umfang des Rückzahlens richtet sich nämlich danach, ob man es mit einem Höhergestellten, einem Gleichgestellten oder einem Niedrigergestellten zu tun hat. Einem Höhergestellten schenkt man weniger, als man empfangen hat (sonst wäre es eine Anmaßung), und einem Niedrigergestellten mehr. Dabei ist es manchmal gar nicht so leicht, die eigene soziale Stufe und die der andern richtig einzuschätzen. Handelt man falsch, so macht man sich entweder lächerlich oder beleidigt jemanden.
Ein Ingenieur, bei dem ich auf einer Reise in die Provinzen eine Mahlzeit genossen und der sich auch sonst gefällig erwiesen hatte, kam kurz darauf nach Tokyo und bat mich, seinem Sohn Deutschunterricht zu erteilen, das heißt, er bat eigentlich nicht, er verlangte es geradezu. Bedauernd entgegnete ich ihm, ich hätte als Zeitungskorrespondentin leider keine Zeit dafür. Nicht genug damit, sollte ich ihm auch in Deutschland, wohin er demnächst reisen wollte, eine Adresse angeben, wo er zu reduziertem Preis eine Schweizer Uhr zu kaufen gedachte. Ich erklärte ihm, daß ich Zürcherin sei und in Deutschland nicht so gut Bescheid wisse, außerdem sei es auch in der Schweiz nicht so leicht, Uhren verbilligt zu erstehen. Dies wollte er nun gar nicht begreifen. Überhaupt schien er recht enttäuscht anzunehmen, daß ich keine Lebensart besäße. Dieser Ingenieur war nun

allerdings reichlich dringlich mit seinen Erwartungen. So plump gehen die Japaner gewöhnlich nicht vor.
Eines Tages starb der Inhaber eines kleinen Kramladens, der sich in Tokyo in meiner Nachbarschaft befand. Ich hatte ihn gut gekannt, war er doch manchmal zu einem Plauderstündchen des Abends zu mir gekommen. Außerdem war ich seiner Familie verpflichtet, denn meine Hausgehilfin pflegte, meine europäische Badewanne verachtend, am Abend ihr heißes japanisches Bad in ihrem Häuschen zu nehmen. Es ist in Japan im allgemeinen üblich, bei Todesfällen der trauernden Familie eine kleine Geldsumme zu übergeben. Nachdem ich mich sorgfältig mit meiner Hausgehilfin über die Höhe der Summe, die für mich angebracht war, beraten hatte, machte ich meinen Kondolenzbesuch und legte das Geld in einem Couvert auf das Tischchen, das neben der Leiche des alten Mannes stand. Zwei bis drei Monate später erhielt ich von der Witwe eine sehr große Kiste mit Seife (aus ihrem Kramladen natürlich). Der Wert mag ungefähr der Hälfte der von mir übergebenen Summe entsprochen haben. Natürlich war ich gerührt, dachte aber unwillkürlich, so genau hätte sie doch nicht »aufrechnen« müssen.
Es ist übrigens eine schöne Sitte, bei Todesfällen mit Geld beizustehen. Denn anläßlich der Trauerfeierlichkeiten gibt es ja immer ungewöhnliche Ausgaben. Auch wenn Häuser abbrennen, stellen Nachbarn und Freunde den Betroffenen oftmals unaufgefordert Geld zur Verfügung. So denkt man in Japan immer an den Mitmenschen, falls man als Nachbar, Freund oder Anverwandte in einer bestimmten Beziehung zu ihm steht.
Bei den Beispielen, die ich anführte, handelt es sich um Erfahrungen aus den sechziger Jahren, also nicht um alte Geschichten. Trotzdem sind sie aber nicht mehr allgemein und unbedingt gültig. In den Großstädten sind die Dinge nicht mehr so genau reglementiert, besonders bei der jüngeren Generation. Aber dennoch ist die Anerkennung der Verpflichtungen und das Gefühl der Dankbarkeit in Japan auch heute ausgesprochener als im Westen. Und es wird, da die Japaner nun einmal die Hauptaufmerksamkeit den »menschlichen Verknüpfungen« widmen, bestimmt auch so bleiben.

Nachdem der Einfluß des Nipponismus auf das gesellschaftliche Leben skizziert wurde, soll nun die, wie man meinen könnte, fundamentale Frage nach dem Verhältnis des Nipponismus zur Religion aufgegriffen werden. Für die Japaner ist diese Frage aber gar nicht so fundamental, denn der Nipponismus ist auf alle Fälle die Grundlage von allem. Die Religionen spielen die zweite Geige. Neuerdings ist in Japan ein Buch erschienen, dessen englische Ausgabe mit »The Japanese and the Jews« betitelt ist und dessen japanische Originalausgabe ein ganzes Jahr lang auf der Bestsellerliste stand[3].

Der Autor, der sich Isaiah Ben-Dasan nennt und vorgibt, ein Jude zu sein, stellt darin unter anderem die kühne Behauptung auf, der Nipponismus sei eine Religion und wie alle Religionen in verschiedene Richtungen oder Sekten zerfallen. Heute bestünden folgende Hauptrichtungen: Die Soka Gakkai (Nichirenbuddhistisch), die christliche, die marxistische und die humanistisch-kapitalistische (repräsentiert durch den Slogan »Frieden und Glück durch Wohlstand«). Wenn man zunächst einmal die Frage, ob Nipponismus eine Religion sei, beiseite läßt, ist zuzugeben, daß der Autor, wenn auch mit krassen Worten, die Wahrheit sagt. Viele Autoren haben sich mit dieser Frage beschäftigt und darauf hingewiesen, daß die Religionen in Japan keine entscheidende Rolle spielen. Wieder sei auf das gelehrte Werk von Hajime Nakamura verwiesen, der darstellt, wie der Buddhismus japanisiert, das heißt, im Sinne dieses Buches nipponisiert wurde[4]. Ben-Dasan hat bei seiner Aufzählung der Hauptrichtung der »nipponistischen Religion« den Shintoismus nicht erwähnt. Das erklärt sich aus den heutigen Verhältnissen, denn der Shintoismus als Religion ist heute nur noch in wenigen Sekten lebendig.

In der Vorkriegszeit hielten wir Nipponismus und Shintoismus beinahe für identisch. Dies war vielleicht insofern verständlich, als sich damals eine das Shintoistische oder angeblich Shintoistische hochspielende Propaganda mit großer Wucht auf uns ergoß. Es war nicht nur die staatliche Propaganda, vielmehr haben zahlreiche Autoren in gelehrten Schriften im gleichen Sinne geschrieben. So schrieb Dr. Murakami, der 1934 ein Buch in deutscher Sprache veröffentlicht hat: »Die enge Beziehung von Untertanentreue und Kindespflicht stammt direkt aus der Eigenart des japanischen Staatsgebildes. Das kann man bei andern Völkern nicht finden. Dessenungeachtet ist der kaiserliche Wille nichts anderes als eine notwendige Forderung der vernünftigen Natur des Menschen. Es ist eine sittliche Forderung, die allen Völkern gemeinsam sein sollte[5].« Und ein anderer Schriftsteller schrieb 1936, daß der Kaiser vielleicht der Weltzivilisation eine neue Richtung geben werde[6].

Indessen meinten wir damals nicht den Shintoismus als Religion, sondern den shintoistischen Geist. Es sei daran erinnert, daß manchmal bezweifelt wird, ob der Shintoismus überhaupt als Religion zu betrachten sei. Es gibt nämlich keine heiligen shintoistischen Bücher (es sei denn, man betrachte die alten japanischen »Geschichtswerke« mit ihrer Mythologie als solche) und auch keine shintoistischen Dogmen. Darin ist er allerdings dem Nipponismus ähnlich! Dennoch haben wir uns, wenn wir an den shintoistischen Geist dachten, damals in gewisser Weise geirrt. Wir nahmen an, daß der Kaiserkult in seiner damaligen Form und die Ahnenverehrung wesentliche Bestandteile des Nipponismus seien. Das ist nicht richtig. Über die Position des Kaisers werden wir noch sprechen. Unverändert geblieben ist das Gefühl der Einzigartigkeit und ein gewisser Sendungsglaube.

Man muß wissen, daß es vor dem Kriege zwei Arten von Shintoismus gab, den staatlichen und den Sekten-Shintoismus. Der Shintoismus als »Staatsdienst« war eine so typisch japanische Erfindung, daß er erwähnt werden muß. Als die Regierung begann, shintoistische Verhaltensregeln anzuordnen, gab es Schwierigkeiten mit den andern Religionen, besonders mit den Christen. Manche japanische Christen lehnten es ab, sich tief vor dem Kaiserbildnis (als ob der Tenno tatsächlich ein Abkömmling der Götter wäre) und vor den nationalen Shintoschreinen zu verneigen oder ihren Zöglingen die Schöpfung Japans durch die Götter (als einzig wahre Weltschöpfungsgeschichte) darzubieten. Mit den Buddhisten gab es ebenfalls, jedoch weniger Auseinandersetzungen. Der Buddhismus war ja schon längst und bedeutend intensiver nipponisiert als das Christentum. Auch besaßen die christlichen Missionare einen gewissen Einfluß und Rückhalt in der in diesem Zusammenhang für Japan abträglichen Meinung der westlichen Welt. Kurz – die Regierung behalf sich damit, daß sie erklärte, der staatliche Shintoismus sei keine Religion, sondern Staatsdienst. Wieder so eine komplizierte japanische Angelegenheit: Die Regierung erklärte, daß die eigene angestammte Religion keine Religion sei.

Hier wurde deutlich, daß es für die Japaner etwas Höheres gibt als die Religionen, etwas, dem sich die Religionen unterordnen müssen. Dennoch war die Art, wie dies damals zum Ausdruck kam, sozusagen unnipponistisch. Nie sind in der japanischen Geschichte derartig absolute und genaue Anweisungen, nie dem Volke solche nationalen Vorschriften gegeben worden. Der Nipponismus, wir wiederholen es, ist ein vages Grundgefühl, kein Dogma. Es handelte sich also um einen verzerrten Nipponismus. Vielleicht war dabei ein westlicher Einfluß (Nationalsozialismus und Faschismus) wirksam.

Nach dem Kriege wurde auf amerikanische Veranlassung der Staatsshintoismus abgeschafft. Wahrscheinlich hätten die Japaner dies auch von sich aus getan. Inzwischen sind aber Bräuche, die aus der shintoistischen Tradition hervorgegangen sind und die sich vor dem Kriege der Staatsshintoismus einverleibt hatte, wieder lebendig geworden. Dies ging teils von der Regierung, teils vom Volke aus. Die konservative Regierung sorgte für die Wiedereinführung des Reichsgründungstages (siehe S. 33). Das Volk strömte von sich aus an besonderen Tagen zum Schrein des Kaisers Meiji, zum Yasukuni-Jinja (Schrein für die gefallenen Soldaten) und zu andern nationalen Heiligtümern. Die neu erkorenen Regierungschefs – einschließlich des neuen Premierministers Tanaka – pilgern schon seit Jahren zu den Großschreinen von Ise (Heiligtum der Sonnengöttin), um der Ahnin des Kaiserhauses ihren Amtsantritt zu melden. Ja, sogar führende linkssozialistische Funktionäre haben sich nach Ise begeben, um dort ihren Respekt zu erweisen.

Dies alles geschieht freiwillig, ohne jeden Druck oder Zwang. Deshalb ist

es echt nipponistisch. Die Menschen handeln aus ihrem Gefühl heraus. Sie wären höchst erstaunt, wenn man sie deswegen als Shintoisten bezeichnen würde. Sie pflegen die alten Sitten und Bräuche, die zu ihrem nationalen Dasein gehören.
Rasch ein paar Worte über den Sekten-Shintoismus. Es sind religiöse Gruppen, die so recht im 19. Jahrhundert aufgekommen sind, in jener Zeit also, als die nationale Selbstbesinnung und Erneuerung wirksam war. Diese Sekten vertreten verschiedenartige Überlieferungen und Richtungen. Sie hatten zwar eine gewisse, wenn auch keine entscheidende Bedeutung. Heute spielen diese Sekten, einschließlich der nach dem Kriege neugegründeten, eine ziemlich nebensächliche Rolle.
Wer meint, hiermit sei das Thema Shintoismus abgeschlossen, irrt sich. Die weitaus meisten Japaner bezeichnen sich zwar nicht als Shintoisten, aber allesamt hängen sie shintoistischen Riten an. Hochzeiten, Richtfeste, das Pflanzen des ersten Reises und anderes mehr werden stets mit shintoistischem Zeremoniell durchgeführt, auch von den Anhängern buddhistischer Sekten. Hingegen werden die Trauerfeiern sämtlicher Japaner auf buddhistische Weise zelebriert. Der Buddhismus weiß eben, einfach ausgedrückt, besser mit dem Sterben und der menschlichen Seele Bescheid.
Mit dieser japanischen Einstellung den Religionen gegenüber hängt es zusammen, daß die japanische Religionsstatistik, jedenfalls für uns, zu erstaunlichen Resultaten kommt. Im Jahre 1969 oder 1970 gab es in Japan laut der offiziellen Statistik 79 Millionen Shintoisten und 79 Millionen Buddhisten. Japan hatte aber nur 100 Millionen Einwohner. Viele Japaner bezeichnen sich gleichzeitig sowohl als Shintoisten wie als Buddhisten.

Das Zeremoniell ist in Japan bei sehr vielen Gelegenheiten von hoher Bedeutung. Es ist nicht so relevant, was man glaubt oder was man sich bei Hochzeits- oder Trauerfeierlichkeiten denkt. Das Wichtigste ist, daß die Riten korrekt und mit Anstand vollzogen werden. Hier haben wir »die menschliche Verknüpfung« im erweiterten Sinne. Die Verknüpfung erstreckte sich, jedenfalls bis vor kurzem, auch auf die Toten, die Ahnen und die Götter. Selbst der Verkehr mit diesen war genau geregelt.

Ist der Nipponismus nun eine Religion, wie der scharf zupackende Bestseller-Autor Ben-Dasan behauptet? Daß er mit seinen verschiedenen Thesen die Japaner innerlich getroffen und nachdenklich gestimmt hat, ist keine Frage. Denn sonst hätte er nicht einen solchen Riesenerfolg gehabt. In Japan ist infolge seines ausgezeichneten japanischen Stils und seiner Kenntnis der Japaner stark daran gezweifelt worden, daß er, wie er behauptet, ein Jude ist. Er sei wahrscheinlich ein Japaner. Es lohnt sich wohl, sich mit den Aussagen eines Autors zu beschäftigen, den die Japaner für einen so profunden Japankenner halten.

Ich empfinde es als absurd, den Nipponismus als eine Religion zu bezeichnen. Vielleicht hat es Ben-Dasan auch nur getan, um die Japaner aufzuschrecken und um ihnen mit einer neuen Formulierung klarzumachen, daß sie doch eigentlich recht eigentümliche Menschen seien.
Wenn man das japanische Wesen erörtern will, sollte man zunächst einmal Begriffe wie Religion, Philosophie und Weltanschauung vergessen. Diese Begriffe sind in Japan und teilweise auch in China nicht sehr scharf voneinander getrennt. Erinnern wir uns daran, daß von westlicher Seite manchmal erklärt wird, der Buddhismus sei keine Religion, sondern eine Philosophie. Anderseits wird oftmals der Konfuzianismus als Religion bezeichnet, was er meiner Ansicht nach bestimmt nicht ist. Unsere Begriffe lassen sich nun einmal nicht immer auf die ostasiatischen Verhältnisse anwenden. Vielleicht läßt sich sagen, daß der Nipponismus eine Weltanschauung sei. Aber das ist auch nicht ganz treffend, weil er so stark mit Emotionen durchtränkt ist.
Selbst der Shintoismus wird, wie erwähnt, oftmals nicht als Religion betrachtet, da er keine heiligen Bücher und kein Dogma besitzt. Demnach wäre der Nipponismus erst recht keine Religion, gibt es in seinem Namen doch nicht einmal Schreine oder Riten. Das soll eine Religion sein, wenn einer sagt »Ich glaube an die Einzigartigkeit Japans« oder wenn einer meint »Die Harmonie ist das Wichtigste«? Im übrigen hat sich der Nipponismus auf nichts festgelegt. Die Nipponisten – und alle Japaner sind Nipponisten, ob sie sich dessen bewußt sind oder nicht – akzeptieren sozusagen alle Religionen und dazu noch marxistische, kapitalistische oder sonstige Ideologien. Das soll eine Religion sein? Unser Sprachgebrauch und unser Sprachgefühl sträuben sich gegen diese Benennung. Deshalb soll man ruhig zugeben, daß der Nipponismus etwas Besonderes ist, das sich mit unseren gewohnten Begriffen kaum determinieren läßt. Natürlich lassen sich abgedroschene Ausdrücke wie »die Seele Japans«, der »Geist Japans« oder »das japanische Wesen« heranziehen. Aber dadurch wird auch nichts deutlicher.

Da die Religionen in Japan nicht alleinbestimmend sind, mag man sich fragen, wie es mit der Religiosität der Japaner bestellt ist. Tatsächlich ist diese Frage oft aufgeworfen worden. Es gibt Autoren, japanische und ausländische, die schlankweg erklären, daß die Japaner kein religiöses Volk seien. Andere wieder, besonders japanische Buddhisten, halten sie für tiefreligiös. Vielleicht mag es müßig sein, über so heikle Fragen zu diskutieren. Immerhin dürfte wohl die Feststellung gewagt werden, daß die Japaner weniger religiös sind als die Inder, aber religiöser als die Chinesen. Meiner Ansicht nach sind die Japaner ein recht religiöses Volk. Dabei dürfen aber die Wandlungen der Zeiten nicht übersehen werden. Lange Zeit war das Inselvolk sehr weitgehend vom Buddhismus ergriffen, aber in den letzten Jahrhunderten änderte sich das. Und heute ist die Einstellung überwiegend weltlich und wenig religiös. Bei uns im Westen ist die Entwicklung ja ähnlich verlaufen.

Aber trotzdem besteht ein Unterschied zu Japan. Bei dem an und für sich religiös veranlagten Inselvolke haben die Religionen es nicht vermocht, ein von Anbeginn an vorhandenes Grundgefühl zu verdrängen oder zu überspielen. Manche Gefühle, die anderswo mehr oder weniger von den Religionen aufgesaugt wurden, sind mit all ihrer Innigkeit im Nipponismus verblieben. Es ist bezeichnend, daß die Japaner seit Jahrhunderten Witze – und zwar oft sehr beißende – über den Buddhismus und die buddhistischen Bonzen und über das Christentum gemacht haben, aber nie über ihre angestammten, ihre shintoistischen Götter. Denn das hätte das nipponistische Grundgefühl berührt[7].

Verwandt mit der Frage der Religiosität ist diejenige der Toleranz. Meistens heißt es – und auch auf japanischer Seite wird dies gern betont –, die Japaner seien tolerant. Natürlich sind die Japaner, soviel mag sich aus dem bisher Gesagten längst ergeben haben, religiös und ideologisch duldsam und weitherzig. Aber nur insofern der Nipponismus davon nicht betroffen wird. In diesem Zusammenhang sei Max Weber erwähnt, welcher der Meinung war, in Japan habe der Staat dem Buddhismus gegenüber nicht die Rolle eines Schutzpatrons, sondern einer Religionspolizei gespielt[8]. Dies stimmt jedenfalls für die späteren Jahrhunderte. So wurden in der Tokugawa-Zeit die buddhistischen Tempel und Klöster eigentlich nur noch dazu benützt, die Regierung darin zu unterstützen, noch den allerletzten Christen in Japan auszurotten. Das Vorhandensein einer »Religionspolizei« läßt sich gewiß nicht mit Toleranz vereinigen.

Der Buddhismus hat in Japan nie stark gestört, weil er sich anpaßte. Viele Buddhisten wollten einst nicht nur das japanische Volk bekehren, sondern auch seine Götter. Einige segneten die japanischen Götter, andere machten Buddhas und Bodhisattvas aus ihnen. Einer behauptete, die Bodhisattvas seien nur dazu da, dem japanischen Kaiserhaus zu dienen. Der erwähnte Sektengründer Nichiren erklärte, alle Götter Japans verehrten die Lotus-Sutra. Die Buddhisten wandten sich nicht gegen die Ahnenverehrung, sie haben diese mitsamt den patriarchalischen Tendenzen in Japan übernommen. (Die kleinen häuslichen Ahnenschreine der gewöhnlichen Japaner sind buddhistisch, nicht shintoistisch.) Der Buddhismus verschmolz sich schließlich sogar mit den Shintoismus, und in vielen Shintoschreinen walteten buddhistische Bonzen. Dagegen wandten sich in der Tokugawa-Zeit die japanischen Erneuerer. Sie traten für eine saubere Trennung ein. Dementsprechend wurde dann nach der Meiji-Restauration (1868) angeordnet, daß ein Heiligtum entweder dem Buddhismus oder dem Shintoismus zu dienen habe. Einzig und allein die Großschreine von Ise, die seit ungefähr 2000 Jahren bestehen (Holzbauten, die alle zwanzig Jahre ab-

gerissen und im alten Stile wieder aufgebaut werden), sind nie von buddhistischen Priestern betreten worden. Das Heiligtum der Sonnengöttin, das altehrwürdigste in Japan, wurde immer rein gehalten.
Der Buddhismus war also letzten Endes keine Gefahr für die japanischen Überlieferungen und den Shintoismus. Anders war es mit den Christen. Sie beharrten im allgemeinen auf ihren Dogmen. Es kam die Befürchtung auf, das Christentum würde das Land ethisch, sozial und politisch unterminieren und damit in Unordnung und Unheil stürzen (vgl. S. 17). Es wurde als subversiv betrachtet, wie wir heute sagen würden. Hinzu kam der Verdacht, die Missionare seien im Verein mit den Kaufleuten der Vortrupp zur Unterjochung Japans. Anderswo wurden ja tatsächlich, nachdem Missionare und Kaufleute ungefähr gleichzeitig aufgetaucht waren, asiatische Gebiete kolonisiert. Infolgedessen wurde das Christentum in Japan schließlich verboten. Christen wurden gefoltert, gekreuzigt oder mit dem Kopf nach unten in tiefe Gruben gehängt, bis sie widerriefen oder starben. Die Abtrünnigen mußten als Beweis für ihren Gesinnungswandel mit den Füßen auf ein Holzkreuz treten. Die Formel der Abschwörung sei hier erwähnt, weil sie einen für unsere Begriffe komisch wirkenden Widerspruch enthält. Zuerst mußten die Abtrünnigen dem Christentum abschwören, und dann mußten sie nach der vorgeschriebenen Formel erklären: »Im Namen des Vaters, des Sohnes und des Heiligen Geistes, der heiligen Maria und aller Engel ... wenn ich diesen Eid breche, will ich die Gnade Gottes für alle Zeit verlieren ...« Die japanische »Logik« bestand also darin, daß man »im Namen Gottes usw.« die Lossagung vom Christentum bekräftigte[9].
Der Nipponismus ist, so wurde schon hervorgehoben, heute so lebendig wie eh und je. Nun hatte diese Einstellung immer etwas mit dem Kaisertum zu tun, ja der Kaiser ist meistens als Zentrum des Nipponismus betrachtet worden. Wie steht es damit heute? Dies ist eine aktuelle Frage, die häufig von Ausländern gestellt wird. Aber soweit ich feststellen konnte, sehr selten von Japanern. Schon dieser Umstand allein ist bezeichnend.

Das Kaisertum war, wie so vieles in Japan, einem ständigen Wandel unterworfen. Manchmal stand der Tenno, wie zum Beispiel in den Vorkriegs- und Kriegsjahren, ganz eindeutig nach außen und innen an der Spitze und im Zentrum des Reiches. Zu anderen – und zwar sehr langen Zeiten – befand er sich, manchmal kaum bemerkt, im Hintergrund. Und zwar so sehr, daß zum Beispiel der Kaiserliche Hof zu Peking im 16. Jahrhundert annahm, Hideyoshi Toyotomi sei der Kaiser von Japan. Dieser, der kaisertreu war und wie alle japanischen Usurpatoren »im Namen des Kaisers« regierte, war darüber äußerst erzürnt. Später, im 18. und in der ersten Hälfte des 19. Jahrhunderts, machten die Westländer, die nach

Japan kamen, denselben Fehler. Sie hielten die Tokugawa-Shogune für die Kaiser von Japan. Einer schrieb nach Hause, die Japaner hätten außerdem eine »Art von Papst«, der in Kyoto lebe. (Die Tokugawa residierten in Tokyo.) Mit diesem »Papst« war der Kaiser von Japan gemeint.

In früheren Jahrhunderten, besonders seit dem 13. Jahrhundert, waren die Herrscher oft nichts als bemitleidenswerte Marionetten. Kleine Kinder wurden als Kaiser eingesetzt und oft nach kurzer Zeit wieder abgesetzt. Kaiser wurden eingesperrt und gekidnappt – so wie es gerade im Interesse der jeweiligen Machthaber lag. Im sechzehnten Jahrhundert ist es vorgekommen, daß die Tenno kaum noch finanzielle Mittel erhielten. Einer mußte seine Gedichte verkaufen, um leben zu können, und ein anderer konnte nach seinem Tode vierzig Tage lang nicht begraben werden, weil kein Geld für die Begräbnisfeierlichkeiten vorhanden war. Die Tokugawa-Shogune hatten (aus Furcht vor Anti-Tokugawa-Intrigen, die möglicherweise vom Hofe hätten ausgehen können) sämtlichen Feudalherren Japans verboten, den kaiserlichen Hof in Kyoto zu besuchen und überhaupt irgendwelchen Kontakt mit dem Kaiser aufzunehmen. Tatsächlich sind dann später vor der Kaiserlichen Restauration von 1868 endlose Machenschaften und geheime Verhandlungen von Kyoto ausgegangen.

Aber das Kaisertum an und für sich wurde nicht angetastet. Wie gesagt, haben sämtliche Usurpatoren, einschließlich der Tokugawa, im Namen des Kaisers regiert. Sie ließen sich von den oft gänzlich ohnmächtigen »göttlichen Herrschern« hochtrabende Titel verleihen, um auf diese Weise die Legitimität ihrer Regierungsgewalt unter Beweis zu stellen.

In der jetzigen Epoche steht der Kaiser wieder mehr im Hintergrund, wenn auch in ganz anderer Weise als in früheren Zeiten. Heute ist der Tenno keine ein- und absetzbare Marionette. Die Verfassung sorgt für geordnete Verhältnisse. In der Nachkriegsverfassung heißt es, daß die Souveränität beim Volke, also nicht mehr beim Kaiser liege, und daß das Kabinett, das durch das vom Volke gewählte Parlament bestellt wird, die Regierungsgewalt innehabe. Über den Kaiser heißt es in Artikel I der neuen Verfassung: »Der Kaiser ist das Symbol Japans und der Einheit des japanischen Volkes. Seine Stellung ist auf dem Willen des japanischen Volkes gegründet, bei dem die absolute Gewalt ruht.« Demnach liegt die Entscheidung über den Bestand des Kaisertums beim Volke[10].

Das japanische Volk wird, so kann man getrost behaupten, das Kaisertum auch in Zukunft nicht abschaffen. Der Kaiser ist das Symbol Japans und seiner Einheit und damit auch des Nipponismus. Vielleicht wäre es in der deutschen Sprache eindringlicher, wenn man ihn als Sinnbild oder Wahrzeichen bezeichnen würde, vielleicht sogar als »Fahne«. Er bedeutet die Fahne selbst und *nicht* etwa den Träger dieser Standarte. Jedenfalls ist die von den Amerikanern beeinflußte neue Verfassung eine Sache, die japanische Wirklichkeit eine andere, schon darum, weil die Japaner nicht sehr viel Sinn für juristische Paragraphen und Definitionen besitzen. Die wirklichen Empfindungen kommen eher in der Nationalhymne zum Ausdruck, die eine Kaiserhymne ist. Sie wurde aus der Vorkriegszeit übernommen. Ihr Text stammt aus einer alten Gedichtsammlung Japans aus dem 10. Jahrhundert. Keine andere Nation besitzt wohl eine Hymne, deren Worte tausend Jahre alt sind! Die ersten Worte dieses Kaiserliedes lauten: »Deine Herrschaft blühe Zehntausende von Jahren!« Drei Dinge vermochten die Japaner trotz des totalen Zusammenbruchs von 1945 beizubehalten: den Kaiser, die Nationalhymne und das Sonnenbanner als Nationalfahne.

Obwohl die Japaner am Kaisertum als Symbol festhalten, wird dieses Symbol nicht mehr wie vor 1945 in aufreizender Weise zur Schau gestellt und überstrapaziert. Die Japaner wissen, daß der Kaiser da ist und immer da war. Was soll man weiter darüber reden? Das Kaisertum in Japan ist so selbstverständlich, daß die kaiserliche Dynastie, die seit ungefähr 2000 Jahren immer dieselbe gewesen ist, nicht einmal einen Geschlechtsnamen besitzt! (Die Fortführung der kaiserlichen Linie wurde durch Adoptionen gewährleistet.) Wieder darf man fragen: Wo auf der übrigen Welt hätte es so etwas gegeben, eine Dynastie ohne Namen?

Die heutigen Japaner, überdrüssig des lächerlichen Kaiserkultes der Vorkriegs- und Kriegszeit, kümmern sich relativ wenig um den Kaiser. Sie haben dringendere Sorgen, als über das Vorhandensein ihres »Wahrzeichens« nachzudenken. Junge Japaner machen gern Witze, unter anderem um ihre Unabhängigkeit und Fortschrittlichkeit dadurch anzuzeigen. Doch den Kaiser selbst betreffen diese Witze sehr selten, viel häufiger den Kronprinzen. Das ist weniger pietätlos. Aber dieselben jungen Leute kommen in den wenigsten Fällen auf den Gedanken, daß das Kaisertum vielleicht einmal abgeschafft werden könnte. Nein – so ist es nicht gemeint, das ginge zu weit.

Anstatt auf dem Kaiser liegt heute, so scheint mir, die Betonung im politischen Sinne viel stärker auf der Nation, auf dem Volke. Dies ist eine bemerkenswerte Akzentverschiebung. Auch hier sehen wir, daß die Bedeutung der horizontalen Bande gegenüber der vertikalen zunimmt. Dies beruht nicht nur auf der neuen Verfassung, die dem Volke ja die Souveränität zuspricht. Es beruht auch auf alten japanisch-demokratischen Traditionen, die zeitweilig unterdrückt, wieder zum Leben erwacht sind. Wären diese Überlieferungen nicht, so wäre es um die japanische Demokratie bedenklich bestellt. Denn bloß eine Kopie der westlichen kann die japanische Demokratie natürlich nicht sein. Darüber mehr im VII. Kapitel.

IV Die neue Familie und die Frauenemanzipation

In Japan setzt sich erstaunlich schnell die Kleinfamilie durch, während die alte Großfamilie im Leben der Japaner immer unwichtiger wird, genau wie in China. Nur daß die Großfamilien in China durch eine Revolution beseitigt wurden, während in Japan alles auf evolutionäre Weise vor sich geht. Allerdings sind die Großfamilien und Sippenverbände in China einflußreicher gewesen als in Japan und wurden schließlich auch politisch gefährlicher, weil jede Familiengruppe nur noch ihren eigenen Interessen nachging und sich kaum um das Allgemeinwohl scherte. Die Auflösung der oft sehr mächtigen Sippenverbände wäre in China wohl kaum ohne eine Revolution möglich gewesen. In Japan hingegen ist das Familieninteresse immer durch das Gegengewicht anderer Gruppenbildungen und durch die nationalen Erfordernisse ausgeglichen worden. Infolgedessen vermochte die Entwicklung hier viel gemäßigter zu verlaufen.
Die japanischen Ehepaare, besonders die jüngeren, wünschen heute einen eigenen Haushalt, in dem sie allein mit ihren Kindern ohne andere Verwandte leben wollen. Früher bestand ein japanischer Haushalt in der Regel aus vielen Personen. Aber schon im Jahre 1950 entfielen nur noch durchschnittlich 4,05 Personen auf einen Haushalt, im Jahre 1972 sank diese Zahl auf 3,43, in Tokyo sogar auf 2,72 Personen. Diese Entwicklung ist nicht nur auf die Großstädte beschränkt, auch auf dem Lande werden die Haushalte kleiner, schon weil die Söhne und Töchter meistens nicht in der Landwirtschaft, sondern lieber in Fabriken oder Büros arbeiten wollen.
Gleichzeitig gibt es auch im jetzigen Familienleben Bestrebungen, die man sozusagen horizontal nennen könnte. Früher war die Familie als Einheit mit dem Familienvater als Oberhaupt das wichtigste. Der Sohn hatte auf seine Eltern mehr Rücksicht zu nehmen als auf seine eigene Frau. Wenn er seine Frau zu sehr liebte, wurde dies als störend und als der Familiengemeinschaft zuwiderlaufend empfunden. Es ist vorgekommen, daß eine Schwiegertochter fortgeschickt und der Sohn damit, ohne es selbst zu wollen, geschieden wurde, wenn er sich zuviel um seine Frau gekümmert hatte. Die Schwiegertochter, die meistens im Hause der Eltern des Mannes lebte, hatte vor allem der Schwiegermutter, weniger ihrem Manne zu gehorchen. Doch das hat sich schon seit Jahrzehnten allmählich geändert. Lafcadio Hearn, dieser manchmal kritiklose Japanschwärmer, schrieb schon um 1900 in einem Brief: »Die Japaner der neuen Schule wer-

den schon von dem moralischen Gift des Westens infiziert. Sie fangen an, ihre Frauen mehr zu lieben als ihre Väter und Mütter[1].«

Jetzt legen die Ehepartner, die ja in ihrer eigenen Wohnung aufeinander angewiesen sind, mehr Wert darauf, miteinander auszukommen. Eltern und Schwiegereltern und erst recht Onkel und Tanten können ruhig ein bißchen vernachlässigt werden, besonders wenn sie weit entfernt wohnen. Auch hier ist eine neue, sozusagen demokratische Tendenz zu bemerken: Freiheit und Unabhängigkeit des Ehepaars gegenüber der Autorität der Großfamilie. Diese wurde zwar, wie wir sahen, nicht durch das Familienoberhaupt allein regiert, sondern auch durch den Familienrat. Aber auch dieser vertrat ja die Belange der Großfamilie gegenüber ihren einzelnen Mitgliedern.

Freiheit und Unabhängigkeit setzen sich, wenn man es überspitzt ausdrücken darf, allmählich auch gegenüber den Ahnen durch. Viele Haushalte, besonders in den Städten, besitzen keine Ahnenschreine mehr. Manchmal gibt sich nicht einmal der älteste Sohn, der doch der Überlieferung zufolge als künftiges Familienoberhaupt zu gelten hat, die Mühe, einen Ahnenschrein aufzustellen und zu besorgen (Anzünden von Weihrauchstäbchen, Opfergaben usw.). So zerfällt nicht nur die Gemeinschaft mit den lebenden Verwandten, sondern auch die Gemeinschaft mit den Vorfahren. Jedoch wird den kürzlich Verstorbenen im allgemeinen immer noch die vorgeschriebene Aufmerksamkeit geschenkt.

Eine gewisse Atomisierung der japanischen Gesellschaft ist im Gange. Sie hatte schon längst, schon mit den Anfängen der Industrialisierung, begonnen, griff aber in den letzten Jahren mit unerwartetem Tempo um sich. Wenn man Statistiken von 1972 anführt, so gelten sie schon 1973 nicht mehr. Der Rückhalt, den die Japaner in Notzeiten, bei Arbeitslosigkeit, bei Krankheitsfällen oder im Alter in ihren Familien gefunden haben, schwindet dahin. Deshalb ist heute der Ausbau der Sozialversicherung, der Krankenversicherung und der Altersfürsorge ein vordringliches Problem. Seit Jahren wird darüber diskutiert und geschrieben. Noch während des Zweiten Weltkrieges, als die Städte ausgebombt wurden und abbrannten, verschwanden in wenigen Tagen Millionen von Menschen bei ihren Verwandten auf dem Lande. Die Regierung brauchte nichts zu unternehmen. So etwas wäre heute kaum mehr denkbar: schon allein weil bei der zunehmenden Verstädterung viele Japaner heute gar keine Verwandten mehr in den Dörfern oder kleinen Städten besitzen.

Die alte Art der japanischen Eheschließung wurde natürlich durch den allgemeinen Wandel auch in Mitleidenschaft gezogen. Früher war die Eheschließung sozusagen ein Geschäft, das zwei Familien zu ihrem gegenseitigen Vorteil miteinander abschlossen. Nicht die Individuen heirateten, sondern, so kann man sagen, die Familien. Dieses Geschäft wurde durch

einen Mittelsmann eingefädelt und ausgeführt. Dieser spielte auch bei dem Zeremoniell des gegenseitigen Kennenlernens der künftigen Ehepartner und dann bei der Hochzeit selbst eine geachtete und ehrenvolle Rolle. Er war – und ist – nicht etwa ein beruflicher Heiratsvermittler, sondern ein Freund einer der Familien oder auch beider, oftmals ein Mann mit vielseitigen Beziehungen.
Heute gibt es in Japan sehr viele Fälle, in denen die Partner einander selbst wählen. Dabei wird dann nachträglich die Einwilligung der Familien eingeholt, aber wenn diese nicht einverstanden sind, wird manchmal trotzdem geheiratet. Dies kann natürlich unangenehme Folgen verschiedener, meist finanzieller Art haben. Im übrigen legen auch die jungen Japaner Wert auf die zeremonielle Seite der Angelegenheit, einschließlich des Shinto-Rituals und der Anwesenheit eines Mittelsmannes bei der Hochzeit.
Wenn auch die individuelle Partnerwahl sich bei der Eheschließung durchsetzt, so bedeutet das nicht, daß die Japaner Liebesheiraten bevorzugen würden. Der berühmte Schriftsteller Yukio Mishima, der sich Ende 1970 das Leben nahm, hat im Jahre 1969 behauptet, die Zahl der Leibesheiraten, die er kenne, könne er an einer Hand abzählen. Man braucht Mishimas Aussage nicht in übertriebener Weise zu verallgemeinern, aber es steckt ein wahrer Kern darin. Es gibt natürlich auf diesem Gebiet keine Statistiken, so daß man auf das Hörensagen und eigene Mutmaßungen angewiesen ist. Tatsächlich scheint es, daß die Vernunftehen gegenüber den Liebesehen überwiegen, und zwar recht beträchtlich. Auch die jungen Japaner neigen zu der Ansicht, daß die Liebe eine vorübergehende Angelegenheit und deshalb keine solide Basis für eine Ehe sei. Gegenseitige Sympathie sollte vorhanden sein, aber leidenschaftliche Verliebtheit gilt oft als gefährlich. Vernünftige und realistische Überlegungen sind solider. Trotzdem ist die Situation wie gesagt anders als früher, weil die Überlegungen häufiger von den Heiratslustigen selbst als von ihren Familien angestellt werden. Man kann niemanden mehr zu einer Vernunftehe zwingen, sie wird freiwillig vollzogen.
Wahrscheinlich liegt in der Neigung zur Vernunftehe noch etwas von der traditionellen Einstellung der Japaner, sich selbst nicht zu wichtig zu nehmen. Es kommt nicht nur auf die eigenen Gefühle, es kommt auf das Funktionieren der Ehe als Ganzes an, mitsamt ihren materiellen und gesellschaftlichen Voraussetzungen. Zum Beispiel sollte sie gesellschaftlich akzeptabel sein. Man könnte annehmen, daß es in Japan heute – ähnlich wie bei uns –, nachdem die Ehe moderner, fortschrittlicher und in gewisser Beziehung individualistischer geworden ist, mehr Ehescheidungen gibt als in früheren Zeiten. Dies ist aber nicht der Fall. Ende des 19. Jahrhunderts wurde in Japan jede dritte Ehe geschieden, im Jahre 1971 aber nur jede zehnte[2]. Heute gehen in Japan, obwohl die Scheidungen neuerdings zu-

genommen haben, nicht mehr Ehen in die Brüche als vor vierzig oder fünfzig Jahren. Auch die jüngeren Japaner haben die Bedeutung der »menschlichen Verknüpfung« offenbar immer noch im Blut. Und diese sollte in der Ehe harmonisch sein. Ich habe nicht den Eindruck, daß in Japan das Eheleben durch die moderne Entwicklung zerrüttet worden ist; zerrüttet ist das alte Familiensystem, das nicht mehr in einen Industriestaat paßt.

Die Stellung der Frau in Japan ist ein weites Thema. Es läßt sich in zwei Abschnitte gliedern. Erstens war die Minderstellung der Frau, so wie sie bis in unsere Zeit hinein bestand, historisch gesehen etwas relativ Neues. Sie war nicht urjapanisch. Zweitens führte die Frau auch in den Zeiten der Unterdrückung keineswegs ein Sklavendasein. Ihre Position war zwar eingeengt, aber doch weniger als etwa diejenige der Frauen in den islamischen Ländern. Außerdem verstand sie es in Wirklichkeit oftmals trotzdem, ein großes Wort mitzureden.

Im alten Japan wurden die Frauen weniger diskriminiert als in den späteren Jahrhunderten. In der früheren Zeit standen mehrmals Frauen als Kaiserinnen an der Spitze des Reiches. Noch 1630 kam eine Kaiserin auf den Thron. Eigentlich nicht verwunderlich, denn die Ahnin des kaiserlichen Geschlechtes, die Sonnengöttin, ist ja eine Frau. Wenn man Erzählungen der alten Zeit und des Mittelalters liest, ist man verblüfft, wie frei und natürlich die Frauen sich damals zu bewegen und zu benehmen vermochten. Sie waren oftmals sehr angesehen. Frauen sind es gewesen, die die japanische Literatur begründet haben – wo auf der Welt gibt es so etwas wieder? Erst nachdem die Hofdame Murasaki am Anfang des 11. Jahrhunderts ihre »Geschichte vom Prinzen Genji« veröffentlicht hat, gibt es (obwohl schon früher japanische Frauen Bücher schrieben) eine japanische Literatur. Diese Geschichte gilt als der erste Roman der Weltliteratur überhaupt. Gleichzeitig wird ihr Werk vielfach als ein Vorläufer der psychologischen Romane betrachtet, die bei uns erst viel später aufkamen. Dame Murasaki hatte Nachfolgerinnen, die aber das literarische Niveau dieses »überragenden Meisterwerkes der japanischen Literatur überhaupt« nicht erreichten[3].

Bis dahin hatte es – abgesehen von den Schriften im chinesischen Stil – auch schon Erzählungen, Tagebücher und Gedichte, verfaßt von Männern und Frauen, gegeben. Eine der größten alten japanischen Gedichtsammlungen (es gab mehrere), das Manyoshu, wurde bereits erwähnt (siehe S. 31). Sehr früh war im japanischen Volk der Austausch von Versen und Gedichten verbreitet. Im Manyoshu sind Dichtungen enthalten, die zwischen Adligen und Bauern – und Fischermädchen ausgetauscht wurden. Am kaiserlichen Hofe wurden sogar Lieder und Gedichte von Soldaten gesammelt[4].

Die Japaner sind ein Volk der Dichter geblieben. Heute soll es in dem Insellande 40 000 Haiku-Dichter geben, wobei natürlich nur diejenigen mitgerechnet wurden, die etwas veröffentlicht haben. Immer noch wird zu Neujahr vom kaiserlichen Hofe ein Dichterwettbewerb veranstaltet. Die Anzahl der Einsendungen geht in die Tausende. Die Gedichte des Kaisers und der Kaiserin werden in den Zeitungen veröffentlicht. Ich weiß nicht, ob es je einen Tenno gegeben hat, der nicht gedichtet hätte. In keinem Lande der Welt werden heutzutage so viele Gedichtbücher veröffentlicht und verkauft wie in Japan. Bei der japanischen Poesie handelt es sich eigentlich nur um Lyrik. Dies ist wohl zu erwarten in dem schönen Lande mit dem milden, stimmungsvollen Klima.

Wenn hier von japanischer Literatur gesprochen wird, so ist damit die Literatur in der japanischen Sprache gemeint, die meistens, aber nicht immer, mit der japanischen Silbenschrift geschrieben wurde. Es gibt zwei literarische Traditionen in Japan: die chinesische und die japanische. Vor dem Roman der Dame Murasaki war der chinesische Einfluß vorherrschend. Die gebildete Schicht schrieb und dichtete nach chinesischem Vorbild in der allmählich japanisierten, chinesischen Sprache und mit den chinesischen Schriftzeichen. Noch bis weit in die Tokugawa-Zeit hinein sind fast sämtliche seriösen Abhandlungen auf chinesisch verfaßt worden. Die buddhistischen Sutren, die ja aus China eingeführt wurden, sind nicht ins Japanische übersetzt worden und die konfuzianischen Schriften nur teilweise. Bei alledem sei bedacht, daß es einst auch im Abendland ähnlich zuging. Bei uns wurden ernsthafte Dinge in lateinischer Sprache verfaßt. Auch der Schweizer Bundesbrief von 1291 ist ein lateinisches Dokument; noch Leibnitz schrieb seine Werke nur auf lateinisch oder französisch. Das Deutsche galt noch nicht als Sprache der Gebildeten oder als Sprache der Philosophie. Und Friedrich der Große, der alles französisch schrieb, hat, obwohl er in der Goethezeit lebte, ja auch nicht einsehen wollen, daß die deutsche Sprache salonfähig geworden war. Doch ein mühsames Problem blieb uns erspart: wir brauchten nicht die Tausende von fremden Schriftzeichen zu übernehmen. Die Japaner mußten es, weil sie ursprünglich keine Schrift besaßen und ihre kulturellen und religiösen Anregungen von China her übernahmen. Dabei ist die chinesische Schrift eigentlich völlig ungeeignet für die japanische Sprache.

Dame Murasaki und die andern Schriftstellerinnen schrieben japanisch, wobei sie aber außer der japanischen Silbenschrift, die im 9. Jahrhundert entstand, auch chinesische Schriftzeichen verwendeten. Manche dieser Hofdamen hatten die chinesische Sprache und den chinesischen Stil gelernt, aber sie verwendeten ihre Kenntisse nicht, weil die zu häufige Verwendung von chinesischen Schriftzeichen für eine Frau als anmaßend und, wie der amerikanische Kenner der japanischen Literatur Donald Keene bemerkt, als »undamenhaft« galt[5]. Sie hatten also ihre Gründe, sich möglichst an das Japanische zu halten, taten dies aber mit so viel musischer Begabung und schriftstellerischem Können, daß sie zu Pionieren der japanischen Literatur wurden.

Um 1200 entwickelte sich in Japan die Herrschaft der Ritter (im Gegensatz zur Herrschaft der Höflinge), und damit entstand das Feudalsystem. Von dieser Zeit an wurden die Frauen mehr in den Hintergrund gedrängt. Als oberste Tugenden galten nun kriegerischer Mut, Mannestreue und Loyalität gegenüber den Feudalherren. Mit solchen Tugenden vermochten die Frauen natürlich nicht zu konkurrieren. Wie anders war es in der vorausgegangenen höfischen Zeit gewesen, etwa zur Zeit der Dame Murasaki. Betrachtet man Bilder aus der älteren Periode, die ein Liebespaar darstellen, so hat man Mühe, herauszufinden, welches nun eigentlich der Mann und welches die Frau ist. Beide sind in prunkvolle Gewänder gekleidet und haben prächtige Frisuren. (Die Männer trugen bis zur Neuzeit lange Haare.) Die Höflinge waren ebenso wie ihre Frauen geschminkt und parfümiert. Die Samurai, die damals an die Macht kamen, verachteten dies aus tiefster Seele.
Der neue Lebensstil der Ritter benachteiligte die Frauen aber nicht überall gleichmäßig. In verschiedenen Gegenden herrschten verschiedene Sitten. Im Volke, besonders unter den Bauern, hatten die Frauen nach wie vor ein beachtliches Wort mitzureden.
So recht begann die Unterdrückung der Frau im 17. Jahrhundert, in der Tokugawa-Zeit, während die konfuzianischen Tendenzen im Gegensatz zu den buddhistischen erstarkten. Wir wollen hier als repräsentatives Beispiel den Neukonfuzianer Kaibara Ekken (1630–1714) heranziehen. Dieser verdienstvolle Forscher, Gelehrte und Philosoph war zwar Konfuzianer, aber ein kritischer und eigenwilliger, der manche japanischen Auffassungen, zum Beispiel shintoistischer Art, sehr achtete. Es kam ihm unter anderem darauf an, der konfuzianischen Lehre, soweit er ihr beipflichtete, auch im Volke Widerhall zu verschaffen. Bis dahin war die Kenntnis der chinesischen Lehren vor allem auf die gebildeten Schichten beschränkt geblieben. Er wollte das Volk in dem seiner Meinung nach rechten Sinne erziehen. Deshalb schrieb er in japanischer, nicht in chinesischer Sprache. Er ist einer der ersten japanischen Konfuzianer gewesen, der Bücher in seiner Muttersprache verfaßt hat.
Dieser einflußreiche Philosoph und Pädagoge hat ein Buch mit dem Titel »Die Hohe Schule für Frauen« veröffentlicht[6]. Daraus seien einige Stellen wiedergegeben, weil diese besser als irgendwelche Erläuterungen meinerseits aufzeigen, wie die Frau in den drei Jahrhunderten vor der Wiederöffnung Japans im 19. Jahrhundert angesehen und behandelt wurde. Dabei sei nicht vergesen, daß die Auffassungen, wie Kaibara Ekken sie vertrat, sich in gewisser Weise bis auf das japanische bürgerliche Gesetz-

buch von 1898 ausgewirkt haben, das dann nach dem Zweiten Weltkrieg revidiert wurde.
Einige Beispiele:
»Eine Frau darf keine Freundschaften und keine intimen Beziehungen anknüpfen, außer wenn ihr dies von den Eltern oder dem Mittelsmann befohlen wird.«
Die Ehescheidung bestand darin, daß die Frau sozusagen hinausgeworfen wurde, wobei sie meistens in ihr Elternhaus zurückkehrte. Eine geschiedene Frau soll nach Kaibara »Schande bis an ihr Lebensende bedecken«. Kaibara gibt sieben Gründe für das Hinauswerfen der Ehefrau an. Diese sind: 1. Ungehorsam gegenüber dem Schwiegervater oder der Schwiegermutter. 2. Unfruchtbarkeit. Eine unfruchtbare Frau sollte aber nicht fortgeschickt werden, falls sie tugendhaft und frei von Eifersucht war. In diesem Falle sollte ein Kind gleichen Blutes adoptiert werden. Die Scheidung war ferner unnötig, wenn der Ehemann Kinder von einer Konkubine hatte. 3. Liederlichkeit und Untüchtigkeit. 4. Eifersucht. 5. Aussatz oder eine andere Pestilenz. 6. Geschwätzigkeit und Klatscherei. 7. Diebstahl. Diese sieben Scheidungsgründe stammen übrigens nicht von Kaibara, sondern sie sind schon in dem chinesisch beeinflußten Taiko-Kodex aus dem Jahre 701 vermerkt. Kaibara, der Konfuzianer, war ja, wie erwähnt, darauf aus, den strengen, aus China stammenden Lehren im ganzen Volke Geltung zu verschaffen.
Ferner wird in der »Hohen Schule für Frauen« vorgeschrieben, daß eine Frau ihre Schwiegereltern mehr lieben und verehren soll als ihre eigenen Eltern. Sogar wenn ihr Schwiegervater und ihre Schwiegermutter sie hassen und schmähen, darf sie nicht ärgerlich werden und nicht murren. Ihren Ehemann soll die Frau als ihren Herrscher ansehen und ihm ohne Widerspruch und sanftmütig gehorchen. Die Frau soll zu ihm aufsehen, als ob er der Himmel wäre.
Über die Untugenden der Frauen schreibt Kaibara: »Die fünf schlimmsten Krankheiten des weiblichen Gemütes sind: Ungelehrigkeit und Unlenksamkeit, Unzufriedenheit, Klatsch, Eifersucht und Torheit. Ohne Zweifel sind sieben bis acht von zehn Frauen mit diesen Krankheiten behaftet, und daraus ergibt sich die Minderwertigkeit der Frauen gegenüber den Männern.«
Dies mag genügen. Es sei nur noch vermerkt, daß dieser gestrenge Lehrer seines Volkes, der seine Geringschätzung der Frauen kundtat, fünfundvierzig Jahre lang mit einer hochgebildeten Frau, die seine philosophischen Neigungen teilte und außerdem Dichterin war, glücklich verheiratet gewesen ist. Es heißt, sein Verhältnis zu seiner Frau habe auf Gegenseitigkeit und Zusammenarbeit beruht. So hat sich Kaibara selbst Lügen gestraft. Vielleicht rechnete er seine Gemahlin zu den zwei bis drei von zehn Frauen, die nicht unter den fünf weiblichen »Krankheiten« litten. Aber

irgendwie ist seine Haltung merkwürdig. In der »Hohen Schule für Frauen« wird nichts über Frauen von der Art seiner Gemahlin und wie man sich zu diesen stellen sollte, gemeldet. Auf diese Weise gehen Theorie und Praxis in Japan ziemlich oft auseinander. Kaibara verfocht konfuzianische Lehren, die aus einem fremden Lande stammten, wobei es ihn offenbar nicht gestört hat, daß ein Widerspruch zu seinem eigenen Leben bestand. Vielleicht dachte er auch politisch: Was in den gebildeten Ständen möglich war, galt noch lange nicht für das Volk. Dem Volk sollten strenge Regeln vorgeschrieben werden, damit Ordnung herrschte.

Wie dem auch sei: in unserem Zusammenhang sind die Lehren Kaibaras und ihre Auswirkungen von Interesse, nicht sein Privatleben.

Wird von der Stellung der Frau in Japan gesprochen, so wird gewöhnlich von der noch nicht weit zurückliegenden Periode der Unterdrückung ausgegangen, so, als ob es in Japan immer so gewesen wäre. Daß dem nicht so war, sollte hier aufgezeigt werden. In den älteren Zeiten waren die Frauen viel freier. Weiß man dies nicht, so ist die heutige rasch fortschreitende Frauenemanzipation nicht recht verständlich. Bevor wir zur Jetztzeit übergehen, sei versucht, kurz zu schildern, wie die Japanerinnen in der Zeit ihrer Rechtlosigkeit lebten.

Die japanischen Frauen stehen – vielleicht ist dies (trotz Kaibara!) eine banale Feststellung – den japanischen Männern an Temperament und Intelligenz in keiner Weise nach. Daher kann man sich wohl vorstellen, wie sehr sie oftmals gelitten haben. Nichts als Entsagung und Selbstbeherrschung, nichts als Dienen und wieder Dienen von früh bis spät. Ihre einzige Freude waren meistens die Kinder. Diese Freude durften sie genießen, denn mit dem Kinderkriegen erfüllten sie auch ihre Hauptpflicht der Familie gegenüber. Tragödien mit herrschsüchtigen, erbarmungslosen Schwiegermüttern, unglückliche Liebesgeschichten, Eifersuchtsdramen und andere menschlichen Trübsale waren häufig. Die mitleidsvolle Anteilnahme ist immer groß gewesen, aber trotzdem wurde an den hehren Regeln festgehalten.

Die Männer durften alles: Ehe brechen, eine oder mehrere Geishas als Konkubinen unterhalten (falls sie reich waren!), Freudenhäuser besuchen, so oft sie Lust dazu hatten, oder sich betrinken, bis sie bewußtlos zu Boden sanken (das galt nicht als Schande). Die Frauen durften nichts, manchmal kaum ihre eigenen Eltern oder Freundinnen besuchen. Noch in den Jahren vor dem Zweiten Weltkrieg, gelegentlich auch in den ersten schlimmen Nachkriegsjahren, haben arme Bauern ihre Töchter an Geisha- oder Freudenhäuser verkauft, ohne daß die Töchter selbst etwas dagegen unternehmen konnten. Dabei war das gesetzlich längst verboten, aber der alte Brauch war stärker, und die Polizei drückte beide Augen zu. Die Ehefrau mußte immer aufbleiben, bis ihr Herr und Gebieter heimkam, auch wenn es darüber späte Nacht wurde. Selbst wenn er volltrunken war, mußte sie ihn freundlich begrüßen, fürsorglich zu seiner Schlafstätte führen und ihm beim Auskleiden helfen. In einem Punkte hatte es die japanische Frau aber gut: Fast immer pflegte der Ehemann ihr sein Gehalt auszuhändigen, wobei er oft nur eine kleine Summe für sich selbst zurückbehielt, und manchmal ließ er sich sogar sein Taschengeld von der Frau geben! Hatte er sich zuviel Taschengeld eingesteckt, so plagte ihn oft ein schlechtes Gewissen. Bei alledem sei nicht vergessen, daß auch vom Ehemann eine bestimmte Haltung erwartet wurde: Er hatte wohlwollend, freundlich, fürsorglich für Frau und Familie zu sorgen und gerecht zu sein. Viele Männer waren es auch. Aber wenn sie es nicht waren, mußten die Frauen ohne aufzumucken die Untugenden ihrer Männer ertragen. Denn sie waren ja rechtlos. Darin lag das Problem.

Viele Frauen haben es trotz ihrer Rechtlosigkeit und ihrer angeblichen Minderwertigkeit verstanden, sich eine starke Position und auch beträchtliches Ansehen zu verschaffen. Charakterstärke, Selbstkontrolle, Intelligenz, Schlauheit, manchmal ein gewisser Sinn für Intrigen, Kenntnis der menschlichen Psyche gehörten dazu. Solche Frauen schlängelten sich recht erfolgreich durch das Leben. In gewisser Weise kämpften sie dabei, wie alle Unterjochten auf der Erde, mit der Psychologie der Unterdrückten. Dabei wurden viele von ihnen äußerst lebensklug und realistisch, häufig den Männern überlegen.

Ein kleines Beispiel dafür, wie die äußere Form täuschen kann: vor etlichen Jahren war ich in einer kleinen Stadt bei einem Geschäftsmann eingeladen. Seine Frau benahm sich äußerst höflich und unterwürfig. So kniete sie, wenn sie etwas zum Essen oder Trinken hereinbrachte, nach alter Sitte jedesmal an der Schiebetür nieder. Wenn ihr Mann etwas sagte, erwiderte sie sanftmütig »jawohl« oder »sofort«. Der Ehemann aber befahl mit kurzen harten Worten: »Bring den Fisch«, »trag die Teller weg«, »rufe Herrn X an!«, »Bier her!«, »mach das Fenster zu!« und so fort. Da er ein gutmütiger humorvoller Mann war, sagte ich schließlich (weil mich seine altmodischen Sitten ärgerten) lachend zu ihm: »Sie haben aber eine sanfte, gutwillige Frau!« Er schrie mich beinahe an: »Was? Das ist ein Irrtum. Ich bin zu bemitleiden. Sie regiert das Haus! Ich habe Angst vor ihr. Sie mischt sich sogar in meine Geschäfte ein.« Ähnliche Fälle, wenn auch nicht so krasse, habe ich wiederholt erlebt.

Jedenfalls war es immer angenehm und anregend, sich mit japanischen Frauen zu unterhalten, mit den jüngeren, weil sie treffende und muntere Bemerkungen machen, mit den älteren, weil sie oftmals eine ruhige Lebensweisheit besitzen. Natürlich war das früher bei ihnen im Hause schwer möglich, falls Gäste da waren. Denn dann spielten sie meist nur die Gastgeberin und Dienerin. Übrigens empfangen die Japaner selten bei sich zu Hause Gäste zu einem Abendessen oder dergleichen. Wenn sie mehrere Leute einladen, dann immer in Restaurants oder Teehäusern,

wobei die Frauen meistens gar nicht anwesend waren, wohl aber gelegentlich Ausländerinnen. Dies hat sich allmählich geändert, die Ehefrauen sind heute häufiger dabei. Die Sitte, ein Abendessen in einem Lokal zu geben, wird wohl beibehalten werden. Schon allein, weil für Restaurantrechnungen im allgemeinen ein Spesenkonto beansprucht werden kann. Zum anderen, weil auch in Japan Hausgehilfinnen selten geworden sind.
Als die Frauenemanzipation nach dem Kriege durch die Amerikaner einen neuen Anstoß erhielt, waren die Japanerinnen nicht nur glücklich, sondern in mancher Hinsicht auch darauf vorbereitet. Außerdem hatte ich das Gefühl, daß ihre so lange nach außen hin unterdrückte Energie und Intelligenz nun plötzlich offen herausplatzte. Sie verwandelten sozusagen unvermittelt latente in kinetische Energie, eine Formulierung, die einst der bekannte Forschungsreisende F. von Richthofen für die Japaner nach der Wiedereröffnung ihres Landes brauchte[7]. Die Japanerinnen waren vorbereitet, weil sie sich längst Lebensklugheit und Kenntnis der Menschen angeeignet hatten. Viele von ihnen hatten eine gute Bildung genossen. Andererseits waren sie im gewissen Sinne auch geistig unverbraucht, weil sie früher weniger Gelegenheit hatten, ihre Talente beruflich zu verwerten. Damit hängt es wohl zusammen, daß sie oft frischer und unvoreingenommener als die Männer wirken. Nach dem Kriege konnte man oft erleben, daß die Ausländer behaupteten, in Japan seien die Frauen viel klüger als die Männer. Dieses Lob beruht wohl nicht nur auf dem Charme, den viele Japanerinnen entfalten können.

Mit der neuen Verfassung von 1947 erhielten die japanischen Frauen das Stimmrecht. Anschließend wurde das bürgerliche Gesetzbuch von 1898 revidiert, wobei das alte Familienrecht beträchtlich abgeändert und die gleichberechtigte Stellung der Frau gesetzlich verankert wurde. Damit war der Rahmen für die weitere Entwicklung geschaffen.
Man konnte noch vor zwölf bis fünfzehn Jahren hämische Bemerkungen hören, die dahin gingen, das Frauenstimmrecht – wie überhaupt die »Demokratie« in Japan – hätte wenig Sinn, da die Frauen so abstimmen würden, wie ihnen dies ihr Ehemann oder ihr Vater vorschriebe. Diese Skepsis war unangebracht. Die Verhältnisse liegen vielleicht ähnlich wie bei uns: Manchmal folgen die Frauen dem Rat der Männer, manchmal nicht. Die meisten japanischen Frauen stimmen aber heute wahrscheinlich nach eigenem Gutdünken. Während des Wahlkampfes 1971 für die Wahl des Gouverneurs von Tokyo trugen viele Frauen das Abzeichen des linksgerichteten Gouverneurs Minobe, gerade auch solche, deren Männer konservativ stimmten. Minobe wurde, nicht zur Freude der konservativen Regierung, wiedergewählt.
Nie habe ich früher erlebt, daß die japanischen Frauen so selbstbewußt und temperamentvoll ihre Ansichten kundgeben. In einem Küstendorf

unweit Tokyo, wo ich ein Häuschen am Meer hatte, erklärten die Frauen schon bald nach dem Kriege: »Wir müssen jetzt aufpassen, wir müssen unsere Interessen vertreten.« In einer Stadt an der Westküste war ich einmal von einer Frauengruppe zu einer Konferenz eingeladen. Die Sprecherinnen wollten meine Meinung über die Frauenemanzipation hören. Ihnen ging alles viel zu langsam. Ich versuchte zu beschwichtigen, etwa in dem Sinne, daß Rom nicht an einem Tage erbaut worden sei, und ich fürchte, daß ich ihnen deshalb sehr altmodisch vorgekommen bin. Während des großen Streiks von Muroran (Hokkaido) im Jahre 1955 besuchte ich in Tokyo das Büro der Sohyo, des großen linksgerichteten Gewerkschaftsbundes. Damals war Takano Generalsekretär. Er erzählte mir, wie verbissen und kampflustig die Arbeiterfrauen seien. Ohne sie, so meinte er, wäre der Streik schon zusammengebrochen.

Auf lokaler und kommunaler Ebene sind die Frauen schon recht aktiv. Sie kümmern sich in sozusagen echt demokratischer Weise um Dinge, die sie angehen. So sind sie zum Beispiel immer dabei, wenn es sich um Umweltverschmutzung und ihre Folgen handelt. Gleich nach dem Kriege kamen Witwen- (einschließlich Kriegswitwen-)vereine auf. Die Witwen berieten sich auf ihren Versammlungen und traten dann geschlossen auf. Hausfrauenvereine hat es in Japan schon längst gegeben. Aber heute sind sie mächtiger denn je, weil sie nicht mehr beeinflußt werden können, sondern ihre eigene Meinung vertreten. Sie veranstalten auch Demonstrationen gegen Preiserhöhungen und dergleichen. In den neuen Konsumentenverbänden sitzen viele Frauen. Die Delegationen der Hausfrauenvereine, der Konsumentenverbände und anderer Frauenorganisationen werden von den höchsten Regierungsstellen empfangen, wo sie ihre Beschwerden und Anregungen vorbringen. Über die Ansichten und Tätigkeiten der Frauen wird getreulich durch die Massenmedien berichtet. Die Frauen besitzen bereits eine beträchtliche Macht. Ohne sie kann man die Wahlen nicht gewinnen.

Im Jahre 1956 wurde in Japan die Prostitution abgeschafft. Die Frauen waren nicht stumm geblieben, sie hatten sich mit lauter Stimme für die Abschaffung eingesetzt. Ohne sie wäre das betreffende Gesetz im Reichstag vielleicht nicht durchgekommen. Allerdings waren auch viele Männer, besonders von der Linken, gegen die Prostitution, aber viele andere waren für deren Beibehaltung. Unter diesen waren einflußreiche Geschäftsleute und auch Reichstagsabgeordnete, die finanzielle Interessen in den Freudenhausvierteln besaßen. Die Befürworter der bis dahin offiziell genehmigten Prostitution erklärten unter anderem, daß diese nicht durch die Verdrängung in die Illegalität beseitigt werden könne. Wenn sie sich auf Schleichwege begäbe, sei eine Kontrolle nicht möglich und die Geschlechtskrankheiten würden zunehmen. Tatsächlich besteht die Prostitution – man ist versucht zu sagen, wie eh und je – auf mancherlei Art weiter, aber die

Geschlechtskrankheiten haben nicht zugenommen. Aber mag dieses Thema auch aus mancherlei Gründen umstritten sein, so ist die gesetzliche Beseitigung der Prostitution im Zuge der japanischen Frauenemanzipation von Vorteil und ein Fortschritt gewesen. Die Befreiung der Frau begann in Japan viel später als in Europa. Es kommt dabei nicht nur auf das Frauenstimmrecht an. So waren zum Beispiel die Schweizerinnen, die das Stimmrecht erst vor kurzem erhielten, in anderer Beziehung längst bedeutend emanzipierter als die Japanerinnen. Für Spätankömmlinge wie die Japanerinnen war die Abschaffung der Prostitution höchst willkommen, weil dies einen weiteren Ruck vorwärts auf dem Wege der Gleichberechtigung bedeutete und das Ansehen der Frauen stärkte.

Gute Geschäftsfrauen gibt es in Japan mehr denn je. Es sind zwar nicht Großunternehmen, die sie leiten, aber viele mittlere und kleinere Geschäfte. Sehr häufig werden Ladengeschäfte von Frauen betrieben, besonders Schneidereien, Modeartikel, Restaurants, Bars, Teehäuser und andere mehr. In den Familien sind es häufig die Ehefrauen, die über den Erwerb oder Verkauf von Aktien entscheiden. (Die Zahl der Aktienbesitzer ist in Japan sehr groß.) In den Büros der Wertpapiermakler, die nicht nur in den Städten, sondern auch in größeren Dörfern zu finden sind, lassen sich hauptsächlich Frauen über ihre geplanten Dispositionen beraten[8].

Natürlich gibt es weibliche Reichstags- und Landtagsabgeordnete, und Frauen sitzen als – manchmal hohe Beamtinnen – in verschiedenen Ministerien, besonders im Wohlfahrts-, Erziehungs- und Arbeitsministerium. Einzelne Frauen haben auch schon Ministerien geleitet, waren also Mitglieder der Regierung. Sogar an der Spitze der Atomkommission stand einmal eine Frau. Natürlich gibt es auch Universitätsprofessorinnen, darunter recht berühmte. Daß es nicht an Schriftstellerinnen fehlt, ist wohl in Anbetracht der alten Überlieferung auf diesem Gebiete nicht zu verwundern.

Diese Aufzählung darf nicht darüber hinwegtäuschen, daß die Frauenfrage, ähnlich wie bei uns, mit mancherlei Problemen und Schwierigkeiten belastet ist. Der Berufstätigkeit der Frauen sind oftmals Grenzen gesetzt, wenn sie verheiratet sind und besonders, wenn sie Kinder haben. Frauen sind im Nachteil, weil sie bei der Geburt eines Kindes ihre Arbeit unterbrechen müssen. Darum avancieren die Frauen, worüber die Japanerinnen sich heftig beklagen, in ihrem Beruf langsamer als die Männer und werden auch schlechter bezahlt. Außerdem besteht die Möglichkeit, daß die Frau, falls der Mann allein genug verdient, ihre Stellung aufgibt – warum sollen sich die Arbeitgeber dann besonders um ihr Avancement und um ihre Fortbildung im Betrieb bemühen? Natürlich hängt dies alles auch mit den alten Vorurteilen gegenüber den Frauen zusammen. Neuerdings haben die Japanerinnen, die wegen der Geburt eines Kindes vorübergehend arbeitsunfähig waren und deshalb entlassen wurden, Prozesse

angestrengt. Einzelne haben ihren Prozeß gewonnen und mußten von der Firma wieder angestellt werden. Es gibt in dieser Beziehung noch keine verbindliche Regelung.
Das Problem der werktätigen Mütter mit Kindern ist in Japan insofern akut, als es viel zuwenig Säuglingsheime, Kinderhorte und Kindergärten gibt. Die Kinder von armen Familien, in denen Mann und Frau zur Arbeit gehen, verbringen ihre Tage, oft unerfreulichen Einflüssen ausgesetzt, auf der Straße. Sie werden »Schlüsselkinder« genannt, da sie einen Hausschlüssel bei sich haben, weil ihnen zu Hause niemand die Tür öffnet. Im Jahre 1970 gab es unter den Kleinkindern und Volksschülern 5 Millionen solcher »Schlüsselkinder«. Die Vermehrung der Tagesstätten für die kleinen Kinder ist von der Regierung geplant, doch ging es damit bisher nur langsam voran. Dies muß man begreifen. Japan befindet sich eben in jeder Beziehung in einer Übergangszeit. Das alte Familiensystem verschwindet, wie wir sahen, sehr rasch. Früher, in den größeren Familien, kam es nicht vor, daß niemand zu Hause war, der sich um die Kinder kümmerte. Jetzt gibt es auf einmal die Kleinfamilie mit der häufig berufstätigen Frau. Der Staat vermochte seinen neuen Verpflichtungen auf diesem Gebiet noch nicht nachzukommen. Die Parole hieß bisher: Wirtschaftliches Wachstum zuerst! Doch nun wird das Steuer herumgeworfen. Immer lauter schallt der Ruf: Soziale Leistungen zuerst!

Es ist angebracht, die Frauenarbeit nach den verschiedenen Ständen zu differenzieren. Die Bauernfrauen und die Frauen der Fischer haben in Japan immer sehr hart gearbeitet. Die Bäuerin waltete nicht nur in Haus und Hof, sondern arbeitete auch auf den Reis- und Gemüsefeldern, in den Teeplantagen, bei der Seidenraupenzucht und anderem mehr. Die Hauptarbeit lag im Reisfeld. Es wurde erwähnt, welch harte Arbeit und ständige Sorge das Gedeihen des Reises begleitet. Japan hat zwar ein mildes Klima, aber kein Tropenklima, in dem die Natur ohne viel menschliches Zutun wirkt. Die japanische Landwirtschaft ist in jahrhundertelangem ständigem Bemühen entwickelt worden. Daran waren die Frauen maßgeblich beteiligt. Ich sehe sie noch vor mir, wir sie mit ihren hochgeschürzten Kimonos mit nackten Beinen (manchmal sind die Beine auch mit Stoff umwickelt) bis zu den Knien im Wasser der Reisfelder stehen, um den jungen Reis anzupflanzen oder Unkraut zu jäten. In einer Gegend nahe der Westküste sah ich sie sogar bis zu den Hüften im Wasser. Das ist keine angenehme und keine gesunde Tätigkeit. Nun, seit einigen Jahrzehnten, werden oftmals hohe Gummistiefel getragen. Das ist schon angenehmer.
Manche japanischen Soziologen stellen die Arbeitswilligkeit und Arbeitsfähigkeit der japanischen Bauernschaft als die Grundlage der Arbeitslust und des vielgerühmten Fleißes des japanischen Volkes hin. Die Gewohnheit anstrengender Arbeit sei vom Lande in die Städte getragen worden

und stecke daher dem ganzen Volke im Blute. Auch andere Dinge in Japan gehen, wie wir sahen, auf die bäuerliche Tradition zurück.
Die Frauen der Fischer arbeiteten ebenso hart, oftmals sogar härter als die Bäuerinnen. Auch sie kümmerten sich nicht nur um Haus und Hof, sondern mußten, wenn die Männer auf See waren, die Felder bestellen. Manche stiegen auch in die Boote, um ihren Männern beim Fischen zu helfen. Doch in der Fischerei haben sich die Verhältnisse verändert. Die Küstenfischerei ist zurückgegangen. Auf den größeren Fischereischiffen, die in die Weltmeere hinausfahren, arbeiten keine Frauen.
Aber die Bäuerinnen schuften immer noch, besonders die älteren samt ihren Männern. Denn die meisten Söhne und Töchter haben ja die Dörfer verlassen. Es sei nebenbei bemerkt, weil es nicht unbedingt zum Thema gehört, daß es den Bauern (die heutzutage außer der landwirtschaftlichen auch einer Nebenarbeit nachgehen) jetzt aber bedeutend besser geht als früher. Manche unternehmen weite Reisen, sogar ins Ausland.
Seit dem Beginn der Industrialisierung und des modernen Geschäftslebens haben immer mehr japanische Frauen als Arbeiterinnen und dann auch als Büroangestellte gearbeitet. Es begann so recht mit den jungen Textilarbeiterinnen, die höchstens bis zu ihrem 25. Lebensjahr an den Webstühlen standen. Dann heirateten sie, was von vornherein von der Betriebsführung einkalkuliert war. Die Löhne waren gering, aber die jungen Mädchen brauchten nur wenig Geld auszugeben (Schlafsäle und Kasinos in den Fabriken), so daß sie trotzdem zu sparen vermochten. In manchen Textilbetrieben wurden sie sogar durch Haushaltsunterricht und Erlernung verschiedener Künste (etwa Blumenstecken) kostenlos auf ihr künftiges Eheleben vorbereitet. Einzelne Betriebe vermittelten auch Eheschließungen. Diese Methode, billige Arbeitskräfte zu bekommen, zieht nicht mehr. Früher konnte damit gerechnet werden, daß immer wieder junge Mädchen bereitwilligst vom Lande herkamen. Heute sind die Dörfer schon weitgehend entvölkert. Außerdem hat sich nicht nur bei den Männern, sondern auch bei den Frauen ein Widerwillen gegen die »Bemutterung« durch die Betriebe, also gegen die paternalistischen Tendenzen, entwickelt. Das Berufsleben wird sachlicher aufgefaßt, im Privatleben will man ganz frei und unabhängig sein. Als kleines Beispiel der neuaufkommenden Stimmung sei angeführt, daß sich vor einiger Zeit in Tokyo Sekretärinnen darüber beschwert haben, daß sie Tee zubereiten und servieren müssen. Nun, auch bei uns wird in den Büros von den Büroangestellten Kaffee und Tee gekocht. Aber in Japan geschieht das den ganzen Tag. Ein Besucher hat, kaum hat er sich gesetzt, bereits eine Tasse Tee vor sich. Manchen weiblichen Angestellten wird dies offenbar allmählich zu dumm, sie meinen, ihre Gleichberechtigung gegenüber den Männern werde dadurch beeinträchtigt. Aber auch viele japanische Männer ändern sich. Es sind manchmal Kleinigkeiten, die einen zum Staunen bringen. So

besuchte ich 1970 einen japanischen Professor in seinem Büro. Mit großer Selbstverständlichkeit bereitete er selbst den Tee, wusch danach eigenhändig die Tassen und holte schließlich Bier. Noch vor zwanzig Jahren hätte er dies nicht getan. Er hätte sich damit entschuldigt, daß seine Sekretärin gerade abwesend sei und wahrscheinlich vorgeschlagen, in ein nahes kleines Café zu gehen.

Sehr viele Frauen sind im Dienstleistungsgewerbe tätig. Die meisten besitzen Oberschulbildung, auf Grund derer ein Universitätsstudium möglich ist. Das allgemeine Bildungsniveau ist in Japan eben sehr hoch.

Wir gelangen damit zu den studierten Frauen. Vorausgeschickt sei, daß in Japan der Begriff »Universität« sehr weit gefaßt wird. Viele Anstalten, die als »Universität« bezeichnet werden, würden wir nicht als solche anerkennen. Die Niveauunterschiede unter den Hochschulen sind groß. Im Berufsleben finden wir die studierten Frauen vor allem als Lehrerinnen, Ärztinnen, Wohlfahrtsbeamtinnen, als Angestellte im Gesundheitsdienst, aber auch in sonstigen Ämtern und Büros – kurz, hauptsächlich in den sogenannten Frauenberufen[9]. Das soll nicht heißen, daß es nicht auch Soziologinnen, Anthropologinnen, Historikerinnen gäbe, die meist, wie erwähnt, als Dozentinnen tätig sind.

Im Herbst 1972 waren 52,4 Prozent der Lehrkräfte in den Primarschulen Frauen. Der Anteil der Frauen an der Lehrtätigkeit wird immer größer. Da die Lehrer relativ schlecht bezahlt werden, haben die Frauen auf diesem Gebiet weniger Konkurrenz. Doch sind mit der Überzahl der Lehrerinnen akute Probleme verbunden. Nicht nur, daß die verheirateten unter ihnen im Falle einer Geburt für eine Weile ausfallen. Neuerdings kommt es auch vor, daß junge Lehrerinnen, die heiraten, sich mitten in der Schulzeit ungeniert auf eine längere Hochzeitsreise begeben. In beiden Fällen müssen andere Lehrkräfte zur Aushilfe herangezogen werden. Und damit klappt es nicht immer. Kürzlich hatte zum Beispiel eine Primarschulklasse innerhalb von fünf Monaten sechs verschiedene Lehrer und Lehrerinnen[10]. Die Kinder wurden mißmutig, ja aufsässig, und die Eltern waren empört. Die allgemeine Ansicht scheint zu sein, daß das Recht der Lehrerinnen auf Urlaub geregelt werden müsse, wenn sie Kinder bekommen, daß es aber nicht angehe, daß sie ohne Rücksicht auf die Schule Flitterwochen feiern. Es fehle, so heißt es, an der Moral. Natürlich steht in Japan nicht alles zum besten. Viele Japaner und Japanerinnen, erfreut über ihre neue Unabhängigkeit, vermögen noch nicht so recht zwischen wohlverstandener Freiheit und hemmungsloser Ichbezogenheit zu unterscheiden.

Im übrigen verhilft der Mangel an Arbeitskräften in Japan den Frauen allmählich zu besseren Positionen. Zugleich wird auf ihre Forderungen mehr Rücksicht genommen.

Der Einfluß der Frauen in Japan ist begrüßenswert, schon allein weil sie friedlich gesinnt sind. Oft wird behauptet, die Frauen seien friedliebender als die Männer, obwohl dies, historisch gesehen, wohl kaum immer den Tatsachen entsprochen haben mag. Doch die japanischen Frauen sind, ebenso wie das japanische Volk im allgemeinen, heutzutage tatsächlich sehr friedliebend. Vielleicht hängt es damit zusammen, daß sie so lange unterdrückt waren und daher einen Widerwillen gegen alles hegen, was mit Gewalt und aggressivem Verhalten zusammenhängt. Außerdem haben die meisten Frauen den Krieg nicht vergessen und übermitteln ihre Erlebnisse ihren Töchtern. Die japanischen Frauen hatten während des Krieges passiv zu leiden: gefallene Söhne und Ehemänner, sehr arge Nahrungsmittelknappheit und Hunger in der Familie, ausgebombte Häuser und Wohnungen und Flucht auf das Land mit den letzten geretteten Habseligkeiten. Nach den Brandbomben-Angriffen auf Tokyo sah man sie mit schwarz verrußten Gesichtern, auf denen die Tränen weiße Linien gezogen hatten. Außerdem war die Kriegsatmosphäre in Japan anders als etwa in Deutschland, wo ja auch versucht wurde, das Letzte aus den Menschen herauszuquetschen. Die Japaner nahmen, wenn sie in den Krieg ziehen mußten, von ihren Familien definitiv Abschied. Sie waren darauf vorbereitet, den Opfertod für den Kaiser und für Japan zu sterben, und erwarteten nichts anderes, auch keine Rückkehr. Ja viele suchten den Heldentod geradezu. Bei manchen hatte man den Eindruck, daß sie den Heldentod wichtiger nahmen als den Sieg Japans. Den Krieg lebend zu überstehen, galt als unehrenhaft. Man muß sie gesehen haben, diese grünlich-bleichen jungen Krieger, wenn sie auf den Bahnhöfen »abgefeiert« wurden. Sie sahen eher aus wie verstörte Opferlämmer, denn sie wußten, was von ihnen erwartet wurde. Wenige Soldaten waren begeistert, die meisten waren nur bereit, ihre Pflicht zu tun. Jahrelang hatte ihnen die militaristische Propaganda dies eingehämmert.

Sehr viele japanische Frauen empfanden das alles als widersinnig, zumindest als unmenschlich übertrieben. Wozu hatten sie ihre Söhne mit Liebe und Sorge aufgezogen, wenn sie unbedingt in Burma oder auf den Philippinen fallen sollten? Keine Mutter in der Welt zieht ihre Söhne mit dem Ziel auf, daß sie jung sterben sollen. Japanische Soldaten ließen sich, wie man weiß, selten gefangennehmen, sie haben sich lieber umgebracht. Es war vor allem der verbogene Samuraigeist (in alter Zeit war der Samuraigeist menschlicher), verbunden mit dem sinnlosen Todeswahnsinn, der die Frauen Japans schließlich ins Antikriegslager getrieben hat. Die Reaktion war sehr scharf und tiefgehend. Falls es in Japan Gruppen geben sollte, die über ein vernünftiges Maß hinaus aufrüsten wollen und gefährliche Großmachttendenzen vertreten, so werden sie dieses Mal nicht damit durchkommen. Nicht nur, weil das Volk im allgemeinen dagegen ist, sondern auch, weil die Frauen jetzt das Stimmrecht haben.

V Die Jugend: Konfus, aber zukunftsgläubig

Die heutige japanische Jugend ist völlig anders eingestellt als die Vorkriegsjugend. Aber nipponistisch ist sie nach wie vor. Sie glaubt, meist ohne sich dessen klar bewußt zu sein, an die Einzigartigkeit Japans und wird unwillkürlich auch von dem damit verbundenen Sendungsglauben erfüllt.

Es ist kein machtpolitischer und kriegerischer Nipponismus, es ist der Glaube daran, daß Japan in einer friedlichen Welt eine führende Rolle spielen müsse, ebenso wie es dies einst als »Schwert Asiens« getan hat. Ein Schlagwort der letzten Jahre hieß »Seikai Itschi« (etwa »die Ersten auf der Welt«). Wir kennen diesen Ausdruck vom Wirtschaftsleben her, wo er das japanische Wirtschaftswunder begleitete. Immer wieder wurde von den Zeitungen stolz »Seikai Itschi« verkündet: im raschen Anwachsen des Bruttosozialproduktes und des Außenhandels, im Schiffsbau, in der Herstellung von Motorrädern und Kameras, kurz, auf vielen wirtschaftlichen Gebieten. (Und sogar auf belanglosen Sektoren wie etwa der japanischen Weltmeisterschaft in der raschen Feststellung des Geschlechtes von Küken!) Auf diese Erfolge waren alle Japaner gleichermaßen stolz, ob es nun Unternehmer oder Arbeiter, konservative alte Herren oder junge linksradikale Studenten waren. In jenen Jahren war der Nipponismus wirtschaftlich bestimmt und zeigte sich in einem viel kritisierten wirtschaftlichen Nationalismus.

Nachdem das Wirtschaftswunder mehr oder weniger seinen Höhepunkt erreicht hat, wendet sich der Nipponismus andern Gebieten zu, auf denen er noch in den Anfängen steckt. Nun soll Japan ein vorbildlicher Wohlfahrtsstaat werden, ein Land, in dem alle Menschen glücklich und zufrieden sind. »Seikai Itschi« unter den bestverwalteten und zufriedensten Nationen! Jetzt sollen die japanischen Inseln »umgebaut« werden. Das ist der Plan des augenblicklichen Premierministers Tanaka, von dem noch die Rede sein wird. Dieser Plan hat Herrn Tanaka viel Popularität eingebracht, wenigstens vorübergehend. Inzwischen ist die Stimmung nämlich kritischer geworden: man befürchtet, daß durch eine »Umgestaltung Japans« die Umweltverschmutzung in bisher verschonte Gegenden getragen werden könnte.

Jedenfalls huldigt die japanische Jugend längst ähnlichen idealistischen Vorstellungen. Man lese einmal japanische Schüleraufsätze aus den letzten Jahren[1]. Sie sind von fortschrittlichem Geist erfüllt, der die Verbesserung und Vervollkommnung der technischen Errungenschaften zum Wohle der Menschheit als selbstverständlich voraussetzt. Alle Menschen werden in Zukunft wunderschön wohnen, überall wird es grüne Wiesen, Bäume und viele Blumen geben. Die allgemeine Umweltverschmutzung wird über-

wunden werden, die Luft rein und das Wasser klar (und natürlich voller Fische) sein. Jeder Raum wird eine Klimaanlage besitzen. Die Hausarbeit wird mit Hilfe von Automaten erledigt. Die Menschen werden Muße haben, ihren musischen oder sonstigen Neigungen nachzugehen. Kurz, Japan wird im 21. Jahrhundert ein Paradies sein.
Dieses Paradies konnte man übrigens 1970 in dem Pavillon der großen und vielseitigen Weltfirma Mitsubishi auf der Expo in Osaka bewundern. Es ging ganz ähnlich zu wie in den Träumereien der Kinder. Nachdem man die Schrecken der Natur (tobende Meere, Taifune, feuerspeiende Vulkane) und deren Überwindung durch den Menschen erlebt hatte, wurde man auf den Meeresgrund versetzt, wo man Tiefseewohnkugeln, Erdölbohrer, elektrische Kraftwerke und natürlich Tiefseeungeheuer bestaunen konnte. Dann wurde es auf einmal hell, überall waren Blumen und immer neue Blumen. Eine Landschaft mit Grünflächen, tellerartigen und anderen bizarren Flugmaschinen in den Lüften, auf den Straßen führerlose Autos mit automatischer Steuerung, in großer Höhe Fußgängerschläuche mit rollenden Stegen, fabelhafte Hochhäuser, reich ausgestattet mit elektrischen Apparaten. Auf ganz normalen Balkons, die das einzige Überbleibsel aus unserer altmodischen Zeit zu sein schienen, saßen zwischen üppigen Blumen die dargestellten Familien glücklich und heiter beisammen.
Die japanische Schuljugend ist von solchen Zukunftsvisionen begeistert. Allerdings hat sich ihre Einstellung in den letzten zwei, drei Jahren wegen der Umweltverschmutzung etwas geändert. (Vergl. S. 147.) Manche Kinder wollen sogar Japans charmante Dörfer beseitigen und durch Hochhaus-Siedlungen nach Art der Mitsubishi-Schau ersetzen. Kein einziges Kind spricht davon, daß Japan wieder das »stärkste und mächtigste Land« werden solle. Wie anders war dies vor dem Kriege!
Der in Japan bestehende Fortschrittsglaube ist überhaupt erstaunlich. Der mit Skepsis geplagte Europäer könnte beinahe meinen, daß die Japaner geistig noch im 19. Jahrhundert leben. Zwar wollen sie nicht mehr mit der Parole »Wirtschaftswachstum ist die Hauptsache« fortfahren, aber die technische Weiterentwicklung wird davon nicht betroffen. Die Technik soll nunmehr gefälligst das neue Paradies hervorzaubern. Welch unangekränkeltes Selbstvertrauen und Selbstbewußtsein liegen darin! Die gleiche Auffassung herrscht bei den Studenten ebenso wie bei den anderen jungen Leuten vor.

Die Studenten haben sich als aufsässig gezeigt, ganz mit Recht, wenn es dabei um die Reorganisation des überholten, wegen der Konzentration auf das Wirtschaftswachstum vernachlässigten Hochschulwesens geht. Sie sind außerdem, sofern sie Linksradikale waren, gegen das Establishment und seine amerikafreundliche Politik angegangen, allerdings nur gegen das politische und wirtschaftliche Establishment, nicht gegen den Kaiser. Selbst die wildesten Studenten haben nie vor dem kaiserlichen Palast in Tokyo demonstriert. Der Kaiser ist ein Symbol, er steht über dem Establishment; als Symbol der japanischen Nation braucht man ihn nicht anzugreifen. Aber auch wenn sie gegen das kapitalistische System angehen, sind die japanischen Studenten deswegen nicht fortschrittsfeindlich. Bei uns spürt man, mag es nun zu ihrer Ideologie gehören oder nicht, in der studentischen oder sonstigen Jugend oft einen Überdruß gegen Zivilisation und Wohlleben. Absichtlich laufen manche jungen Leute als zerrissene und schmutzige Gammler umher. In Japan gibt es keine verwahrlosten Gammler. Einmal fragte ich eine japanische Freundin, was sie von den europäischen und amerikanischen Gammlern hielte, die manchmal in den Straßen Tokyos auftauchen. Ob sie sie abscheulich fände? »Ach nein«, sagte sie, »wir geben ihnen Geld. Es sind doch gewiß bemitleidenswerte arme junge Leute.« Daß man absichtlich als Bettler und außerdem schmutzig herumlaufen kann und offenbar wenig Wert auf die vorhandenen modernen Bequemlichkeiten legt, kommt den Japanern nicht in den Sinn. Wenn man in Europa junge Leute mit frisch gewaschenen langen Haaren sieht, mit gefransten Hosen, die sauber sind, und mit anständigen fleckenlosen Jacken, dann sind es oftmals Japaner. Sie machen die langen Haare und die verschiedenartigen Trachten mit, weil sie das für eine neue Mode halten. Aber den Dreck machen sie nicht mit. Die körperliche Sauberkeit wird in Japan seit eh und je hochgehalten.

Junge Japaner sind für Badezimmer, Heizung, Fahrstühle, elektrische Apparate in Haushalt und Küche, überhaupt für sämtliche elektronischen und sonstigen neuen Geräte, die es gibt, für saubere Zimmer und dergleichen; kurz, für alles, was mit modernem Komfort zu tun hat. In Japan gibt es keine Zivilisations- und keine Kulturmüdigkeit. Der Japankenner Professor Robert Schinzinger, der seit Jahrzehnten in Japan weilt, erzählte mir 1970, er habe vor japanischen Studenten einen Vortrag über Kulturpessimismus gehalten. Dabei sei er auf völlige Verständnislosigkeit gestoßen, und sein Vortrag sei ein Mißerfolg gewesen.

Vielleicht hängt es damit zusammen, daß Japan bisher auf manchen Gebieten noch unterentwickelt war. Die meisten Häuser haben keine Heizung (dabei kann in Tokyo und erst recht in Nordostjapan die Quecksilbersäule des Thermometers ganz beträchtlich unter Null sinken), die gewöhnlichen Etagenhäuser haben keine Fahrstühle. Die meisten elektrischen Apparate werden erst seit etwa zehn bis fünfzehn Jahren allgemein benutzt. Die Japaner leben meist einfacher und primitiver als wir. Im Jahre 1970 mietete ich mich in Tokyo in einem japanischen Hause ohne Heizung ein, weil die Hotelzimmer zu teuer und außerdem viel zu klein sind. Ich habe übrigens in Tokyo selten anders gelebt. Ich weiß also, was es bedeutet, wenn man frühmorgens frierend ein Gasöfchen oder einen elektrischen Heizkörper anzünden muß und wie ungemütlich es ist, abends in eine kalte Wohnung heimzukehren. Die Japaner essen auch, obwohl das Nahrungsangebot jetzt viel reichhaltiger geworden ist, einfacher und bescheidener als wir. Es gibt in Tokyo Studenten, die auch im Winter keine Socken tragen. Die meisten können sich keinen warmen Wintermantel leisten und tragen auch während der kalten Jahreszeit dünne Regenmäntel. Man versteht daher, daß die jungen Leute es bequemer haben möchten und deshalb fortschrittlich gesinnt sind.

Das ist jedoch nicht der einzige Grund für die unverdrossene Fortschrittsgläubigkeit der Japaner. Ich sagte schon, daß sie an eine segensreiche Weiterentwicklung der Technik glauben. Hier sei hinzugefügt, daß die Japaner die Technik und die technische Entwicklung nicht als unheimlich empfinden. Früher waren sie oft antitechnisch eingestellt, weil sie das rasche Tempo erschreckte, mit dem Europäer und Amerikaner immer wieder technische Neuerungen schufen[2]. Sie wollten uns nacheifern, aber immer, wenn sie uns fast eingeholt hatten, zeigten diese schrecklichen Leute im Westen schon wieder etwas Neues. Dann mußten die Japaner wiederum hinterherlaufen. Heute ist das anders. Sie haben ein hohes Niveau erreicht und sind von unseren Leistungen nicht mehr überwältigt. Sie bemerken auch, zumindest in Europa, eine gewisse Müdigkeit, von der sie selbst nicht befallen sind. Die Japaner haben für England, »das andere Inselreich«, das einst ein großartiges Weltreich gegründet hat, immer eine besondere Bewunderung gehegt. Daher kommt es, daß zuweilen heute nicht ohne Sympathie die Frage gestellt wird, warum England wirtschaftlich zurückgefallen sei. Die Antwort lautet für gewöhnlich, die Engländer seien müde und besäßen zu wenig Schwung und Arbeitseifer.

Die Japaner sind sich heute bewußt, daß sie Eigenschaften besitzen, die den unseren überlegen sind. Kurz zusammengefaßt: Die Technik an sich war den Japanern nie unheimlich, aber die Menschen im Westen mit ihrem vorwärtsstürmenden Drang waren erschreckend für sie.

Wenn die Technik nicht als unheimlich empfunden wird, dann können auch die Maschinen nichts »Dämonisches« an sich haben. Wir werden auf dieses Thema noch einmal in dem Kapitel über das Verhältnis der Japaner zur Natur zurückkommen. Hier nur soviel: Die Japaner machen keinen Unterschied zwischen einfachen, handwerklichen Geräten und höchst komplizierten Maschinen und Apparaten. Sie besitzen – dies wird immer deutlicher – eine große Begabung für verwickelte Dinge, die ihnen jetzt etwa beim Bau und im Umgang mit Computern und andern modernsten Apparaten sehr dienlich ist. Wir haben die Technik ursprünglich entwickelt, aber mit dem Ergebnis dieser Entwicklung, nämlich der komplizierten Technik, werden die Japaner vielleicht besser fertig als wir. Die Technik ist für sie nicht unheimlich, weil sie vom Menschen geschaffen worden ist und vom Menschen gemeistert werden kann. Mit dieser Einstellung, so scheint mir, gehen sie unbekümmerter in die Zukunft als wir. Außerdem sind sie, da sie später in das naturwissenschaftlich-technische Zeitalter eintraten, geistig noch recht unverbraucht und frisch.

Für die japanische Jugend ist, wie wir zu begründen suchten, die technische Zivilisation keine fragwürdige Angelegenheit. Dafür hat sie sich aber mit mancherlei anderen Umständen und Fragen abzuplagen. Japan befindet sich seit hundert Jahren in einer Kulturdauerkrise, die infolge der raschen Umwälzung nach dem Kriege härtere Formen angenommen hat. Über diese Krise zu berichten ist schon schwierig genug; noch schwieriger ist es, die Rolle der Jugend dabei zu beurteilen. Wir haben ja schon einige Mühe, die europäische Jugend zu begreifen – wie können wir da behaupten, die japanische richtig zu verstehen?
Nach dieser nicht gerade vielversprechenden Feststellung sei zunächst bemerkt, daß es über die Kontroverse zwischen den Generationen in Japan zwei Auffassungen gibt. Manche Japaner und Ausländer meinen, daß es sich dabei nicht um einen Generationenkonflikt, sondern nur um den Altersunterschied handle. Es bestehe keine Kluft zwischen den Generationen. Die Alten und Jungen würden sich mit den gleichen zeitbedingten Problemen beschäftigen, wobei die Jungen zuweilen stürmischer und die Alten besonnener seien. Andere, zu denen ich gehöre, halten diese Auffassung für zu oberflächlich. Natürlich haben es alle Jahrgänge mehr oder weniger mit den gleichen Problemen zu tun. Aber sie packen sie auf verschiedene Weise an und kommen nicht immer zu den gleichen Resultaten. Denn die Ausgangssituation ist nicht die gleiche, da sie auf andersgearteten Erlebnissen, Erfahrungen und Empfindungen beruht. Ob man den Krieg erlebt hat oder nicht, ob man die Notzeiten nach dem Kriege durchgemacht hat oder nur die nachfolgenden besseren Jahre kennt, ob man auf angenehme Weise studiert hat oder die Vorlesungen in überfüllten Hörsälen stehend anhören mußte, ob man eine demokratische Einstellung gewöhnt ist oder die Bücklinge vor den Herren Beamten – viele Dinge beeinflussen und formen den Menschen. Ganz zu schweigen von den fundamentalen Veränderungen im Erziehungswesen. Außerdem verändert sich nicht nur die intellektuelle Einstellung, sondern auch das Empfindungsvermögen. Empfindungen können geweckt oder vernachlässigt werden, sie können verkümmern, und je nach dem wandeln sich die Menschen. Die jungen Japaner denken und empfinden anders als die alten. Dinge, denen die alten Leute nachtrauern, vermißt die japanische Jugend gar nicht. Gewisse alte Überlieferungen kennt sie überhaupt nicht mehr.
Um mit dem Auffälligsten der alltäglichen Dinge zu beginnen: die Sprache ändert sich. Die jungen Japaner sprechen anders. Nicht nur, daß sie sich sehr vieler englischer Ausdrücke bedienen, das haben sich die älteren Leute auch schon weitgehend angewöhnt. Der Gebrauch der sozialen

Formen (oder wie man es nennen will), die ein ebenso wichtiger Bestandteil der japanischen Sprache waren wie die Grammatik, nimmt ab. Traditionsgemäß werden im Japanischen nach »unten«, nach »oben« und unter Gleichgestellten verschiedene Redewendungen gebraucht. Für die Frauen gab es natürlich entsprechend ihrer niedrigen Stellung eine besondere, sehr demütige Sprache. Es gab auch Worte, die nur die Frauen, nicht aber die Männer gebrauchten. Die Männersprache war viel rauher, wenn dies bis zu einem gewissen Grade – aber längst nicht wie in Japan – auch bei uns der Fall ist. Außerdem sprach man von anderen Menschen entsprechend ihrem Range auf ganz verschiedene Art. Etwa so: Mein jüngerer Bruder »ging vorbei«, Herr sowieso »ist ehrenwert vorbeigegangen«, der Kaiser »geruhte den ehrenwerten Vorbeigang zu vollziehen«. (Übersetzung dem Sinne nach, nicht wörtlich.) Prof. Cornelius Ouwehand, Japanologe in Zürich, gab darüber folgende Beispiele: »Um zum Beispiel ›ich gehe weg‹ auszudrücken, sagt ein Japaner zu einem Freund ›ore wa iku‹, zum Vater aber ›boku wa ikimasu‹ und zum Chef ›watakushi wa ikimasu‹: Sowohl das Personalpronomen als auch das Verbum (iku, ikimasu) werden also geändert. Noch komplizierter wird es, wenn von einem Dritten die Rede ist. ›Der Chef (des Sprechenden) geht weg‹ heißt zum Freund gesprochen, ›sha chô wa iku‹, zum Vater aber ›sha chô wa ikaremasu‹, wobei ikare die Ehrerbietung gegenüber dem Chef und masu jene gegenüber dem Vater ausdrückt. Noch anders wird der Satz, wenn es sich um den Chef des Angesprochenen oder den gemeinsamen Chef usw. handelt. Wenn man hört, daß die heutige Sprache 15 verschiedene Formen für das Pronomen der ersten Person und noch mehr für den anderer Personen kennt, ahnt man, wie kompliziert für unsere Begriffe dieses ganze System ist, welches das Japanische zu einer sogenannten Statussprache macht[3].« Es gibt noch andere solcher sozialer Redeformen in Japan. Aber dies mag hier genügen. Die Jugend nimmt es damit nicht mehr so genau, und viele ältere Leute sind darüber irritiert und verärgert.
Weitere Änderungen der Sprechweise können hier der Kürze halber nicht erwähnt werden. Im allgemeinen zieht man heute eine einfache Sprache vor, die dem Volke angepaßt ist. Das japanische »Latein«, das heißt die ursprünglich chinesisch beeinflußte Sprache der Gebildeten mit ihrem hochgestelzten Stil, gerät immer mehr ins Hintertreffen. Es kommt vor, daß die Studenten protestieren, wenn Professoren in diesem Stil sprechen. Staatsmänner und Politiker bedienen sich, um von der Öffentlichkeit verstanden zu werden, schon längst der gewöhnlichen Umgangssprache. Es ist also gleichzeitig mit der geringeren Beachtung der sozialen Redeformen eine Nivellierung im Gange. Die alte hierarchische Ordnung wird auf allen Gebieten untergraben.
Neben dieser demokratischen Tendenz im Sprachgebrauch geht ein Mangel an Ehrerbietung gegenüber Eltern, Lehrern und auch Universitäts-

professoren einher. Im Wirtschaftsleben ist das, so scheint es mir, weniger auffallend. Die Angestellten sprechen noch ziemlich höflich, weil sie sich ihre Karriere nicht verderben wollen. Eltern und Lehrer klagen über das ungehörige, manchmal sogar aufsässige Benehmen der Kinder. Die Eltern behaupten, die moderne Schulerziehung sei daran schuld, während die Lehrer gern darauf hinweisen, daß die Erziehung zur Moral und zum guten Benehmen Sache des Elternhauses sei.

Im Universitätsleben bestand früher zwischen Professoren und Studenten ein Meister-Schüler-Verhältnis. Voraussetzung war, daß der Herr Professor nicht nur als Fachmann, sondern vor allem auch als achtungsgebietende Persönlichkeit verehrt und entsprechend angeredet wurde. Dieses Verhältnis hat sich, ähnlich wie bei uns, gerade in den letzten zehn Jahren gewandelt. Manche Universitäten sind dermaßen überfüllt, daß die Professoren mit Hilfe des Mikrophons dozieren müssen. Viele Studenten, die keine Sitzplätze haben, hören stehend zu. Deshalb sagen die japanischen Studenten, der Erfolg des Studiums hinge von der Kraft der Beine ab. Es ist klar, daß unter diesen Umständen von einem persönlichen Verhältnis nicht mehr die Rede sein kann. Viele Studenten waren auch über die unterlassene Hochschulreform und über die Haltung mancher Hochschullehrer während der Hochschulkrawalle enttäuscht. Heute sehen sehr viele Studenten in den Professoren nur noch Fachidioten, die dazu da sind, Wissen zu vermitteln, und um die man sich im übrigen nicht kümmert. Und die Professoren sollen sich auch nicht um die Studenten kümmern.

Denn an den Universitäten ging es bisher recht »feudalistisch« zu. Hier herrschte – ebenso wie in der Wirtschaft und in der Bürokratie – weitgehend das Senioritätsprinzip. Wenn ein ordentlicher Professor stirbt, wird traditionsgemäß der Assistenzprofessor automatisch sein Nachfolger. Leistungen zählen dabei nicht. Damit hängt es zusammen, daß manche Professoren ihre gesamte akademische Laufbahn an einer einzigen Universität absolvieren. Im Jahre 1965 waren es im Durchschnitt 34 Prozent, an der führenden Tokyo-Universität sogar 95 Prozent der Professoren, die an eben dieser Universität studiert und promoviert hatten. An der ebenfalls sehr angesehenen Kyoto-Universität waren es 89 Prozent[4]. Viele Professoren, die zwar theoretisch links oder liberal eingestellt sind, nehmen praktisch Rücksicht auf die alten Rituale, die mit der Seniorität und dem Status zusammenhängen, das heißt: Bei einer Sitzung ergreift der Älteste als erster das Wort, verläßt als erster den Raum usw. Die übrigen folgen ihrem Status entsprechend. Im Jahre 1967 schrieb ein japanischer Autor in einem Artikel über »Das Leben an der naturwissenschaftlichen Fakultät der Tokyo-Universität«: »Schon von alters her war der privilegitätsbewußte Charakter der japanischen Staatsbeamten berühmt; das Privilegitätsbewußtsein der Hochschullehrer ist darüber hin-

aus noch besonders ausgeprägt, so daß sie die unterprivilegierten Assistenten wie Dienstmädchen der Herrschaft behandeln[5].«
Von den Studenten werden zum Beispiel mit großer Selbstverständlichkeit allerlei Dienste erwartet. So mußten noch in jüngster Zeit Studenten der medizinischen Fakultät der Tokyo-Universität (wo die wildesten Krawalle stattfanden) den Professoren bei ihren privaten Umzügen helfen. Auch an den Hochschulen lehnt man sich unter anderem gegen die Hierarchie und gegen den Paternalismus auf.

Das Schul- und Hochschulwesen hat sich in Japan seit dem Kriege noch nicht wieder richtig eingespielt. Im Schulwesen ist im Zuge der »demokratischen Erziehung«, zum Teil als Reaktion auf die Vergangenheit, anfangs stark übertrieben worden. Daran waren nicht nur die amerikanischen Anregungen schuld, die nicht ohne weiteres nach Japan paßten. Die Japaner selbst, besonders die links eingestellten Lehrer, waren eifrig bemüht, möglichst »demokratisch« vorzugehen. Diese Lehrer muß man verstehen. Denn sie hatten einst, ob sie wollten oder nicht, den Kindern die kriegerische Macht und Herrlichkeit Japans beibringen müssen. Viele von ihnen hatten, ebenso wie manche Intellektuelle, ein schlechtes Gewissen, weil sie nach der Niederlage fanden, daß sie nicht genügend Widerstand geleistet hätten. Nun wollten sie es besser machen. Bis zum heutigen Tage wehren sich die meisten von ihnen gegen die Tendenz, den Radikalismus der ersten Nachkriegsjahre wieder auszugleichen. Ihre Opposition ist, im ganzen und auf lange Sicht gesehen, für Japan sicher von Vorteil gewesen, ebenso wie es die Opposition der Linksparteien war. Denn ohne sie hätten die alten Konservativen allzu rasch und leicht ihre Wünsche durchsetzen können. Und das wäre für Japan vielleicht gefährlich gewesen. Die Linke gehört zu Japan und ist auch Japan. Nicht, daß man alle ihre Auffassungen – etwa die verschiedenen Richtungen von Marxismus, die in Japan existieren – unterschreiben müßte. Aber der wache kritische Geist der Opposition und ihre Empfindlichkeit gegenüber reaktionären Vorstößen haben ein nützliches Gewicht gehabt.
Nach dem Kriege wurde der Geschichtsunterricht in den japanischen Schulen abgeschafft. Statt dessen wurde Sozialunterricht erteilt. Im Jahre 1954 oder 1955 war ich gerade in Kyoto, als der große historische Umzug des Heian-Schreins stattfand. Zahlreiche Schulkinder im Alter von etwa zehn Jahren warfen ab und zu ohne jede Anteilnahme gleichgültige Blicke auf die vorbeiziehenden Reiter, Höflinge, Samurai und Fürsten, alle prächtig angetan in Brokat und Seide oder Rüstungen. Ich rief den Kindern zu: »Da kommt der Taiko (Hideyoshi)!« Verständnislose Gesichter. Noch einmal versuchte ich es und sagte: »Das ist Tokugawa Iyeyasu!« Kein Interesse. Der Lehrer kam auf mich zu und sagte mit leicht abweisender Miene: »So etwas lernt man in der Schule nicht mehr.« Nun, der

Geschichtsunterricht wurde inzwischen wieder eingeführt, und neuerdings wird auch wieder kurz über die alten Mythen berichtet. So wurden allmählich einige Nachkriegsneuerungen, im ganzen in recht vernünftiger Weise, wieder rückgängig gemacht oder abgeändert. Dabei kam es immer wieder zu Streitereien zwischen den reaktionären Konservativen (jedoch sind keineswegs alle Konservativen reaktionär) und der Linken. Im Erziehungsministerium sitzen immer noch einzelne ältere Leute, die es nicht vertragen, wenn in den Schulbüchern über den Zweiten Weltkrieg in objektiver und daher teilweise in für Japan abträglicher Weise berichtet wird. Glücklicherweise können sie im Gegensatz zu früher nicht mehr einfach Anordnungen treffen. Die größte Diskussion gibt es seit Jahren über die Wiedereinführung des Moralunterrichts. In Japan hat es nie einen Religionsunterricht gegeben, was in einem Lande, in dem zwei Religionen, Buddhismus und Shintoismus, herrschten und wo außerdem konfuzianische Einflüsse vorhanden waren, ohne weiteres verständlich ist. Dafür gab es aber den Moralunterricht (der auch etwas von Anstandsunterricht an sich hatte). Dieser hatte bis 1945 den Nipponismus von der kriegerischen und nationalistischen Art zur Grundlage. Nun wurde der Moralunterricht wieder eingeführt, aber er wird in der heutigen Form als unbefriedigend empfunden. Er besteht aus wohlmeinenden moralischen Anweisungen, wobei die neuen Bürgertugenden nicht zu kurz kommen. Aber die alte Grundlage kommt nicht in Frage und eine neue wurde eigentlich noch nicht gefunden und daher nicht überzeugend herausgearbeitet. Es wird wohl noch eine Weile währen, bis das neue Japan seine Ziele, auf die es hinarbeitet, deutlicher formuliert, das heißt dem »neuen Nipponismus« Ausdruck verleihen kann. Übrigens gibt es beim Moralunterricht keine Prüfungen und keine Noten. Soviel hat die Linke erreicht. Sie fürchtet immer noch, daß der Moralunterricht an sich schon eine reaktionäre Sache sei.

Jedenfalls werden die japanischen Kinder heute in einem neuen Geiste erzogen. Dabei ist das Resultat, wie bereits angedeutet, manchmal fragwürdig. Manche Kinder wollen überhaupt nicht mehr folgen. Manchmal verlangen sie, da ihnen ja im Sozialunterricht beigebracht wurde, was Demokratie bedeutet, eine Abstimmung, wenn ihnen etwas nicht paßt. Vor nicht langer Zeit errechneten an einer Hochschule in Tokyo anläßlich einer mathematischen Prüfung 80 Prozent der Studenten falsche Ergebnisse. Die Studenten behaupteten daraufhin, daß sie recht hätten, weil sie die Majorität verkörperten! Wenn dies wohl auch eine Ausnahme war, so ist sie doch bezeichnend. Es kommt sogar vor, offenbar nicht einmal sehr selten, daß die Kinder nicht mehr in die Schule gehen wollen. Dies ist in der Tat erstaunlich, denn die japanischen Kinder sind sehr lernbegierig und immer gern zur Schule gegangen. Zum Teil liegt es wohl daran, daß die Kinder heutzutage verwöhnter sind und ihren Launen – z. B. wenn sie keine Lust zum Arbeiten haben – hemmungslos Ausdruck verleihen. Zum anderen Teil mag es auch damit zusammenhängen, daß die Kinder die zuweilen etwas anarchistischen Zustände in der Schule (man denke an die Lehrerinnen, die einfach auf ihre Hochzeitsreise verschwinden) als unbefriedigend empfinden, sie sehnen sich instinktiv nach Vorbild und Leitung.

Man braucht diese Erscheinungen nicht allzu ernst zu nehmen. Solche Krisen sind unvermeidbar, wenn ein Volk sich rasch wandelt. Im Grunde genommen sind die japanischen Kinder und die japanische Jugend gesund an Geist und Seele, strebsam und gutwillig. Sie sind eigentlich »brav« und wollen etwas leisten. Die japanische Jugend erscheint zwar zuweilen aufgestört, aber verderbt ist sie nicht oder jedenfalls selten. Der Boden, auf dem das neue Japan aufgebaut wird, ist noch nicht ganz umgebrochen, noch schießt Unkraut hoch. Aber er wird schließlich bebaut werden, natürlich nicht auf unsere, sondern auf eine neue japanische Weise.

Die Japaner sind als ein besonders höfliches Volk bekannt. Wird diese Höflichkeit durch das Nachlassen der Ehrerbietung und das Abschleifen der Sprache, insbesondere der ranggemäßen Sprechweise, beeinträchtigt? Es mag auf den ersten Blick so scheinen. Wenn Kinder den Eltern gegenüber nicht ehrerbietig sind, so könnte es auch als Mangel an Höflichkeit ausgelegt werden. Man kann aber immer wieder erleben, daß die Japaner ebenso oder fast so höflich sind wie früher. Vielleicht läßt sich das, um an eine frühere Formulierung anzuknüpfen, folgendermaßen erklären: Die horizontale Höflichkeit bleibt, die vertikale, d. h. die ranggemäße oder hierarchisch bestimmte, läßt nach. Das wiederum könnte man einen Demokratisierungsprozeß nennen. Das Bewußtsein der »menschlichen Verknüpfung« ist in Japan, wie wir sahen, sehr stark. Es hängt zusammen mit dem Streben nach Harmonie und ist ein Urbestandteil des Nipponismus. Dieses Bewußtsein und diese Einstellung werden, wie immer Japan sich auch wandeln mag, bleiben. Die Höflichkeit aber ist die äußere Form, durch welche die Rücksichtnahme auf die menschlichen Beziehungen verwirklicht wird. Es ist wohl nicht umstritten, daß auch die heutigen Japaner beherrscht und zurückhaltend sind, sich nicht in den Vordergrund stellen, sich persönlich nicht wichtig nehmen (es jedenfalls nicht zeigen), darauf bedacht sind, Gesprächspartner nicht zu kränken und überhaupt in erster Linie auf die anderen Menschen Rücksicht nehmen. Dies führt schließlich zu dem Problem von Persönlichkeit und Gesellschaft in Japan, von dem später noch die Rede sein wird.

Mit der Abneigung der japanischen Jugend gegenüber den bisherigen hierarchischen Komponenten im japanischen Leben haben wir das Thema der Kulturkrise oder besser der soziokulturellen Krise in Japan angeschnitten. Hier stoßen wir auf eine Schwierigkeit. Wir sprachen bisher von einem Kampf zwischen altjapanischen und neujapanischen Auffassungen, wobei wir die Auseinandersetzung zwischen westlichen Einflüssen und japanischer Überlieferung nicht sonderlich betonten. Diese beiden Dinge gehören zusammen und lassen sich schwerlich trennen. Es herrscht eine ständige Interdependenz. Manche heutigen Veränderungen waren im Keim schon in Altjapan vorhanden, andere gehen auf den Ansturm der westlichen Art zurück. Wir können nur wiederholen: Japan ist für den Zusammenstoß mit dem Westen bereit gewesen, die fremden Anregungen fielen auf fruchtbaren Boden. Gerade auch nach dem Zweiten Weltkrieg war Japan bereit, auf den Sieger Amerika, der offensichtlich manches besser machte, zu hören. Es gibt neujapanische Auffassungen, die aus den eigenen Verhältnissen herausgewachsen sind, und es gibt solche, die auf westliche Quellen und Anregungen zurückgehen. Aber eins gibt es nicht: rein westliche Gedanken und Institutionen. Rein westliche Ideen und Theorien führen in Japan (bei manchen Intellektuellen) nur ein abstraktes und kümmerliches Dasein. Sie werden in dem fremden Humusboden nicht lebendig und vermögen darin nicht zu gedeihen.

Die japanische Jugend ist einer Vielfalt von Einflüssen ausgesetzt. Natürlich gibt es keinen »typischen jungen Japaner«, ebensowenig wie es einen typischen jungen Schweizer oder Deutschen gibt. In Japan ist, so scheint mir manchmal, die Verschiedenartigkeit unter den jungen Leuten (und den Menschen überhaupt) noch größer als bei uns. Wir setzen uns im allgemeinen nur mit unseren eigenen Überlieferungen, die hauptsächlich dem Mittelmeerraum entstammen, auseinander, nicht jedoch mit den Hochkulturen, die sich in Asien entwickelt haben. Als ich zum Beispiel Herbert Marcuse las, der bei den Studenten als »modern« galt, war ich verwundert über seinen engen Horizont und über den ebenso engen Horizont seiner Bewunderer, die sich damit zufriedengaben. Seine Folgerungen und Thesen entstammen nur dem abendländischen Bereich und beschäftigen sich nur mit diesem. Chinesische alte und neue Lehren und Sozialsysteme zieht er nicht in Betracht, trotz ihrer unbestreitbaren Bedeutung. Wie haben die Chinesen es nur fertiggebracht, als Volk und Nation schon so lange zu existieren? Dabei haben sie alle Aussicht, auch in Zukunft unabsehbare Zeit weiterzubestehen. Ebensowenig werden Japaner, Inder und andere Asiaten von Marcuse erwähnt. Es wäre auch für einen Soziologen aufschlußreich, sich mit Tokugawa Iyeyasu zu beschäftigen, der die Grundlage für den fast 300jährigen Frieden seines Landes legte. Auch hier lautet die Frage: Wie hat er das gemacht? Diese Kritik gilt selbstverständlich nicht nur für Herbert Marcuse, den ich nur herausgreife, weil er zeitweilig einen großen Widerhall gefunden hat, sondern für die meisten unserer Gelehrten und Professoren aller politischen Richtungen. Mit alledem wollte ich sagen, wie wenig sich unsere Studenten eigentlich die Köpfe zerbrechen. Sie bleiben geistig meistens »zu Hause«. Die japanischen Studenten können das nicht. Sie versuchen, sich mit den gleichen Dingen wie europäische und amerikanische Studenten auseinanderzusetzen und müssen außerdem mit ihren eigenen geistigen, kulturellen und politisch-sozialen Problemen fertig werden. Man wundert sich manchmal, daß es in Japan nicht mehr verzweifelte junge Menschen und nicht mehr Selbstmorde gibt. Im Gegensatz zu einer verbreiteten Meinung gibt es in Japan nämlich gar nicht so ungewöhnlich viele Menschen, die sich das Leben nehmen. Nach offizieller japanischer Angabe vom Sommer 1972 stand Japan, was die Selbstmordrate betrifft, an zehnter Stelle in der Welt.

Man verzeihe das folgende Sammelsurium. Aber Japan ist geistig sehr pluralistisch. Es ist kaum möglich, einen geordneten Überblick zu geben. Dennoch liegt diesem japanischen Sammelsurium, wie ich anfangs bemerkte, etwas Gemeinsames zugrunde, nämlich der neue Nipponismus. Davon wird zum Schluß noch einmal die Rede sein.

Unter den japanischen Studenten (1972 gab es 1,8 Millionen Studierende an den Universitäten und anderen Hochschulen) und Oberschülern, die praktisch die Masse der japanischen Jugend ausmachen, gibt es solche, die

1. alle Traditionen von A bis Z über Bord werfen und ein ganz neues Japan aufbauen wollen, das weder auf den eigenen Wurzeln beruht noch eine Imitation des Westens ist;
2. alles Japanische über Bord werfen und ebenfalls ein neues Japan wollen, aber dabei meistens Amerika zum Vorbild nehmen;
3. alle westlichen geistigen und moralischen Einflüsse für verwerflich halten und auf altjapanische Tugenden zurückgreifen möchten. Unter diesen gibt es verschiedene Richtungen;
4. als konformistische Pragmatiker vor allem Geld verdienen wollen, um eine Familie zu gründen, hübsch zu wohnen und ein Auto und die üblichen modernen Geräte zu besitzen;
5. als Hedonisten und egoistische Individualisten ebenfalls Geld verdienen wollen, aber nur, um sich »auszuleben«;
6. alle Religionen für überholt halten;
7. einer religiösen Sekte angehören oder in Zen-Klöstern Sammlung suchen;
8. Mitglieder der großen buddhistischen Soka-Gakkai-Bewegung sind und sich gern dem Massenrausch auf den Veranstaltungen dieser Organisation hingeben;
9. die Soka Gaikkai für absolut lächerlich, niveaulos und faschistisch halten;
10. sich gern dem alten »Boß-System« unterwerfen. Es handelt sich dabei um Gruppen, zum Beispiel politische Vereinigungen oder Sportvereine, die sozusagen »feudalistisch« organisiert sind. Die Mitglieder sind dem Chef und dem Gruppenwillen zu bedingungslosem Gehorsam verpflichtet;

11. Marxisten verschiedener Prägung sind;
12. die Streitkräfte verachten;
13. eine stärkere Aufrüstung befürworten;
14. einen starken Führer herbeiwünschen, der »ohne die Formalitäten der Demokratie« in Japan eine bessere Gesellschaft errichten soll.

Diese wenn auch unvollständige Aufzählung muß hier genügen. Natürlich liegen auch bei uns mehrere, sich manchmal diametral widersprechende Ansichten miteinander im Streite. Aber in Japan ist es eben damit noch komplizierter und krasser. Es gibt auch junge Japaner, die im Laufe der Jahre nicht bloß zwei, sondern mehrere dieser Meinungen hintereinander oder auch durcheinander vertreten haben. (Ein bezeichnendes Beispiel des Werdegangs eines jungen Japaners ist im Zusammenhang mit der allgemeinen geistigen Auseinandersetzung auf S. 140 angegeben.) Auffallend ist es, daß, wenigstens bisher, die weitaus meisten linksradikalen Studenten, nachdem sie ihr Studium abgeschlossen und etwa das 24. Lebensjahr erreicht haben, als Pragmatiker enden, die das Establishment akzeptieren.

In Europa faßt man die linksradikalen japanischen Studenten für gewöhnlich unter dem Namen des Zengakuren, des größten Studentenverbandes (dem aber nur eine Minorität der Studierenden angehört) zusammen. Aber die linksorientierte Studentenbewegung ist zerspalten, es gibt innerhalb und außerhalb des Zengakuren ganz verschieden gerichtete Gruppen. Die Linksstudenten sind bei einigen Gelegenheiten äußerst wild und kämpferisch vorgegangen, viele von ihnen waren für den Straßenkampf trainiert und mit Stangen, Helmen und Wurfgeschossen ausgerüstet. Es kam zu regelrechten Gefechten mit der Polizei. Jedoch sind in einzelnen Fällen die Rechtsradikalen (deren Zahl allerdings klein ist) eher noch rabiater vorgegangen. Bei dem großen Zusammenprall vor dem Reichstagsgebäude im Jahre 1960 (es ging vor allem um die Verlängerung des Amerikanisch-Japanischen Sicherheitspaktes), bei dem nicht nur Linksorganisationen und Studenten, sondern auch friedlich gesinnte japanische Christen und andere in Mitleidenschaft gezogen wurden, erschienen plötzlich Lastautos, die mit Ultranationalisten angefüllt waren. Diese schlugen mit Baseball-Schlägern, die mit Nägeln gespickt waren, auf die Demonstrierenden ein. Hierbei und bei den Zusammenstößen mit der Polizei gab es sehr viele Verletzte und Schwerverletzte (aber nur eine Tote, die im Gedränge niedergetrampelt worden war). Die ganze Nacht heulten die Sirenen der Sanitätswagen und Polizeiautos unheilverkündend durch die Straßen Tokyos.

In viele Studentenkämpfe der letzten Jahre (vor allem 1968) war die Polizei gar nicht verwickelt, sondern verschiedene linksradikale Studentengruppen kämpften gegeneinander. Dabei kam es zu Folterungen, es

gab eine gegenseitige Spionage und einen Austausch von Gefangenen und Verwundeten.
Manchmal konnte man sich auf der Straße mit den demonstrierenden Studenten unterhalten. Sie schienen eher erfreut zu sein, daß man sich für sie interessierte. Während des erbitterten Kampfes gegen die Verlängerung des Amerikanisch-Japanischen Sicherheitspaktes (1960) traf ich sie einmal vor der amerikanischen Botschaft. Panzerwagen der Polizei waren aufgefahren, Polizisten mit Stahlhelmen und in Kampfausrüstung hielten Wache. Die Demonstranten brüllten drohend ihre antiamerikanischen Slogans. Etwas nach sieben Uhr abends, als ich mich mit einigen Studenten unterhielt, hörte ich, wie einer von ihnen seinen Kameraden zurief: »Oii! Wir müssen nach Hause. Um 8 Uhr ist der Western im Fernsehen!« Und die Gruppe zog ab. Auch das ist so ein japanischer Widerspruch. Gerade hatte man die Amerikaner beschimpft, und schon ging man nach Hause, um einen amerikanischen Film nicht zu versäumen.
Die rebellierende Aktivität der japanischen Studenten beruhte, wie ich bald merkte, nicht nur auf politischen Motiven und der Unzufriedenheit mit dem Hochschulwesen. Manche Studenten langweilten sich. Natürlich nicht alle, aber immerhin eine Minorität, die sich vor allem dem Linksradikalismus zuwandte. Unter diesen jungen Leuten waren viele aufgeweckte, vor allem aber tatenlustige Kerle.
Für die akademische Jugend Japans ist die Periode vor dem Eintritt in eine Universität die allerhärteste. In dieser Zeit müssen sie sich für die Aufnahmeprüfung einer Hochschule vorbereiten. Die Konkurrenz ist enorm. Meistens können die Universitäten wegen Überfüllung nur eine beschränkte Anzahl der Angemeldeten aufnehmen, so daß sehr viele bei den Aufnahmeexamina durchfallen. (Vergl. S. 89.) Die Durchgefallenen geben aber, nebenbei bemerkt, das Studium nicht auf, sondern versuchen es im nächsten Jahr noch einmal oder wenden sich einer weniger angesehenen Universität zu, wo die Prüfungen leichter sind und die Konkurrenz geringer ist.
Als Studenten brauchen die jungen Japaner, falls sie keine Neigung dazu verspüren, nicht mehr so fleißig zu sein. Die Abschlußexamina der Universitäten, die meistens nach vier Jahren stattfinden, sind nämlich weder sehr schwer noch besonders wichtig. Nach vier Jahren bestehen fast alle dieses Examen, was unter anderem zur Folge hat, daß es in Japan keine »ewigen Studenten« gibt. Dafür müssen die jungen Japaner aber beim Eintritt in ein Amt oder bei der Zulassung als Jurist, Mediziner und dergleichen ein neues Examen, unabhängig von der Universität, ablegen. Auch manche Großunternehmen veranstalten eine Art von Eintrittsexamen.
Die Universitätsstudenten haben also, wenn sie wollen, ziemlich viel Muße. Was sollen sie damit anfangen? Manche konzentrieren sich auf den

Sport, aber für viele ist das allein geistig unbefriedigend. Dies ist, abgesehen von einem etwaigen echten Interesse, einer der Gründe dafür, warum sich viele der Politik zuwenden. Politik ist aufregend und kann dramatisch sein. Die Studenten sind es als echte Japaner bald müde, nur über Theorien zu debattieren. Sie wollen Aktivität, je abenteuerlicher, um so besser. Ihre frei gewordenen Energien drängen danach, sich Luft zu machen. Auch ein bißchen Freude am Theater ist dabei. Es ist schön, wenn das Fernsehen zur Stelle ist (und es ist meistens zur Stelle), um ihre Heldentaten festzuhalten.

Aber nach wenigen Jahren sind die jugendliche Abenteuerlust und der revolutionäre Elan verpufft. Man muß eine Stellung antreten und hat keine Zeit mehr für Langeweile. Aus den radikalen Jünglingen werden brave Spießer. Möglicherweise könnte sich die Situation in den nächsten Jahren ändern. Es heißt, daß die Großunternehmen Absolventen der angesehensten Universitäten (um die sie sich bisher gerissen haben!) nur noch ungern anstellen, weil es gerade an diesen Hochschulen, zum Beispiel an der Tokyo-Universität, am wildesten zugegangen ist. Aber es läßt sich noch nicht übersehen, wie diese Entwicklung weitergeht.

Vermutlich ist dem Leser aufgefallen, daß bei den Ausführungen über die Studenten kriegerische Züge erwähnt wurden. Mit der Bewaffnung, dem Training, der Spionage und dem Gefangenenaustausch wurde geradezu Krieg gespielt. Dies mag bedenklich erscheinen. Natürlich sind alle Linksstudenten Antimilitaristen, doch ohne daß es ihnen selbst bewußt wurde, kam die militärische Erbschaft wieder zum Vorschein. Außerdem hatten sich die Studenten, wenn sie zu einer größeren Aktion loszogen, weiße Tücher um den Kopf geschlungen. Diese Sitte stammt von den Samurai, die schon vor vielen Jahrhunderten solche Tücher (die eigentlich eine Art Handtücher sind) benutzten, um ihre Frisur festzuhalten, damit ihnen beim Kampfe ihre langen Haare nicht ins Gesicht fielen. Später bedeutete das Tuch, daß man zu allem bereit sei, auch zum Sterben. Die Kamikaze-Flieger, die in den sicheren Tod flogen, und die japanischen Soldaten, die zum Angriff antraten, haben es während des letzten Krieges getragen. Für die linksradikalen Studenten war das Tuch sicherlich nur ein Zeichen der Bereitschaft und Entschlossenheit, aber es mutete doch seltsam an, wie selbstverständlich dieser alte militärische Brauch übernommen wurde.

Tatsächlich können solche Erscheinungen nachdenklich stimmen. Man könnte sich vorstellen, daß eine solche Jugend, in andere Bahnen gelenkt, sogleich wieder für den militaristischen Geist zu haben wäre und daß dann diejenigen, die von einem Wiedererwachen des Militarismus in Japan sprechen, recht behalten könnten. Aber die antimilitaristische Einstellung der japanischen Jugend und des japanischen Volkes ist viel zu stark, sie wird solche kriegerische Überbleibsel nicht wuchern und nicht auf gefährliche Wege geraten lassen. Es handelt sich wohl nur um ein Aufflackern alter Instinkte, die mangels Nahrung allmählich erlöschen werden.

Als ebenso fragwürdig mag das in dem Sammelsurium der verschiedenen Tendenzen aufgezählte Boß-System erscheinen. Damit ist jenes Verhältnis gemeint, das, richtiger ausgedrückt, als Oyabun-kobun-Beziehung bezeichnet wird. »Oya« bedeutet die Eltern, »ko« die Kinder. Es handelt sich also um eine menschliche Beziehung, die ursprünglich dem Familienleben nachgebildet wurde. Der Boß (oyakata) spielt die Rolle des Familienvaters, dem sich die Gefolgsleute unterzuordnen haben. Dabei kann der Grad der Gehorsamspflicht verschieden sein, einmal sehr strikter, ein andermal mehr formaler Art. Das Boß-System ist seit langem im Wirtschaftsleben verbreitet, vor allem in der Landwirtschaft, im Bergbau, in der Fischerei und in den Städten unter den Bauarbeitern und gewissen Handwerkszweigen. Wie gesagt, sind auch politische Gruppen, Sportklubs und andere Vereinigungen nach diesem Prinzip aufgebaut.

Der Ausdruck »Boß-System«, der für gewöhnlich gebraucht wird, ist etwas irreführend. Der Boß in diesem System ist, entsprechend dem Familienoberhaupt, kein »Führer«, man könnte ihn eher als das Haupt einer Gruppe bezeichnen. Er ist stark von der Gefolgschaft seiner Leute abhängig, ja manchmal ist er sogar kaum mehr als der Repräsentant des Gruppenwillens. Also auch hier besteht gleichzeitig mit der vertikalen eine entscheidende horizontale Komponente. Was aber trotzdem als bedenklich angesehen werden kann, ist die absolute Diktatur, welche die im Boß-System zusammengefaßte Gruppe ausüben kann. Wenn Gefolgschaft und Boß sich einig sind, hat das einzelne Mitglied der Gruppe absolut nichts zu sagen. Der einzelne in der Gruppe besitzt keine individuellen Rechte. Es heißt manchmal, die Gefolgsleute bildeten »Brüderschaften«. Man mag es so nennen, aber es können unter Umständen äußerst intolerante Brüderschaften sein.

Ein Beispiel aus der neuesten Zeit. Im Jahre 1972 wurde ein 18jähriger Jüngling, Mitglied eines Sportklubs, von seinen »Brüdern« brutal totgeschlagen, weil er aus diesem Klub wieder austreten wollte. Ihm paßte die strikte Disziplin nicht, der er als Gefolgsmann unterworfen war. Der nach dem Boß-System organisierte Klub war der Meinung, daß der Jüngling sich nicht loyal verhalten habe und deswegen habe bestraft werden müssen. Ähnliche Vorkommnisse sind, wenn für gewöhnlich auch nicht gleich umgebracht wird, gar nicht so selten.

Den schlimmsten Fall dieser Art lieferte die berüchtigte »Rote Armee«. Diese kleine linksradikale Organisation wurde erstmals im März 1970 durch eine Flugzeugentführung nach Nordkorea bekannt, dann durch die grauenhaften Vorkommnisse in dem Bergort Karuizawa (Anfang 1972) und schließlich durch den Massenmord auf dem Tel-Aviver Flugplatz Lod in Israel im Juni 1972. Die Flugzeugentführung und das Attentat in Israel hatten mit dem Boß-System nichts zu tun. Sie beruhten auf den revolutionären Zielen der »Roten Armee«. In Karuizawa jedoch sollten nach der Manier des Boß-Systems Mitglieder, die sich angeblich undiszipliniert und und illoyal benommen hatten, bestraft werden. Vierzehn junge Frauen und Männer wurden, meist nach Folterungen, umgebracht. Ein Teil der Bande, die sich in einem Ferienhaus in Karuizawa verschanzt hatte und natürlich bewaffnet war, wurde schließlich durch ein Riesenaufgebot von Polizisten überwältigt, wobei zwei Polizisten umkamen und viele verletzt wurden. Dies alles betrachtete das ergrimmte Japan im Fernsehen.

Nebenbei sei bemerkt, daß diese Organisation, der unter anderem Studenten und durchgefallene Studenten angehören, sich zu Recht als »Armee« bezeichnet. Sie hat in den japanischen Bergen regelrechte Manöver abgehalten, wobei es sich aber jeweils allerhöchstens um hundert Revolutionäre handelte.

Die Untaten der »Roten Armee« wurden in Japan vor allem, aber nicht nur, unter dem Gesichtspunkt der revolutionären und weltrevolutionären Bestrebungen betrachtet. Als aber der erwähnte Fall des unglücklichen jungen Sportlers bekannt wurde, wiesen einige japanische Zeitungen empört darauf hin, daß ähnliche Methoden auch in anderen Vereinigungen angewandt würden. Im November 1972 ereignete sich ein weiterer schlimmer Fall auf der angesehenen Waseda-Universität in Tokyo. Studenten der revolutionären marxistischen Gruppe (sie umfaßt fünfhundert von den 40 000 Studenten der Hochschule) schlugen einen zwanzigjährigen Kommilitonen mit Eisenstangen tot, weil er angeblich für eine andere revolutionäre Gruppe spioniert hatte. Solche Rückfälle in die alte Mentalität sind aber glücklicherweise Ausnahmefälle.

Die japanische öffentliche Meinung ist scharf gegen das Boß-System eingestellt, vor allem, wenn es übertriebene Auswüchse zeigt. Manche ausländischen Beobachter erklären das Boß-System für typisch japanisch und weisen natürlich darauf hin, daß es immer noch bestehe. Es ist tatsächlich immer noch ziemlich verbreitet, aber ich würde es nicht mehr als typisch japanisch bezeichnen, weil zu viele Japaner, die es früher akzeptierten, es heute ablehnen. Das Boß-System ist jedenfalls keine Selbstverständlichkeit mehr. Es wird allmählich verschwinden, ebenso wie sein ursprüngliches Vorbild, das alte Familiensystem, untergeht.

Es gibt noch andere in dem Sammelsurium genannte Einstellungen, die der Erörterung bedürfen, wie etwa der Ruf nach dem »starken Führer« und die Probleme, welche die Kulturkrise betreffen. Doch diese und andere Fragen beschränken sich nicht auf die japanische Jugend. Sie gehen das ganze Volk an und sollen später im allgemeinen Zusammenhang zur Sprache kommen.

Die japanische Jugend ist zersplittert, mehr noch als das Volk im allgemeinen. Das ist selbstverständlich, denn die Jugend ist neugierig, entscheidet sich rasch, verfällt zuweilen ebenso rasch ins Gegenteil und wählt eifrig einmal dieses und einmal jenes. In Japan, wo so viele widersprüchliche Auffassungen aus Ost und West aufeinanderprallen, ist dieses jugendliche Verhalten wohl noch ausgesprochener als anderswo. Die japanische Jugend gleicht der Riesenmetropole Tokyo, wo es bekanntlich alles gibt, Altes und Neues, Einheimisches und Fremdes. Aber wohl niemand ist der Meinung, daß Tokyo mit seinem schrecklichen Durcheinander ewig so aussehen wird wie heute. Die kleinen armseligen Holzhäuser, die engen und engsten Gassen, die primitive Müllabfuhr, die stinkenden Kloaken, die einst Kanäle waren, und vieles mehr werden nicht Jahrzehnte weiterbestehen. Und andere Überbleibsel aus alter Zeit wie das kriegerische Gehabe der Studenten und das Boß-System ebenfalls nicht.

Spricht man heute von den japanischen Studenten, so verfällt man oft in den Fehler, sie ausschließlich mit ihren Vorgängern in der militaristischen Periode vor 1945 zu vergleichen. Dabei wird gewöhnlich angenommen, die Zustände in dieser Periode stellten mehr oder weniger die »japanische Tradition« dar. Wir haben erwähnt, daß diese irrige Annahme auch auf anderen Gebieten besteht. In der nationalistisch-militaristischen Zeit durften die Studenten keine eigene Meinung haben, keine »gefährlichen Gedanken«, wie es damals hieß. Sie hatten sich in jeder Beziehung den Befehlen »von oben« untertänigst zu fügen. Das war nicht immer so. In früheren Jahrzehnten waren die Studenten viel unabhängiger. Zum Teil waren sie dabei von dem freiheitlichen westlichen Geist angeregt, der ins Land gedrungen war; zum Teil lebte in ihnen noch die horizontale Überlieferung Japans, das heißt die Neigung der Untergebenen, ihren Chef zu manipulieren. Die Abhängigkeit des Chefs von seiner Gefolgschaft wurde bereits erwähnt. Im Jahre 1890 schrieb der Japanforscher Basil Hall Chamberlain, der damals Professor an der Kaiserlichen Universität in Tokyo war (heute Tokyo-Universität):
»Was den typischen japanischen Studenten betrifft, so gehört er zu jenen Jugendlichen, die des Schulmeisters Freude sind – willfährig, intelligent, ehrerbietig, fleißig beinahe bis zum Exzeß. Sein einziger ausgesprochener Fehler ist die Neigung, die allen japanischen Untergebenen gemeinsam ist – die Neigung, das Schiff selbst steuern zu wollen. ›Bitte, Herr Professor, wir wollen nichts mehr über die amerikanische Geschichte lesen. Wir wollen wissen, wie man Luftballons herstellt.‹ Dies ist ein Beispiel für die Wünsche, die ein Lehrer in Japan immer wieder hört. Kein Land war bisher, was die Regierung betrifft, so wenig demokratisch wie Japan. Kein Land war so demokratisch in allen anderen Dingen[6].«
Dies ist eine beinahe klassische Formulierung für das, was wir in Japan

als widersprüchlich empfinden. Es ist die Tendenz, »das Schiff selbst zu steuern«, die von der japanischen Tradition her eine Grundlage für das demokratische Japan ergibt. Genau wie bei der Frauenemanzipation und auf anderen Gebieten kann sich Japan hier auf eigene Überlieferungen berufen. Wenn das nicht wäre, wenn alles nur aus dem Westen herbeigetragen würde, dann wäre es traurig um die japanische Demokratie bestellt.

Einen demokratischen Wesenszug gibt es im japanischen Erziehungswesen aber noch in anderer Beziehung. Es ist die Nivellierung des Schulwesens und auch das damit verbundene durchschnittlich hohe Bildungsniveau. Manche Japaner, die die Deutsche Bundesrepublik besucht haben, waren erstaunt über das Bildungsgefälle, das zwischen den verschiedenen Schichten des Volkes herrscht. Auch japanische Germanisten, die in Deutschland studierten, waren überrascht davon[7]. Auf den gleichen Umstand hat Reiko Sekiguchi in ihrer Schrift über das Frauenstudium in Japan, in der sie auch auf das Erziehungswesen im allgemeinen eingeht, hingewiesen[8]. Wenn ich hier die Schweiz, in der die Bildungsunterschiede ebenfalls groß sind, nicht erwähne, liegt das daran, daß mir hierüber keine japanischen Urteile bekannt sind.

In einer Übersicht stellte das japanische Erziehungsministerium 1972 fest, daß in Frankreich und Japan 77 Prozent der Schüler nach Absolvierung der obligatorischen Volksschulen weitere Lehranstalten besuchen, in Westdeutschland nur 50 Prozent. Von den Absolventen der höheren Schulen und Gymnasien studierten in den Vereinigten Staaten 35 Prozent, in der Sowjetunion studierten 19, in Japan 15, in Frankreich 13 und in Westdeutschland nur 5 Prozent an Universitäten und andern Hochschulen[9]. Japan zählt also bildungsmäßig zu den führenden Nationen. Dabei ist auch noch zu bedenken, daß in Japan das Abitur (in der Schweiz: Matur) nicht einmal zum Studium an einer Hochschule berechtigt, sondern, wie erwähnt, eine Aufnahmeprüfung bestanden werden muß. Wegen des enormen Andrangs steht es oftmals von vornherein fest, wieviel Anwärter bei dieser Prüfung durchfallen werden. (Vergl. S. 84.) Im Jahre 1972 war das Verhältnis der erfolgreichen zu den durchgefallenen Anwärtern 1 zu 5,3. (An den Elite-Universitäten ist das Verhältnis auch schon 1 zu 20 gewesen!) Der Drang zur Bildung ist in Japan also sehr groß. Man findet in dem Insellande daher Akademiker auch in Berufen, in denen sie bei uns nicht so häufig vertreten sind, zum Beispiel unter den Bankangestellten, Kaufleuten, Angestellten der größeren und kleineren Industriebetriebe, der Reisebüros und so fort.

Die jetzige Nivellierung im japanischen Schulwesen geht zum Teil auf amerikanische Anregungen nach dem Kriege zurück. In Japan besteht heute eine neunjährige Schulpflicht (Grundschule und Mittelschule). Danach können die Schüler eine Oberschule besuchen, deren Absolvierung, wie erwähnt, zum Studium berechtigt, allerdings unter der Voraussetzung, daß man das Aufnahmeexamen einer Universität besteht. Die Oberschule ist (etwa im Gegensatz zu unseren Gymnasien) in keiner Weise exklusiv. Sie wird, wie wir sahen, von 77 Prozent aller Schüler besucht. Das bedeutet, daß die große Mehrheit der japanischen Jugend bis zu ihrem achtzehnten Lebensjahr die gleiche Ausbildung genießt. Die Kinder reicher Eltern, Arbeiter- und Bauernsöhne tragen die gleiche Schulmütze und die gleiche Schuluniform. (In Japan ist es von früher her üblich, daß in den Schulen eine bestimmte Kleidung oder Uniform, die je nach der Lehranstalt verschieden ist, getragen wird.) Die Folge davon ist, daß der Unterschied zwischen dem Selbstbewußtsein oder dem Standesbewußtsein der Kinder aus den verschiedenen sozialen Schichten geringer ist als bei uns. Daher ist auch der Aufstiegswunsch der Schüler aus nichtakademischen und ärmeren Schichten stärker, weil sie sich nicht benachteiligt fühlen. Allerdings kann die Qualität und damit der Ruf der Lehranstalten in Japan (das fängt schon bei den Kindergärten an) verschiedener Art sein. Wohlhabende und traditionsbewußte Eltern sorgen dafür, daß ihre Kinder eine renommierte Schule besuchen, in der womöglich schon der Vater oder gar der Großvater seine Laufbahn begonnen hat. Ein guter Kindergarten verbürgt unter Umständen eine angesehene Grundschule, und so geht es weiter bis zur Universität. Diese Tendenz wird aber heute schon dadurch erschwert, daß der Wohnsitz der Familie und die begehrte Schule oft weit auseinanderliegen. Immerhin besteht in dem teilweise vorhandenen Qualitätsunterschied der Schulen eine Möglichkeit zur Elitebildung, die neben den im ganzen egalitären Schulverhältnissen einherläuft.

Bemerkenswert ist auch, worauf Reiko Sekiguchi hinweist[10], daß in Japan, wo angeblich die Familienautorität alles bestimmt, nicht immer die Eltern oder Lehrer entscheiden, ob und welche Oberschule ein Absolvent der Mittelschule besuchen soll, sondern das bestimmen die Fünfzehnjährigen heute manchmal selbst.

Das japanische System hat natürlich auch Nachteile. Alle Schulen, auch die Oberschulen, sind als Einheitsschulen gedacht (Gesamtschulen). Sie sollen der Allgemeinbildung dienen. Infolgedessen setzt die Berufsausbildung jeglicher Art recht spät ein. Deshalb sind in den letzten Jahren Neuerungen eingeführt worden, die teils in einer gewissen Spezialisierung in den Oberschulen, teils in der Gründung von Berufsschulen, meist technischer Art, bestehen. Außerdem sind viele Oberschulen nur mehr Paukanstalten für die Aufnahmeprüfungen an den Universitäten geworden. Darüber wird sehr viel geklagt. Immer wieder wird vorgeschlagen, das System der Aufnahmeprüfungen an den Hochschulen zu revidieren, aber bisher ist noch nichts Entscheidendes geschehen.

Außerdem ist es für die Schullehrer mühsam, gleichzeitig gute und schlechte Schüler in einer Klasse unterrichten zu müssen. Japanische Schüler bleiben nämlich – das war früher auch schon so – sehr selten sitzen. Das Durchschleppen der schlechten Schüler entspricht der allgemeinen japanischen Rücksichtnahme auf den Mitmenschen. Die Schüler sollen nicht durch die Schande des Sitzenbleibens gekränkt und Gefühle der Frustration sollen nicht in ihnen hervorgerufen werden. Es ist bezeichnend, daß bei den Sportwettbewerben in den japanischen Schulen nicht nur die Sieger, sondern sämtliche teilnehmenden Kinder ein Abzeichen oder ein kleines Geschenk erhalten.

Trotz einiger Nachteile ist das japanische Erziehungssystem bisher im ganzen erfolgreich gewesen. Das Wirtschaftswunder, das ja nicht nur auf Geschäftstüchtigkeit, sondern auch auf vielseitigem Wissen beruht, ist ein Beweis dafür. Fast alle japanischen Wirtschaftsführer und ihre höheren und mittleren Angestellten sind Akademiker. Die Ausnahmen bestätigen nur die Regel. Vielleicht hat die schon erwähnte Reiko Sekiguchi recht, wenn sie behauptet, die Begabungen würden in Japan viel besser ausgenützt als in der Deutschen Bundesrepublik. In diesem Punkte ist Japan, das nicht von der üblichen westlichen Vorstellung der Demokratie herkommt, ein demokratisches, ja, vielleicht sogar ein vorbildlich demokratisches Land. Was sagte Chamberlain im Jahre 1890? Tatsächlich gibt es alte Demokratien, in denen es in mancher Hinsicht weniger demokratisch zugeht als in Japan.

Ich glaube, daß die japanische Jugend die vielfachen Spannungen und die sich widersprechenden geistigen Einflüsse nicht aushalten würde, wenn ihr Glaube an Japan, das nipponistische Grundgefühl, nicht vorhanden wäre. Es ist – dies sei wiederholt – im allgemeinen kein bewußter Glaube, kein »reflektiertes Gefühl«, wenn man so sagen darf. Der Nipponismus ist nicht nur zu hintergründig, vielmehr auch zu selbstverständlich, als daß darüber nachgedacht würde. Manche japanische Intellektuelle wehren sich erbost, wenn man vom Nipponismus spricht, und behaupten, daß man das neue Japan nicht kenne. Sie wollen Kosmopoliten sein und folgern daraus, daß sie den Nipponismus als alten Krempel über Bord werfen müßten. Sie sehen nicht ein, daß sie als Japaner nur mit dem Nipponismus – dem neuen Nipponismus – als Grundlage kosmopolitisch eingestellt sein können, weil sie sonst wurzellos und kraftlos umherschweben. Von diesem Kernthema wird noch die Rede sein.

Da die Japaner das Gefühl haben, ein einzigartiges Volk zu sein, wollen sie auf allen Gebieten die Besten und in der Welt führend sein. Die jungen Linksradikalen und die Kommunisten wollen es, die Wirtschaftsführer, die Künstler und Architekten, die Sportler, die Wissenschaftler und Techniker, die Hoteliers und die Landwirte. Die Arbeiter sind eifrig und arbeitsam, damit ihr Betrieb zum Ruhme Japans der erfolgreichste und beste wird, und die Gewerkschaften (gerade auch die linken!) haben noch kaum bemerkt, daß sie nicht bloß national, sondern auch international eingestellt sein sollten. Die neue buddhistische Religion der Soka-Gakkai ist darauf aus, die ganze Welt mit ihrem Glauben zu erobern und zu beglücken.

Nur eins wollen die heutigen Japaner nicht mehr: sie wollen nicht die stärkste Militärmacht der Erde werden. Hier war von den *neuen* Nipponisten die Rede, nicht von den alten. Deshalb wurden in diesem Zusammenhang die Ultranationalisten (Rechtsradikale) und die Verfechter einer Aufrüstung in großem Maßstabe (manchmal einschließlich Kernwaffen) nicht erwähnt. Denn sie gehören zu den alten und aussterbenden Nipponisten. Wir werden darauf im letzten Kapitel zurückkommen.

Aber auch unter denjenigen, die auf den ersten Blick als neunipponistisch erscheinen, gibt es eine Ausnahme. Wenn junge Linksradikale die Besten in der Welt sein wollen, so folgt daraus, daß sie auch die besten Revolutionäre sein wollen. Wenn diese Einstellung sich lediglich auf eine Revolution in Japan bezieht, so vermögen wir als Außenseiter nur eine beschränkte Kritik zu üben. Was aber, wenn japanische Linksradikale in der Weltrevolution führend sein wollen? Als ich von dem mörderischen Attentat der japanischen »Roten Armee« in Israel hörte, war ich zunächst verblüfft. Was war da geschehen? Zum ersten Mal in der Geschichte hatten japanische Attentäter ihr Leben nicht für Japan riskiert, sondern für die Welt, für die Weltrevolution. Das war etwas Neues. Doch bei aufmerksamer Lektüre der Zeitungsberichte schien es mir, als ob es dem überlebenden Attentäter Okamoto und seinen beiden ums Leben gekommenen Genossen gar nicht so sehr um die Weltrevolution an und für sich ging. Es ging ihnen auch darum, daß die Japaner die Pioniere der Weltrevolution sein sollten. Diese Tendenz kam ebenfalls bei den Äußerungen und Verhören der »Roten Armee« zum Vorschein, die in die grausigen Karuizawa-Vorkommnisse verwickelt waren. Sie hatten den Ehrgeiz, als Vortrupps zu gelten, sie wollten zu den Anführern der Weltrevolution gehören. Offenbar ist in ihnen, auch wenn sie schreckliche Irrwege gingen, der nipponistische Sendungsglaube wirksam gewesen. Es kommt ja auch anderswo vor, daß Menschen ihrem Glauben zuliebe Missetaten begehen. In der Schweiz wurde vor ein paar Jahren ein junges Mädchen aus angeblich religiösen oder mißverstandenen religiösen Gründen brutal umgebracht. Solche geistig krankhaften Erscheinungen kann man dem Christentum ebensowenig anlasten wie dem neuen Nipponismus die Untaten der Roten Armee. Man mag sich fragen, warum ich diese Überlegung angestellt habe? Weil sich gezeigt hat, daß auch bei der Roten Armee, die als erste japanische Gruppe in der langen Geschichte Japans für ein internationales Ziel zu kämpfen gewillt war – und das dazu in einem fremden Land –, wieder der nipponistische Einschlag mitwirkte.

Krankhafte Scheußlichkeiten, wie sie von der »Roten Armee« begangen wurden, werden sich wohl kaum wiederholen. Die Welt braucht nicht zu fürchten, daß von nun an fanatische oder todesbereite Japaner in New York, Paris oder Zürich Handgranaten schleudern oder wild um sich schießen werden. Vor dem Zweiten Weltkrieg gab es viele politische Attentate in Japan, aber diese richteten sich nur gegen einzelne bei den Attentätern unbeliebte und von diesen bekämpfte Staatsmänner und Offiziere, nie gegen Unbeteiligte und Unschuldige. Viele Japaner haben für die damaligen Attentäter, falls diese aus selbstlosen und patriotischen Motiven gehandelt hatten, eine gewisse Sympathie aufgebracht, besonders wenn sie sich nach dem Anschlag das Leben nahmen. Aber über die Untaten der »Roten Armee« war das ganze japanische Volk entsetzt, beinahe sprachlos – von ganz links bis ganz rechts. Man konnte das Hinmetzeln von Unschuldigen nicht begreifen. Nicht nur der japanische Botschafter in Israel hatte Tränen in den Augen, auch in Japan haben viele Menschen geweint. Mao Tse-tung hat gesagt, daß die Revolutionäre sich im Volke wohl fühlen müßten wie Fische im Wasser. Die Revolutionäre der Roten Armee schwimmen im japanischen Volke nicht wie Fische im Wasser, sie erregen nur abgrundtiefen Abscheu. Deshalb haben solche Organisationen in Japan keine Zukunft.

Viele Besucher Japans, die in den letzten Jahren zum ersten Mal dort waren, sind beeindruckt von der Vitalität, der Aufgewecktheit und der Lernfreudigkeit der japanischen Jugend. Umgekehrt empfinden manche Europäer, die eine Weile in Japan gelebt haben, die europäische Jugend als etwas müde. Ich bin nicht der Meinung, daß die europäische Jugend besonders müde ist, gebe aber zu, daß in Japan ein frischerer, unverbrauchterer Geist herrscht. Es ist bewundernswert, wie unverzagt die jungen Japaner geblieben sind, die sich mit so viel Dingen herumschlagen müssen. Nie habe ich in Japan vor dem Kriege, während des Krieges und nach dem Kriege das Gefühl gehabt, daß dieses Volk keine Zukunft haben würde. Wenn die japanische Jugend in friedlichem Wettbewerb mit den Nationen besonders ehrgeizig ist und Großartiges leisten will, so ist das nur zu begrüßen. Der frühere japanische Premierminister Sato sagte in seiner Reichstagsrede im Februar 1970: »Ich bete dafür, daß wir fähig sind, eine Nation aufzubauen, von der die Welt sagen wird, die Menschheit sei durch die Existenz Japans reicher geworden.« Das ist, was die japanische Jugend ersehnt, das ist der neue Nipponismus.

VI Der durchlöcherte Paternalismus in der Wirtschaft

»Japan und die Japaner müssen als ein einziger gigantischer lebender Organismus angesehen werden, in welchem sowohl Menschen wie Dinge eine Einheit bilden, die zu zerbrechen falsch, töricht und gefährlich wäre.«
»... einen Japaner um Aufschluß über das Netz seiner Beziehungen zu bitten, ist dasselbe, als ob man von einem Künstler verlangt, er müsse sich seiner schöpferischen Tätigkeit bewußt sein. Wenn ein Künstler gezwungen wird, den Verlauf des schöpferischen Prozesses zu beschreiben, so hört er auf, ein Künstler zu sein, und wird zu einem Theoretiker der Ästhetik.«
»Die japanische Motivierung ... offenbart sich nur in der Aktivität. Sie ist somit hauptsächlich unbewußt und kann nur von der konkreten Erfahrung abgeleitet werden.«
Die Zitate stammen von Maurice Bairy, Professor der Psychologie an der Sophia-Universität in Tokyo. Die Ausführungen stehen nicht etwa in einem Buch über japanische Psychologie, sondern über die japanische Wirtschaft[1].
Der Schwede Håkan Hedberg, der zwei vielbeachtete Bücher über die japanische Wirtschaft geschrieben hat, erklärt: »Der japanische Kapitalist hat keine ideologischen Scheuklappen vor den Augen: Dogmen sind ihm gleichgültig, ihn interessiert nur das Ergebnis, der effektivste und schnellste Weg zu einem reicheren Gemeinwesen. Der japanische Kapitalist hat selbst Kinder. Er möchte nicht, daß seine Kinder vergiftet oder auf der Straße überfahren werden. Aus diesem Grunde ist er im Begriff umzudenken[2].«
Nun, die japanischen Wirtschaftsführer sind im Umdenken recht schnell. Sie sind es eigentlich immer gewesen, sie haben eine erstaunliche Fähigkeit bewiesen, sich neu aufkommenden Situationen anzupassen. Dies hängt zum Teil, wie Hedberg bemerkt, damit zusammen, daß sie nicht durch Vorurteile theoretischer Art gehemmt werden. Zum anderen Teil beruht es darauf, daß Veränderungen für sie selbstverständlich sind. Nach japanischer Auffassung machen Wandlungen den Weg des Lebens aus. Die Wandlungen sind das Leben, so, wie früher bemerkt, die Funktionen das Leben sind.
Diese Zitate, die nicht Jahrzehnte alt, sondern neuesten Datums sind, sollen den Leser darauf aufmerksam machen, daß man die japanische Wirtschaft nicht ohne weiteres unter unseren geistigen und materiellen Voraussetzungen betrachten kann. Um Maurice Bairy noch einmal zu zitieren: »... (in Japan) steht der Westländer nicht einem neuen System von Ideen gegenüber, sondern einer andern Welt.«
In diesem Kapitel soll hauptsächlich über organisatorische Besonderheiten

im japanischen Wirtschaftsleben berichtet werden, mit Hinblick auf die Wandlungen, die zur Zeit im Gange sind.

Bis vor wenigen Jahren ist mit Recht immer wieder der paternalistische Charakter der japanischen Großunternehmen beschrieben und betont worden. Aber Japan verändert sich so rasch, daß das, was vor fünf oder sechs Jahren festgestellt wurde, heute nicht mehr genau stimmt. Der Paternalismus im japanischen Wirtschaftsleben ist dabei, zu zerbröckeln.

Da er schon in vielen Japanbüchern beschrieben wurde, besonders in solchen, die sich mit der Wirtschaft befassen, sei hier nur stichwortartig skizziert, was unter Paternalismus zu verstehen ist. Es handelt sich im wesentlichen um die lebenslängliche Anstellung bei der gleichen Firma und um die Treue, die der Arbeitgeber dem Arbeitnehmer und dieser seinerseits dem Arbeitgeber schuldig ist.

Arbeiter und Angestellte bleiben bis zur Erreichung der Altersgrenze bei dem gleichen Unternehmen, in das sie in jungen Jahren eingetreten sind. Daher war die Bedeutung des Arbeitsmarktes in Japan bisher beschränkt. Löhne werden nicht nach Leistung, sondern nach der Dauer der Dienstjahre gestaffelt. Auch die Beförderung hängt von den Dienstjahren ab. Deshalb sind die Begabten und Tüchtigen benachteiligt. Die Vorteile liegen auf der Hand: Erstens das Zusammengehörigkeitsgefühl der gesamten Belegschaft, das Schicksal jedes Einzelnen hängt vom Gedeihen der Firma ab; zweitens wenig Ressentiment und Neid, da keiner aus der Reihe tanzen kann, um zu avancieren.

Der Arbeitgeber muß auch in Krisenzeiten für die Belegschaft sorgen. Entlassungen sind verpönt, denn das ist so, als ob man aus der Familie verstoßen wird. Es gilt als Schande, entlassen zu werden, denn das sieht so aus, als ob der Betreffende sich unloyal verhalten hätte oder sich etwas habe zuschulden kommen lassen. Einmal Entlassene werden, ganz gleich, wie alt sie sind, von anderen Firmen überhaupt nicht oder höchst ungern angestellt (am ehesten von Kleinbetrieben, die niedrigere Löhne zahlen).

In Japan wird zweimal jährlich ein Bonus ausgezahlt, was in guten Jahren den Betrag von 6 Monatsgehältern oder sogar noch mehr ausmachen kann. In schlechten Zeiten werden weniger Bonusse ausgezahlt. Eine elastische Anpassung ist also möglich. Denn Entlassungen müssen eben möglichst vermieden werden. Es kommt vor, daß eine Firma, die in finanzielle Not geraten ist, sich von einer andern aufkaufen läßt, nur damit die Treue gegenüber der Belegschaft bewahrt bleibt und niemand entlassen wird. In den ersten Notjahren nach dem Kriege haben Großunternehmen Betriebe wiederaufgebaut, auch wenn es wirtschaftlich sehr riskant und fragwürdig war. Ein Mitsui-Direktor soll Amerikanern auf eine entsprechende Frage geantwortet haben: »Mitsui-Leute lassen wir nicht sitzen.«

Arbeiter und Angestellte sind stolz auf ihren Betrieb. Wenn man einen Japaner zum Beispiel fragt: »Was macht ihr Schwager?«, so antwortet

er: »Er ist bei der Firma X.« Der Japaner sagt nichts über den Beruf des Betreffenden aus, er sagt nicht, ob er Ingenieur, Buchhalter, Verkaufsleiter, Vorarbeiter, Chauffeur oder sonst was ist. Immer heißt es bloß: »Er ist bei der Firma X« oder »Er ist bei der Firma Y.«
Zur Verpflichtung des Arbeitgebers gehört, daß er für das Wohl der Belegschaft zu sorgen hat. Die Großbetriebe gewähren verschiedene Vergünstigungen, meistens gibt es einzelne oder mehrere, wie etwa Kantinen, Einkaufsläden, Sportplätze, firmeneigene Wohnungen und Ferienhäuser, Kliniken und anderes mehr. Auch für die Weiterbildung der Betriebsangehörigen wird gesorgt. Es gibt Lehrwerkstätten für Mechaniker und Techniker, Ausbildungskurse, die sich mit Betriebsführung und modernen Management-Methoden befassen, Lehrgänge für Ingenieure und Computerspezialisten. Manchmal werden dazu Universitätsprofessoren herangezogen, die Autoritäten auf ihrem Gebiet sind.
Das paternalistische System hat verschiedene Schattenseiten. Die Harmonie des Ganzen wird zwar gewahrt, wenn auch häufig auf Kosten der Begabten. Die Fähigkeiten der Tüchtigen werden nicht rational ausgenützt. Denn die Japaner haben im Wirtschaftsleben, wie auch auf anderen Gebieten, die Harmonie stets für das Wichtigste gehalten. Und bisher haben sie mit dieser Einstellung ja auch durchaus Erfolg gehabt. Aber aus verschiedenen Gründen geht es, wie wir sehen werden, nicht so weiter.
Zu den Schattenseiten des Systems gehört es ferner, daß es oft zu einer übertriebenen »väterlichen« Bevormundung der Belegschaft durch die Betriebsführung gekommen ist. Diese hatte manchmal die Tendenz, sich in das Privatleben, ja mitunter sogar in die politische Haltung der Betriebsangehörigen einzumischen. Dagegen hat es schon in der Vergangenheit Opposition gegeben. Den heutigen Werktätigen ist es erst recht zuwider.

Bis vor kurzem wurde vielfach angenommen, die paternalistische Struktur der großen japanischen Unternehmen sei »typisch japanisch« und gehe auf das alte Familiensystem und feudalistische Anschauungen zurück. Doch so einfach liegen die Dinge nicht. Vor dem Ersten Weltkrieg gab es diese Struktur, so wie wir sie heute kennen, nämlich noch gar nicht.
In der Anfangszeit der Industrialisierung in Japan war die Anstellung auf Lebenszeit nicht üblich. Die Arbeiter wechselten manchmal die Betriebe. Die Bindung der Belegschaft an einen einzigen Betrieb setzte erst in den zwanziger Jahren unseres Jahrhunderts ein. Es begann mit dem damaligen Aufschwung der Schwerindustrie. Das Angebot an ungelernten Arbeitskräften war groß, aber an Facharbeitern herrschte ein totaler Mangel. Die Betriebe mußten die Facharbeiter selbst ausbilden und hatten natürlich kein Interesse daran, daß diese später von andern Firmen weggeschnappt wurden. Infolgedessen bemühten sie sich, durch die mit

den Dienstjahren steigenden Löhne, mit der Garantie der lebenslänglichen Anstellung und anderen Maßnahmen das Verbleiben bei diesem Unternehmen attraktiv zu gestalten. Daraus entwickelte sich dann allmählich der Paternalismus in den Betrieben.

Damals herrschte aus Gründen, die mit der raschen Industrialisierung zusammenhingen, in der japanischen Arbeiterschaft eine gewisse Unruhe. Die Arbeiter wurden schlecht behandelt, weil das Angebot an Arbeitskräften (die meistens vom Lande kamen) sehr groß war. Ein aufsässiges Proletariat drohte aufzukommen. Dem wollten die Wirtschaftsführer begegnen. Dabei griffen sie auf paternalistische und feudalistische Traditionen zurück. Das lag im Zug jener Zeit. Damals vollzog sich nämlich auch auf der politischen Ebene eine allmähliche Abwendung von den liberalen und demokratischen zu den nationalistisch-militaristischen Tendenzen hin.

Während des Zweiten Weltkriegs, als der Militarismus seinen Höhepunkt erreichte, wurde der Paternalismus in der Wirtschaft durch Maßnahmen der Regierung weiterhin gefördert und gefestigt. Eigentlich ist das paternalistische System überhaupt erst dreißig oder vierzig oder – geht man auf die allerersten Anfänge zurück – höchstens fünfzig Jahre alt.

Das Entstehen dieses Systems ist zwar vor allem auf wirtschaftliche Gründe zurückzuführen, dennoch kann man sagen, daß man es nicht hätte durchsetzen können, wenn keine paternalistischen Überlieferungen vorhanden gewesen wären.

Jedenfalls läßt sich eine Struktur, die erst seit wenigen Jahrzehnten besteht, nicht ohne weiteres als typisch japanisch bezeichnen, jedenfalls nicht, wenn damit gesagt werden soll, daß es immer so war und immer so bleiben wird. Es ist daher kein großer »Bruch mit der Tradition«, wenn es jetzt allmählich, wieder auf Grund der wirtschaftlichen Entwicklung, mit dem Paternalismus ein Ende nimmt.

Außerdem herrschte der Paternalismus, so wie er hier beschrieben wurde, hauptsächlich in den Großunternehmen, weniger in den kleineren Betrieben von weniger als hundert Beschäftigten. Hier waren aber 1970 sechzig Prozent der Arbeitskräfte beschäftigt. Der in manchen Japanbüchern stark hervorgehobene Paternalismus vermittelt also ein etwas verzerrtes Bild. In den kleineren Betrieben war die Fluktuation der Beschäftigten immer stärker als in den Großunternehmen.

Zudem gilt die paternalistische Obhut nur den fest angestellten Betriebsangehörigen, also den Stammarbeitern, nicht den Gelegenheitsarbeitern. Diese Arbeiter werden nur für eine bestimmte Zeit angestellt, ohne daß die Firma weitere Verpflichtungen hätte. Die Betriebe können also Hilfskräfte heranziehen, für die sie keine Verantwortung tragen und auf die sie in Krisenzeiten keine Rücksicht zu nehmen brauchen. Hier zeigt sich wieder die japanische Elastizität. Man geht pragmatisch vor, das eine

Mal so, das andere Mal anders. Es hat, jedenfalls vor dem Kriege, Unternehmungen, sogar recht große, gegeben, die fast nur Tagelöhner anstellten – weil sie sich nämlich dabei billiger zu stehen kamen. Man muß sich daran gewöhnen, daß in Japan oftmals ein Nebeneinander verschiedener Systeme herrscht, weil Theorien in diesem Lande eben keine ausschlaggebende Bedeutung haben. Mit den Gelegenheitsarbeitern kann man aber heute infolge des Mangels an Arbeitskräften nicht mehr so umspringen wie früher. Sie stellen ihre Forderungen, und es gibt sogar schon Tagelöhner-Gewerkschaften. Das ist eine bezeichnende Neuerung, denn früher gab es in Japan nur Gewerkschaften der Stammarbeiter, die fast immer als Betriebsgewerkschaften organisiert waren.

Nach dem Kriege wurde zunächst an dem paternalistischen System, vor allem an der lebenslänglichen Anstellung, festgehalten. Es waren nicht zuletzt die Gewerkschaften, die darauf beharrten. Bevor das Wirtschaftswunder begann, herrschte in Japan eine Notzeit, so daß die Arbeiter nichts so sehr fürchteten, als entlassen zu werden.
Jetzt ist das anders geworden. Da heute in Japan ein Mangel an Arbeitskräften herrscht, sind diese nicht mehr so sehr darauf erpicht, lebenslänglich angestellt zu werden, weil sie jetzt eher die Möglichkeit haben, eine andere Arbeitsstelle zu finden. Auch sträuben sich manche Arbeiter und Angestellte, besonders die jüngeren, immer mehr dagegen, von der Betriebsleitung am Gängelband gehalten zu werden. Die jüngeren Leute wissen außerdem, daß sie heute mehr Chancen haben, rascher vorwärtszukommen, weil sie mit technischen Neuerungen schneller fertig werden als die älteren. Manche scheuen sich nicht mehr, die Firma zu wechseln, wenn sie anderswo ein höheres Gehalt bekommen. Gewisse Unternehmer haben längst eingesehen, daß man mit dem alten System in einer Zeit mit sehr hohen technischen Ansprüchen nicht weiterkommt. Sie gehen allmählich dazu über, mit Spezialisten – unabhängig von deren Lebensalter – besondere Abmachungen zu treffen. Es soll sogar vorkommen, daß Firmen, was früher kaum möglich gewesen wäre, sich Fachkräfte gegenseitig wegengagieren. Heute wird sogar oft bei der Entlohnung mehr Rücksicht auf Begabung und Tüchtigkeit genommen als auf die Seniorität.

Die Struktur der japanischen Unternehmen wandelt sich überhaupt, dies darf man getrost behaupten, in jeder Beziehung. Hier sei das japanische System der Entscheidungsbefugnisse hervorgehoben, das völlig anders aufgebaut ist als bei uns. Während bei uns die Unternehmensführung Anweisungen verschiedener Art erteilen kann, vermag sie dies in Japan nur in beschränkter Weise. Die Anregungen kommen in Japan »von unten«. Es handelt sich um das Ringi-System. Das Wort »Ringi« setzt sich aus zwei Komponenten zusammen: »Rin« bedeutet »einem Vorgesetzten

einen Vorschlag unterbreiten und seine Zustimmung erhalten«, »gi« bedeutet »Beratungen und Entscheidungen«[3]. Hiermit ist der Charakter des Ringi-Systems bereits angedeutet.
Sämtliche Entscheidungen gehen dabei sozusagen von den Angestellten aus. Ein Angestellter arbeitet, auch wenn er nur Leiter einer kleinen Untersektion ist, einen schriftlichen Vorschlag aus, den er, so gut er kann, zu begründen versucht. Dieser Vorschlag geht an alle gleichrangigen Sektionen, die damit etwas zu tun haben könnten, und weiter die Stufenleiter empor an alle Vorgesetzten. Jeder, der den Vorschlag vorgelegt bekommt, drückt als Zeichen seines Einverständnisses seinen Namensstempel darauf. (In Japan gilt nicht die Unterschrift, sondern der Stempel.) Wenn der Generaldirektor schließlich den Vorschlag erhält, hat er ein Dokument vor sich, das mit Stempeln gespickt ist. Dieser Vorgang kann wochenlang dauern. Fast immer drückt der Generaldirektor schließlich auch seinen Stempel darauf, höchst selten lehnt er ab.
Die Vorteile dieser Prozedur sind Harmonie und Einigkeit im Betrieb. Wenn so viele Mitarbeiter einen Vorschlag durch ihren Stempel gutgeheißen haben (obwohl sie manchmal überhaupt keine Zeit haben, ihn zu lesen), dann bleibt ihnen nichts anderes übrig, als sich entschlossen für dessen Durchführung einzusetzen. Sie sind nicht in der Lage, über einen Chef zu »schimpfen«, weil der Vorschlag nicht von einem Vorgesetzten stammt. Außerdem werden durch diese Prozedur Anregungen »von unten« ermuntert. Junge Angestellte mit frischen kreativen Ideen können auf diese Weise einen Einfluß auf den Gang der Geschäfte nehmen.
Zu den Nachteilen gehört zunächst einmal die Langsamkeit des Vorganges, durch den ausländische Geschäftsleute oft irritiert werden. Ferner werden die Vorschläge der Angestellten meist notgedrungen aus einem engen Gesichtsfeld heraus gemacht und betreffen immer nur eine Angelegenheit. Mit der Gesamtübersicht über das rationelle Gedeihen des Unternehmens haben sie wenig zu tun. Sie passen nicht ins Zeitalter der Planung. Dazu sei noch bemerkt, daß auf Grund dieses Systems die Geschäftsführung von sich aus keine Vorschläge machen kann. Das kann sie nur auf indirekte und diplomatische Weise tun, indem sie sich hinter einen Untergebenen klemmt. Das Ringi-System enthält, wie wir das in Japan auch auf anderen Gebieten gesehen haben, zweifellos ein demokratisches Element. Aber es befaßt sich eben nur mit Entscheidungen von Fall zu Fall.
Daher ist dieses System, wie der japanische Wirtschaftsfachmann M. Y. Yoshino[4] schon 1968 betonte, unvereinbar mit den heutigen Aufgaben einer Geschäftsführung. Es ist nicht verwunderlich, daß es schon seit einigen Jahren Ausnahmefälle gegeben hat, Fälle, in denen prominente Wirtschaftsführer von sich aus Entscheidungen von großer Bedeutung getroffen haben. Desgleichen wurden bei einzelnen Firmen Neuerungen einge-

führt, zum Beispiel, daß ein Ringi-Vorschlag, falls er eine dringende Angelegenheit betrifft, direkt – also ohne das stufenweise Abstempeln zu durchlaufen – der obersten Geschäftsleitung vorgelegt werden kann. Doch solche Verbesserungen genügen nicht. Die moderne Planung verlangt mehr Macht an der Spitze. Der Präsident einer Gesellschaft kann sich Computer für sein Büro anschaffen, der Untergebene kann das nicht. Schon längst wurden daher von verschiedenen Firmen modern ausgerüstete Planungsbüros eingerichtet, die den Präsidenten und die Geschäftsführung beraten können. Schon die Existenz solcher Planungsbüros bedeutet einen Durchbruch durch das Ringi-System. Die Entwicklung ist noch im Fluß. Im Laufe der Jahre wird sicherlich ein neues japanisches Management-System entstehen, das einerseits von amerikanischen Anregungen und Vorbildern profitieren, andererseits japanische Besonderheiten berücksichtigen wird.

Kurz sei noch das japanische Gewerkschaftswesen gestreift. Auch auf diesem Gebiet lassen sich, wie wohl kaum anders zu erwarten, Veränderungen registrieren, ohne daß sich jedoch mit einiger Sicherheit sagen läßt, was das Resultat der Entwicklung sein könnte.

Die japanischen Arbeitervereinigungen sind in der Regel Betriebsgewerkschaften, also nicht, wie bei uns, Industriegewerkschaften. Den Betriebsgewerkschaften gehören alle Angehörige eines Betriebes an, Arbeiter und Angestellte. In Großunternehmen, denen viele Fabriken und andere Unternehmen gehören, haben sich die Gewerkschaften der einzelnen Betriebe gewöhnlich in einen Firmenverband zusammengeschlossen. Dabei haben sie aber ihre Selbständigkeit weitgehend erhalten. Außerdem sind sie, falls sie einem der fünf Dachverbände der japanischen Gewerkschaften angeschlossen sind, auch diesen gegenüber sehr unabhängig.

Das Übergewicht der Betriebsgewerkschaften ist charakteristisch für Japan. Ihre Entstehung hängt natürlich mit der paternalistischen Betriebsführung zusammen. Gewiß gibt es auch Industriegewerkschaften (Seeleute, Arbeiter der Kohlenbergwerke) oder Berufsgewerkschaften, wie zum Beispiel diejenige der Lehrer, die in der Lehrergewerkschaft zusammengeschlossen sind. Aber sie sind Ausnahmen.

Die Mitglieder der Betriebsgewerkschaften interessieren sich hauptsächlich für ihre eigenen Belange (etwa Löhne) und ihren eigenen Betrieb. Durch Anweisungen oder Anregungen der Dachverbände werden sie wenig beeinflußt. Wir sehen hier wieder die Betriebstreue. Sie hält den ersten Rang inne, das allgemeine Arbeitnehmer-Arbeitgeber-Verhältnis rangiert an zweiter Stelle.

Hier muß man anmerken, daß die japanischen Arbeiter sich selten als besondere Klasse empfinden, noch seltener besitzen sie ein Proletarierbewußtsein. Bei einer Umfrage im Jahre 1968 erklärten 83 Prozent der japanischen Arbeiter, daß sie dem Mittelstand angehörten[5]. Außerdem ist die Mehrheit der Arbeiter nicht sozialistisch gesinnt, die meisten befürworten einen revidierten Kapitalismus[6].

Es gibt in Japan fünf Dachverbände, von denen der linksgerichtete Sohyo der weitaus größte ist. Sohyo war zeitweilig sehr radikal eingestellt, ist aber schon seit einigen Jahren mehr oder weniger vom Kommunismus abgerückt. Trotzdem nimmt die Mitgliederzahl des Sohyo seit einiger Zeit ein wenig ab, während diejenige des nächstgrößten Dachverbandes, des gemäßigt-sozialistischen Domei, zunimmt. Bezeichnend ist, daß die Mehrheit der Sohyo-Gefolgschaft nicht aus Industriearbeitern besteht, mehr als die Hälfte sind Staatsangestellte und Lehrer. Hiermit hängt es zusammen, daß der Sohyo politisch sehr stark aktiv ist; ja zuweilen gewinnt man geradezu den Eindruck, daß dieser Dachverband die Funktion einer politischen Partei ausübt. Die Staatsangestellten (einschließlich der Belegschaften der öffentlichen Körperschaften) und Lehrer besitzen nur ein sehr beschränktes Streikrecht, so daß sie auf manchen Gebieten nicht richtig aktiv werden können. Ihre Bestrebungen sind also leicht auf die politische Ebene zu lenken, da ja die öffentliche Verwaltung als ihr Arbeitgeber fungiert. Und die japanischen Beamten sind, wie wir später sehen werden, immer noch recht selbstherrlich, sie blicken gern auf die anderen Bürger herab. Das ist einer der Gründe dafür, daß die Bürokratie mitsamt der konservativen Regierung gern bekämpft wird. Sohyo hat außerdem, wie wir sahen, wenig Einfluß auf die Betriebsgewerkschaften, das heißt auf die große Mehrheit der Industriearbeiter. Da die eigentlichen gewerkschaftlichen Belange von diesen wahrgenommen werden, wendet sich Sohyo in erster Linie der Politik zu. Diese Politisierung eines großen Teils der japanischen Arbeiterbewegung hat aber auch historische Ursachen, auf die hier nicht weiter eingegangen werden soll. Man könnte es eine gewisse Verdrehung des Gewerkschaftswesens nennen.

Ferner ist zu beachten, daß die Arbeiter der kleineren und mittleren Betriebe im allgemeinen nicht gewerkschaftlich organisiert sind. Die japanische Gewerkschaftsbewegung ist also gewissermaßen unvollständig, denn die Arbeiter aus den Kleinbetrieben machen ja den Hauptteil der Arbeiterschaft aus. Außerdem hätten gerade diese Werktätigen eine Organisation am nötigsten, weil sie am schlechtesten bezahlt werden und die wenigsten Vergünstigungen genießen. Allerdings hat sich die unterschiedliche Entlohnung der Arbeiter in großen und kleinen Betrieben in der letzten Zeit vor allem wegen des Mangels an Arbeitskräften angeglichen. Bisher jedenfalls waren in Japan sozusagen die »reichen« Arbeiter organisiert und die »armen« nicht. Dies gehört zu dem vielerörterten Thema der Doppelstrukturen, die es in Japan gibt. (Meistens ist damit das Vorhandensein sehr zahlreicher, für die Volkswirtschaft wichtiger Kleinbetriebe neben den weltbekannten Riesenunternehmen gemeint.) Im übrigen ist das Problem der nichtorganisierten Arbeiter der kleinen Betriebe des öfteren diskutiert worden. Lediglich die Soka-Gakkai, die große erfolgreiche buddhistische Organisation, hat versucht, etwas Konkretes zu unternehmen. Sie beabsichtigte, eigene Gewerkschaften zu gründen, wobei sie vor allem an die bisher nicht organisierten Arbeitskräfte dachte. Doch sind ihre Versuche, vorläufig wenigstens, fehlgeschlagen. Zum Teil vermutlich deshalb, weil die Konzeption der Soka-Gakkai recht unzeitgemäß anmutet. Außer der Belegschaft sollte nämlich auch der Betriebsinhaber oder Direktor Mitglied der Gewerkschaft sein, wodurch offenbar der Gegensatz zwischen Arbeitgeber und Arbeitnehmer beseitigt werden sollte. Also eine »Art buddhistische Harmonielehre für den Arbeitsplatz«, wie dies genannt worden ist[7].

Man gewinnt eher den Eindruck, daß das japanische Gewerkschaftswesen allmählich sozusagen versachlicht wird. Viele junge Arbeiter wollen sich, wie wir bei der Erörterung des Paternalismus feststellten, nicht mehr in ihre Angelegenheiten hineinreden lassen. Der Arbeitsplatz soll nichts anderes sein als der Ort, an dem man arbeitet und Geld verdient. Es ist daher nicht so wichtig, wo sich dieser Ort befindet und ob man vielleicht einmal wechselt. Dieser sich langsam entwickelnden antipaternalistischen Einstellung kommt man insofern von der Unternehmerseite entgegen, als diese ja auch nicht mehr so starr wie früher an der lebenslänglichen Anstellung festhält. Man kann sich vorstellen, daß schließlich den Betriebsgewerkschaften auf diese Weise der Boden entzogen werden könnte. Industriegewerkschaften würden Menschen, die ihren Arbeitsplatz unter Umständen wechseln, eher entsprechen. Doch über diese Entwicklung läßt sich noch nicht viel sagen, da sie ja erst in den Anfängen steckt. Immerhin ist die Gründung von Gelegenheitsarbeiter-Gewerkschaften und seit einiger Zeit auch von Zweit-Gewerkschaften in den Betrieben ein Anzeichen dafür, daß sich alles im Wandel befindet. Je wichtiger der allgemeine Arbeitsmarkt wird, um so unhaltbarer sind auf die Dauer die jetzigen Verhältnisse. Ein gewisser Einbruch in das japanische Gewerkschaftswesen erfolgte übrigens 1964, als die Japansektion des bekannten Internationalen Metallarbeiterverbandes gegründet wurde. Der Japansektion gehören Gewerkschaften an, die Mitglieder einer der fünf Dachverbände sind, aber auch unabhängige Betriebsgewerkschaften und Firmenverbände. Der Einbruch besteht darin, daß Gewerkschaften einer ganzen Industrie, der Metallindustrie, sich gemeinsam an einer Sache beteiligen. Hierbei ist also das Industrieprinzip vorherrschend, nicht das Betriebs- oder Großfirmenprinzip. Die Politik der Japansektion des Internationalen Metallarbeiterverbandes strebt an, vorhandene Probleme auf der gemeinsamen Industrieebene anzupacken und zu lösen. Dies ist für Japan etwas Neues. Neu ist es auch, daß die betreffenden japanischen Gewerkschaften auf diese Weise engeren Kontakt mit einer internationalen Arbei-

terorganisation erhalten. Das muß man begrüßen. Die japanische Arbeiterbewegung war bisher allzu engstirnig-national eingestellt. Sie hat alles (Schutzzölle, Importrestriktionen, Exportförderung usw.), was dem japanischen Wirtschaftswachstum zugute kam, akzeptiert. Man lese einmal nach, was der Schwede Håkan Hedberg über den völligen Mangel an Internationalismus in den japanischen Gewerkschaften zu sagen hat[8]! Es gab für sie bisher nur japanische Arbeiter; wie es den Werktätigen in der übrigen Welt erging, war ihnen gleichgültig. Hier haben wir es mit der unangenehmen Seite des neuen Nipponismus zu tun. Friedlich ja, antimilitaristisch ja. Aber dafür wirtschaftlich zu egoistisch und aggressiv. Doch dies wird sich, wenn nicht alles trügt, allmählich ändern.
Das japanische Gewerkschaftswesen ist zersplittert in Tausende von Betriebsgewerkschaften und Firmenverbände, die sich nur um die Verhältnisse in ihren eigenen Betrieben kümmern, und in Dachverbände, die zum Teil Außenpolitik betreiben (bisher vor allem in antiamerikanischem Sinne). Die Arbeiterbewegung als Ganzes spielt im Leben des Landes keine einheitliche Rolle und besitzt daher nicht die Bedeutung, die ihr zukommen könnte. Doch das wird vermutlich im Laufe der Zeit geschehen, denn es ist unvermeidlich, wenn die Arbeiterbewegung sich weiterhin »versachlicht«. So wird sicherlich alles, was direkt oder indirekt mit dem Paternalismus zusammenhängt, allmählich verschwinden. Außerdem spricht ein weiterer Umstand dafür, daß es zu einer stärkeren horizontalen Verbundenheit der Gewerkschaften und zur vermehrten Bildung von Industriegewerkschaften kommen könnte. Falls nämlich der Trend zur Fusionierung von Großunternehmen anhalten sollte, könnte es für die Arbeiterschaft vorteilhafter werden, das Hauptgewicht auf größere Firmenverbände und Industriegewerkschaften zu legen anstatt auf die Betriebsgewerkschaften.

Zum Schluß sei an die Zitate am Anfang dieses Kapitels erinnert. Sie sollten davor warnen, exakte Vorstellungen oder gar Theorien zu suchen, zum Beispiel im Zusammenhang mit der japanischen Arbeiterbewegung. Wie Maurice Bairy meint: »Die japanische Motivierung offenbart sich nur in der Aktivität.« Sie kann nur »aus der konkreten Erfahrung« abgeleitet werden. Graf Hermann Keyserling, der ein feines Gespür für manche (wenn auch nicht für alle) japanischen Dinge hatte, schrieb einst den schönen Satz: ». . . den Japanern ist es gelungen, ohne daß sie eigentlich Ideen hätten, doch Ideen darzustellen, sogar solche, die keiner von ihnen gehabt hat[9]«. Die Beurteilung einer Entwicklung ist immer schwer, wenn man mitten drinsteht, aber in Japan ist es besonders schwierig. Wir können nur feststellen, daß einige Grundtendenzen wirksam sind, nicht aber, wie die Japaner damit fertig zu werden gedenken. Denn sie werden dabei pragmatisch und, wie Bairy ebenfalls bemerkt, unbewußt vorgehen.

Manche Probleme des heutigen Wirtschaftslebens in Japan sind identisch mit denjenigen in anderen Industrieländern. Einige japanische Wirtschaftsexperten sind daher der Meinung, Japan solle insbesondere den amerikanischen Methoden mehr Aufmerksamkeit schenken. Dies haben die Japaner auch häufig getan, sie haben sich einmal für diese, das andere Mal für jene amerikanische Methode (zum Beispiel beim Aufbau des Managements) begeistert, schon allein deshalb, weil die Japaner ein neugieriges Volk sind und alles Neue ausprobieren wollen. Aber schließlich übernehmen sie immer nur, was ihnen paßt und was sie den japanischen Verhältnissen anpassen können.

Wir haben hier versucht, einige Entwicklungstendenzen aufzudecken, wobei wir uns auf den paternalistischen Aufbau der Unternehmen, auf das Ringi-System und auf das Gewerkschaftswesen beschränkten. Dabei haben wir teilweise eine antipaternalistische Tendenz festgestellt. In Japan, so scheint es, ist eine sachlichere Einstellung im Kommen, verbunden mit einem Drang nach mehr persönlicher Unabhängigkeit. Gleichzeitig bemerkten wir, daß – im Gegensatz zu früher – die Position der Unternehmensführung allmählich gestärkt wird. Denn das Ringi-System, das einen demokratischen Zug hatte, verliert mit der Zeit seine Bedeutung. Hier scheint ein Widerspruch zu bestehen: in mancher Hinsicht mehr Unabhängigkeit (also mehr Demokratie, wenn man will), in anderer Hinsicht mehr Macht an der Spitze. Was jedoch bestimmt allmählich zerfällt, ist der stufenweise hierarchische Aufbau, der jedem Menschen seinen bestimmten Platz in der Gesellschaft zuweist. Wir sprachen bereits in anderem Zusammenhang von der Atomisierung der japanischen Gesellschaft. Also Atomisierung und stärkere Führung? Dies mag gefährlich klingen. Daher sei sogleich bemerkt, daß es in Japan bei aller Atomisierung immer gleich zu neuen Gruppenbildungen kommt. Diese Gruppen vermögen die Macht der Spitze einzuschränken. Vielleicht geht es auf dem politischen Gebiet ähnlich zu, und das Problem sei daher im Zusammenhang mit der innenpolitischen Situation wieder aufgegriffen. Denn schließlich sind wir neugierig und möchten erraten, wohin Japans Weg führen könnte.

Japan gehört zu den am besten verwalteten Ländern der Erde. Im Lande herrscht im allgemeinen Ordnung und Ruhe, die Menschen sind fleißig und wohlerzogen. Dieses Bild wird gelegentlich durch politische Demonstrationen getrübt, die – falls es sich nicht um die Sonderbelange der Studenten handelt – fast immer außenpolitischer Art sind. Zwischenfälle wie diejenigen mit der »Roten Armee« oder mit den opponierenden Bauern in der Nähe von Tokyo, die ihr ererbtes Land nicht für den Bau eines Flugplatzes hergeben wollten, sind selten. Man muß allerdings nicht gerade im Frühjahr nach Tokyo kommen. Denn dann findet alljährlich mit großer Regelmäßigkeit die auf weitere Lohnerhöhungen hinzielende Frühjahrsoffensive einiger Gewerkschaften statt. Da sie mit Streiks verbunden ist und da es sich vor allem um die öffentlichen und privaten Verkehrsbetriebe handelt, kann es geschehen, daß Hunderttausende von Menschen vorübergehend stranden und nicht oder nur mit großer Mühe zu Fuß über die Eisenbahngleise zu ihren Arbeitsstätten gelangen können. Manchmal streiken gleichzeitig die Autobusse und die Taxis. Aber es dauert nicht lange und zu unliebsamen Vorkommnissen kommt es daher nicht oft. Das Publikum ist zwar verärgert, nimmt es aber meistens gelassen hin. Schließlich müssen die Eisenbahner auch leben und an den allgemeinen Lohnerhöhungen teilnehmen.
Im übrigen kann man auch als Frau nachts unbesorgt durch die Straßen Tokyos gehen. Man wird nicht ausgeraubt oder angesprochen. Man kann auch allein durch ganz Japan reisen und unbekümmert in japanischen Hotels übernachten, deren Räume nur durch Papier- oder Papptüren mangelhaft gesichert sind. Natürlich kommen Diebstähle vor, aber so selten, daß man weiter nicht darüber nachdenkt. Haus- und Wohnungstüren werden in Japan auch tagsüber fast nie abgeschlossen.
In New York wurden 1970 nicht weniger als hundertfünfzigmal so viele Raubüberfälle verübt wie in Tokyo. Dabei ist die japanische Hauptstadt größer und hat mehr Einwohner als New York. Dies wurde vom internationalen Kongreß für Psychologie festgestellt, der im Sommer 1972 in Tokyo tagte. Außerdem gab es in New York viermal so viele Vergewaltigungen und fünfmal so viele Morde wie in Tokyo. In New York war ein großer Teil der Verbrechen auf den Genuß von Rauschgiften (hauptsächlich Heroin) zurückzuführen, in Tokyo sind solche Fälle kaum vorgekommen. Beachtenswert ist es auch, daß die Tokyoter Polizei bei der Aufklärung von Verbrechen und der Verhaftung der Schuldigen bedeutend erfolgreicher war als die New Yorker Polizei.
Die Ursachen für die relative Friedfertigkeit und Sicherheit in dem Inselande liegen zum Teil darin, daß die Japaner seit Jahrhunderten zu einem

homogenen Volk verschmolzen sind. In den Vereinigten Staaten werden verbrecherische Handlungen manchmal durch Rassengegensätze und durch den Unterschied zwischen alteingesessenen Amerikanern und Neueinwanderern verursacht. Solche Spannungen gibt es in Japan kaum. Hinzu kommt, man kann es nicht anders ausdrücken, die hohe Moral des japanischen Volkes. Seit alters sind diesem Volke ethische Werte und Verhaltensmaßnahmen gelehrt und angepriesen worden. Die Ethik, ob sie nun vorwiegend aus shintoistischen, buddhistischen oder konfuzianischen Quellen herrührt, ist für das Zusammenleben der Japaner als Gemeinschaft immer von größerem Gewicht gewesen als die Religionen als solche. Mag man diese wohl etwas idealistisch klingenden Ausführungen nun akzeptieren oder nicht, dennoch braucht man, wenn ein Land wie anfangs bemerkt, gut verwaltet wird, vor allem die entsprechende Administration. Damit gelangen wir zu dem Thema der japanischen Verwaltung, einem Kernthema, wie wir sehen werden, auch in der japanischen Politik. Die japanischen Beamten sind gebildet, fähig, gewissenhaft und zuverlässig. Gleichzeitig besitzen sie aber einen großen Dünkel, halten sich für etwas Besseres als die gewöhnlichen Menschen und legen oft eine »feudalistische« (man nehme diesen Ausdruck nicht so genau) Einstellung an den Tag. Sie erwarten, daß man ihnen nicht nur höflich, vielmehr respektvoll begegnet. Außerdem gehen sie oftmals kleinlich und bürokratisch vor, klammern sich peinlichst an sämtliche Vorschriften und achten darauf, daß auch ja alle notwendigen Stempel auf ein Dokument gedrückt sind. Ob privates Geschäft oder Amt – das Stempeln ist des Japaners Lust. Manchmal sind die Beamten korrupt, aber keinesfalls mehr als in andern Ländern. Zudem ist es in Japan nicht immer leicht, zwischen »guten Beziehungen« und Korruption zu unterscheiden. Kurz und gut, die Beamten in Japan bilden eine standesbewußte, erhabene Klasse. Daher bezeichnen die Japaner ihr Land manchmal als den »Himmel für Regierungsbeamte«. Nach dem Kriege, als »Demokratie« das große Schlagwort war, überraschte es mich doch, wie stark diese Einstellung noch vorhanden ist. Allerdings ist die ergebene Haltung der Japaner ihren Beamten gegenüber nicht mehr so ausgesprochen wie früher. Es gibt Japaner, die – natürlich als Reaktion auf die früheren Zustände – sämtliche Beamte für eingebildete Schafsköpfe halten. Ich selbst habe als Ausländerin die Erfahrung gemacht, daß der Verkehr mit den japanischen Beamten jetzt im allgemeinen angenehmer und natürlicher ist als früher. Doch auch in den letzten Jahren konnte man sich zuweilen ärgern und in die Vorkriegszeit zurückversetzt fühlen. Als einmal etwas mit meiner Aufenthaltsbewilligung nicht klappte, mußte ich auf Veranlassung der Einwanderungsbehörde den Herrn Justizminister schriftlich um Verzeihung bitten, daß ich einen Fehler begangen hatte und ebenso untertänigst darum ersuchen, trotzdem als Journalistin in Japan bleiben zu dürfen. Dabei war ich nicht – jeden-

falls nicht allein – Schuld an der Sache gewesen, denn das japanische Generalkonsulat in Hongkong hatte mir eine falsche Auskunft gegeben. Nun, ich schrieb den Brief, vor allem weil ich meine Zeit nicht mit Streitereien, die ja doch unnütz waren, vergeuden wollte. Aber ich fühlte mich beleidigt und erbost. Manchen Japanern mag es ähnlich ergehen, sie geben schließlich nach, ganz einfach, weil man damit rascher weiter kommt. Man mag daraus ersehen, mit welcher Selbstverständlichkeit die japanische Beamtenschaft immer noch auf ihr hocherhabenes Ansehen pocht und daß es nicht so einfach ist, sich gegen eingewurzelte alte Sitten zu wehren.
Das neue demokratische Japan hat nach dem Kriege den ehemaligen Beamtenapparat vollständig übernommen. Und diese ehemalige Administration hatte einst fast ebenso vollständig die Tokugawa-Beamten beibehalten. In beiden Fällen gab es keine neuen Beamten und es gab auch keine Revolution, so daß die Beamtenschaft kontinuierlich weiter bestand. Nach dem Zweiten Weltkrieg verlangten die Amerikaner nur die Ausmerzung einiger führender Staatsmänner und Politiker, nicht aber die Säuberung des gesamten Verwaltungsapparates. Und auch von den »Gesäuberten« traten manche bald wieder im öffentlichen Leben in Erscheinung. Organisationen, die auf einen dermaßen kontinuierlichen Fortbestand zurückblicken können, pflegt stets ein konservativer Geist inne zu wohnen. Die japanische Beamtenschaft hütet die Traditionen, schon allein – dies sei nicht vergessen – weil damit Macht verbunden ist. Daher ist die japanische Administration – wenn sich dies auch langsam ändern mag – konservativ, autoritär und »feudalistisch« eingestellt. Es muß aber nochmals ausdrücklich betont werden, daß sie das Land gesetzestreu, gerecht, erfahren, geschickt und im allgemeinen zufriedenstellend verwaltet hat. Denn die japanischen Beamten beharren nicht nur auf ihrem Prestige und auf ihren Rechten, sie sind sich auch ihrer Pflichten bewußt. Sie sind zwar hochnäsig, aber die meisten bemühen sich gleichzeitig, dem Volke gegenüber wohlwollend und verständnisvoll zu sein. Ein guter japanischer Beamter ist, wenn es auch etwas hochtrabend klingen mag, wie ein verantwortungsbewußter Familienvater, der für seine Familie sorgt.
Wer das nicht glaubt, der lese einmal »Das Tagebuch eines Dorfpolizisten«[1]. Wie dieser kleine Polizist hilfreich ist, sich bemüht, bei Schwierigkeiten weise Ratschläge zu erteilen und stets bereit ist, Dorfstreitigkeiten oder Familienkonflikte zu schlichten, ist geradezu rührend. Auch wenn er nachts einen »Fall« gehabt hat, steht er ohne zu murren um sechs Uhr morgens auf, wenn jemand kommt und etwas von ihm will. Dieser einfache Beamte, der auf einem Fahrrad durch die Gegend strampelt, genießt Vertrauen und besitzt Autorität. Wenn sich eine Bauerndelegation mit einem besonderen Anliegen zu ihm begibt, ziehen die Bauern ihre besten Kleider an. Dieser Dorfpolizist ist keine Ausnahme. Wenn die japanischen Beamten ihr zuweilen dünkelhaftes Gehabe nicht mit dem »Dienst

am Volke« kompensieren würden, so wäre es, davon bin ich überzeugt, in Japan längst zu einer Revolution gekommen.
Ich möchte in diesem Zusammenhang eine Erinnerung aus dem Zweiten Weltkrieg anführen. Wir weißen Ausländer galten damals als eine Art Untermenschen und wurden außerdem samt und sonders der Spionage verdächtigt. Auch den Schweizern wurden Restriktionen auferlegt (sehr strenge Reisebeschränkungen, das Verbot, in der Nähe der Meeresküste – sogar in der Stadt Yokohama! – zu wohnen, das Verbot, ausländische Rundfunksendungen anzuhören und anderes mehr). Außer den Einheimischen, mit denen wir direkt zu tun hatten (Hausvermieter, Dienstboten, Diplomaten), scheuten sich die Japaner, mit uns zu sprechen. Aber der für mich zuständige Polizist in Tokyo sorgte in aufmerksamster Weise für mich. Natürlich wußte ich, daß es seine Aufgabe war, mich zu beobachten und daß er heimlich den Inhalt meiner Papierkörbe beschlagnahmte, aber das war damals selbstverständlich und störte mich nicht besonders. Dieser Polizist nun fragte mich wiederholt, ob ich genug zu essen hätte und erklärte mir, mein Koch könne ruhig auf dem schwarzen Markt einkaufen (was doch strafbar war!), denn ich müsse manchmal Fleisch und andere nahrhafte Dinge zu mir nehmen. Nachdem mein Kollege Richard Sorge verhaftet worden war, ging ich ins Gefängnis, um ihm Bücher und andere Sachen zu bringen. Doch eines Tages kam der Polizist und vertraute mir unter der Hand an, daß Sorge ein Sowjetspion sei; ich solle lieber nicht mehr ins Gefängnis gehen, da es mir schaden könne. Der größte Trost aber war er mir bei den Luftangriffen, die gewöhnlich um Mitternacht stattfanden. Stets kam er, manchmal während die tieffliegenden amerikanischen Bomber noch über uns kreisten und es ringsherum brannte, herbeigeeilt, um notfalls behilflich zu sein. Zuweilen, wenn ich mich um Freunde und Bekannte sorgte, kam er ein zweites Mal, um mir mitzuteilen, wie es ihnen ergangen sei. Ich werde diesen Polizisten nie vergessen.

In Japan besitzt die Bürokratie die größte Macht. Darauf wird meiner Meinung nach zu wenig hingewiesen. Meistens heißt es, daß Regierung und Wirtschaft in Japan sehr eng zusammen arbeiten, oder man sagt etwa »es gebe kein Land in der Welt, in der die Regierung soviel Sinn für das Geschäft und die Geschäftsleute soviel Sinn für die Regierung hätten wie in Japan«. Gewiß ist die Zusammenarbeit sehr eng, aber es ist zweifelhaft, ob die Wirtschaftsführer tatsächlich immer so viel Einfluß besitzen, wie ihnen zugeschrieben wird. Jedenfalls entscheidet die Regierung oder, vorsichtiger ausgedrückt, die Bürokratie. Denn die Regierung ist sehr stark vom Verwaltungsapparat abhängig. Kaum ein Minister vermag etwas durchzusetzen, wenn seine Beamten dagegen sind. Wenn dem Finanzministerium, bisher das stärkste Ministerium, etwas nicht paßt, ist

nicht nur der Finanzminister, sondern die ganze Regierung ziemlich machtlos. Man erinnere sich an das Ringi-System, das übrigens auch in den Ämtern weitgehend angewendet wird. Es bedeutet, daß der Minister oft weiter nichts ist als der Repräsentant – hämisch ausgedrückt »die dekorative Spitze« – seines Ministeriums.
Deshalb sind stets mehrere Mitglieder des japanischen Kabinetts ehemalige Beamte. Nur sie kennen »den Laden«, daß heißt den Verwaltungsapparat, verstehen damit umzugehen und haben sich in diesem oder jenem Ministerium eine Hausmacht aufgebaut. Natürlich hängt es auch von den Fähigkeiten und der Stärke der Position eines Premierministers oder Ressortministers ab, wie er mit der Bürokratie fertig wird. Aber abhängig von ihr sind alle, wohl noch abhängiger als von der Partei.
In Japan ist seit langem eine konservative Partei, die Liberaldemokratische Partei, am Ruder. Viele Jahre hat sie über beinahe zwei Drittel der Stimmen im Parlament verfügt. Diese Partei gleicht eher einem Klub von Prominenten, denn sie hat nur wenige eingeschriebene Mitglieder. Die führenden Mitglieder der konservativen Partner sind oft identisch mit hohen Beamten und selbstverständlich, da sie ja ständig am Ruder ist, mit den Kabinettsmitgliedern. Es bestehen also Beziehungen in zwei Richtungen: Erstens zur Bürokratie und zweitens zum Klub. Wer an die Spitze will, muß der Verwaltung willkommen sein und die Mehrheit des Klubs hinter sich haben. Nach außen sieht es aber so aus, als bestimme die Partei allein die Zusammensetzung der Regierung. Es mag auch geschehen, daß die Partei allein es wirklich tut, aber kaum ist die Regierung im Amt, so muß sie sich eben doch wieder mit der Administration herumschlagen. Ein Parteipolitiker, so könnte man sagen, ist in Japan ein Mittelsmann zwischen der Bürokratie und besonderen Interessengruppen (Industrie, Bauern, Großhandel etc..)
Wenn die Regierung im Parlament einen Gesetzesentwurf vorlegt, so kann man sicher sein, daß er aus einem Ministerium stammt. Das Schlimme dabei ist, daß sich die Ministerien oft untereinander bekämpfen. Hier haben wir es wieder mit dem japanischen Gruppengeist zu tun, mit dem Beharren der Gruppen auf den Kompetenzen, die sie wirklich oder vielleicht auch nur angeblich besitzen, mit der Gruppeneifersucht auf andere Gruppen und mit dem Bemühen, das Gruppenprestige hochzuhalten. Diese Fehden zwischen den Ministerien (etwa zwischen dem Finanz- und dem Wirtschaftsministerium) sind von großer Bedeutung. Sie sind oft viel wichtiger als die lärmenden Debatten im japanischen Parlament. Ein großer Teil der Regierungskunst in Japan besteht darin, die Fehden innerhalb der Administration auszugleichen. Dies ist also das Schlachtfeld, auf dem um die für die Nation wichtigen Entscheidungen gerungen wird. Die Volksvertretung gleicht eher einem Nebenkriegsschauplatz.
Von den Gesetzesentwürfen, die im japanischen Parlament eingebracht

werden, stammen meistens zwei Drittel von der Regierung, also genaugenommen von den Beamten eines Ministeriums. Dieser Umstand wird von japanischen Zeitungen immer wieder beklagt. Es heißt, daß der Reichstag seiner Pflicht nicht nachkomme und nur eine klägliche Rolle spiele. Wie sehen denn die Parlamentsdebatten aus? Es handelt sich nicht so sehr um Auseinandersetzungen zwischen den Liberaldemokraten und den Oppositionsparteien, sondern zwischen Regierungsvertretern (oft Ministerialbeamten) und den Oppositionsparteien. Die liberaldemokratischen Abgeordneten (von denen in den letzten Jahren bis zu einem Viertel frühere Beamte waren) sitzen gelangweilt dabei. Denn sie fühlen sich eins mit der Regierung und der Bürokratie. Das Fragwürdige dabei ist, daß diese Abgeordneten sich dadurch indirekt der Administration fügen. Sie benehmen sich also wie Beamtenvertreter, nicht wie Volksvertreter. Das japanische Volk spürt das, und der Widerwille gegen das Parlament ist weit verbreitet.

Um die japanische Situation noch deutlicher zu machen und um das Gesagte zu untermauern, sei hier einiges aus einem Leitartikel der »Japan Times« vom 26. November 1971 wiedergegeben. Der Artikel handelte von den »Nixon-Schocks«, das heißt, er versuchte zu erklären, warum Japan dermaßen von diesen Schocks (amerikanische China-Politik und Wirtschaftsmaßnahmen) überrascht und getroffen wurde. Die Schuld wird den japanischen Zeitungskorrespondenten in den Vereinigten Staaten zugeschoben. Diese hätten nicht begriffen, wie in Amerika politische Entscheidungen getroffen werden, sie hätten in Washington so gearbeitet, wie sie es von Tokyo her gewohnt wären. In Tokyo gibt es für jedes einzelne Ministerium oder größere Amt einen Reporter-Klub. Und die Mitglieder dieses Klubs (und zwar *nur* diese – Gruppengeist!) erhalten von den Beamten, die sie seit langem kennen, Auskünfte. Entsprechend gingen die japanischen Korrespondenten in Washington vor; sie suchten amerikanische Amtsstellen auf und meinten, auf diese Weise gut informiert zu sein. Sie übersahen, daß es in den Vereinigten Staaten der Präsident ist, der die Entscheidung fällt, nicht aber die Bürokratie. Deshalb war ihre Berichterstattung irreführend, so daß man in Japan über Präsident Nixons kühne Entschlüsse völlig konsterniert war. Die »Japan Times« sagte dazu weiterhin:

»In Japan ist in den letzten fünfundzwanzig Jahren die Politik von der Bürokratie entschieden worden ... die verschiedenen Premierminister, die seit Ende des Krieges regierten, haben der Politik, die von der Bürokratie beschlossen wurde, lediglich ihr persönliches ›Aroma‹ hinzugefügt ... zum Beispiel ist die Wirtschaftspolitik – außer in der frühen Zeit des Premierministers Yoshida – stets das Geistesprodukt der Bürokratie gewesen. Der Reichstag hat bezüglich der nationalen Wirtschaftspolitik ebenfalls überhaupt nichts zu sagen.«

Die Zeitung meint, daß es nun, da die japanische Wirtschaftspolitik vor einer Wende stehe, nicht so weitergehe. Eine kreative Politik sei notwendig, zu welcher die bürokratische Diplomatie infolge ihres Konservativismus unfähig sei. Eine neue, radikal andere Struktur, die weitreichende Entscheidungen ermögliche, sei notwendig.

In der japanischen Wirtschaft besteht, wie wir sahen, neuerdings die Meinung, daß die Unternehmensführung auf Kosten des Ringi-Systems mehr Entscheidungsfreiheit erhalten müsse. Parallel dazu setzt sich nun also auch auf politischem Gebiet die Ansicht durch, daß die Spitze auf Kosten der bürokratischen Macht gestärkt werden müsse.

Eine solche Entscheidung käme in ihrem Endresultat geradezu einer Revolution gleich. Natürlich wäre es insofern keine Revolution, als in Japan, wie gewöhnlich, alles einen langsamen evolutionären Gang nimmt. In diesem Falle schon allein deshalb, weil die Bürokratie so stark ist.

Bevor wir weiter auf diese Frage eingehen, sei zunächst untersucht, warum das japanische Volk bisher immer wieder die Liberaldemokratische Partei bevorzugt gewählt hat. Zunächst einmal: Wen hätte es sonst wählen sollen? Es bieten sich die Sozialisten an, die in zwei verschiedene Parteien, die linkssozialistisch eingestellte Sozialistische Partei und die gemäßigte Demokratisch-Sozialistische Partei zerfallen. Das japanische Parlament[2], das 491 Mitglieder umfaßt, ist heute (auf Grund der Wahlen vom Dezember 1972) folgendermaßen zusammengesetzt: 271 Liberaldemokraten, 118 Sozialisten, 38 Kommunisten, 29 Komeito-Anhänger (die politische Partei des Soka-Gakkai-Buddhismus), 19 Demokratische Sozialisten und 16 Unabhängige (von diesen haben sich 14 den Liberaldemokraten angeschlossen). Die Liberaldemokraten verfügen also über insgesamt 285 Stimmen und die gesamte Opposition zusammengenommen über 204 Stimmen.

Die japanischen Sozialisten sind zersplittert, was man allein schon an der Tatsache sieht, daß es zwei Sozialistische Parteien gibt. Nicht damit genug, es bestehen auch innerhalb der Sozialistischen Partei krasse Differenzen. Das hängt zunächst einmal mit der japanischen Cliquenwirtschaft (Gruppenbildung) zusammen, die genauso in der Liberaldemokratischen Partei existiert. Bei den Sozialisten kommen aber noch ideologische Differenzen hinzu, die, wenn sie auch nicht immer tiefgründig sind, sehr ernstgenommen werden. Die japanischen Sozialisten haben das fremde Gedankengut des Marxismus übernommen, sie haben, da den Japanern die Tradition irgendwelcher ideologischer Schulung fehlt, Mühe, es zu begreifen. Daher wird manchmal behauptet, daß die japanischen Sozialisten ideologisch nachhinken. Während es schon längst mancherlei Neo-Marxisten gibt, sind sie eigentlich im wesentlichen noch Alt-Marxisten. Wenn sie aber etwas begriffen zu haben glauben, halten sie stur daran fest. Diese

Sturheit führt dann zu den ebenso sturen Meinungsverschiedenheiten. Das japanische Volk versteht die sozialistischen Dogmen erst recht nicht. Es begreift nur, wenn jemand ihm auf konkrete Weise helfen will, wobei das Dogma keine Rolle spielt. Daher kann es geschehen, daß die wahre linke Macht in Japan eher bei den Sohyo, dem großen gewerkschaftlichen Dachverband, liegt als bei den sozialistischen Parteien. Sohyo, obwohl mit Vorliebe politisierend, hat es immerhin auch mit konkreten Dingen zu tun (Lohnerhöhungen) und ist auch solider organisiert. Sohyo hat durch die Gewerkschaften eine große Gefolgschaft und ist deshalb im Gegensatz zu den Parteien finanziell recht stark. Die Sozialistische Partei wird zum großen Teil durch Sohyo finanziert. Deshalb sind die Sozialisten nicht einmal ganz unabhängig.

Wenn viele Japaner die sozialistischen Parteien wählen, so hat das vor allem folgende Gründe: Die Sozialisten sind antimilitaristisch und pazifistisch eingestellt. Auch die Liberaldemokraten behaupten das stets von sich, aber man glaubte es ihnen, jedenfalls bisher, nicht so ganz. In den Reihen der Konservativen gibt es tatsächlich einige Leute, die man der militaristischen Gesinnung verdächtigen könnte. Außerdem treten die Sozialisten für die jetzige Verfassung ein, während einige Konservative diese revidieren und »japanisieren« wollen. Das Volk ist aber im allgemeinen für die Verfassung, vor allem, weil sie einen Artikel gegen den Krieg enthält. Man befürchtet, bei einer Revision könne dieser Artikel verändert werden. Außerdem begrüßt man die demokratischen Rechte, welche die Verfassung gewährt. (Unabhängig davon wird die Institution des Parlaments vom Volk sehr skeptisch beurteilt.) Die Japaner, die sozialistisch wählen, haben also meistens Gründe, die mit dem Marxismus nichts zu tun haben. Es sei daran erinnert, daß die Mehrheit der japanischen Arbeiter kein sozialistisches Wirtschaftssystem herbeiwünscht (vergl. S. 101).

Die Vorteile, welche die Sozialisten infolge ihres dezidierten Pazifismus besitzen, werden aber teilweise aufgewogen durch einen besonderen Wesenszug der Japaner: ihren Konservativismus in persönlichen und gesellschaftlichen Angelegenheiten. Die »menschliche Verknüpfung« spielt hier herein. Die Sozialisten, die ja bis 1945 verboten waren, besitzen, besonders auf dem Lande, nur geringe persönliche Beziehungen zu den Wählern. Als die sozialistischen Führer nach dem Kriege auftauchten, waren sie dem Volke unbekannt, sie wurden als »hergelaufene Leute« empfunden. Die Konservativen hingegen, zum großen Teil mit den früheren Politikern identisch, waren bekannt und besaßen meistens alte Verbindungen zu den Gegenden, in denen sie als Kandidaten auftraten. Zur Kennzeichnung der Verhältnisse in Japan sei ein Beispiel angeführt. Vor etlichen Jahren begleitete ich einen Linkssozialisten auf seiner Wahlreise. Er benahm sich, wie alle japanischen Wahlkandidaten von den Konservativen bis zu den Kommunisten, sehr höflich und verbeugte sich während seiner Wahlreden mehrmals. In einem Städtchen sagte er: »Ich bin der Kandidat der Sozialistischen Partei Japans (tiefe Verbeugung). Mein Vater ist hier während des Krieges Bürgermeister gewesen. Ich hoffe daher, daß mir ihr Wohlwollen zuteil wird (tiefe Verbeugung).« Wäre es vorstellbar, daß sich in der deutschen Bundesrepublik ein Sozialdemokrat beliebt zu machen versucht, indem er darauf hinweist, daß sein Vater Nazi-Bürgermeister gewesen ist?

Die japanischen Sozialisten sind also bisher nicht recht vom Fleck gekommen. Welche Oppositionspartei kommt für die japanischen Wähler sonst noch in Frage? Seit mehreren Jahren machte die Komeito, die politische Partei der Soka-Gakkai-Bewegung, viel von sich reden.

Der Soka-Gakkai und ihrem Sprößling, der Komeito, seien einige Ausführungen gewidmet, weil sie sehr umstritten waren und sind. Einige Beobachter hielten diese buddhistische Bewegung besonderer Art für eine große Gefahr für Japan, während andere schon seit geraumer Zeit behaupteten, daß sie sich allmählich totlaufen würde. Letztere scheinen recht zu behalten. Die Komeito hat bei den Wahlen im Dezember 1972 einen starken Rückschlag erlitten, die Anzahl ihrer Reichstagsabgeordneten ging von 47 auf 29 zurück.

Die Soka-Gakkai geht auf den berühmten Sektengründer und Propheten Nichiren (1222–1282) zurück, und ihr Glaubensbekenntnis beruht daher wie bei dieser auf der Lotos-Sutra (vergl. S. 35). Die kurze Gebetformel, die von den Anhängern wiederholt wird, lautet: »Heil dem Lotos-Sutra von dem wunderbaren Gesetz.« Es ist der Glaube an die erlösende und befreiende Wirkung dieser Sutra, die die Gläubigen zusammenhält. Nichiren selbst hat erklärt, es sei nicht notwendig, die Sutra Wort für Wort zu lesen, es genüge, wenn man die Überschriften kenne. Der bereits erwähnte Hajime Nakamura meint dazu wohl mit Recht, daß dies dem Sinn der Lotos-Sutra nicht entspreche und daß es eine derartige Simplifizierung in keinem andern Land gegeben hätte[3]. Es ist nicht möglich, hier näher auf diese Religion einzugehen, die sich allen andern Glaubensrichtungen gegenüber für himmelhoch überlegen hält. Man könnte sie auf Grund ihrer intoleranten Haltung geradezu als unjapanisch bezeichnen. Die Soka-Gakkai ist keine Sekte, sondern eine Laien-Bewegung, die 1931 ins Leben gerufen wurde. Sie wurde während des Krieges unterdrückt (ihr Gründer Makiguchi starb im Gefängnis), weil sie den Staats-Shintoismus nicht mitmachen wollte, und nahm dann nach dem Kriege einen gewaltigen Aufschwung. Sie soll heute ungefähr 10 Millionen Anhänger zählen.

Toda, der Nachfolger des Gründers, und Ikeda, der jetzige Präsident der Organisation, haben entschieden etwas für das japanische Volk, besonders für Hunderttausende von entwurzelten Großstädtern, getan. Sie haben in dem unruhigen und ratlosen Nachkriegsjapan, in dem bittere

Not herrschte, eine Lücke ausgefüllt, indem sie vielen Menschen einen Glauben gaben und, was vielleicht noch wichtiger war, die Möglichkeit vermittelten, einer großen Gemeinschaft beizutreten. Die Soka-Gakkai-Anhänger sind von Ikeda, ihrem Präsidenten, begeistert. »Ikeda ist herrlich!« hörte ich sie mit aufleuchtenden Augen sagen.
Die Soka-Gakkai hat, so glaube ich, im Nachkriegsjapan stabilisierend gewirkt. Soviel muß man wohl objektiv festhalten – ob einem diese Bewegung nun sympathisch ist oder nicht. Ihr Wesen läßt sich, vielleicht etwas überspitzt, folgendermaßen charakterisieren: popularisierte Lotos-Sutra plus vollendete moderne Massenorganisation. Im heutigen Japan veranstaltet die Soka-Gakkai die eindrucksvollsten Riesenkundgebungen, ihre Anhänger marschieren in gleichem Schritt und Tritt, sie haben fast alle den gleichen Gesichtsausdruck, kurz, sie sind »gleichgeschaltet«. Hier setzt die herbe Kritik ein: Die Organisation sei autoritär und faschistisch und deshalb höchst gefährlich. Es gibt Menschen, Japaner und Ausländer, die sich vor Ekel schütteln, wenn von der Soka-Gakkai die Rede ist. Bevor wir auf eine kritische Beurteilung der Bewegung eingehen, sei noch ihre Ausnützung der Gruppenmentalität erwähnt. Ihre Anhänger treten, wenn sie aktiv sind, stets in Gruppen, nie einzeln auf. Zu ihren Hauptaufgaben gehören die Bekehrungen, für welche die Soka-Gakkai berühmt und berüchtigt ist. Zu diesem Zweck besucht eine Gruppe abends, wenn die Menschen müde sind, mit selbstbewußter Miene ein Haus oder einen Haushalt. Dabei sind die Soka-Gakkai-Leute stets zahlreicher als die Bewohner. Schon allein dadurch, daß sie sozusagen als Übermacht und in einer geschlossenen Gruppe auftreten, besitzen sie einen psychologischen Vorteil. Sie sind außerdem bei ihren Bekehrungsversuchen auf mögliche Einwände recht gut vorbereitet. Für die Bekehrung von Christen liegen die Argumente der Soka-Gakkai schriftlich vor[4]. Manchmal wird auch mit materiellen Vorteilen geworben. Zum Beispiel: »Der Gemüsehändler an der Ecke gehört der Soka-Gakkai an. Wenn Sie Mitglied unserer Bewegung werden, können Sie bei ihm billiger einkaufen.« Außerdem ist die Bewegung darauf aus, ganze Familien oder ganze Haushalte zu bekehren. Ist einmal ein Familienmitglied gewonnen, so ist dieses absolut verpflichtet, die ganze Familie zu bekehren. Manchmal gibt die Familie nach, nur um Streitereien und Diskussionen zu vermeiden. Es ist vorgekommen, daß Leute den Bekehrern nur stattgaben, weil ihnen das Drängen und der Druck lästig waren. Die Soka-Gakkai-Leute kommen nämlich wieder, wenn sie bei den ersten Versuchen keinen Erfolg hatten. Sie können recht fanatisch sein, wie ich das – bei all ihrer Höflichkeit – selbst erlebt habe. Die antichristlichen Argumente, die mich überzeugen sollten, entsprachen übrigens genau den für die Diskussion mit Christen vorgeschriebenen Regeln. In jüngster Zeit soll die Soka-Gakkai mit ihren Bekehrungen zurückhaltender geworden sein, denn es gab nämlich mancher-

lei öffentliche Klagen darüber. Außerdem war sie im Winter 1970/71 in einen Skandal verwickelt. Sie hatte versucht, die Veröffentlichung von Anti-Soka-Gakkai-Büchern, in denen sie als faschistisch und autoritär verschrien wurde, auf unlautere Weise (Bestechung, Drohungen) zu unterbinden. Ihre schlimmsten Feinde, die Kommunisten, brachten die Sache vor das Parlament, was der Soka-Gakkai außerordentlich geschadet hat.

Die Bewegung, die in der Nachkriegszeit einen spektakulären Aufschwung genommen hatte, stagniert nunmehr. Die Ursache für ihren Mißerfolg bei den Wahlen vom Dezember 1972 wird im allgemeinen darin gesehen, daß sich die Komeito, ihr politischer Arm, von der Soka-Gakkai trennte. Das war als notwendig erachtet worden, weil die Einflußnahme der Soka-Gakkai, einer religiösen Organisation, auf die politische Einstellung ihrer Anhänger scharf als undemokratisch kritisiert worden war. Bei den letzten Wahlen stand die mächtige Organisation der Bewegung daher nicht mehr oder nicht mehr offen hinter der Komeito. Die Folge davon war, daß viele Soka-Gakkai-Anhänger andere Parteien wählten.

Doch gibt es auch tieferliegende Gründe für das Abflauen dieser buddhistischen Bewegung. Woher sollte denn ein weiterer ins Gewicht fallender Zulauf für die Soka-Gakkai kommen? Die Bewegung hatte vor allem in den Großstädten Erfolg, nicht auf dem Lande. Mit dem Wirtschaftswunder haben sich die sozialen Verhältnisse in den Städten und Industriegebieten stabilisiert. Es gibt keine Arbeitslosen mehr und im allgemeinen auch keine schlimme Not. Die Menschen sind alle beschäftigt, und die meisten haben eine neue Gemeinschaft, sei es im Betrieb oder sonstwo, gefunden.

Auch sei nicht vergessen, daß die Japaner zwar zu Gruppenbildungen neigen, weniger jedoch zu riesigen Massenorganisationen. In der Notzeit nach dem Kriege und bevor die Wirtschaft einen neuen Aufschwung nahm, war man nicht so kritisch; man war froh, wenn man überhaupt Anschluß und Zuspruch fand. Das hat sich nun geändert, die meisten Japaner wünschen mehr persönliche Bewegungsfreiheit. Sie sind zwar nach wie vor bereit, sich einer überschaubaren Gruppe anzuschließen, wollen aber im allgemeinen nicht als Hampelmänner bei einer perfektionierten Massenveranstaltung der Superorganisation der Soka-Gakkai mitmachen. Das Wort »undemokratisch« wird dieser buddhistischen Bewegung oft entgegengeschleudert. Jedenfalls ist sie weder vom westlichen noch vom altjapanischen Standpunkt aus demokratisch organisiert oder gesinnt. Schon allein deshalb hat sie keine Zukunft.

Es gibt auch noch andere Argumente, vielleicht sogar schwerwiegendere, gegen die Soka-Gakkai. Nie hat in Japan eine einzige buddhistische oder sonstige Bewegung oder Sekte den ausschlaggebenden Einfluß gehabt. In dieser Beziehung war Japan immer pluralistisch, weil, wie wir sahen, Japan au fond nipponistisch ist. Heute herrscht in dem Insellande vielfach sogar eine anti-religiöse Stimmung oder wenigstens eine Gleichgültigkeit gegenüber den Religionen. Man mißtraut der Soka-Gakkai schon allein deshalb, weil sie religiös begründet ist oder sein will. Gewiß ist in dieser buddhistischen Bewegung die japanische Art in gewisser Weise wirksam, aber sie hat auch unjapanische Seiten. Warum soll im Lande des Kaisers eine buddhistische Sekte so mächtig werden können, daß sie gefährlich wird?

Das politische Programm der Soka-Gakkai ist immer vage und schwankend gewesen. Die Komeito gibt sich neuerdings recht progressiv, sie hat 1972 sogar zum erstenmal an den Kundgebungen des Mai-Feiertages teilgenommen. Bei verschiedenen lokalen Wahlen hat sie mit den Oppositionsparteien zusammengearbeitet. Im übrigen ist sie (wie alle Parteien) für eine unabhängige Außenpolitik, ferner gegen eine weitere Aufrüstung, gegen Militärbündnisse und damit auch gegen den japanisch-amerikanischen Sicherheitspakt. Sie ist energisch für die Anerkennung der Volksrepublik China eingetreten.

Frühere Verdächtigungen, die Soka-Gakkai sei nicht nur reaktionär, sondern habe auch, obwohl sie vom Frieden rede, militaristische Neigungen, lassen sich kaum aufrechterhalten. Die Bewegung tritt, das läßt sich nicht mehr leugnen, für eine ausgesprochene Friedenspolitik ein. Im Oktober 1972 eröffnete sie eine gewaltige »Gebetshalle für den Weltfrieden«. Das ist einer der interessantesten, höchst modernen Riesenbauten, die Japan besitzt. Dieser neue Tempel liegt am Fuße des Fuji-Berges und erhebt sich hinter dem alten, bisher allerheiligsten Tempel der Bewegung, den sie überragt wie die Cheops-Pyramide eine Hütte.

An den Anfang dieser Betrachtungen stellten wir die Frage, warum das japanische Volk bisher überwiegend die Liberaldemokratische Partei bevorzugt hat. Bevor versucht wurde, diese Frage zu beantworten, haben wir zunächst einmal die andern Parteien (vorläufig außer der kommunistischen) analysiert, die sich um die Gunst der Wähler bemühen. Dabei wurden die Schwierigkeiten der Sozialisten aufgedeckt und festgestellt, daß die als gefährlich geltende Soka-Gakkai wahrscheinlich schon ihren Höhepunkt überschritten hat. Im Zusammenhang mit dieser Bewegung interessiert aber noch etwas anderes, nämlich ihr Verhältnis zum neuen Nipponismus, unserem Hauptthema.

Die Soka-Gakkai ist, getreu den Vorstellungen ihres Propheten Nichiren, vom Geiste der Einzigartigkeit Japans erfüllt. Sie will die ganze Welt bekehren und erlösen. Sie hat Missionare in viele Länder der Welt entsandt, auch nach Amerika (größter Erfolg in Kalifornien) und Europa. Eine in Japan vor 700 Jahren von Nichiren, einem äußerst national gesinnten Buddhisten, gegründete Religion als Erretter der Welt! Irgend etwas ist dabei von vornherein seltsam. Die Japaner, die Bewohner eines

Landes, in dem die Religionen nie absolut ausschlaggebend waren, als Begründer einer Weltreligion? Die Soka-Gakkai ist nichts weiter als eine der zum Teil abstrusen Erscheinungen in unserer modernen pluralistischen Welt. Der Nipponismus begibt sich eben manchmal auf reichlich abwegig anmutende Pfade. Um eine Einsicht vorwegzunehmen, von der später noch die Rede sein wird: Japan wird die Welt nie mit Religionen oder Ideologien beglücken, aber Japan kann, so wie es ist und sich weiter entwickelt, für die Welt vielleicht in mancher Weise als konkretes Vorbild dienen.

Die kommunistische Partei Japans (KPJ) wird vermutlich trotz ihres neuerlichen Wahlerfolges immer eine Minderheitenpartei bleiben. Ihr Wahlerfolg im Dezember 1972 war allerdings verblüffend: Die KPJ vermochte 38 Kandidaten erfolgreich durchzubringen, während sie im vorherigen Reichstag nur durch 14 Abgeordnete vertreten war. Damit hat sie die Komeito geschlagen und ist zur zweitstärksten Oppositionspartei nach den Sozialisten mit ihren 118 Volksvertretern aufgerückt. Das Vorpreschen der KPJ bedeutet nicht, daß eine »kommunistische Gefahr« für Japan im Entstehen ist. Die meisten Japaner, die kommunistisch wählten, taten es nicht, weil sie überzeugte Kommunisten oder Marxisten wären, sie gaben damit vielmehr ihre Unzufriedenheit mit der Herrschaft der Liberaldemokratischen Partei Ausdruck, die schon so viele Jahre regiert. Außerdem waren diese Wähler von den Sozialisten enttäuscht, die sich seit je als die prominenteste Oppositionspartei zu bezeichnen pflegen, es aber nie zu etwas gebracht haben.

Die Sozialisten, die zwar bei den letzten Wahlen ihre Position ebenfalls merklich zu verbessern vermochten, hatten, ebenso wie die Liberaldemokraten, allen Grund, von dem neuerlichen unerwarteten Erfolg der Kommunisten überrascht zu sein. Die Sozialisten besitzen als politische Partei mehr Tradition als die KPJ und haben daher eine stärkere Ausgangsbasis. Aber die Kommunisten sind in der praktischen politischen Arbeit emsiger und konsequenter als die Sozialisten. Sie haben in den letzten Jahren viel propagandistische Kleinarbeit geleistet, besonders in den Gemeinden. Das hat sich bezahlt gemacht. Zudem sind in der KPJ relativ viele jüngere und dynamische Funktionäre tätig.

Auf die Geschichte der KPJ sei hier verzichtet. Sie will heute auf legalem Wege zur Macht gelangen und gibt sich recht gemäßigt und höflich. Da sie von der Revolution und revolutionären Methoden absieht, handelt es sich also um eine revisionistische Partei. Mao Tse-tung hat deshalb vor drei oder vier Jahren erklärt, die KPJ gehöre zu den allergrößten Feinden des kommunistischen China. Das Verhältnis zwischen der KPJ und Peking ist natürlich entsprechend schlecht, so schlecht, daß augerechnet diese Partei – nach einigen verlegenen Verlautbarungen – die letzte japanische Partei war, welche die Normalisierung der Beziehungen zwischen Japan und der Volksrepublik China guthieß. Das Verhältnis der KPJ zu Moskau ist halbwegs korrekt, aber auch nicht eng und herzlich. Die japanischen Kommunisten sind unabhängig eingestellt, sie wollen sich von niemandem hineinreden lassen. Immer wieder haben sie Peking Einmischungsversuche vorgeworfen. Aber gerade durch diese nationale Einstellung haben sie sich in die groteske Situation gebracht, nicht energisch für die Anerkennung Pekings eintreten zu können, während die gesamte nicht-kommunistische japanische Öffentlichkeit immer eindringlicher danach rief. Ferner hat die KPJ seit längerer Zeit nichts gegen eine »vernünftige Aufrüstung« Japans einzuwenden, ist in diesem Punkte also viel weniger scharf als die Sozialisten und andere, die, wenn sie das Wort »Aufrüstung« hören, immer gleich das angebliche Wiedererwachen des militaristischen Gespenstes beschwören.

Die KPJ ist revisionistisch geworden, weil sie in früheren Jahren mit Gewaltakten Anstoß im japanischen Volke erregt hat. Die meisten linksradikalen Studenten lehnen die KPJ daher ab, weil sie ihnen zu lau ist. In der Arbeiterschaft gibt es, wie nach den vorausgegangenen Ausführungen nichts anders zu erwarten, nicht viele Kommunisten. Die heutige Gefolgschaft der KPJ ist recht gemischt, offenbar sind viele Kleinbürger darunter. Die Kommunisten und die Komeito haben sich in den letzten Jahren um die gleichen unzufriedenen Volksschichten beworben. Dies ist natürlich einer der Gründe dafür, warum sie sich gegenseitig so innig hassen. In diesem Wettbewerb hat, wie die neuesten Wahlen anzuzeigen scheinen, letzthin die KPJ ein wenig die Oberhand gewonnen. Aber was bedeuten die relativen Minderheitserfolge dieser beiden Parteien wirklich? Wahrscheinlich nicht sehr viel, denn der Boden, auf dem sie gedeihen können, ist zu karg. Es gibt einfach nicht genügend unzufriedene Japaner. Es geht dem Volke trotz der Empörung über die Umweltverschmutzung und die steigenden Preise zu gut. Die Japaner, die sowieso nicht zu politischen Extremen neigen, haben heute zuwenig Veranlassung dazu. Auch vergesse man nicht, daß die japanischen Wähler recht launisch und unberechenbar sind. Im Sommer 1972 war der jetzige Premierminister Tanaka äußerst volkstümlich, erstens wegen seiner Anerkennung Chinas und zweitens wegen seines Planes zur »Umwandlung der japanischen Inseln«. Dies scheint heute, im Frühjahr 1973, schon wieder vergessen zu sein. Herr Tanaka wird jetzt ebenso scharf kritisiert wie alle seine Vorgänger, was durchaus nicht bedeutet, daß er später nicht wieder von einer Popularitätswelle emporgetragen werden könnte. Ähnlich könnte es den Kommunisten ergehen: Im Dezember 1972 fanden sie beträchtlichen Anhang, aber bei der nächsten Wahl sind sie vielleicht nicht mehr »Mode«. Die Sozialisten haben ja in den letzten Jahren auch sehr bedeutende Schwankungen erlebt.

Hinzu kommt die Uneinigkeit im Lager der Linken. In den letzten Jahren sind die demokratischen Sozialisten, die Sozialisten und die Kommunisten manchmal – zum Beispiel bei Gemeinde- und Gouverneurswahlen – gemeinsam und mit Erfolg gegen die Liberaldemokraten vorgegangen. Aber kaum haben die Sozialisten und die Kommunisten bei den letzten Wahlen jeder für sich beachtliche Erfolge erzielt, so liegen sie sich auch schon wieder in den Haaren. Sie beschimpfen sich öffentlich und bezichtigen sich gegenseitig der Lüge. Der Durchschnittsjapaner empfindet das als häßliches Schauspiel und ist irritiert. Sind die Liberaldemokraten, die sich wenigstens nach außen hin einig und ruhig aufführen, nicht doch vielleicht die zuverlässigeren und besseren Leute?
Andererseits sind der Wahlerfolg der Kommunisten und in gewissem Grade das ebenfalls gute Abschneiden der Sozialisten als heilsame Warnung für die Regierungspartei zu betrachten, die, da ihre Macht so lange Zeit nie ernstlich gefährdet war, den Kontakt mit dem Volke zu verlieren drohte. Sie hat sich zwar mit Worten, aber nicht genügend mit Taten um das Wohl des Volkes bemüht. Es scheint, daß sich die führenden konservativen Persönlichkeiten die entsprechende Lehre zu Herzen genommen haben. Denn nur mit einer strikteren Kontrolle und Bekämpfung der Linken ist es natürlich nicht getan. Es gibt einige reaktionär gesinnte Politiker (und auch Wirtschaftsführer), die eben dies befürworten. Diese Leute behaupten, in Japan bestände eine »kommunistische Gefahr« – natürlich nur um die von ihnen gewünschten Polizeimaßnahmen gegen die Linke zu rechtfertigen. Das sind die letzten Überreste der Vorkriegsmentalität.

Die Linksparteien in Japan hatten bisher mit großen Schwierigkeiten zu kämpfen. Die Soka-Gakkai mitsamt ihrem politischen Arm, der Komeito, hat eine zwiespältige Aufnahme gefunden. Außer diesen Parteien hatte das japanische Volk bei den Wahlen nur noch eine andere Alternative: die Liberaldemokratische Partei. Die Wähler stimmten nicht für diese Partei, weil sie ihnen besonders sympathisch gewesen wäre, sondern weil sie eben, falls sie nicht die Sozialisten bevorzugten oder für eine populäre Religion zu haben waren, keine andere Möglichkeit hatten. Oft wird gesagt, die Japaner seien im allgemeinen konservativ gesinnt und wählten daher auch konservativ. Dies ist weitgehend richtig, muß aber etwas näher erläutert werden. Wenn gesagt wurde, daß die Sozialisten vielfach als »hergelaufene Leute« empfunden werden, so ist bei den Konservativen das Gegenteil der Fall. Das gilt weniger für die Großstädte als für die Kleinstädte und die Dörfer. Die konservativen Wahlkandidaten sind meistens von früher her bekannt, sie waren Beamte oder schon Abgeordnete. Sind sie aus derselben Gegend oder Provinz, so kennt man ihre Familien. Kommen sie anderswoher, so haben sie jedenfalls persönliche Beziehungen. Oftmals arbeitet auch ein »Boß« für die Konservativen. Das ist ein Mann, der gute Verbindungen hat und den Kontakt zwischen den Wahlkandidaten und den Wählern herstellt. Er verspricht Vergünstigungen, gibt Einladungen, bei denen es an alkoholischen Getränken nicht mangelt, und dergleichen. Geld hat er genug. Es fließt ihm irgendwie zu, denn die Konservativen sind finanziell recht stark, da die Wirtschaft hinter ihnen steht. Es kostet für unsere Begriffe außerordentlich viel Geld, einen konservativen Kandidaten durchzubringen. Bei den letzten Wahlen im Dezember 1972 hieß es, ein liberaldemokratischer Kandidat müsse 1,2 Millionen Schweizer Franken zur Verfügung haben, um mit Sicherheit gewählt zu werden, weniger als 800 000 Franken seien auf jeden Fall ungenügend. Die Wahlen sollen die Liberaldemokratische Partei ungefähr 120 Millionen Franken gekostet haben, die Oppositionsparteien zusammengenommen ungefähr 20 Millionen[5]. In Anbetracht solcher Unkosten ist es begreiflich, daß selbst die reichen Konservativen nicht allzu sehr auf häufige Wahlkampagnen erpicht sind.

Manchmal hat der Boß sich auch eine Gefolgschaft aufgebaut, die auf Grund des Boß-Systems aufs engste mit ihm zusammenarbeitet. Außerdem stehen die meisten Konservativen der Regierung und der Bürokratie nahe. Der Wahlkandidat läßt zum Beispiel durchblicken, er werde dafür sorgen, daß der Schnellzug von nun an auch in dieser oder jener Kleinstadt anhalten werde. Wenn junge Konservative sich zum erstenmal an der Wahl beteiligen, werden sie von ihren alten Gönnern in der Partei unterstützt, und meistens steht ihnen an Ort und Stelle der übliche Wahlapparat zur Verfügung. Dabei handelt es sich aber, wohlgemerkt, nicht um einen eigentlichen Parteiapparat wie bei uns, sondern um ein Netz von persönlichen und eventuell auch verwandtschaftlichen Beziehungen, verbunden mit einer gewissen Gefolgschaftstreue.

Den Konservativen wird im allgemeinen Respekt entgegengebracht. Sie haben Autorität. Ich habe dies verschiedentlich erlebt, nicht nur auf Wahlreisen über Land, sondern auch in Tokyo. (In der Hauptstadt hatten jedoch die Liberaldemokraten letzthin nicht mehr die absolute Mehrheit.) Die Konservativen treten eher wie große Herren auf, etwas herablassend winken sie dem Volk freundlich zu. Natürlich sind sie höflich, aber sie verbeugen sich meistens nicht übermäßig tief. Die Zuhörer bei den Wahlreden bemerken es kaum, sie empfinden das bei solch prominenten Persönlichkeiten von vornherein als selbstverständlich und natürlich. Bezeichnend ist auch, daß die Konservativen in ihren Ansprachen nur an den gesunden Menschenverstand appellieren. Sie halten nie ideologische Ansprachen, mit denen sie ihr Publikum nur langweilen würden.

Bei alledem muß aber ausdrücklich bemerkt werden, daß die Mehrheit der Konservativen nicht so groß ist, wie es nach der Anzahl der Mandate scheint. Das liegt am japanischen Wahlsystem, durch welches die konservativen ländlichen Distrikte begünstigt und die stark progressiven Großstädte benachteiligt werden. Anders ausgedrückt: Das Land schickt zu viele Abgeordnete in den Reichstag und die Großstädte zu wenige. Dadurch werden, weil die Landbewohner konservativ wählen, zu viele Liberaldemokraten in den Reichstag geschickt. Tatsächlich ist die Anzahl der Wähler für die Liberaldemokratische Partei in den letzten Jahren immer mehr zurückgegangen: 1960 waren es noch rund 58 Prozent, 1967 noch 49, aber bei den letzten Wahlen im Dezember 1972 nur noch 47 Prozent. Diese 47 Prozent wählten aber 271 Liberaldemokraten ins Parlament, während die gesamte Opposition, die 48 Prozent ausmachte, nur 204 Abgeordneten zum Erfolg verhalf (die 14 Abgeordneten, die sich als Unabhängige wählen ließen, sind hier nicht mitgerechnet.) In Wirklichkeit stützt sich die Regierungspartei also gar nicht mehr auf die Mehrheit des Volkes.

Immer wieder wird daher eine Revision des Wahlsystems gefordert. Doch die Regierungspartei und die Bürokratie gehen natürlich nicht darauf ein. Sie wollen den Ast nicht absägen, auf dem sie sitzen. Desgleichen gelten die fortlaufende Abwanderung vom Lande und die Verstädterung als eine Gefahr für die Konservativen. Möglicherweise sind sie es auch. So hat ein Distrikt in der Nähe von Tokyo, der bisher konservativ war, kürzlich zum ersten Mal links gewählt. Dieser Distrikt war vor noch nicht langer Zeit ein ländliches Gebiet, ist aber inzwischen überbaut und verstädtert worden.

Die Liberaldemokratische Partei ist kein einheitliches Gebilde. Sie ist ein politischer Verein, in dem sich Menschen mit verschiedenen Ansichten aus praktischen Gründen zusammenfinden. Der Begriff der Parteidisziplin ist unbekannt, es gibt mehrere sich oftmals befehdende recht unabhängige Fraktionen. Die Zusammensetzung dieser Gruppen ist weitgehend persönlich bestimmt: Um einen Anführer scharen sich sozusagen dessen Gefolgsleute. Damit ist schon angedeutet, daß innerhalb der Fraktionen Gefolgschaftstreue, in gewissem Sinne also Disziplin, herrscht. Die Gruppen unterscheiden sich aber auch, falls es sich nicht nur um persönliche Rivalitäten handelt, durch ihre verschiedenen Ansichten in konkreten Fällen, seltener durch Differenzen grundsätzlicher Art. Für gewöhnlich unterscheidet man in dieser Partei zwischen der Rechten, der Mitte und den progressiven Konservativen. Jedoch sind diese Unterscheidungen nicht immer sehr genau. Es gibt in ein und derselben Fraktion etwa Leute, die man zur Mitte und andere, die man zu den Progressiven rechnen könnte. Die Konservativen halten im allgemeinen am Wettbewerbs- und marktwirtschaftlichen System fest; aber es gibt auch einige, besonders im Wirtschaftsministerium, die für Restriktionen, für Staatskontrolle und eine gewisse Monopolisierung eintreten, damit die japanische Wirtschaft dem

Ausland gegenüber konkurrenzfähig bleibt. Unter den Konservativen befinden sich wirtschaftlich Liberale und Befürworter der Schutzzölle, Persönlichkeiten, die wirklich demokratisch eingestellt sind (schließlich nennt sich die Partei »liberaldemokratisch«), und solche, die mehr zu einer autoritären Regierungsweise neigen, Anhänger eines verstärkten Kaiserkultes und auch der shintoistischen Traditionen sowie Leute, die dies für überflüssig und unzeitgemäß halten, Politiker (meist jüngere), die mit sozialistischen Gedanken spielen, und andere, die alles Sozialistische für die Pest halten. Während die Mehrheit der Partei nur für eine beschränkte, Japan angemessene Aufrüstung eintritt, möchten einige Konservative nicht nur stark, sondern auch nuklear aufrüsten. Auf außenpolitischem Gebiet sind die Divergenzen zuweilen sehr ausgesprochen. Man erinnere sich an das Tauziehen um die Chinapolitik im Jahre 1972. Die heftige Auseinandersetzung wurde innerhalb der Liberaldemokratischen Partei ausgetragen, nicht zwischen der Regierungspartei und der Opposition. Diese stand, wie so oft, draußen »im Kalten« und wartete. Die konservative Partei ist wahrhaft nipponistisch, sie beherbergt in ihrem Hause ein buntes Gemisch von Menschen mit verschiedenen Ansichten.

Betrachtet man die japanische Regierungspartei, so denkt man unwillkürlich an die Verlegenheit, in die man gerät, wenn man das heutige Wirtschaftssystem Japans beschreiben soll. Ist das Kapitalismus, Dirigismus, liberale Wirtschaft, Planwirtschaft, eine Art von Staatskapitalismus? Japan ist nichts von alledem, eher ein Gemisch davon. Ähnlich ist es mit der Partei. Welche Auffassung vertritt sie, und was will sie eigentlich? Man kann kurz und bündig antworten: Sie will erfolgreich regieren. Zuerst wollte sie Japan wirtschaftlich hochbringen, und nun, nachdem dies erreicht ist, will sie in Japan einen vorbildlich modernen und sozialen Staat aufbauen. Irgendwelche Theorien hält man dabei, wie gewöhnlich, für irrelevant.

Was hat die Liberaldemokratische Partei zusammengehalten? Erstens natürlich ihr Nipponismus und zweitens ihr Pragmatismus. Im ganzen ist die Partei neu-nipponistisch gesinnt. Eine Ausnahme sind die Reaktionäre, die vom Glanze der früheren militärisch untermauerten Machtposition träumen.

Daß die japanischen Konservativen eine erfolgreiche Politik betrieben haben, läßt sich nicht bestreiten. Japan gehört heute, wirtschaftlich gesehen, zu den bedeutendsten Nationen der Erde. Es steht an vierter Stelle unter den »Großen Fünf«, die meistens wie folgt angeführt werden: die Vereinigten Staaten, die Sowjetunion, China, Japan und die Bundesrepublik Deutschland. Manchmal werden die »Großen Fünf« auch anders aufgezählt, nämlich: die Vereinigten Staaten, die Sowjetunion, China, die EG und Japan. Die Bundesrepublik kommt in dieser Aufstellung gar nicht vor, ihr wird nur als Bestandteil Westeuropas Bedeutung zugemessen. Japan aber wird in beiden Aufstellungen neben die Riesen gestellt. Natürlich ist die Situation in Europa eine ganz andere als in Ostasien, wo Japan mehr oder weniger allein dem von den Kommunisten beherrschten riesigen Festland vorgelagert ist.

Politischer Instinkt und Verstand lagen in Japan bisher bei den Konservativen, nicht bei der Linken. Kein Wunder, besitzt doch die Regierungspartei eine jahrelange Übung und Erfahrung. Die Linke hat sich bisher politisch recht instinktlos und ungeschickt gezeigt. Sie war nicht nur zu sehr in ihre Theorien versponnen, sondern hatte auch kaum Gelegenheit, sich zu bewähren. Vermutlich würde sich das ändern, falls die Linke einmal mehr Macht gewinnen sollte. In diesem Falle würde, da die Sozialisten ja auch Japaner sind, bei ihnen wohl mehr Pragmatismus zum Vorschein kommen. Die realistischen Konservativen, diese gewitzten und erprobten Beamten und Politiker, haben ein Gespür dafür, was möglich und was nicht möglich ist. Alle politischen Parteien Japans haben nach dem Kriege dasselbe gewünscht: wirtschaftliches Wiedererstarken und vollständige politische Unabhängigkeit. Die Linke gebärdete sich dabei überaus nationalistisch: gegen jeden amerikanischen Einfluß, für die Aufkündigung des Japanisch-Amerikanischen Sicherheitspaktes, für die sofortige Rückgabe Okinawas, für die Anerkennung Chinas (was in früheren Jahren als anti-amerikanisch und als ein Beweis für Japans Unabhängigkeit galt), für die Auflösung der amerikanischen Militärstützpunkte in Japan und anderes mehr. Die Linke vermochte unbesorgt ihr Geschrei zu erheben, denn sie trug keine Verantwortung. Die Konservativen aber, die ja an und für sich dasselbe erstrebten, mußten vorsichtiger sein und die gesamte Situation durchdenken und berücksichtigen. Japan besaß bis vor wenigen Jahren weder wirtschaftliche Macht noch politisches Ansehen. Es konnte daher, solange der Kalte Krieg und seine Auswirkungen vorherrschten, die sehr enge Zusammenarbeit mit den Vereinigten Staaten nicht gefährden. Es vermochte dies erst recht nicht zu tun, wenn es wirtschaftlich erstarken wollte. Nicht nur, daß seit Jahren ungefähr ein Drittel des japanischen Exportes in die Vereinigten Staaten geht, Japan war auch von der amerikanischen Technologie und dem guten Willen der Amerikaner abhängig. Die Regierungspartei hielt sich an das Gesetz der Reihenfolge. Japan konnte nicht alles auf einmal erreichen.

Aber wer hat schließlich die meisten nationalen Ziele verwirklicht, für die sich die Linke so glühend einsetzte? Die Liberaldemokratische Partei. Sie hat Okinawa reintegriert und die Volksrepublik China anerkannt. Die amerikanischen Truppen wurden bis auf ein kaum je sichtbares Minimum zurückgezogen, und die Anzahl der Stützpunkte bis auf wenige reduziert. Japan ist gegenüber den Vereinigten Staaten unabhängiger geworden und beginnt, eine selbständige Außenpolitik zu betreiben. Der Sicherheitsvertrag mit den Vereinigten Staaten besteht zwar nach wie vor – aber wie

lange noch? Manche Konservative meinen »noch drei oder vier Jahre«, andere »vielleicht noch acht bis zehn Jahre«. Auf diese Frage sei im Schlußkapitel genauer eingegangen. Hier soll ja vor allem dargelegt werden, daß die Konservativen kraft ihrer politischen Fähigkeiten die Linke in der nationalen Politik bereits in mancher Weise überspielt haben. Werden sie mit ihrem Ziel, dem Wohlfahrtsstaat, die Linke demnächst auch auf sozialem Gebiet »links überholen«?
Dies alles mag wie ein Plädoyer für die japanischen Konservativen klingen. So ist es nicht gemeint. Es sollte lediglich versucht werden, die Frage zu beantworten, warum Japan bisher so lange von der Liberaldemokratischen Partei regiert wurde.

Wir haben darauf hingewiesen, daß die Regierung stark von der Bürokratie abhängig ist und daß dieser Zustand kritisiert wird. In dem erwähnten Artikel der »Japan Times« (siehe S. 110–111) war in diesem Zusammenhang hauptsächlich von der Wirtschaftspolitik die Rede. Es gibt Anzeichen dafür, daß es zum Teil Wirtschaftskreise sind, die den Verwaltungsapparat attackieren. So schien im Sommer 1972 während der Debatte um die Chinapolitik die vielbesprochene enge Zusammenarbeit zwischen der Regierung und der Wirtschaft nicht recht zu klappen. Als die Regierung noch unentschlossen war, preschten schon einige Großunternehmen vor, die bis dahin keine Geschäfte mit der Volksrepublik betrieben hatten, und entsandten ihre Vertreter nach Peking. Ohne diesen Druck der Großindustrie hätte es Premierminister Tanaka vielleicht nicht so glatt geschafft. Denn in der Bürokratie (besonders im Außenministerium) bestanden starke Bedenken. Überhaupt sind, abgesehen von der Chinapolitik, manche prominente Wirtschaftsführer weitsichtiger als die Beamten. Sie haben mehr internationale Kontakte und einen besseren Überblick. Sie waren zeitweilig mit dem – manchmal als »nationalistisch« verschrienen – Wirtschaftsministerium ganz einverstanden, solange es darum ging, die japanische Wirtschaft mit Hilfe von allerhand protektionistischen Maßnahmen hochzubringen. Doch die Verhältnisse haben sich geändert. Manche Wirtschaftsführer haben schneller als die Beamten begriffen, daß von nun an eine liberalere Wirtschaftspolitik Japan nicht zum Schaden, sondern zum Vorteil gereicht. Die japanische Wirtschaft braucht, außer vielleicht auf einzelnen Gebieten, keine Protektion mehr, sie sollte besser in die Weltwirtschaft eingegliedert werden, wobei das Prinzip der Gegenseitigkeit herrschen muß. Vielleicht wird die Regierung, mit den Großunternehmen im Hintergrund, der Bürokratie gegenüber allmählich unabhängiger werden.
Die Bürokratie gerät aber noch aus andern Gründen in Bedrängnis, hauptsächlich aus innenpolitischen. Die meisten Japaner haben immer noch, wenn auch manchmal widerwillig, Respekt vor den Beamten. Da-

neben besteht aber seit langem eine hämische, teilweise krasse Ablehnung der Bürokratie. Die Kritiker gehören nicht nur dem linken, sondern auch dem rechten Lager an. Von einfachen Leuten habe ich schon vor Jahren Aussprüche wie die folgenden gehört: »Es ist das Unheil Japans, daß es von den Beamten regiert wird« oder »Ich wähle Herrn X, weil er nie Beamter gewesen ist« oder »Männer aus dem Volke, nicht Beamte, sollten Japan regieren.« Trotzdem haben diese Leute aber oft konservativ gewählt. Das ändert sich jetzt. In den Gemeinden ist schon seit 1971 zunehmend links gewählt worden. Hier ist es notwendig, ein wenig auszuholen. Die heutige demokratische Verfassung ist dem japanischen Volke auf amerikanische Anregung (wenn nicht Forderung) hin nach dem Kriege geschenkt worden. Die Japaner mußten nicht für ihre demokratischen Rechte kämpfen. Sie nahmen sie als selbstverständlich hin und machten sich keine Gedanken darüber. Infolge ihrer Unerfahrenheit und einer gewissen Gleichgültigkeit konnte es geschehen, daß das Parlament in die Hände der Konservativen und der Bürokratie geriet. Das Volk gewöhnte sich an diesen Zustand und hielt es schließlich für aussichtslos, etwas daran ändern zu wollen. Von ganz rechts und ganz links wurde daher behauptet, das jetzige demokratische System sei für Japan ungeeignet, das Parlament sei dem Volke entfremdet und eine Farce. Auch ausländische Beobachter haben bezweifelt, daß Japan eine echte Demokratie ist.
Jetzt scheint sich eine gewisse Wandlung zu vollziehen. Das Volk hat auf manchen Gebieten zur Selbsthilfe gegriffen. Wir sprachen schon von den neuen Konsumentenvereinen, den Frauenvereinen, den Umweltschutzbewegungen und andern Aktionen, die aus dem Volke hervorgegangen sind. Eine ähnliche Tendenz ist auch bei den Gemeindewahlen festzustellen. In wichtigen und dichtbesiedelten Gebieten wurde den Konservativen eine zum Teil geradezu erstaunliche Abfuhr erteilt. An der Spitze der Hauptstadt Tokyo (die den Status einer Präfektur hat) und der Präfekturen Osaka, Kanagawa, Kyoto, Saitama, Okayama sowie des neu hinzugekommenen Okinawa stehen heute Linksgouverneure. Die Großstädte Yokohama, Nagoya, Osaka, Kyoto und Kobe haben linke Bürgermeister. Die Konservativen, die diese Wahlresultate nicht erwartet hatten, waren erschrocken. Bei den Tokyo-Wahlen (April 1971) hatte der damalige Premierminister Sato selbst eingegriffen, nach Kyoto und Osaka wurden prominente Konservative zur Unterstützung ihres Kandidaten entsandt, und an dem Wahlkampf in Okayama (Oktober 1972) hat der jetzige Premierminister Tanaka selbst teilgenommen. Es hat alles nichts genützt.
Die Gründe für die Siege der Linkskandidaten waren verschiedener Art. So waren sie zum Teil stark persönlich (Tokyo), zum Teil lokal (Kyoto) bestimmt. Aber hinter diesen »städtischen Revolten«, wie es in Japan hieß, steckte etwas anderes, etwas Allgemeineres. Es war ein Erwachen der Menschen, jedenfalls, soweit sie in städtischen und industriellen Ge-

bieten angesiedelt waren. Die Menschen begannen sich zu fragen, wohin das sogenannte Wirtschaftswunder und die damit verbundene Sucht, das Bruttosozialprodukt weiterhin zu erhöhen, eigentlich führe. Auf den engen japanischen Inseln sind die Umweltverschmutzung, das Verkehrschaos, die Verkehrsstockungen und die Wohnungsnot noch viel bedrängender als anderswo. Die Preise klettern weiter hinauf, und die soziale Fürsorge ist, wie schon gesagt, vor lauter Bruttosozialprodukt-Denken ins Hintertreffen geraten.

Dies sind konkrete, teilweise lokal gebundene Probleme, die jedermann angehen. Es sind keine für das Volk »abstrakten« Dinge, wie die Parlamentsdebatten oder die Parteipolitik. Jeder Bürger, der sich morgens in den Smog hineinhustet, die miserable und oft stinkende Luft ertragen muß, vor lauter Dunst die Sonne kaum noch sieht und stundenlang in total überfüllten oder sich nicht vom Fleck rührenden Fahrzeugen sitzt, weiß, um was es geht. Notgedrungen sieht er keinen andern Ausweg, als selbst aktiv zu werden. Deshalb wählt er gegen die Regierung, die seiner Meinung nach zu wenig getan hat.

Der Umweltschock hat also in Japan bewirkt, daß die japanischen Wähler sich besser ihrer demokratischen Rechte bewußt werden. Diese Darstellung mag plausibel klingen, sie ist wohl auch richtig. Doch damit ist noch längst nicht alles gesagt. Die Situation ist kompliziert und teilweise kaum oder überhaupt nicht verständlich.

Im April 1971 haben die Tokyoter mit großer Mehrheit den amtierenden linksgerichteten Gouverneur Minobe von Tokyo wiedergewählt. Herr Minobe ist sehr beliebt, besonders bei den Frauen. Er hat in der Hauptstadt soziale Maßnahmen durchgesetzt, die weiter gehen als die entsprechenden der japanischen Regierung. Er versucht immer wieder die trostlosen Verkehrsverhältnisse zu verbessern, hat dabei aber bisher nicht genügend Unterstützung von der Regierung erhalten.

Gleichzeitig mit den Gouverneurswahlen wurden die Bürgermeister der acht Stadtdistrikte Tokyos gewählt. Dabei vermochte die Linke nur einen einzigen Bürgermeisterposten für sich zu gewinnen. Also: Großerfolg in ganz Tokyo, Niederlage in den Stadtbezirken. Wie ist das zu erklären? Zum Teil mag es an der Popularität Minobes liegen. Auch scheint bei den Distriktwahlen das politische Boß-System, das für die Konservativen arbeitet, noch eine Rolle zu spielen. Vielleicht wollten manche Wähler nur Schwierigkeiten mit einflußreichen Distriktprominenten aus dem Wege gehen. Alles das sind keine überzeugenden Erklärungen. Die »Japan Quarterly«, eine angesehene englischsprachige Zeitschrift, die von der großen Asahi-Zeitung herausgegeben wird und ungefähr deren politische Linie vertritt, hat der Tokyo-Wahl und anderen Gemeindewahlen breitere Ausführungen gewidmet[6]. Auch sie findet keine rechte Erklärung. Sie meint unter anderem, in Tokyo habe sich ein Zusammengehörigkeitsge-

fühl der Tokyoter entwickelt, aber in den Stadtdistrikten gäbe es kein Gemeinschaftsgefühl. Die Linke habe die Distrikte vernachlässigt. Das erklärt aber immer noch nicht, warum die gleichen Menschen zur gleichen Zeit sowohl links wie rechts wählten. Ferner stellte die »Japan Quarterly« fest, daß die Wähler sich nicht mehr um die Parteien scherten und daß in Japan nur eine große Partei existiere, nämlich die Partei der Parteilosen. Die Parteimüdigkeit sei aber nicht identisch mit einer Politikmüdigkeit. Diese Feststellungen sind gewiß weitgehend richtig. Von der Parteimüdigkeit ist schon seit einiger Zeit die Rede, aber die Wahlbeteiligung ist trotzdem recht hoch. Bei den Parlamentswahlen im Dezember 1972 betrug sie 72 Prozent. Schließlich meint die Zeitschrift, wie wir das auch schon ausgesprochen haben, die japanischen Wähler seien launisch und emotional, und das sei eine Gefahr für die Demokratie.
Hier sei ein Beispiel dafür gegeben, wie unbesorgt die Japaner mit den politischen Parteien und ihren Ideologien umgehen können. Im April 1970 fanden in der Präfektur Kyoto, deren an Kunstschätzen so reiche gleichnamige Hauptstadt 1000 Jahre lang die Residenz der japanischen Kaiser gewesen ist, Gouverneurswahlen statt. Der seit vielen Jahren amtierende linksgerichtete Gouverneur Ninagawa schlug den konservativen Gegenkandidaten mit 636 000 gegen 491 000 Stimmen. Einen derartigen Sieg hatte niemand erwartet. Die Erklärung ist einfach, wenn sie auch paradox klingen mag: Kyoto wählte links, weil diese Präfektur im allgemeinen konservativ und traditionsbewußt ist. Ninagawa wurde von der Kommunistischen Partei, die dort stark ist, und andern linksgerichteten Organisationen unterstützt. Aber die Mehrheit der Bewohner Kyotos ist nicht linksgerichtet, sondern politisch konservativ gesinnt. Sie stimmte, ebenso wie in den früheren Jahren, trotzdem für den Kandidaten der Kommunisten, weil sie gegen die Industrialisierung des Kyotogebietes und gegen die Verschandelung ihrer schönen alten Kaiserstadt durch moderne Hochhäuser ist. Kyoto will keine Fabriken und keine Umweltverschmutzung. Der konservative Kandidat war ein ehemaliger hoher Beamter mit besten Beziehungen zu den Regierungs- und Wirtschaftskreisen Tokyos. Deshalb fürchtete man, er könnte Fabriken und unerwünschte moderne Bauten nach Kyoto bringen. Nein – dann lieber einen linksgerichteten Gouverneur, der keine solche Beziehungen hat und nicht von »Tokyo« beeinflußt wird. In Kyoto wurden die Kommunisten also gewissermaßen als Hüter der Tradition betrachtet, jedenfalls wurde ihr Kandidat zu diesem Zweck gewählt.

Im ganzen gesehen gewinnt man den Eindruck, daß die politische Wachsamkeit des japanischen Volkes allmählich zunimmt. Doch diese Wachsamkeit erstreckt sich, wie gesagt, vor allem auf die Fragen, von denen das Volk direkt berührt wird. Am wenigsten interessiert die Außenpolitik,

wenn auch, wie etwa bei der Wiedervereinigung mit Okinawa oder der Anerkennung Chinas vorübergehend eine gewisse, wenn auch nicht sehr tiefgehende emotionale Freude herrschte.
Sind also viele Japaner heutzutage in gewisser Weise politisch engagiert, so geht neben diesem Trend in auffallender Weise eine antiparlamentarische Einstellung einher. Bei einer Umfrage im September 1971 erklärten 60 Prozent der Befragten, daß »ein anderes System als das parlamentarische zur Ermittlung des Volkswillens gefunden werden müsse«, und bei einer andern Meinungsumfrage im Juni 1972 meinten 70 Prozent, daß »der Volkswille durch das Parlament nicht zum Ausdruck gebracht werde«. In der Jugend scheint der Überdruß gegen das Parlament am stärksten zu sein. Bei den Parlamentswahlen im Dezember 1969 betrug die Wahlbeteiligung 68,5 Prozent, doch die Großstadtjugend (20–25 Jahre) beteiligte sich nur mit weniger als 50 Prozent. Im Frühjahr 1972 stand die Herabsetzung des Wahlalters von 20 auf 18 oder 19 Jahre zur Diskussion. Bei einer Umfrage unter 3000 18–19jährigen jungen Leuten erklärten 50 Prozent, sie seien dagegen, und 30 Prozent, die Frage sei ihnen gleichgültig! Bei der gleichen Umfrage bekundeten nur 13 Prozent ihr Interesse für die Politik der Regierung. Von den politischen Parteien will die Jugend im allgemeinen auch nichts wissen. Abfällige Bemerkungen, die man in Japan über das parlamentarische System zu Ohren bekommt, decken sich durchaus mit diesen zahlenmäßigen Ermittlungen.
Das politische System Japans, so wie es heute besteht, wird auf die Dauer vielleicht nicht so bleiben. Japan steht eben auf allen Gebieten in einer fortlaufenden Entwicklung. Wahrscheinlich wird das Volk einen stärkeren Einfluß auf der kommunalen und regionalen Ebene gewinnen. Aber sicher ist das nicht. Die neuerliche »Revolte« der Großstädter ist vielleicht auch nur eine Laune gewesen, die vor allem auf der Verärgerung über die Umweltstörungen beruhte. Ich glaube es aber kaum und neige eher zu der Auffassung, daß in Japan auf kommunalem Gebiet eine echte Demokratie im Erstarken ist. In Japan hat es immer, wie wir sahen, innerhalb der verschiedenen Gemeinschaften und Gruppen ein demokratisches Element gegeben. Es wäre denkbar, daß dieses Element nun in neuer Form »von unten« zum Ausdruck kommt.
Auf der nationalen Ebene aber wird der Weg – dies sei vorausgeschickt – nicht unbedingt ein demokratischer sein, jedenfalls nicht im strengen Sinne des Wortes. Die Bedeutung des Parlaments, der »Volksvertretung« also, welche die meisten Japaner nicht als solche anerkennen, könnte unter Umständen eingeschränkt werden. Dies würde allmählich und stufenweise geschehen. Die Verfassung würde zu diesen Zweck nicht verändert werden und brauchte auch nicht verändert zu werden. Die Japaner sind Meister der Interpretation und in der Erfindung gewünschter Ausführungsbestimmungen. In Japan sind die konkreten Ausführungsbestim-

mungen und Vorschriften am wichtigsten, nicht die Gesetze selbst. Die Gesetze hatten immer eher den Charakter von Leitsätzen. Man erinnere sich an die »siebzehn Artikel« des Shotoku Taishi, die keine juristischen, sondern ethische Anweisungen enthalten (siehe S. 41). Diese Auffassung ist bis in die heutige Zeit hinein wirksam. Kurz, die Japaner sind gewissermaßen ein unjuristisches Volk. Längst haben sie mit ihrer Aufrüstung begonnen und rüsten weiterhin auf, obwohl der Antikriegsartikel in ihrer Verfassung ihnen die Aufstellung jeglicher Streitkräfte verbietet. Bestimmt würden sie auch mit ihrer Volksvertretung in jedem gewünschten Sinne fertig werden, ohne die Verfassung zu ändern.

Diese Ausführungen klingen so, als ob Japan sich in Richtung auf einen autoritären Staat hin bewege. Es ist ein gewagtes und delikates Thema. Zunächst einmal sei festgehalten, daß sich zwei Arten von autoritären Systemen unterscheiden lassen, wenn die beiden Arten auch unter Umständen ineinander übergehen können: die gesetzmäßig verankerte autoritäre Staatsführung und die Willkürherrschaft. Die letztere, zu der die »orientalische Despotie« gehört, hat es in Japan nie gegeben, jedenfalls nie in reiner Form. Die Tokugawa-Shogune zum Beispiel waren mächtige Feudalfürsten, aber nicht eigentlich »Diktatoren«. Ihre Regierung beruhte auf festgesetzten feudalen Regeln und auf Gesetzes-Herrschaft. Sie haben nicht willkürlich regiert, sie vermochten nicht einfach »durchzugreifen«. Sie haben sich an die Regeln und die Rechte gehalten, die für jede Schicht (Krieger, Bauern, Handwerker, Kaufleute) bestanden. Es gab sogar Selbstverwaltung, zum Beispiel bei den religiösen Sekten, den kaufmännischen Gilden und in einigen Gegenden sogar in den Dörfern. Der bekannte englische Japan-Historiker Sir George Sansom schreibt: »Vom Anfang des 17. Jahrhunderts an lebte ganz Japan in Frieden unter der Regierung der mächtigen Kriegerfamilie der Tokugawa, deren aufeinanderfolgende Herrscher ihre feudalen Vasallen unter Kontrolle hielten und die Gesetzesherrschaft festigten. ... das Land wurde mit fester Hand und im ganzen gerecht regiert.« Aber bürgerliche Freiheiten gab es nicht. Sie beruhen nicht auf japanischer Tradition und sind in Japan nicht entwickelt worden.

In Japan hat es also keine Willkürherrschaft und keine Despotie gegeben. Die militaristische Diktatur, so wie sie im 20. Jahrhundert vorübergehend herrschte, war eine Ausnahme und wird wohl keine Wiederholung finden. Jedoch könnte es zu einer autoritären Staatsführung kommen, wobei die Spitze gestärkt und die Befugnisse des Parlaments beschränkt werden könnten. Möglicherweise wird an Stelle des Parlaments eine andere indirekte Art der Volksbeteiligung wirksam werden. So konnten die Präfekturen, in denen das Volk wohl auch in Zukunft mitreden wird, einen stärkeren Einfluß gewinnen. Doch sind derartige Spekulationen müßig. Es sollen hier nur Möglichkeiten aufgezeichnet werden.

Eine starke Spitze und demokratische Rechte auf der regionalen und kommunalen Ebene wären kein Widerspruch. Es wäre eine wechselweise Ergänzung von oben und unten, wie es das in Japan in ähnlicher Form immer gegeben hat. Es ist eben das Land des Harmonie-Denkens und der vielen kollektiven Beratungen.

Die hier entwickelte Ansicht von den zukünftigen Möglichkeiten wird bestimmt auf Ablehnung stoßen, besonders seitens vieler japanischer Intellektueller und Zeitungsschreiber. Aber die Erfahrungen und das Material, die meiner These zugrunde liegen, kommen aus Japan. Natürlich läßt sich einwenden, ich hätte die Dinge, die ich erlebte und die ich las, falsch ausgelegt. Auf der andern Seite ist es aber eine Tatsache, daß in Japan immer wieder über Parteimüdigkeit und Parlamentsfeindlichkeit geklagt wird. Es ist ja auch schon nach einer »starken Regierung« und sogar nach einem »starken Führer« gerufen worden.

Fragen wir einmal, wer eigentlich in Japan gegen eine starke Staatsführung ist. Die Kommunisten und auch viele stramm marxistisch eingestellte Linkssozialisten sind es nicht. Sie erstreben eine Diktatur nach ihrer Fasson. Die extreme Rechte ist ebenfalls nicht dagegen. Sie will die »westlichen« politischen Einrichtungen loswerden und eine sogenannte wahre kaiserliche Herrschaft errichten. Die Soka-Gakkai ist undemokratisch und autoritär. In der Liberaldemokratischen Partei gibt es Persönlichkeiten, die die Zügel viel straffer anziehen möchten. Nur sagen sie es nicht laut, um sich nicht unbeliebt zu machen. Aber bei wem fürchten sie auf empörte Einwände zu stoßen? Hauptsächlich bei der Presse, wahrscheinlich mehr noch als bei der Linken, die ja selbst an die Macht will. Die großen Zeitungen sind am wichtigsten, weil sie angeblich die öffentliche Meinung zum Ausdruck bringen. Wie uns die historischen Erfahrungen gelehrt haben, ist dies aber keineswegs immer richtig. (Fast alle deutschen Zeitungen waren gegen Hitler.) Die japanischen Zeitungen wollen die Demokratie retten. Dies ist insofern selbstverständlich, als der Presse ihrem Wesen nach an Meinungs- und Redefreiheit liegen muß.

Hierin liegt die Erklärung dafür, warum die Stimmung bei den Journalisten eine andere sein kann als im Volke. Es ist daher zumindest zu bezweifeln, ob die japanischen Zeitungen heute den Volkswillen zum Ausdruck bringen.

Natürlich ist in einer Situation, in der keine bestimmte Tendenz mit Sicherheit festzustellen ist, Vorsicht und Zurückhaltung im Urteil geboten. Vorläufig ist in Japan keine Partei stark genug, um deutliche Tastversuche zu wagen, keine Partei kann sagen, daß die Zeit für sie reif sei. Die japanische Gesellschaft ist pluralistisch und unruhig. Wenn die konservative Regierung die Polizei verstärken oder militärisch aufrüsten will, wenn sie ihren Einfluß auf die Hochschulpolitik und das Erziehungswesen geltend macht, dann gerät die Linke sogleich in Zorn. Und wenn die

Linke Wahlsiege erringt oder Demonstrationen veranstaltet, dann stoßen die Konservativen Unkenrufe aus.
Wahrscheinlich tritt nicht einmal die Mehrheit des japanischen Volkes aufrichtig und überzeugt gegen eine »starke Führung« und für die demokratischen Einrichtungen ein, so wie sie heute bestehen. Unter den Parteien sind es nur die demokratischen Sozialisten, ein Teil der Liberaldemokraten, ein Teil der Linkssozialisten und, als »vierte Partei«, die Presse.
Einiges spricht dafür, daß die Konservativen das Rennen schließlich gewinnen werden. Dieser zusammengewürfelte Haufen ist wandlungs- und anpassungsfähig. Viele Konservative sind für neue und sozialprogressive Ideen aufgeschlossen. Es wäre denkbar, daß die Regierungspartei selbst, mit der Wirtschaft im Hintergrund, die Bürokratie in die Schranken weisen wird. Es wäre nicht das erstemal, daß sie die Linke »links überholt«. Und schließlich stammt der erste große Plan zur Umstrukturierung Japans und zur Bekämpfung der Umweltschäden nicht von der Linken, sondern von dem konservativen jetzigen Regierungschef Tanaka. Falls die Konservativen ihre Position zu festigen und zu stärken vermögen, dann bestände die Möglichkeit, daß sie auf eine Regierungsweise hinstreben werden, die autoritärer ist als die heutige. Die Linke hätte eine bessere Chance, wenn sie, obwohl sie manchmal bei bestimmten Gelegenheiten zusammengeht, dann nicht immer wieder so uneinig wäre. Die Konservativen sind ebenfalls uneinig, aber sie sind in ihrer pragmatischen Art bisher besser damit fertig geworden.
Aber stellen wir uns einmal vor – schließlich muß man auch an diese Möglichkeit denken –, es würde der Linken gelingen, bei den Parlamentswahlen die Liberaldemokratische Partei zu schlagen und eine linke Koalitionsregierung zu bilden. Unterstellen wir des weiteren, daß diese Koalition sich einig wäre. Eine solche Regierung müßte laut Programm mit Verstaatlichungen und anderen drastischen Maßnahmen beginnen. Das könnte sie niemals auf demokratische Weise durchsetzen. Die Opposition, obzwar im Wahlkampf geschlagen, wäre viel zu stark. Die Linke müßte also, wie dies ein Teil von ihr ja auch im Sinn hat, diktatorische Maßnahmen ergreifen. Auch in diesem Falle hätte Japan also eine »starke Führung«.

Für die übrige Welt – und damit kommen wir wieder zum Kernthema dieses Buches – wäre es ziemlich gleichgültig, auf welche Weise Japan regiert wird. Schließlich ist das auch nur eine Angelegenheit der Japaner, in die ihnen niemand hineinreden kann. Was uns interessiert und auch interessieren darf, sind Japans Außenpolitik und Japans Wirtschaftspolitik gegenüber anderen Nationen. In dieser Beziehung ist die japanische Haltung nicht abhängig von der jeweiligen Regierung, stehe diese nun rechts oder links. Jede Regierung, auch eine kommunistische, würde auf außenpolitischem Gebiet das tun, was für Japan das beste ist. Denn alle Japaner sind Nipponisten. In der Außenpolitik und Wirtschaftspolitik mag es zu andern Nuancen kommen, falls die Sozialisten und ihre kommunistischen Genossen ans Ruder gelangen, aber von entscheidender Bedeutung würde dies nicht sein. Wenn man in der Opposition steht, reagiert man anders, als wenn man selbst regiert. Eine linke Koalitionsregierung würde sich den bestehenden Realitäten, etwa der bis auf weiteres notwendigen gewissen Zusammenarbeit mit den Vereinigten Staaten, bald bewußt werden und danach handeln. Denn alle Nipponisten sind Pragmatiker, auch wenn sie es zeitweilig notwendig finden, sich ideologisch zu gebärden.

Auf jeden Fall werden die Japaner auch ihren Kaiser beibehalten. Selbst die Kommunisten – falls sie überhaupt je die Gelegenheit dazu haben sollten – werden ihn höchstwahrscheinlich nicht antasten. Da dies bestritten wird, sei kurz auf die anti-monarchistischen Tendenzen, die in Japan nach 1945 aufgekommen sind, eingegangen. Damals hetzte vor allem die Sowjetunion gegen den Kaiser von Japan und wollte ihn als Kriegsverbrecher angeklagt sehen. In den Vereinigten Staaten und anderswo wurden ebenfalls, wenn auch nicht sehr zahlreich, Stimmen laut, die im gleichen Sinne plädierten. Das offizielle Amerika, mit General MacArthur, dem Besieger Japans, an der Spitze, entschied anders und fand damit bei seinen Verbündeten, außer der Sowjetunion Gehör. In Japan selbst fielen die anti-monarchistischen Tendenzen bei den Kommunisten und einigen Sozialisten auf fruchtbaren Boden. Kein Wunder, waren doch diese linksgerichteten Persönlichkeiten während des Krieges im Namen des Kaisers in die Gefängnisse gesperrt worden. Aber die Stimmung gegen den Kaiser war nicht populär, sie vermochte im Volke keine Wurzeln zu schlagen. Bald war kaum noch davon die Rede. Die Sozialisten paßten sich allmählich der Volksstimmung an, und prominente Sozialistenführer sind, wie wir erwähnten, schon längst wieder zu den Groß-Schreinen von Ise gepilgert, die der Ahnin des Kaiserhauses geweiht sind. Die Kommunisten ließen das Thema fallen, weil es ihren Bemühungen, im Volke Sympathien zu finden, im Wege stand. Die KPJ hat in den letzten 26 Jahren (was bisher allerdings kaum beachtet wurde) dem Kaiser gegenüber nur in einem Punkte eine andere Haltung angenommen als alle übrigen Parteien Japans. Im Jahre 1947, also nachdem die neue Nachkriegsverfassung in Kraft getreten war, wurde nämlich beschlossen, daß der Kaiser bei der Eröffnung des Reichstags eine kurze Thronrede halten solle. Dies ist seitdem jeweils geschehen. Nur die Kommunisten waren von Anfang an dagegen, haben aber die Situation 26 Jahre lang schweigend hingenommen.
Aber im Januar 1973 unternahmen sie einen Vorstoß. Sie erklärten, das

Auftreten des Tenno bei der Reichstagseröffnung sei unkonstitutionell. Tatsächlich ist diese Frage in der Verfassung nicht klar geregelt. Man kann sagen, daß das jeweilige Auftreten des Herrschers vor allem auf einem Gewohnheitsrecht beruht, das sich im Laufe von 26 Jahren durchsetzte. Vielleicht haben die Kommunisten sachlich gar nicht so unrecht. Denn der Kaiser ist laut Verfassung das Symbol der Nation. Man könnte daher die Frage stellen, ob denn ein Symbol Reden halten kann. Doch lassen wir solche Spitzfindigkeiten beiseite und fragen lieber, was die Kommunisten zu ihrem Schritt, der allgemein als Angriff auf die Position des Kaisers ausgelegt wurde, veranlaßt haben mag. Überflüssig zu sagen, daß alle anderen Parteien und die öffentliche Meinung ziemlich entrüstet waren.

Im allgemeinen heißt es, die KPJ, die durch ihren Wahlerfolg im Dezember 1972 neuen Auftrieb erhalten hat, habe unter Beweis stellen wollen, daß sie die einzige wahre Oppositionspartei in Japan sei. (Etwa im Gegensatz zu den Sozialisten, mit denen sie sich ja jetzt in den Haaren liegt.) Die Frage ist nur, ob dieser Beweis, »eine wahre Oppositionspartei« zu sein, die Wähler nicht eher abschreckt als anzieht. Wahrscheinlich haben die Kommunisten sich bezüglich der Volksstimmung verrechnet und könnten die Angelegenheit allmählich wieder einschlafen lassen. Außerdem sind die japanischen Kommunisten, wie wir betonten, national eingestellt; sie sind im Grunde ihres Herzens Nipponisten und haben ein Gefühl dafür, daß das nationale Symbol des Kaisers zu ihrem Lande gehört. Sie werden ferner einsehen, daß die Existenz des Kaisers ihren Bestrebungen nicht unbedingt im Wege zu stehen braucht. Es ist in diesem Zusammenhange aufschlußreich, daß einst Richard Sorge, der berühmte in Japan tätige Sowjet-Spion des Zweiten Weltkrieges, einmal geäußert hat, daß in Japan ein kommunistisches Regime ohne Abschaffung des Kaisertums denkbar sei.

Es käme also nur darauf an, den Kaiser noch mehr zur Seite zu schieben, als dies heute schon geschieht. In der letzten Zeit ist (und zwar nicht etwa von kommunistischer Seite) ab und zu der Gedanke aufgetaucht, der Tenno solle wieder wie in den früheren Jahrhunderten in der alten Kaiserstadt Kyoto residieren, was praktisch einer Art von Abstellgleis sehr nahe käme. Dieser Vorschlag entspringt aber nicht unbedingt politischen Erwägungen, sondern weil das riesige kaiserliche Grundstück im Herzen Tokyos als Verkehrshindernis empfunden wird. Manchmal heißt es, man solle Autostraßen durch das Areal führen oder man solle es in einen Volkspark verwandeln. Wie man sieht, gehen die Japaner unter Umständen recht kühl und sachlich mit ihrem Kaiser um. Aber seine Existenz wird nicht angetastet. Man erinnere sich an die Position des Kaisers in der Tokugawa-Zeit. Die japanischen Kommunisten sind erst jüngst aus Gründen, die sie für taktisch richtig hielten, gegen den Kaiser vorgegangen.

Aber ob die Kommunisten, falls sie an die Macht kommen sollten, das Kaisertum abschaffen würden, ist, wie gesagt, eine andere Frage.

Nach dieser Abschweifung, die infolge der besonderen Rolle des Tenno notwendig war, kehren wir zur politischen Situation in Japan zurück. Wir haben auseinandergesetzt, daß Japan möglicherweise in Zukunft einen Kurs einschlagen wird, der in eine autoritäre Richtung zielt. Häufig wird, wenn von einem autoritären Regime die Rede ist, sogleich auch an militärische Aggression gedacht. Das hängt natürlich mit unserer jüngsten Vergangenheit zusammen. Diese Folgerung braucht nicht schlüssig zu sein. Man denke etwa an das Tokugawa-Shogunat in Japan, das ein Friedensregime gewesen ist. Man könnte die Tokugawa-Shogune – das Wort ist schon einmal gefallen – als »Friedensdiktatoren« bezeichnen.
Keine einzige Partei im heutigen Japan ist militaristisch gesinnt oder wünscht, daß Japan wieder eine militärische Großmacht wird. Es gibt zwar Politiker und Wirtschaftsführer, die für eine verdächtig starke Militärmacht Japan eintreten. Aber das sind Ausnahmen. Japan wird trotz des von der Linken scharf angegriffenen vierten Verteidigungsplanes (1973–1976) relativ schwächer aufgerüstet sein als die andern fortgeschrittenen Nationen. Selbst Tschou En-lai erklärte kürzlich, daß Japan eine der Größe des Landes und der Bevölkerungszahl (106 Millionen Einwohner) entsprechende normale Aufrüstung brauche (damit Japan gegenüber der Sowjet-Union kein militärisches Vakuum bildet). In dieser Richtung geht der vierte Verteidigungsplan. Die konservative Regierungspartei, die dieses Programm durchsetzen will, ist, wie alle Parteien des Landes, friedlich gesinnt. Mit dieser Meinung stehe ich nicht allein da, sondern sie wird von vielen Japanbeobachtern verschiedener Länder geteilt. So erklärt etwa, um nur ein Beispiel zu nennen, der Deutsche Karl F. Zahl, der seit vielen Jahren in Japan lebt und sich eingehend mit dem Lande befaßt hat: »Der soziale Friedensstaat japanischer Prägung ist zu einem Symbol geworden.«[7] Auf die außenpolitischen Voraussetzungen und Aspekte der Friedenspolitik werden wir im Schlußkapitel eingehen. Der Umschwung der japanischen Einstellung gegenüber der Vorkriegszeit ist in der Tat gewaltig.

VIII Japanisches Denken und westliche Logik

Der Japaner Kennosuke Ezawa schreibt in einer Abhandlung mit dem Titel »Japan und die Weltzivilisation«[1], es gelte jetzt, »das Daseinsverständnis des japanischen Menschen von Grund auf zu erneuern«. Denn nur das transzendente Daseinsverständnis des Menschen in seiner Welt führe zur modernen Wissenschaft und Technik und zur pluralistischen Gesellschaft, nicht das immanente, wie es beim japanischen Menschen heute noch ausgeprägt sei. Um dieses »kritische Lebensgefühl« zu verdeutlichen, zitiert er Verse, die ein japanischer Professor für Sprachwissenschaft im Jahre 1937 in deutscher Sprache verfaßt hat[2]:

An den japanischen Geist.

Auf! schaff' Distanz! – Dann bist Du ganz.
Von dir zu dir – Wall' für und für,
Ein dumpfes Hin – Mit regem Sinn,
Ein tiefer Blick – in dich zurück,
Dann wieder hin – bleib nimmer drin
Bei dir zu Haus – Zieh' stets hinaus,
Hinaus zu Dir! – kurz existier! (nicht vegetier!)
Denn dies »hinaus« – ist Dein zu Haus
Und dieses »zu« – das bist ja Du
Auf! schaff' Distanz – und Diskrepanz!
Denn solch ein Tanz – macht erst Dich ganz.

Natürlich klingen diese deutschen Reime eines Japaners in unsern Ohren eigenartig, ja, komisch. Aber ich möchte wissen, ob ein japanisches Gedicht von einem deutschen Professor auf die Japaner weniger seltsam wirken würde! Jedenfalls hat der professorale Dichter ein Kernproblem angepackt: Er fordert von den Japanern außer ihrer angestammten immanenten Einstellung und Denkweise auch die westliche, transzendente. »Denn solch ein Tanz – macht erst Dich ganz.« Gefordert wird also ein Umdenken, eine Aufgabe des einseitig nach innen gerichteten Denkens und eine Hinwendung zu dem nach außen gerichteten. Doch dies ist nur ein Teil des ganzen Fragenkomplexes. Indessen sollen hier keine philosophischen und weltanschaulichen Betrachtungen angestellt, sondern ein Aspekt herausgegriffen werden, der uns praktisch interessiert, nämlich das Verhältnis der Japaner zum rationalen Denken und damit vor allem zur Naturwissenschaft und Technik. Diese Frage habe ich vor vielen Jahren in meinem Buch »Ostasien denkt anders«[3] angeschnitten und möchte das darin Gesagte nicht wiederholen. In diesem Buche wurde, kurz gesagt, die intuitive Wesensschau Ostasiens, die als »ganzheitliches Denken« bezeichnet wurde, dem rationalen, analytischen Denkstil des modernen Abendlandes entgegengestellt, oder, wie man auch sagen kann, obwohl dies im ersten Moment seltsam klingen mag, unser Kopfdenken ihrem Bauchdenken. (Die Japaner sprechen in diesem Zusammenhange gern von »tanden«, was etwa »Mittelpunkt des Leibes« bedeutet.) Die ganzheitliche Wesensschau geschieht eben nicht nur mit dem Kopf, das heißt nicht nur mit dem Gehirn oder Verstand, sondern, wie man vielleicht vereinfachend sagen könnte, mit »Leib und Seele«.

Dieser Unterschied in der Denkweise hat zur Folge, daß die Japaner Probleme, die sich analytisch und rational nicht voll erfassen lassen, wie zum Beispiel menschliche Probleme, oftmals besser und rascher erfassen als wir. Andererseits hatten sie, wenigstens in der Vergangenheit, wenig Sinn für Dinge, die rational, logisch und abstrakt begriffen werden müssen. Diese unsere westliche Denkweise ist aber nicht nur notwendig, wenn man die Naturwissenschaft und Technik beherrschen will, sie muß auch bei der Bewältigung wirtschaftlicher und sozialer Probleme in unserer modernen Industriegesellschaft angewandt werden.

Als ich nach dem Kriege (1954) nach Japan zurückkehrte, hatte ich das Gefühl, daß Japan auf diesem Gebiete einen »großen Srpung nach vorn« gemacht hatte. Dieser Eindruck verstärkte sich danach von Jahr zu Jahr. Man muß nur ausländische Wissenschaftler oder Geschäftsleute sprechen, die in Japan zu tun haben. Manche stoßen sich noch daran, daß die Japaner dies und jenes anders machen, aber viele behaupten heutzutage, daß sie »genau wie wir« vorgehen würden. Bezeichnend ist, daß die zum Teil nicht unberechtigten Witze, die vor dem Kriege über die Verständnislosigkeit der Japaner gegenüber technischen Dingen gemacht wurden, selten geworden sind. In den letzten zehn Jahren ist den Ausländern die Lust zu solchen einst beliebten Witzen völlig vergangen.

Aber wenn auch viele Japaner heute westlich-rational zu denken vermögen, so haben sie ihre eigene Denkart dennoch nicht aufgegeben. Sie werden es auch nie tun, denn es wäre wohl kaum zu ihrem Heil. Sie können auf beide Arten denken – eine erstaunliche Leistung. Sie vermögen meist instinktiv zu unterscheiden, in welchen Fällen sie »westlich« und in welchen sie »japanisch« denken müssen. Dabei ist es aber nicht so, wie manchmal behauptet wird, daß sie in ihrer Fabrik oder in ihrem Büro westlich denken und zu Hause japanisch. Das stimmt nur teilweise. Vielmehr werden, so scheint mir, beide Denkweisen bei allen wichtigen Entschlüssen und Entscheidungen angewandt. Das gilt sicherlich für begabte Staatsmänner, Politiker, Geschäftsleute, Schriftsteller, Architekten und andere. Für diese überlegenen Japaner ist die westliche Denkweise ein Instrument, ein Handwerkszeug, das sie zu ihrem Vorteil gebrauchen können. Aber für die wichtigsten Entscheidungen genügt es nicht.

Nun kommt jedoch ein Rückzieher: Das, was soeben gesagt wurde, ist noch längst nicht die allgemeine Wirklichkeit. Es wäre eher der Idealzustand des neuen Japaners. Aber die Entwicklung geht sicherlich in Richtung auf zwei Denkweisen hin, wobei die japanische die letztlich bestimmende ist. Dies ist zweifellos bei Kitaro Nishida (1870–1945), der vielfach für den bedeutendsten Philosophen des modernen Japan gehalten wird, der Fall.

Vorläufig ist die große Auseinandersetzung noch im Gange und sie wird wahrscheinlich noch sehr lange währen. Es geht dabei einmal um die grundsätzliche Entscheidung, welcher Weg eingeschlagen werden soll, und dann um das Ringen im einzelnen Menschen, die Problematik zu begreifen und mit ihr fertig zu werden.

Es gibt nur sehr wenige Japaner wie den Philosophen Nishida, der eine Kapazität auf dem Gebiete der westlichen, insbesondere der deutschen Philosophie gewesen ist, und dabei zutiefst zen-buddhistisch beeinflußt war. Es ist nicht leicht, den Sinn seiner Schriften zu erfassen; ohne die Kommentare Robert Schinzingers wären sie für den europäischen Leser vielleicht überhaupt nicht zu begreifen.[4] Professor Schinzinger weist darauf hin, daß in den letzten Jahren in Japan der Lehre Nishidas eine erhöhte Aufmerksamkeit geschenkt werde[5]. Es sei, da es für das jetzige Stadium der geistigen Entwicklung in Japan bezeichnend ist, nebenbei bemerkt, daß es noch keine kritische Untersuchung über das Verhältnis des Philosophen Nishida zum Buddhismus gibt. Er ist offenbar seiner Zeit vorausgeeilt.

Die hier angeschnittene Problematik war in Japan seit der Eröffnung des Landes wohlbekannt, es herrschten aber verschiedene Auffassungen darüber, wie sie zu überwinden sei. So sind in der heute natürlich als anrüchig geltenden Schrift »Kokutai no Hongi« (»Grundsätze unseres Staatswesens«), die 1937 vom Erziehungsministerium herausgegeben wurde und beträchtlichen Einfluß hatte, Fragen angeschnitten, die jetzt noch zur Diskussion stehen[6]. Es wird darin auseinandergesetzt, daß »die Stärken der westlichen Gelehrsamkeit und ihrer Begriffe in den analytischen und intellektuellen Qualitäten liegen, die der östlichen aber in ihren intuitiven und ästhetischen Qualitäten«. Japan müsse auf dem »kaiserlichen Weg« weiterschreiten und eine eigene auf dem Kokutai beruhende Kultur begründen. Der Individualismus wird einer kritischen Analyse unterzogen, in der es heißt, im Okzident werde übersehen, daß der Staat die Existenz der Individuen überhaupt erst ermögliche und daher die übergeordnete Wirklichkeit darstelle. »Wo immer sich«, so wird gefolgert, »der Indivualismus samt den diesen begleitenden abstrakten Konzeptionen entwickelt hat, ist das konkrete und historisch bedingte nationale Leben im Schatten der abstrakten Theorien verloren gegangen.« Die Rettung des Kokutai sah die Schrift, die einleitend von den alten Mythen und der Abstammung des Kaisers von der Sonnengöttin ausgeht, zum Teil in dem überlieferten Streben nach Harmonie und im Patriotismus, also in kaum anfechtbaren Auffassungen. Vor allem aber wurden in reaktionärer Weise japanische Institutionen und Tugenden gerühmt: Aufrechterhaltung des alten Familiensystems als Basis des nationalen Lebens, absolute Kindespflicht (den Eltern gegenüber) und Loyalität (dem Kaiser und dem Staate gegenüber), Bushido und anderes mehr. Dabei wurde der hochgepriesene Bushido (der »Weg des Ritters«) als »heiliger, kriegerischer Geist« dargestellt, der für die »große Harmonie« und den Frieden ficht. Kein Wunder, daß diese Schrift heute als anrüchig gilt. Dennoch ist sie aufschlußreich, weil sie neben der zeitgebundenen reaktionären Einstellung auch Ideale enthält, die heute noch ihre Gültigkeit besitzen.

So heißt es abschließend: »Die jetzige Aufgabe unseres Volkes ist es, eine neue japanische Kultur aufzubauen, indem wir mit unserem Kokutai als Basis die westlichen Kulturen adaptieren und sublimieren, und auf diese Weise zum Fortschritt der Weltkultur beitragen. Unsere Nation erfuhr schon früh die Einführung chinesischer und indischer Kulturen, und es gelang ihr sogar, eigene originale Schöpfungen und Entwicklungen zu erzeugen. Dies war, in der Tat, möglich auf Grund der tiefen und grenzenlosen Natur unseres nationalen Kokutai; infolgedessen ist die Mission des Volkes, dem dieses verliehen wurde, wahrhaft groß in seiner geschichtlichen Bedeutung.« Hier kamen also das Bewußtsein der Einzigartigkeit und der Sendungsglaube, der Wille, die westlichen Anregungen auf eigener Grundlage zu verarbeiten und eine neue japanische Kultur aufzubauen, zum Ausdruck. Diese Einstellungen und Tendenzen sind, natürlich ohne den damaligen reaktionären Lösungsversuch, heute noch lebendig. Sie sind alt- und neu-nipponistisch zugleich.

In der geistigen und philosophischen Auseinandersetzung unserer Tage gibt es zwei Hauptlager, nämlich das der japanischen Denker, die sich mit der westlichen Philosophie befaßt haben und nur wenig von der eigenen Überlieferung wissen, und dann vor allem das der buddhistischen Denker, die die westliche Philosophie nicht gründlich studiert haben. Diese Spaltung ist begreiflich, denn die Japaner, die sich mit den ihnen so neuen und fremden philosophischen Systemen des Abendlandes befaßten, verbrauchten dafür ihre gesamte Energie. Es fehlte ihnen die innere Muße, sich auch noch mit den eigenen geistigen Traditionen zu beschäftigen.

Historisch gesehen sind die Gründe für diese Spaltung ohne weiteres einleuchtend. Die Universitäten, die im vorigen Jahrhundert gegründet wurden, sollten abendländisches Wissen nach Japan bringen. Es gab daher keine theologischen Fakultäten, es gab keine Lehrstühle für buddhistische

Theologie und Philosophie oder gar für shintoistische Lehren. Die Universitätsprofessoren wurden ausschließlich als Vermittler der westlichen Wissenschaft angesehen, in der ersten Zeit arbeiteten sie nicht einmal als selbständige Forscher. Dabei wurde – und auch dies muß man im Auge behalten – aber nur die moderne europäische Wissenschaft und Philosophie übernommen. Unsere geistigen und religiösen Überlieferungen, aus denen diese Dinge ja erst hervorgegangen sind, blieben so gut wie unbeachtet. Das Christentum galt nur als eine fremde Religion, um die man sich nicht sonderlich kümmerte.

Hiermit hängt auch die früher schon angedeutete geistige Unruhe und Ambivalenz vieler japanischer Intellektueller zusammen. Sie sind weder in ihrer eigenen geistig-religiösen Tradition noch im Christentum, das sie ja nicht »mitübernommen« haben, verwurzelt. Die Befangenheit vieler japanischer Intellektueller, die aus den besonderen Umständen der ersten Begegnung mit dem Westen resultiert, ist heute noch spürbar. Aus diesem Kreise stammen viele Japaner, die das Altjapanische ablehnen und für den, wie sie sagen, universalen westlichen Geist eintreten. Sie sind manchmal ziemlich oberflächlich-positivistisch eingestellt. Andere, die tiefer eindringen wollen, haben, wie schon angedeutet, so viel Mühe, den westlichen Geist in sich aufzunehmen, daß sie sich ganz in diesem Vorhaben verlieren. Solche Intellektuelle werden von den Japanern selbst oftmals – unter Benutzung eines französischen Wortes – als »étrangers« bezeichnet. Sie wissen zuwenig von den eigenen Traditionen, was allein schon ein Grund dafür sein mag, daß sie diese von vornherein ablehnen.

Von der japanischen Jugend haben wir schon gesprochen. Doch soll noch einmal darauf hingewiesen werden, wie sehr sie hin und her schwankt. Dabei handelt es sich im Kern immer um die in diesem Kapitel angeschnittene geistige Auseinandersetzung. Natürlich findet dieses Ringen in der Seele vieler einzelner Menschen, nicht nur in der Jugend statt. Der sehr stark westlich beeinflußte Schriftsteller Yukio Mishima, der durchaus »westlich« denken konnte, war 45 Jahre alt, als er sich, nachdem er in einer leidenschaftlichen Ansprache zur Rückkehr zu den altjapanischen Tugenden und zur Verehrung des Kaisers aufgerufen hatte, den Bauch aufschlitzte. Meistens werden die Japaner, was ja auch natürlich ist, mit den fortschreitenden Jahren ruhiger. Sie haben es im allgemeinen nicht gern, wenn man von dem in Japan vorhandenen geistigen Zwiespalt spricht. Oft behaupten sie, es sei ihnen einerlei und mache ihnen keine Mühe, in zwei Welten mit zwei Denkweisen zu leben. In englischer Sprache ist in diesem Zusammenhang vom »compartmentalism« der Japaner die Rede. Das soll bedeuten, daß ihr Geist in verschiedene Kammern unterteilt ist, die sie nach Belieben zu betreten vermögen. Der Ausdruck »compartmentalism« stimmt, wenn man dabei an den Nipponismus als Grundlage denkt. Aber die Auseinandersetzung, von der hier die Rede ist, stellt ja gerade den Nipponismus in Frage. Japaner, die sagen, es bereite ihnen keine Mühe, in zwei geistigen Welten zu leben, stehen entweder auf sehr hohem Niveau, wie der Philosoph Nishida, was selten ist, oder sie haben sich angepaßt, ohne sich sonderlich um weltanschauliche Fragen zu kümmern.

Der Psychologe Robert J. Lifton hat in einer Abhandlung über die japanische Jugend einige junge Japaner als Beispiele angeführt, mit denen er sich anfangs der sechziger Jahre beschäftigt hat[7]. Die frühen Jahre eines Japaners namens Kondo seien hier wiedergegeben, allerdings stark gekürzt. In Wirklichkeit war der Fall viel komplizierter und widerspruchsvoller. Natürlich kann man Kondo nicht einen typischen jungen Japaner (wenn es so etwas überhaupt gibt) nennen, aber seine Schwankungen waren bezeichnend.
In der Kriegszeit war Kondo ein patriotischer kleiner Junge, der an Japans heilige Sache und die göttliche Abstammung des Kaisers glaubte, seinen älteren Bruder, einen Kamikaze-Flieger, über alles verehrte und die Amerikaner haßte. Nach 1945 schwärmte er als Primarschüler für Demokratie und Freiheit, sang aber auch altjapanische Lieder, wußte viel über das Kabuki-Theater, über Blumensteckkunst und andere altjapanische Dinge. In der Oberschule zeichnete er sich bei der en vogue gekommenen Mitbestimmung der Schüler aus und griff die bestehende Gesellschaft mit marxistischen Argumenten an. Dann interessierte er sich, immer noch auf der Oberschule, in steigendem Maße für Amerika, war unzufrieden mit allem und litt an »einer Art Neurose«. Es gelang ihm dann, für ein Jahr in eine amerikanische high school aufgenommen zu werden. In den Vereinigten Staaten war er von der amerikanischen Lebensweise begeistert und trat zum Christentum über. Aus Amerika, das er ungern verließ, nach Japan zurückgekehrt, bedeutete man ihm, er sei seltsam, »rieche nach Butter« (japanischer Ausdruck zur Bezeichnung von westlichen Menschen), sei ungehobelt geworden und nehme keine Rücksicht auf andere Leute. Daraufhin entdeckte er seine japanische Seele wieder und paßte sich wieder völlig der japanischen Art an. Dann besuchte er die Universität, wo er Zengakuren-Student der extremen Richtung des »reinen Kommunismus« wurde. Als ihm aber im dritten Studienjahr vom Zengakuren eine führende Position angeboten wurde, lehnte er ab. Er war zur Einsicht gekommen, daß er für »das Leben eines Revolutionärs« nicht geeignet sei und meinte nun, das Beste für ihn sei ein konventionelles Leben mit wirtschaftlichem und gesellschaftlichem Erfolg. Er verließ den Zengakuren und wurde zum Säufer, Spieler und Liebhaber von Barmädchen. Da er aber intelligent war, wurde er von einem japanischen Großunternehmen angestellt. Er war ganz zufrieden, aus seinem Lotterleben herausgerissen zu werden und identifizierte sich schließlich, als guter

Japaner, völlig mit seiner Firma. Gleichzeitig verachtete er sich selbst und empfand den Kapitalismus als großes Übel. Verzweifelt spielte er mit dem Gedanken, einen japanischen oder amerikanischen Kapitalisten zu ermorden, Geld zu stehlen und ein lustiges Wanderleben in Amerika und Europa zu führen. Dabei fluchte er auf das enge und verblödende Leben eines japanischen Angestellten. Er versuchte, seine widersprüchlichen Empfindungen dadurch zu überwinden, daß er moderne Reformen für seine Firma plante und ausarbeitete. Zu diesem Zweck stürzte er sich auf amerikanische Schriften, die von den menschlichen Beziehungen in der Industrie handelten. Gleichzeitig interessierte er sich brennend für seine Beförderung und seine Laufbahn, wollte Abteilungsleiter, Direktor und schließlich Präsident eines Großunternehmens werden.
Hiermit verlassen wir – endlich! – Herrn Kondo in seinem 25. Lebensjahr. Robert J. Lifton bemerkt dazu, daß ein junger Amerikaner, der bis zu seinem 25. Lebensjahr derartiges durchgemacht hätte, daran zerbrochen wäre. In Japan gibt es viele Kondos, wenn auch nicht von so krasser Art, aber fast alle überwinden diese Phasen. Wenn es in dem Insellande nicht solche Reserven an Kraft und Vitalität gäbe, hätten sich die meisten Japaner längst verzweifelt das Leben genommen oder wären buchstäblich in einem ihrer vielen Trinklokale versoffen.
Lifton weist übrigens auf einen aufschlußreichen Umstand hin. Nachdem er berichtet hat, daß die jungen Japaner immer wieder versicherten, sie wollten »logisch, objektiv, wissenschaftlich und hart« sein, stelle man fest, daß das Nicht-Rationale und die ästhetische Reaktion immer wieder aus ihnen hervorbrächen. Die Japaner haben uns immer als »hart« empfunden, weil ihnen das Verstandesmäßige und für ihr Gefühl Kalte in uns westlichen Menschen am meisten auffällt. Im Jargon der Nachkriegsjugend wird statt »hart« gern das Wort »trocken« gebraucht. Im Gegensatz dazu steht »naß« für das Romantische, Gefühlsmäßige und Japanische. Die japanischen Studenten, so erklärt Lifton weiter, seien dem Zengakuren nicht deshalb beigetreten, weil sie ideologisch vom Marxismus überzeugt gewesen wären, sondern weil sie revolutionäre Helden als schön und charaktervoll empfinden. Sie hätten der »Reinheit und Lauterkeit« (altnipponistische Ideale!) der Zengakuren-Führer nachgestrebt. Wenn die Links-Studenten offen und gelöst sprächen, kämen hauptsächlich Worte vor wie Gefühl, Stimmung, Sinn, Emotion, Passion, Atmosphäre und intuitives Erfassen. Personen und Ereignisse würden mit den Adjektiven »hell« oder »dunkel« charakterisiert. Die japanische Jugend möchte also »logisch, objektiv, wissenschaftlich und hart« sein, doch gelingt ihr dies nicht recht. Sie wird von ihren »Gefühlen« bestimmt, was jedoch nur ein unzulänglicher und vager Ausdruck für das ganzheitliche Denken ist. (Bei Lifton heißt dies »nicht-rationale und ästhetische Reaktionen«.) Doch wollen wir hier, wie bereits gesagt, das ganzheitliche Denken nicht näher

erläutern. Nur soviel: Dieses Denken kennt keinen Unterschied zwischen Gefühl und Verstand. Es ist nicht verstandesgemäß, kann aber sehr vernünftig sein, wobei »Vernunft« hier nicht nur als zerebrales, intellektuelles Produkt aufgefaßt wird. Der junge Japaner Kondo trat, wie berichtet, nicht aus ideologischen Gründen aus dem Zengakuren aus, sondern weil er meinte, nicht das Zeug für einen Revolutionär zu haben. Das war gewiß der »Ideologie gegenüber abtrünnig«, aber kann man ohne weiteres sagen, daß es unvernünftig war?

Im ganzen haben die Studien Liftons, der sich sehr intensiv mit vielen jungen Japanern befaßt hat, einen optimistischen Unterton. Er stellt die beiden gleichen geistigen Hauptlager fest wie wir und meint, daß die Japaner eine Balance zwischen eigenem und fremden Denken finden werden. Er sagt aber nicht – und in diesem Punkte bin ich anderer Ansicht –, daß die Grundlage des japanischen Denkens ganzheitlich und nipponistisch bleiben wird.

Es gibt ziemlich viele Betrachtungen über die Veränderungen der japanischen Weltauffassung und Denkweise. Ich habe hier Lifton angeführt, weil er konkrete Beispiele anführt. Die Meinungen der westlichen Autoren gehen auseinander. Manche sehen das Heil Japans darin, daß es den christlichen Glauben annimmt, manche darin, daß es unsere Philosophie und Denkweise übernimmt, andere darin, daß es beides tut, was insofern konsequent wäre, als christlicher Glaube und abendländischer Geist unabdingbar zusammengehören und auseinander hervorgegangen sind. Vielleicht bilden diejenigen, die dies, ebenso wie ich, für unmöglich und auch für Japan gefährlich halten, eine Minderheit. Bei uns im Westen beginnen sich ganzheitliche Denktendenzen zu entwickeln, um das naturwissenschaftlich-technische Denken zu überwinden. In Ostasien gibt es Völker, die dieser Denkweise nicht verfallen waren und uns daher in gewisser Weise als Vorbilder dienen können, wenn auch eben nur in gewisser Weise, denn wir können und sollen nicht nachahmen, sondern uns nur anregen lassen. Ebenso können die Japaner sich von uns anregen lassen, sollen uns aber nicht nachahmen. Stellen wir uns einmal vor, wir Abendländer würden unsere religiösen und geistigen Traditionen gänzlich aufgeben. Übrig bliebe eine geistige Wüste, die von Indern, Japanern, Chinesen oder wem auch immer neu bebaut würde. Buddhistische, hinduistische und andere fremde Missionare würden den Ton angeben. Unsere Kirchen und Klöster wären nur noch Touristenattraktionen, in denen ein paar übriggebliebene melancholische Priester als Bärenführer dienen. Es wäre unser Untergang, weil wir nur mehr ein Anhängsel irgendeiner anderen Kultur wären. Was wir uns selbst nicht wünschen, sollen wir das den Japanern wünschen? Wenn die Japaner ihre alte Denkweise ganz aufgeben, dann fallen auch ihre religiösen und weltanschaulichen Vorstellungen, die Grundlagen ihrer bisherigen Existenz, in sich zusammen. Das wäre der Selbstmord Japans.

Wie ist es zu erklären, daß der Wille, sich westliche Denkmethoden anzueignen, der ja schon seit dem 19. Jahrhundert vorhanden ist, nach dem Kriege einen neuen, starken Auftrieb bekam? Ganz einfach: Es war eine Folge der Niederlage. Die Japaner, die so stolz verkündet hatten, daß sie auf Grund der moralischen Überlegenheit des japanischen Geistes die Amerikaner besiegen würden, erkannten, daß der sogenannte Samurai-Geist allein nicht genügt hatte, sondern daß man technisch und wissenschaftlich auf der Höhe sein mußte. Vor dem Kriege hatten gut informierte und weitblickende Japaner vergeblich gewarnt, daß das Inselreich einen Kampf mit der Industriemacht Amerika nicht aufnehmen könne. Nun aber wurde allgemein zugegeben, daß Japan im Vergleich mit den Vereinigten Staaten technisch noch rückständig war. Also machten sich die Japaner so rasch wie möglich an die Arbeit. Japan sollte nicht nur die Nachkriegs-Armut überwinden, sondern auch ein führender moderner Industrie-Staat werden. Dazu brauchte man auch die westliche Denkweise. Außerdem hatten die Amerikaner mit ihr gesiegt. Es mußte doch wohl mehr am westlichen Geist sein, als die Militärs mit ihrer Siegespropaganda dem Volke vorgemacht hatten. Das war aber noch nicht alles. Die Amerikaner wollten Japan demokratisieren. Mit dem politischen System der Demokratie hatten die Amerikaner gesiegt. Also mußte auch daran etwas sein. Das japanische Volk hat, alles in allem, die demokratischen Anordnungen der Sieger gern befolgt. Da das eigene System versagt hatte, mußte man das andere ausprobieren. Es war zwar ein bestürzender Umschwung, aber auch auf diesem Gebiet machte sich das Inselvolk tapfer und entschlossen auf den Weg.

Wer erstaunt darüber ist, daß die Japaner in den letzten rund hundert Jahren und vor allem nach dem Zweiten Weltkriege auf industriellem und technischem Gebiet so erfolgreich waren, darf nicht in den Fehler verfallen, anzunehmen, dies alles sei »plötzlich« geschehen. Wir haben selbst gesagt, manches habe sich so rasch geändert, daß man beinahe meinen könnte, es habe eine Mutation stattgefunden. Jedoch bei näherer Betrachtung sieht man, daß manche Wurzeln längst vorhanden waren. Wir werden sehen, daß sich nicht die Fähigkeiten und das Können gewandelt haben, sondern die Einstellung, das heißt die Denkweise. Wenn überhaupt irgend etwas mehr oder weniger plötzlich geschehen ist, dann geschah es auf diesem Gebiet. Die Japaner begriffen, angeregt vom Westen, daß sie ihre Begabungen und Fähigkeiten ganz anders einzusetzen und zu verwerten vermochten, als sie es früher getan hatten.
Dies sei an einigen historischen Beispielen deutlich gemacht. Die Japaner lernten schon früh, logisch zu denken, haben aber den Sinn dieser Denkweise und ihre Anwendungsmöglichkeiten nicht begriffen. Die Logik ist mit dem Buddhismus aus China nach Japan gekommen, nicht aber in der

reinen indischen Form. Im folgenden halte ich mich an den früher erwähnten Hajime Nakamura[8]. Dieser sagt: »In Japan wurde die Logik von einem (buddhistischen) Meister nur einem einzigen Schüler beigebracht. Es war verboten, sie anderen zu lehren.« Und weiter: »In Japan wurde die Logik als eine im Geheimen überlieferte *katechistische* Technik angesehen, die nicht weiter verbreitet werden durfte. Dies hat verhindert, daß die Logik zu einer universalen Wissenschaft wurde.« Wir erfahren durch Nakamura ferner, daß die Logik ausschließlich zur Auslegung der buddhistischen Schriften benutzt wurde. Sie hatte also rein exegetischen Charakter und diente nicht der Forschung und kritischen Untersuchung. Es ist auch bezeichnend, daß früher in Japan nie ein Buch über die Logik geschrieben worden ist. Diese Denkweise sei in Japan, wieder laut Nakamura, in erster Linie als Technik der Ausdrucksweise bei den Fragen und Antworten auf buddhistischen Zusammenkünften verwendet worden. Dabei habe ein extremer Formalismus geherrscht. Die Logik ist in Japan also »ritualisiert« worden. Ihren wahren Wert haben die Japaner demnach vor dem Zusammentreffen mit dem Westen nicht erfaßt.

Aufschlußreich ist ferner die Geschichte der Mathematik in Japan. Auf diesem Gebiet kamen wichtige Anregungen ebenfalls vor über 1000 Jahren aus China. Ein Interesse für Mathematik bestand aber nur insofern, als sie praktisch angewendet werden konnte (Landverteilung, Steuererhebungen u. a.). Bis in das 17. Jahrhundert hinein wurden in Japan keine weiteren Fortschritte gemacht. Danach wurde die Entwicklung wiederum von China und auch schon von Europa beeinflußt. Im Jahre 1622 erschien das erste japanische Buch über Mathematik. Wir entnehmen diese und die folgenden Angaben dem Werke von Tuge Hideomi über die Geschichte der Naturwissenschaft und Technik in Japan[9]. Im 17. Jahrhundert lebten einige bedeutende japanische Mathematiker, denen Pythagoras und auch Pascal bereits bekannt waren. Der führende Mathematiker war damals Seki Takakazu, der die als Bernoullisches Gesetz bekannte Formel selbständig fand und 1712, also ein Jahr früher als Bernoulli, veröffentlichte. Im ganzen aber waren die Japaner nach wie vor auf das rein Praktische ausgerichtet, was nunmehr mit dem wirtschaftlichen Aufschwung in der Tokugawa-Periode im Zusammenhang stand. Der Sinn der Mathematik als solche wurde, ebenso wie die Logik, nicht begriffen. Der Nachteil oder, wenn man will, die Sterilität dieser Einstellung zeigte sich bald. Ein im Jahre 1781 erschienenes Buch über die Mathematik enthält drei Abschnitte: 1. Mathematik, die für das tägliche Leben notwendig ist, 2. grundlegende Mathematik, die für das tägliche Leben nicht direkt nützlich ist, 3. Mathematik, die mit ungewöhnlichen Problemen zu tun hat, deren Lösung auf der Freude daran beruht. Tuge Hideomi schreibt dazu: »Die Mathematik von der letzten Art ist eine besondere Eigenart der japanischen Schule der Mathematik. Von manchen Leuten wurden Tafeln mit schwierigen Problemen und deren Lösungen öffentlich in Tempeln und Shinto-Schreinen aufgehängt, um sich damit zu brüsten. Dieses Buch war als Lehrbuch weitverbreitet. Der Autor, der sich vor allem mit der Mathematik der dritten Sorte befaßte, hatte viele Schüler. Hierin spiegelt sich die ungesunde Tendenz der Mathematik ...«

Es gab einzelne Mathematiker, die sich gegen diese Tendenz wehrten, aber sie drangen damals noch nicht durch. Anfang des 19. Jahrhunderts wurde die euklidische Geometrie (durch ein chinesisches Werk) in Japan bekannt. Dazu meint Tuge Hideomi: »Die japanischen Mathematiker jener Zeit besaßen jedoch kein Interesse für die Beweisführung einer präzisen Logik, wie diese Geometrie sie zeigt, weil sie sich der Lösung schwieriger Fragen durch Intuition widmeten. Daher kam es, daß diese Mathematik hauptsächlich als Zeitvertreib und Liebhaberei aufgefaßt wurde ...« Das Niveau der japanischen Mathematik wäre, so meint Tuge, an und für sich nicht niedrig gewesen, aber sie habe sich nicht zu einer Wissenschaft, zu einem logisch-präzisen System entwickelt wie die höhere Mathematik in Europa.

Die japanischen Mathematiker, die ja, wenn auch als Spielerei, in der Lösung kniffliger Aufgaben geübt waren, haben sich in der zweiten Hälfte des 19. Jahrhunderts ohne allzu große Mühe auf die westliche Mathematik umgestellt. Diese Umstellung wurde als eine der Hauptaufgaben empfunden. Fukuzawa Yukichi, der berühmte Erneuerer, von dem schon die Rede war (vergl. S. 23), meinte, Japan brauche vor allem zwei Dinge, nämlich Mathematik und unabhängigen Geist[10]. Daher ist es kaum zu verwundern, daß die erste westlich-wissenschaftliche Gesellschaft, die in Japan gegründet wurde, im Jahre 1877 die »Tokyo Mathematische Gesellschaft« war.

Die Logik und die Mathematik müssen hier als Beispiele genügen. Ähnlich ging es in früherer Zeit aber auch auf andern Wissensgebieten zu. Der Physiker Hiraga Gennai (1728–1779) etwa machte moderne Erfindungen auf verschiedenen Gebieten, hatte aber wenig Erfolg damit, weil die Zeit dafür noch nicht reif war. So gab es in Japan noch keine Verwendung für den elektrischen Generator, den er mit Hilfe von Teilen eines holländischen Generators in siebenjähriger Arbeit hergestellt hatte. Er mußte ihn als »Instrument zur Heilung von Krankheiten« verkaufen.

Es zeigt sich also, daß die Japaner Fähigkeiten und Kenntnisse, die ihre heutigen Leistungen ermöglichten, zumindesten in den Ansätzen, schon längst besessen haben. Sie verharrten aber in ihrer ganzheitlichen Denkweise, welche die volle Auswirkung dieser Fähigkeiten hemmte. Die Notwendigkeit, eine neue, nämlich die westliche, Denkmethode anzuwenden, trat erst im vorigen Jahrhundert ein, als die Japaner ihre Abgeschiedenheit aufgaben und sich an dem internationalen Wettbewerb der Nationen beteiligten. Ebenso wie das Inselvolk eigene demokratische Traditionen besitzt, ebenso wie die japanische Frau in alter Zeit eine freiere Stellung innehatte, besitzt es also auch in den Wissenschaften gewisse eigene Überlieferungen.

Auch unsere Einstellung und unsere Denkweise sind, wie erwähnt, Veränderungen unterworfen. Der rational-logischen Denkweise, die auch, bisher wenigstens, als naturwissenschaftliche bezeichnet wurde und die bei uns seit ungefähr 200 Jahren vorherrscht, wird wegen ihrer Begrenztheit mit zunehmender Skepsis begegnet. Manchmal wird sogar bezweifelt, ob Naturwissenschaft und Technik, nachdem sie die jetzige Entwicklungsstufe erreicht haben, auf die Dauer mit dem sogenannten naturwissenschaftlichen Denken, durch das sie hervorgebracht wurden, auskommen werden. Der Verdacht erhebt sich, ob nicht die auf den ersten Blick kompliziertere, jedenfalls aber umfassendere und besser kombinierende Denkweise der Ostasiaten in der allermodernsten Naturwissenschaft eine besondere Chance haben könnte, vorausgesetzt natürlich, daß das sogenannte naturwissenschaftliche Denken außerdem beherrscht wird. Die Ostasiaten, insbesondere wohl die heute am weitesten fortgeschrittenen Japaner, haben schon allein auf Grund der Unbefangenheit, ja manchmal fast Naivität, mit der sie an die modernen Probleme herangehen, eine bessere Chance. Sie sind weltanschaulich unbelasteter als wir. Denn sie machen auf Grund ihrer angestammten Denkungsart keinen Unterschied zwischen Geist und Materie, zwischen organisch und anorganisch, Immanenz und Transzendenz. Viele Probleme, die in der heutigen Naturwissenschaft auftauchen, sind für sie daher eigentlich keine Probleme. Sie sehen, ebenso wie im menschlichen Leben, vor allem die Funktionen, die für sie, wie wir schon früher andeuteten, die Wirklichkeit darstellen. Sie vermögen ohne Kopfzerbrechen und unbefangen mit ihnen umzugehen.
Im täglichen Leben zeigt sich diese Unbefangenheit der Japaner in ihrem Umgang mit Maschinen und technischen Apparaten jeglicher Art. Darauf hat, soweit mir bekannt ist, Dietrich Krusche zum erstenmal, wenn auch nur sehr kurz, hingewiesen[11]. Er meint, daß es »in der japanischen Literatur keine Dämonisierung oder gar Verteufelung der Maschine gibt[12], und daß in den heute im Gebrauch befindlichen Schulbüchern der Elementarschule über Supermaschinen wie Roboter, Raketen und Mondlandefähren ebenso eingehend und betulich informiert wird wie über Reisfelder, Bäume und Blumen«. Krusche meint, die Unbefangenheit der Japaner gegenüber der Maschine hinge, ebenso wie wir es weiter oben annahmen, damit zusammen, daß die japanische Religions- und Geistesgeschichte einen Gegensatz zwischen Geist und Materie nicht kenne und auch den Gegensatz zwischen beseelter und unbeseelter Natur keine besondere Bedeutung beimesse. Daher fiele es dem Japaner »offenbar viel leichter, in der Maschine ein Stück Natur zu sehen«.

Mit dem letzten Satz wird, wie ich glaube, ein richtiger Hinweis gegeben, aber die Formulierung ist nicht befriedigend. Ich würde nicht sagen, daß die Maschine für den Japaner »ein Stück Natur« ist, sondern daß sie für ihn etwas Natürliches ist. Die Maschine ist im Gegensatz zur Natur etwas »Gemachtes«, ein nützliches Werkzeug des Menschen. Und warum soll ein Roboter, den ich selbst gebaut habe, unheimlich sein? Außerdem haben die Japaner vor der Natur Ehrfurcht, nicht aber vor der Maschine.
Daß, wie Krusche sagt, die Technik für die Japaner nichts Dämonisches habe, ist sicherlich richtig. Ich habe das schon immer empfunden. Früher dachte ich, es hinge damit zusammen, daß die Japaner die moderne Technik nicht selbst hervorgebracht haben – sie entspringt unserem Schweiß, nicht dem ihren. Die Japaner haben sie von uns als eine Art verbessertes Handwerkszeug übernommen. Dabei gab es für sie weder etwas zum Staunen noch zum Fürchten. Es erinnert mich an einen Mandarin, der vor vielen Jahren unweit Peking seinen Pächter auf ein tief fliegendes Flugzeug aufmerksam machte. Der Bauer hob kaum den Kopf und meinte: »Wenn diese Maschine zum Fliegen gemacht ist, warum soll sie dann nicht fliegen?[13]« Ähnlich reagierten die Japaner auf die ersten Gewehre, Kanonen und Dampfschiffe, die sie zu sehen bekamen. Sie fragten nur »Wie macht man das?«, und flugs waren sie imstande, selbst solche Dinge herzustellen. Sie besaßen ganz unbefangene Neugier und Lerneifer.
Was Krusche über die japanischen Schulbücher schreibt, deckt sich vollkommen mit dem, was wir bereits über die japanischen Schüleraufsätze und über Expo-Erlebnisse berichteten (vergl. S. 71).
Letzten Endes, so nehme ich an, werden die Japaner auf Grund ihrer ganzheitlichen Denkweise davor bewahrt, in der Technik etwas Dämonisches und Teuflisches zu sehen. Da sie ihre Denkart als übergreifend und umfassend empfinden, kann für sie das rational-kausale Denken nur auf einem Teilgebiet gültig sein. Infolgedessen sind auch Naturwissenschaft und Technik, die Produkte dieses Denkens, nur ein Teilgebiet im menschlichen Leben. Das Ganze ist das Wichtige und muß gesund bleiben, das Teilgebiet kann nur in seinem Rahmen bestehen. Wenn das Ganze krank ist, kann auch das Teilgebiet nicht gedeihen. Dieses, also die Technik, ist nicht selbständig, hat keine eigene Kraft und kann daher auch nicht dämonisch sein. Sie wird von den Menschen gemeistert.
Diese Anschauung könnte für die Japaner Vorteile haben. Man mag einwenden, daß sie es ja jetzt selbst mit den »Teufeleien« der Technik in Form einer grauenhaften Umweltverschmutzung und Umweltzerstörung zu tun haben und daß die Schulbücher, die die Technik verniedlichen, jetzt nicht mehr ohne weiteres akzeptiert werden. Nur ein Beispiel: Im März 1972 weigerten sich Volksschüler in Yokkaichi (Südwestjapan), entgegen der bisherigen Gepflogenheit, das Lied ihrer Schule zu singen, weil die Schlußverse lauten »Hochaufragende Fabriken, die Lichter der Hoffnung,

die Hoffnung Japans«. In der Nähe dieser Stadt stehen nämlich die »hochaufragenden Fabriken« eines großen petro-chemischen Konzerns, die eine arge Umweltverseuchung verursachen.
Gewiß, die Japaner haben die Schattenseiten der technischen Entwicklung und der Industrialisierung erfahren, aber das braucht nicht zu bedeuten, daß sie etwas »Dämonisches« darin sehen. Sie selbst und nicht die »verteufelten Maschinen« haben es angerichtet, und nun sind sie gewillt, die Entwicklung zu bremsen, zu kontrollieren und zu leiten. Sie sind nicht antitechnisch eingestellt, statt dessen hoffen sie technische Mängel mit Hilfe technischer Verbesserungen zu überwinden. Ist diese Auffassung zu optimistisch für Japan? Vor zehn Jahren glaubte noch kaum jemand an das japanische Wirtschaftswunder. Aber eines Tages (im März 1969) stellte sich heraus, daß sich Japan nach den Vereinigten Staaten und der Sowjetunion zur drittstärksten Industrienation emporgearbeitet hatte. Jetzt heißt es, die Japaner seien »ökonomische Tiere« und würden es bleiben, die japanischen Großunternehmer seien nicht gewillt, die finanziellen Mittel für die Bekämpfung der Umweltschäden aufzubringen, und überhaupt seien Unsummen, die kaum vorhanden wären, notwendig, um die jetzige in gewissem Sinne katastrophale Situation in Japan zu verändern und zu verbessern. Die japanischen Inseln seien außerdem zu klein und zu eng, um eine dermaßen intensive Industrialisierung ohne gefährliche Zerstörung des ökologischen Gleichgewichtes aufrechtzuerhalten. Doch darf man den japanischen Ehrgeiz, der die Welt seit hundert Jahren immer wieder in Staunen versetzt hat, nicht unterschätzen. Er ist heute nicht mehr allein auf das wirtschaftliche Wachstum gerichtet, sondern auf die Konsolidierung und Sicherung des Erreichten. Die Parolen vom Musterland und Wohlfahrtsstaat sind, zumindest als Leitsätze, ernst zu nehmen. Den japanischen Großunternehmern ist bisher noch nie nachgesagt worden, daß sie sich bloß zu bereichern wünschten und nicht an das Gesamtinteresse ihres Landes dächten. Übrigens sind die japanischen Wirtschaftsführer gar keine »Kapitalisten« im wahren Sinne des Wortes, sondern Manager. Im Jahre 1962 wurde in einer Untersuchung festgestellt, daß von den 1500 Leitern der größten japanischen Industrieunternehmen nur 90, also 6 Prozent, ihre Position dem Umstand verdankten, daß sie Eigentümer ihrer Betriebe waren. Alle andern waren Manager[14]. Über die Uneigennützigkeit der japanischen Wirtschaftsführer kann man in jedem Wirtschaftsbuch über Japan nachlesen. Sie sind in erster Linie Nipponisten wie alle Japaner. Und die neuen Nipponisten haben bewiesen, daß es ihnen nicht an Entschlossenheit, Willenskraft und Vitalität mangelt. Sie haben ihr erstes Ziel, Japan zu einer der allermächtigsten Industrienationen zu machen, erreicht. Deshalb kann man wohl mit einiger Gewißheit annehmen, daß sie, ebenso wie die Regierung und das Volk, auch das neue Ziel entschlossen anstreben werden.

IX Naturliebe und Großstadtleben

Nachdenklich stand Pater Roggendorf[1] am Fenster seines im sechsten Stock gelegenen Büros. Er blickte über das unordentliche Häusermeer Tokyos und sagte seufzend in leicht skeptischem Ton: »Kann ein naturliebendes Volk wie die Japaner auf die Dauer in solchen Großstädten gedeihen?« Das ist, so glaube ich, in der Tat eine sehr wesentliche Frage. Diesem Thema sind, soweit ich feststellen konnte, noch keine eingehenden Studien gewidmet worden, es wird höchstens sporadisch und kurz in anderm Zusammenhang erörtert. Ja, selbst Arbeiten über das japanische Naturgefühl sind rar, gewöhnlich wird darüber nur im Zusammenhang mit der japanischen Kunst und Dichtung geschrieben. Ich kenne nur eine einzige Studie über das japanische Naturgefühl, die Hans Schwalbe im Jahre 1943 verfaßt hat[2]. Jedenfalls wird in diesem Kapitel, das von der Naturliebe der Japaner und der Industriegesellschaft handelt, zum Teil Neuland beschritten.

Die Japaner galten schon immer als ein naturliebendes Volk. Viele westliche Reisende haben erklärt, daß Japan ihnen ein vertieftes und erweitertes Gefühl für die Natur vermittelt habe. Das liegt natürlich nicht nur daran, daß Landschaft und Natur des Inselreiches, sowie man aus den Ballungszentren heraus ist, wunderschön sind. Es liegt vor allem an der andersartigen, uns bisher weitgehend unbekannten Einstellung der Japaner gegenüber der Natur. Wir lernten in Japan eine neue Betrachtungs- und Erlebnisweise kennen, so daß wir das Gefühl der Bereicherung hatten. Auf ähnliche Weise haben uns etwa der Zen-Buddhismus oder die japanische Malerei die Augen für noch wenig beachtete Dinge geöffnet.

Das japanische Naturgefühl hat sich, wie alles in Japan, im Laufe der Jahrhunderte gewandelt. Geblieben ist, allgemein gesprochen, aus früher Zeit das Gefühl der Identität mit der Natur. Dieses Identitätsgefühl ist etwas anderes als unsere Naturliebe, die man, jedenfalls in neuerer Zeit, eher als Sehnsucht nach der Natur bezeichnen kann. Die westliche Auffassung setzt die Dualität »Mensch und Natur« voraus, die in Japan nicht in dieser Weise besteht. Auch unser Naturgefühl hat sich fortlaufend verändert – es ist geradezu banal, darauf hinzuweisen. Denken wir nur an die jüngste Zeit. Früher wurden die Lieblichkeit einer Landschaft, die Blumen und das muntere, klare Bächlein gerühmt. Wer wagt denn heute noch das Wort »lieblich« in den Mund zu nehmen? Wir wollen gewaltigere Dinge: Gebirge, Skihalden, das Meer und schließlich die Mondlandschaft. Doch geblieben ist bei uns eben, wie ich glaube, die Sehnsucht nach der Natur und im Gegensatz dazu in Japan das Gefühl der Identität mit ihr.

Die Frage ist, wie sich das japanische Naturgefühl in letzter Zeit geändert haben könnte? In gewisser Weise – wenn auch später – ähnlich wie bei uns: vom Kleinen zum Großen, vom Nahen zum Fernen. Auch die Japaner haben in den letzten Jahrzehnten, vor allem nach dem Kriege, das Gebirge und das Meer entdeckt, was Folgen für ihr Verhältnis zur Natur haben muß.

Zum besseren Verständnis sei zunächst versucht, das Naturempfinden der Japaner, wie es bisher war und als andersartig bezeichnet wurde, einigermaßen zu erklären. Der Japaner sieht, hört, spürt und riecht die Natur nicht nur, sondern er vermag sich in sie hineinzuleben. Er kann sich als Grashalm oder als Blume empfinden, er kann beim Anblick vorbeiziehender Wolken, im Anhauch des Windes oder beim Lauschen auf den Wellenschlag augenblicklich den Sinn des Lebens erfassen. Dies ist seine Identität mit der Natur, die in der Kunst so eindringlich zum Ausdruck kommt.

Wenn das die Grundlage des japanischen Naturgefühls ist, so kommt hinzu die Bevorzugung des Kleinen und die Abwendung vom Großen (vergl. S. 33). Historisch ist das ohne weiteres zu erklären. Das Inselvolk lebte einst entweder in den meist schmalen Küstengebieten mit dem furchterregenden Meer vor sich und den ebenso furchterregenden Bergen hinter sich, oder es siedelte in den kleinen Tälern des Inlandes, die ebenfalls von Bergen umgeben waren. So war der Blick auf die nächste Natur und auf die nahen landschaftlichen Schönheiten gerichtet. Charakteristisch dafür ist die japanische Gartenbaukunst, die heute geradezu weltberühmt ist.

Hiermit hängt es zusammen, daß die Japaner keinen Sinn für den Wald besitzen. Das ist eine der Erklärungen dafür, warum die japanischen Großstädte so überaus arm an Bäumen und öffentlichen Parks sind. Noch während meiner Jugend in Japan hörte ich selten das japanische Wort für »Wald«, die Japaner sprachen immer nur von »Berg«. Denn die Wälder Japans ziehen sich steile Berge empor und in Schluchten hinein und sind heute noch weitgehend unzugänglich. Es leben dort immer noch Affen, Bären, Wildschweine und viele andere Tiere. Nicht weniger als 69 Prozent der japanischen Inseln sind mit Wäldern, besser Bergwäldern bedeckt. Ich bin selbst in den Bergen Japans gewandert und muß sagen, daß man es manchmal mit der Angst bekommt. Es ist überhaupt unmöglich, wenn man sich nicht vorzüglich auf das Kartenlesen versteht. Oft ist es unheimlicher als in unseren heimischen Alpen, wo man wenigstens etwas sieht. Denn die meisten japanischen Berge sind, mit Ausnahme der höchsten, völlig mit Wald bedeckt, so daß man sich schlecht orientieren kann. Wegen der Unzugänglichkeit der japanischen Berge sind heute noch 80 Prozent des japanischen Waldes Naturwald, also eigentlich Urwald. Für die Inselbewohner bedeutet »Wald« daher vor allem unheimliches, wenig erforschtes Berggebiet. Deshalb sagen sie »Berg« anstelle von »Wald«. Und in den Bergen wohnen böse und gefährliche Dämonen und Wesen, zum Beispiel die »Bergalte«, die kleine Kinder raubt.

Aus all diesen Gründen haben die Japaner bisher den Wald nicht geliebt. Wenn sie schon früh eine Forstverwaltung besaßen, dann ausschließlich aus Nützlichkeitserwägungen. Der Baumbestand wurde nur in begrenzten, zugänglichen Gebieten gepflegt, weil die betreffenden Hölzer für den Hausbau, den Schiffsbau und die Errichtung von Heiligtümern benötigt wurden.
Dagegen lieben und pflegen die Japaner einzelne Bäume. Manche haben sie früher auch verehrt. Der japanische Kulturkritiker und Publizist Nyozekan Hasegawa[3] hat geschrieben, der Satz »er sieht den Wald vor lauter Bäumen nicht« gelte in Japan wortwörtlich. Hasegawa hat scharf kritisiert, daß die Japaner immer nur das Kleine und nie das Große sehen. Er weist darauf hin, daß seine Landsleute Zwergbäume lieben und winzige Landschaften auf einem Tablett darstellen. Ihre Neigung, in einem einzigen Garten mehrere hübsche kleine Naturszenen anzulegen, beweise ebenfalls, daß sie keinen Sinn für große Panoramen hätten. Tatsächlich sind die japanischen Ausblicke, sofern sie von einem Garten aus künstlich geschaffen werden, immer begrenzt, wenn nicht durch eine Hecke, dann durch eine nahe Hügelkette. Übrigens besaß die japanische Gartenbaukunst vor rund 1000 Jahren noch nicht so ausgesprochen diesen Hang zum Kleinen und Begrenzten. Wenn die Japaner heute immer mehr Verständnis für weite Parkanlagen aufbringen, so können sie dabei in gewisser Weise auf eigene alte Vorbilder zurückblicken.
Außerdem beruht das japanische Naturgefühl vollkommen auf der Stimmung des Betrachters. Auf der ganzen Welt sind die Menschen beim Anblick des Sonnenunterganges oder einer schönen Rose auch von ihrer eigenen Stimmung abhängig, aber in Japan ist das immer und ganz ausgesprochen der Fall. Die Japaner sind im allgemeinen, wie schon früher in anderem Zusammenhang angedeutet, milder Stimmung. Oft auch sind sie, wenn sie Muße haben, versonnen. Sie lieben den nebligen Dunst über der Landschaft, das leicht regnerische, das verschleierte Wetter und die Dämmerung. Dies hängt wohl auch mit ihrer Denkweise zusammen, die alles Harte, Krasse und allzu Deutliche scheut. Sie scheut es, weil es für sie nie die ganze Wahrheit ist. Wenn die Japaner aber auf Grund ihrer Denkweise zu einem eindeutigen und klaren Resultat kommen, dann sind sie davon vollkommen überzeugt und ergriffen. Das ist selten. Ebenso selten ist es, daß sie am Gegenteil des neblig-verschleierten, nämlich am ganz klaren wolkenlosen Sonnenwetter Freude haben. Denn solches Wetter gibt es im dunstigen Japan gar nicht so oft, am ehesten noch im Winter. Dann ist es überwältigend. Obwohl ich mehr als 30 Jahre in Japan lebte, habe ich es nur ein einziges Mal richtig erlebt. Es war nach einem Taifun an der Sagami-Bucht, wo ich mehrere Jahre ein Wochenendhäuschen hatte. Die Nacht war mit ihren tobenden Taifun-Winden und Regengüssen schrecklich gewesen. Morgens um sieben Uhr, als es ganz still ge-

worden war, machte ich mich auf, um die Sturmschäden zu betrachten. Sonnenschein, wolkenloser Himmel. Ich wunderte mich, daß ich kaum einen Menschen traf. Und dann sah ich sie am Strand, zahllose Fischer und andere Dorfbewohner mit ihren Frauen und Kindern. Sie alle blickten schweigend über das Meer. Da sah ich es selbst – die weitentfernte, gegenüberliegende Küste der Sagami-Bucht, Berge, Häuser und Bäume wie mit einem Bleistift haarscharf gezeichnet. Das jenseitige Ufer hatte ich noch nie gesehen, und die meisten unter den Japanern, besonders die jüngeren, wahrscheinlich auch noch nicht. Ich empfand es als ein Wunder und staunte. Die Erklärung dieses Phänomens ist einfach. Der Taifun hatte alle Feuchtigkeit, jeden Dunst hinweggefegt, so daß die Luft vollkommen rein, klar und durchsichtig war. Schon um neun Uhr war das Wunder vorbei. Man sah nichts mehr von der gegenüberliegenden Küste. Das fast immer leicht dunstige Japan war wieder da. In seinem solchen Fall, wie es diese seltene Klarheit nach dem Taifun war, sind die Japaner von ihren Empfindungen überwältigt, ebenso wie sie sonst das Verschleierte genießen. »Immer aber«, sagt Hans Schwalbe, »will das Gefühl angesprochen sein.«

Die Aufmerksamkeit der Japaner ist, wie gesagt, im allgemeinen auf das Kleine gerichtet. Das ist jedenfalls die hervorstechende Tendenz, welche die Naturbetrachtung der Japaner von derjenigen anderer Völker unterscheidet. Sie vermögen bei der Betrachtung eines kleinen Blütenzweiges die Identität alles Seienden zu empfinden. Dabei betrachtet der Japaner aber eigentlich nicht »eine« Blume, sondern »die« Blume, besser vielleicht: das Wesen der Blume. Das ist ein geistiger Prozeß. Er will dabei die Einheit erleben, die er als ganzheitlich denkender Mensch empfindet. Die Blume oder Pflanze ist für ihn nicht einfach »schön«, ebensowenig wie japanische Kunstgegenstände nur »schön« sind. Es handelt sich nicht ausschließlich um Ästhetik, sondern vor allem um Weltanschauung. Manchmal tritt auch auf Grund des chinesischen Einflusses ein ethisches Element hinzu. Aber das Urjapanische steht eigentlich jenseits der Ethik.

Um die hohe Bedeutung des Kleinen in der japanischen Auffassung zu veranschaulichen, sei hier eine historische Episode berichtet, die zwar ein krasser und übertriebener Fall gewesen sein mag, jedoch um so deutlicher aufzeigt, auf was es ankommt. Bei dem berühmten Teemeister Rikyu, der im 16. Jahrhundert lebte, sagte sich eines Morgens ein hoher Gast an, um die Schönheit seines Gartens zu bewundern, in dem die Winde gerade in voller Blüte stand[4]. Rikyu aber nahm einen einzigen Zweig mit einer einzigen Blüte, umgeben von ein paar Blättern, auf denen noch Tautropfen perlten. Diesen Zweig stellte er in einer Bronzevase ins Tokonoma (Bildnische im Zimmer). Im Garten aber vernichtete er alle die Hunderte von Blüten und Zweigen mit Stumpf und Stiel und streute Sand und Kies, um damit, als wirksamen Kontrast, die Stimmung einer Meeresküste anzudeuten. Der hohe Gast sollte sich auf die eine einzige Windenblüte konzentrieren. Diese Geschichte zeigt deutlich, wie wir auch weiterhin sehen werden, daß das japanische Naturgefühl auch etwas mit der Vergewaltigung der Natur zu tun hat.

Ein weiteres Beispiel soll zeigen, daß die Japaner bei uns die Vergeistigung der Dinge vermissen, weil sie von anderer Art ist als bei ihnen. Besonders bei den ersten Begegnungen mit dem Westen waren die Japaner verblüfft. Es handelt sich bei dem hier angeführten Beispiel zwar um Gemälde, aber die Reaktion wäre, wenn es sich um etwa einen europäischen Garten gehandelt hätte, ganz ähnlich gewesen. Ein Mitglied der ersten japanischen Delegation in London im Jahre 1862 berichtete über den Besuch einer Gemäldegalerie: »Hier hingen Tausende von gerahmten Bildern mit Landschaften, Menschen, Engeln, Vögeln, Tieren, Früchten, Bäumen, Gemüsen. Alles sehr genau gezeichnet und sicherlich bewundernswert – man muß es in der Tat wunderbar nennen. Aber im Malen bewundern die Barbaren nur dasjenige, was die Dinge so darstellt, wie sie wirklich sind, und erkennen nur das an, was die entsprechende materielle Form hat. Ach! Das ist sehr schade. Sie verstehen nichts von der Stimme des Geistes und den Manifestationen der Götter[5].«

Man mag sich fragen, warum ich hier über die Vorliebe der Japaner für kleine Dinge und über die Vergeistigung der Naturbetrachtung berichte. Deshalb sei vorweggenommen: Es könnte sein – doch man müßte es genauer untersuchen –, daß die Japaner es in den Beton-Dschungeln eher aushalten als wir, solange sie nur einen daumenbreiten Garten und einen Zweig mit Pflaumenblüten in einer Vase betrachten können.

Dem japanischen Naturgefühl steht die Vergewaltigung der Natur nicht entgegen. Da man vor allem das Wesen der Natur betrachten und erleben will, bemüht man sich, »die« Blume und »den« Baum zu züchten oder in einem winzigen Garten eine ganze Landschaft darzustellen. Zu diesem Zweck müssen Bäume und Pflanzen verkrüppelt werden. Manchmal hat man geradezu das Gefühl, daß in Japan der Mensch die Natur zu »berichtigen« versucht. In der Kunst ist es genauso, der charakteristische Typ, nicht die individuelle Erscheinung soll dargestellt werden. Bekannt sind die japanischen Zwergbäume. Sie werden mit mancherlei Methoden und Kunstgriffen am Wachstum gehindert. Deshalb sind Stämme und Zweige oft mit ziemlich dickem Draht umwickelt. Wenn ich ein solches Bäumchen geschenkt bekam, habe ich jedesmal mit großer Mühe die Drähte zerschnitten und entfernt. Ich hatte Mitleid mit dem Bäumchen, aber meine japanische Hausgehilfin verzog verächtlich die Lippen und empfand mein Vorgehen als barbarisch. In den japanischen Gärten wird unaufhörlich geschnibbelt, gestutzt und festgebunden, damit nur ja nichts zu groß werde oder aus der streng vorgeschriebenen Form komme.

Im Laufe der Zeit sind verschiedene Typen für Gärten, Bäume und Pflanzen herausgearbeitet worden. Es stand mehr oder weniger fest, welche Dinge in einer Szenerie – etwa ein Felsen mit knorrigen Kiefern darauf – als schön und bedeutsam galten. Das hat zu einer gewissen Erstarrung der Formen und der Auffassungen geführt. In früheren Jahren habe ich dies häufiger erlebt als heute. Begab man sich auf eine kleine Reise, etwa eine berühmte Stromschnellenfahrt, und machte eine Bemerkung über den Zauber der mannigfaltigen Szenerie, so blieben die Japaner kalt und verständnislos. Kam man aber an einer »berühmten Stelle« vorbei, so gerieten sie vorschriftsmäßig in Begeisterung.

Diese wenigen Bemerkungen über die Gefahren der Erstarrung und des Formalismus müssen hier genügen. Die Begegnung mit dem Westen hat den Japanern auch auf diesem Gebiete neue Impulse gegeben und sie angeregt, erneut über ihre eigenen Auffassungen, sofern sie bleibenden Wert besitzen, nachzudenken. Über die an und für sich bedeutsame Symbolik in der japanischen Naturbetrachtung und Kunst soll hier nicht näher berichtet werden. Sie führte dazu, daß einige Pflanzen und Blumen (besonders Kirschblüte, Pfirsichblüte, Kiefer, Bambus) ihres Symbolgehalts wegen bevorzugt, andere dagegen vernachlässigt wurden. Für meinen Geschmack gehören zum Beispiel im »Lande der Kirschblüten« die mit herrlichen Azaleen bedeckten Berghänge zu den allerschönsten Natureindrükken. Aber die Azalee hat keinen Symbolwert, und es wird daher weniger von ihr gesprochen. Auch in dieser Beziehung gibt es also eine Einengung.

Mit dieser Einstellung trat das Inselvolk in das neue Zeitalter ein. Das Resultat kennt jeder, der Japan besucht hat: In den Großstädten, in denen heute weitaus über die Hälfte der Bevölkerung des Insellandes lebt, nichts als Häusergewirr und viel zu wenig Grünflächen. Wenn es in Tokyo nicht das kaiserliche Grundstück mit seinem Baumbestand gäbe, hätte die Stadt überhaupt keine »Lunge«. Als den ausländischen Delegierten einer Umweltschutzkonferenz Ende 1971 Japans Hauptstadt von einem Hubschrauber aus gezeigt wurde, war ihr erster verblüffter Eindruck, daß es in dieser Metropole kaum Grünflächen gab. Hier einige Vergleichszahlen: In New York gibt es pro Kopf 18,5 Quadratmeter Park und Grünflächen, in London 10,1, in Paris 3,6 und in Tokyo bloß 1 Quadratmeter! In den meisten andern japanischen Großstädten sieht es genauso aus.

Schuld an diesen Zuständen ist nicht nur die japanische Bevorzugung des Kleinen (winzige Gärten und winzige Parks gibt es überall), sondern auch das Tempo, mit dem die japanischen Städte in den letzten hundert Jahren gewachsen sind. Dabei gab es keine Städteplanung – das Wichtigste war ja die Industrialisierung und die wirtschaftliche sowie auch die militärische Erstarkung. Nachdem die größten Städte (außer Kyoto) während des Krieges fast total zerbombt worden waren, bestand die Hoffnung, daß sie nach dem Kriege auf vernünftige und planvolle Weise wieder aufgebaut würden. Aber nichts dergleichen geschah: Zuerst war man zu arm und danach ausschließlich auf das wirtschaftliche Wachstum ausgerichtet. Und so stehen die Japaner heute vor ihren katastrophalen Asphaltdschungeln.

Lassen wir über diese Frage einen Japaner zu Worte kommen. Der bereits erwähnte Nyozekan Hasegawa schrieb schon 1938[6]: »Es ist nur zu erwarten, daß die japanischen Städte heute die Nachahmungen ihrer westlichen Vorbilder sind. Es ist an und für sich nicht falsch, den Westen nachzuahmen, nur haben die Japaner vergessen, einen der allerwichtigsten Aspekte nachzuahmen – das überlegene Gefühl des Westens für die Natur. Wo liegt das Herz einer zivilisierten Stadt? Es liegt in den Bäumen, die dazu da sind, physisch und geistig die Stadtatmosphäre, die durch die Unnatürlichkeit des städtischen Lebens verschmutzt ist, zu reinigen. Die Japaner haben keine Ahnung, auf welche Weise man für ein solches Herz sorgen kann ...« Anschließend wies Hasegawa rühmend auf den Hyde-Park in London, den Tiergarten in Berlin und den Bois de Boulogne in Paris. Dieser Japaner ging überhaupt sehr kritisch mit seinem Volke um. So schrieb er 1938 (also mitten in der nationalistisch-militaristischen Periode!): »Das Versagen der heutigen Japaner, den Wert der Natur zu schätzen, bedeutet, daß die moderne japanische Kultur nicht wirklich schöpferisch sein kann.«

Heute sind die Japaner auf dem besten Wege, die harten Worte Hasegawas zu begreifen. Jetzt heißt es, das Leben in den städtischen und industriellen Ballungszentren sei nicht nur schlecht für die Gesundheit, sondern auch für die geistige Verfassung und die Moral.

Damit gelangen wir zu einem zentralen Thema, der Zerstörung und Verschmutzung der Umwelt. Der Mangel an Grünflächen ist natürlich nur ein Aspekt dieses weiten Themas. Japan hat heute den Weltrekord an Umweltverschmutzung inne – es klingt wie ein Hohn, ausgerechnet das »naturliebende Volk« der Japaner.

Als ich im Frühjahr 1970 nach Tokyo kam, fürchtete ich, mein Augenlicht hätte nachgelassen. Ich sah die Konturen der Gebäude in der Stadt nicht mehr recht, es war alles etwas verschwommen. Nach ein paar Tagen besuchte ich eine Vorstadt. Und auf einmal sah ich die Häuser und Bäume wieder scharf und deutlich. Es waren also nicht meine Augen gewesen, sondern der Smog. Das ist nun drei Jahre her, und inzwischen ist es noch schlimmer geworden. Seit ungefähr zwei Jahren bekomme ich keinen Brief mehr aus Tokyo, in dem der Absender nicht über Husten, Kopfweh oder ganz allgemein schlechtes Befinden klagen würde. In den japanischen Zeitungen werden täglich mindestens zwei oder drei Berichte über den Smog, über neue Krankheiten, die durch die Umweltverschmutzung entstanden sind, über verseuchte Meeresbuchten und ungenießbare Fische, über Prozesse gegen Unternehmen wegen leichtfertiger Umweltverschmutzung, über den Gestank der Kanäle, in die die Abwässer fließen, und über manches andere mehr veröffentlicht. Über den japanischen Ballungszentren ist die Luft verschmutzt, anderswo sind es die Meeresbuchten, Seen und Flüsse und mancherorts ist es sogar die Erde.

Allerdings hat Japan, das etwas kleiner als Kalifornien ist, schon 1968 nach den Vereinigten Staaten und der Sowjetunion das drittgrößte Bruttosozialprodukt der Welt erzielt. Dabei sind, wie gesagt, 69 Prozent des japanischen Bodens mit bewaldeten Bergen bedeckt (Waldfläche in den Vereinigten Staaten 32 Prozent. in der Bundesrepublik Deutschland 29 Prozent), so daß die Belastung der urbanisierten und bebauten Gebiete gewaltig ist. Der bereits erwähnte Schwede Håkan Hedberg[7] fragte: »Wieviel Reichtum pro Quadratkilometer kann eigentlich ein Land aushalten?« Hedberg hat berechnet, daß nach Abzug der Bergwälder der Wert des Bruttosozialprodukts pro Quadratkilometer 1971 für Japan 2 049 000 Dollar ausmachte. Für die Vereinigten Staaten war der entsprechende Wert aber nur rund 165 000 Dollar. Dies entspricht ungefähr der Angabe des Weißbuchs des japanischen Amtes für Umweltschutz vom Mai 1972, demzufolge, ebenfalls nach Abzug der Berge und Wälder, in Japan das Bruttosozialprodukt pro Quadratkilometer 11,3mal so hoch war wie in den Vereinigten Staaten. Ebenfalls im Jahre 1970 schrieb Hedberg, wenn Japan das gegenwärtige Bruttosozialprodukt pro Kopf der Vereinigten Staaten erreichen wolle (und dieser Ehrgeiz bestand ja bisher!), müßten die Japaner pro Flächeninhalt 27mal soviel erzeugen wie die Amerikaner. In der Tat: arme Erde, arme Luft, arme Menschen!

Oder denken wir an den Straßenverkehr. In Japan gab es 1972 über 20 Millionen Kraftfahrzeuge, die auf einem unzureichenden Straßennetz verkehrten. Außerdem sind die japanischen Straßen noch längst nicht alle asphaltiert, eines der vielen Zeichen einer unausgewogenen Entwicklung in dem Insellande. Die Straßen sind, besonders in den Ballungszentren, viel stärker belastet als in Europa oder Amerika. Im Jahre 1970 kam in Japan auf 100 Quadratmeter Verkehrsfläche ein Kraftfahrzeug. Das entsprach der achtfachen Verkehrsdichte der Vereinigten Staaten. Eines unserer Hauptverkehrshindernisse in Zürich ist die Quaibrücke, durch die der Verkehr in den Stoßzeiten außerordentlich verlangsamt wird. Nun, Tokyo besteht aus lauter solchen »Quaibrücken«. Schon 1970 sagten mir Taxichauffeure wiederholt, sie wollten mich nicht in die Stadt fahren, sondern an der nächsten Untergrundbahnstation absetzen. Ich käme dann viel rascher zum Ziel. (Aber die oft überfüllte Untergrundbahn ist sehr unbequem, wenn man Pakete bei sich hat!) Vom Flugplatz Haneda bis zu meiner Wohnung habe ich wiederholt fast eine Stunde gebraucht, obwohl man diese Strecke in 20 Minuten zurücklegen könnte. Es gibt zwar eine Expreß-Autostraße (die wie alle diese Straßen hochgebaut auf Pfeilern verläuft), aber diese »neuen« Expreß-Straßen sind schon viel zu schmal, manchmal kommt man sogar auf den gewöhnlichen Straßen rascher zum Ziel. Hedberg berichtete 1972, die mittlere Geschwindigkeit der Autos in den japanischen Großstädten läge bei nur 9,2 Stundenkilometer und dürfte bis Ende 1972 auf acht herabsinken! Demnach käme man bald ebenso schnell zu Fuß vorwärts. Es braucht wohl nicht darauf hingewiesen zu werden, wie sehr diese dahinschleichenden, immer wieder abstoppenden und neu anfahrenden Kraftfahrzeuge die Luft verpesten.

Ähnlich wie bei uns ist auch in Japan nicht irgendeine Instanz, zum Beispiel die Industrie, in erster Linie an der allgemeinen Verschmutzung schuld. In Japan sind es auf alle Fälle drei Gruppen: Die Regierung, die Industrie und das Volk. Die japanische Bürokratie hat die Gefahren der Umweltverschmutzung erst recht spät erkannt; die Industrie hat wie besessen immer nur mehr produziert und neue Fabriken gegründet. Das Volk selbst war ebenfalls ein arger Umweltverschmutzer und außerdem zu geduldig. Die Japaner haben bisher die allgemeine Verschmutzung ebenso wie den Mangel an Infrastruktur auf manchen Gebieten ziemlich gelassen ertragen. Die Kanalisation ist vielerorts mittelalterlich, Wassertoiletten sind noch längst keine Selbstverständlichkeit, die Müllabfuhr ist unzulänglich, die Kanäle und manchmal auch die engen Straßen stinken. In Tokyo stößt man – dies war jedenfalls 1970 noch der Fall – immer wieder auf widerliche Abfallhaufen und umgekippte Mistkübel, deren Inhalt auf die Straße quillt. Auf den kleinen Müllabfuhrwagen (größere Lastautos können die engen Gassen in den Wohngegenden nicht passieren) stehen oft zwei oder drei Leute mit nackten Beinen, denen der Unrat bis zum Knie reicht. Sie schieben den Abfall beiseite, um Platz zu schaffen. Die Japaner, die ebenso berühmt sind für ihre Sauberkeit wie für ihre Naturliebe, stört das kaum. Es ist eben auch ein Land der Widersprüche. Aber man kann sicher sein, daß die Leute mit den unappetitlich dreckigen Beinen jeden Abend ein heißes Bad nehmen und sich blitzsauber zum Schlafen legen. Ich möchte hier nicht auf die erstaunlichen Mängel der Infrastruktur und ihre Folgen im drittmächtigsten Industrielande der Welt eingehen, denn darüber ist in den letzten Jahren, besonders in den Wirtschaftsbüchern, schon viel geschrieben worden.
Doch ich möchte noch einiges über die Einstellung des japanischen Volkes sagen, die natürlich auch die der Behörden und der Industrie ist. Die Japaner werfen alle möglichen kleinen Abfälle auf die Straße oder auf den Boden, sei es in Eisenbahnwagen, Restaurants oder Büros. Woher kommt das? Warum sind so viele Orte mit Orangenschalen, Zigarettenstummeln, schmutzigem Papier und allen möglichen Abfällen übersät? Nun, das kommt daher, daß in Japan alles, was mit Schuhen oder der altjapanischen Fußbekleidung betreten wird, als schmutzig gilt. In den

japanischen Häusern, die man nicht in Schuhen betreten darf, wird nichts auf den Boden geworden. Die dicken Matten aus edlen Binsen (nicht »Strohmatten«, wie oft irreführend übersetzt wird) in den Räumen in japanischem Stil sind sauberer als unsere Parkettfußböden.

Hier möchte ich einfügen, daß die jetzige »demokratische« Einstellung der Japaner manchmal keine begrüßenswerten Folgen hat. Vor dem Kriege war es, jedenfalls in der Gegend von Tokyo und Yokohama, von amtswegen befohlen, daß in sämtlichen Häusern einmal (oder zweimal?) im Jahre bei sonnigem Wetter ein Großreinemachen stattzufinden habe. Zu diesem Zweck mußten die Hausbewohner ihre gesamte bewegliche Habe, einschließlich der schweren Binsenmatten, in den Garten oder auf die Straße stellen. Polizisten inspizierten zuweilen, ob die Häuser auch wirklich leer waren und ob darin gründlich gescheuert und geputzt wurde. Das war eine weise Maßregel, denn in dem sehr feuchten Klima sammelt sich gern Ungeziefer in den Häusern, besonders unter oder in den Binsenmatten. Jetzt geschieht das große Reinemachen seltener, weil viele Menschen sich nicht freiwillig dazu aufraffen. Infolgedessen hat sich, obwohl es Insektizide gibt, das Ungeziefer stark vermehrt und die weitverbreiteten Flöhe sind noch die harmlosesten darunter. Ich besitze darüber keine genauen oder statistischen Angaben, habe aber den Eindruck, daß es jetzt in Japan eher mehr Ungeziefer gibt als vor dem Kriege. Sicherlich waren die Häuser früher sauberer. Ungeziefer gehört auch zur Umweltverschmutzung – die Leute sind auch selbst daran schuld.

Westliche Ausländer regen sich immer wieder ganz besonders über die total verunreinigten berühmten Ausflugsorte und Aussichtspunkte auf. Kürzlich sah ich ein Bild von einem mit Abfall übersäten Lagerplatz auf dem heiligen Berg Fuji. Es ist kaum zu glauben! Es ist überall so, auch in den kleinen Parks während der Kirschblüte. Ich habe schon mein kleines Wochenendhaus an der Sagami-Bucht (unweit Hayamas, wo der Kaiser bisher eine Villa hatte) erwähnt. Im Jahre 1963 habe ich dort noch im Meer gebadet, allerdings nicht immer in der Hochsaison, weil das Wasser zu schmutzig war. Im Sommer sind Hunderttausende von Menschen dort am Strand und werfen den Abfall ins Meer. Außerdem betrachten sämtliche Bewohner der dortigen Küstendörfer das Meer als ihren Abfalleimer. Man darf also sagen, daß das Volk selbst mitschuldig ist an der Verschmutzung Japans. Es fehlte eben in Japan bisher an einem gewissen Gemeinsinn. Was allgemein und öffentlich ist, geht den Japaner nichts an, das kann ruhig verunreinigt werden, ebenso wie man den Freunden, Mitarbeitern und Verwandten gegenüber höflich ist, jedoch ruchlos stößt und pufft, wenn man sich in ein überfülltes Verkehrsmittel drängt, wo lauter Unbekannte sind. Überhaupt unternimmt der Japaner als Einzelner selten etwas, dazu ist er immer noch zu wenig individualistisch und zu zurückhaltend. Erst wenn ein Zustand unerträglich wird und mehrere Menschen sich in einer Gruppe vereinigen, geschieht etwas. Solche Gruppen gibt es heute – Studenten, Hausfrauen und andere haben Reinigungsaktionen unternommen. Unter anderem haben Freiwillige den Unrat auf dem Berg Fuji zusammengetragen. Doch dies allein genügt nicht, es muß aufhören, daß die Leute überall rücksichtslos ihren Unrat verstreuen. Vielleicht könnte die Schulerziehung dabei mehr leisten. Jedenfalls wird sich alles, was in diesem Zusammenhang über die Einstellung der Japaner gesagt wurde, allmählich ändern. Die freiwilligen Reinigungstrupps sind ein Anfang.

Noch einige Bemerkungen zu diesem Thema. Wenn die Japaner unter Umständen Schmutz und auch beschädigte Dinge wie etwa Häuser, Dächer und Gartenzäune leichter zu ertragen scheinen als wir, so hängt dies wohl auch mit ihrer Weltanschauung zusammen. Sie sehen immer beide Seiten des Lebens, das Schöne und das Häßliche, das Gute und das Böse, das Erfreuliche und das Unerfreuliche. Diese Gegensätze gehören für sie zusammen, sie sind komplementär. Das Leben und die Natur sind nicht nur schön und gut. Die Japaner wollen die Wahrheit sehen und die Wahrheit ist eben beides. Deshalb – und auch aus anderen Gründen – wird die japanische Kultur auch als die »Kultur des Unvollkommenen« bezeichnet. Damit hängt auch die sentimentale oder vielleicht schön-sentimentale Melancholie zusammen, welche die japanischen Dinge umhüllt. Wer diese Einstellung hat, den kann etwas Häßliches oder Zerbrochenes nicht gleich stören, er sieht das Schöne trotzdem. Natürlich hängt es auch mit dem japanischen Sinn für die ewigen Wandlungen und die Vergänglichkeit zusammen. Im täglichen Leben zeigt sich der Unterschied zwischen den Japanern und uns zum Beispiel darin, daß wir die Tendenz haben, alles gleich zu reparieren, die Japaner aber nicht. Einen eingefallenen Gartenzaun oder ein Loch im Dach, durch das es hereinregnet, ertragen die Japaner lange Zeit. Wenn sie im Vorfrühling ergriffen ein Pfirsichbäumchen betrachten, stört es sie weniger als uns, wenn sich gerade daneben ein abscheulicher Müllhaufen befindet.

Wir sehen, daß manche heute problematisch gewordene Dinge in der japanischen Tradition begründet sind. Auffassungen, die einst recht harmlos wirkten, tragen, überspitzt ausgedrückt, heute zur allgemeinen Verschmutzung bei. Auf diesem Gebiete ist, wie auf so vielen anderen in Japan, ein gewisses Umdenken nötig. Die Japaner haben andere Überlieferungen und daher in der modernen Industrie- und Massengesellschaft zum Teil andere Probleme als wir. Doch die japanischen Traditionen wirken sich heute keineswegs nur negativ aus. Statt dessen verleihen sie, wie wir sehen werden, den Japanern für das Großstadtleben vielleicht bessere Fähigkeiten, als wir sie haben.

Um auf das Kernthema zu kommen, müssen wir zwischen zwei Aspekten unterscheiden: erstens dem Einfluß des Großstadtlebens auf den Menschen, der überall der gleiche ist, und zweitens dem speziellen Einfluß des Großstadtlebens auf die Japaner.
Ich werde mich hauptsächlich an Tokyo halten, weil diese Stadt als die größte bezeichnend für die derzeitigen Zustände ist. Außerdem kenne ich die Hauptstadt am besten. Diese Beschränkung mag erlaubt sein, weil in Osaka, Nagoya und anderen Ballungszentren ganz ähnliche Verhältnisse herrschen. Eigentlich müßte ich vom Keihin-Distrikt, also von Tokyo, Yokohama und dem diese beiden Städte verbindenden Industriegebiet, sprechen. In diesem Ballungszentrum, das einer einzigen Stadt gleicht, leben 17 Millionen Menschen. Aber Tokyo und Yokohama sind verwaltungsmäßig getrennt und deshalb sei hier hauptsächlich von Tokyo die Rede.
Die Menschen in Toyko sehen nicht mehr so gesund aus wie früher. Viele sind blaß und oft abgehetzt und nervös. War schon das bisherige Großstadtleben im allgemeinen aufreibend, so kommen neuerdings die durch die Umweltverschmutzung verursachten Schäden hinzu. Halskrankheiten, Asthma, Augenleiden und Übelkeit sind die Folgen des Tokyoter Smogs. Im Jahre 1971 soll es in der Hauptstadt zu über 28 000 kurzfristigen Krankheitsfällen gekommen sein, die allein auf den fotochemischen Smog zurückzuführen waren (dieser entsteht durch ultraviolette Sonnenstrahlung auf die mit Schadstoffen angereicherte feuchte Luft). Was aber, falls es mit dem Smog so weiter gehen sollte? Wird es bei den »kurzfristigen« Leiden bleiben? Heute schon tragen diese Krankheiten zur Nervosität und zur psychischen Belastung der Bevölkerung bei. Es ist in Tokyo schon zweimal vorgekommen, daß sehr viele Schulkinder behaupteten, sie seien infolge fotochemischen Smogs erkrankt. Die Ärzte meinten zwar, es handle sich vor allem um Hysterie, die Schüler wären in Wirklichkeit gar nicht krank. Es kann aber wohl kaum als ein gesunder Zustand betrachtet werden, wenn schon die Kinder dauernd fürchten, krank zu werden. Jedenfalls sind schon viele Jugendliche wirklich erkrankt; einmal wurde ausgerechnet auf einem Sportplatz, der von einer Woge vergifteter Luft aus einer Fabrik heimgesucht wurde, sämtlichen ballspielenden Kindern übel. In Tokyo erkranken und sterben viele Bäume. Eine wissenschaftliche Kommission kam 1972 zu dem Schluß, daß es, falls es so weitergeht, in 50 Jahren in der Hauptstadt keinen einzigen Baum mehr geben würde. Können Menschen dort leben, wo die Pflanzen krepieren?
Früher erhielten Tokyo und die andern japanischen Großstädte ständig Zuzug vom Lande. Das hört jetzt auf. Heute lebt auf den Dörfern nicht einmal ein Fünftel der Gesamtbevölkerung des Inselreiches. Von 1965 bis 1970 nahm die Bevölkerung Japans um 5,5 Prozent zu und umfaßte 1970 rund 104 Millionen Menschen. (Ende 1972 waren es rund 106 Millionen.)

Das Erstaunliche daran ist, daß nicht weniger als 86 Prozent dieses Bevölkerungszuwachses auf die drei Städte Tokyo, Osaka und Nagoya entfiel, in denen fast die Hälfte der Bevölkerung des Landes lebt. Dies bedeutet nicht nur, daß vor 1970 der Zustrom vom Lande noch recht groß war, sondern auch, daß die weitaus meisten Geburten in den Großstädten stattfanden. Hiermit sind nicht nur die drei erwähnten Städte gemeint, sondern auch die anderen Großstädte. Fast alle jungen Japaner wachsen heute also als Großstadtkinder auf. Es ist beinahe so, daß man nur von den Großstädten zu sprechen braucht, wenn man heute von Japan redet. Die Zukunft Japans hängt davon ab, was mit und in diesen Ballungszentren weiterhin geschieht. In der allerneuesten Zeit hat sich nun ein unerwartetes Phänomen gezeigt, nämlich die Rückwanderung auf das Land. Sie hat etwa 1970 eingesetzt. Davon wird noch die Rede sein.
In den japanischen Großstädten leiden die Menschen unter dem Mangel an frischer Luft, Sonne und Bewegung. Ein Teil des Lebens spielt sich schon unterirdisch oder in geschlossenen, mit Klimaanlagen versehenen Räumen ab. Die Klimaanlagen vermögen aber frische Luft und frischen Wind nicht zu ersetzen. Abgesehen davon sind sie in Japan noch nicht weit verbreitet und oft unzulänglich. Die Ausmaße der unterirdischen Stadtteile in Tokyo, etwa im Zentrum der Metropole oder in Shinjuku, kann man sich bei uns gar nicht vorstellen. Es gibt dort unter der Erde nicht nur viele Straßen und Ladengeschäfte, sondern auch kleine Sportplätze, Kegelbahnen und Schwimmbäder. Im Zentrum von Tokyo kann man von den großen Geschäfthäusern unterirdisch zum Hauptbahnhof gehen und dort direkt in den Hikari-Zug, Japans berühmten Blitz-Zug, den schnellsten der Welt, einsteigen. Hier, in den unterirdischen Vierteln, treiben sich täglich Hunderttausende von Menschen herum. Im Sommer 1972 wurden im Auftrag des Arbeitsministeriums die Lebensbedingungen von hunderttausend Menschen untersucht, deren Arbeitsplätze unter der Erde liegen. Es wurde festgestellt, daß die Luft durch Kohlenmonoxyd, Staub und andere schädliche Bestandteile verunreinigt war. Die Ventilation war völlig unzureichend: also draußen schlechte Luft und unter der Erde auch schlechte Luft, in den Verkehrsmitteln, in denen die meisten arbeitenden Menschen täglich längere Zeit verbringen, schlechte Luft und in den Büros schlechte Luft. Selbst wenn Klimaanlagen vorhanden sind – woher sollen sie eigentlich die »gute Luft« pumpen?
Über den Sonnenschein können wir uns kurz fassen. Natürlich scheint die liebe Sonne wegen des Smogs heutzutage selten so hell und klar wie früher. In Kawasaki, dem wegen seiner Umweltzerstörung berüchtigten Industriedschungel zwischen Tokyo und Yokohama (Keihin-Gebiet), behaupten die Bewohner schon seit Jahren, daß sie die Sonne fast nie mehr sähen. Die Japaner brauchen die Sonne nicht nur wegen ihrer Binsenmatten, von denen wir sprachen, sondern auch wegen ihrer dicken, wattierten

Bettunterlagen und Decken, die rasch muffig werden und vergammeln, wenn sie nicht häufig der Sonne ausgesetzt werden. Und schließlich braucht auch der Mensch die Sonne zu seinem Gedeihen. In Tokyo kam es in letzter Zeit wiederholt zu Streitigkeiten, Prozessen und Protestaktionen, wenn in Wohngebieten mehrstöckige Gebäude errichtet werden sollten. Bei solchen Gelegenheiten haben sich zum Beispiel Hausfrauen den ganzen Tag auf dem Bauplatz aufgehalten und die Bauarbeiter nicht herangelassen. Diese Hausfrauen beanstandeten, daß ihre zweistöckigen Häuser durch den hohen Neubau in den Schatten geraten würden. Bei diesem Kampf um den Sonnenschein erhielten die Protestierenden manchmal recht, manchmal auch nicht.

Während meines letzten Aufenthalts in Tokyo sah ich einmal gegen Abend eine große Glasfassade, hinter der bleichgesichtige junge Leute temperamentvoll boxten und Ringkämpfe veranstalteten. Man konnte erkennen, daß diese Sporthalle klimatisiert war. Trotz des warmen Frühlingswetters war nirgends ein Fenster geöffnet. Nun, auch bei uns gibt es klimatisierte Sport- und Turnhallen, die in unseren eiskalten Wintern ihre Dienste tun. Aber in Japan gibt es trotz des milden Klimas viel mehr solcher Anlagen, oft, wie gesagt, auch unterirdisch, obwohl die Luft dort, wie amtlich festgestellt wurde, so miserabel ist. Unterirdisch wird gekegelt (die Japaner sind seit einigen Jahren begeisterte Kegelspieler), Golfschläge werden geübt (mit Auffangnetzen für die Bälle) und anderes mehr. Vernünftiger scheint es mir, wenn Turnen und Sport auf die Dächer der Hochhäuser fliehen, was in Japan ebenfalls geschieht. In Tokyo und den anderen Großstädten gibt es nicht nur zu wenig Parks, sondern auch zu wenig Sportplätze, für die Erwachsenen so gut wie keine. In Japan gehören 70 Prozent der Sportplätze den Schulen, 16 Prozent den Großunternehmen und nur 7 Prozent sind öffentlich. Dabei sind die Japaner, nicht nur die jüngeren, recht begierig auf Bewegung. Es soll in dem Insellande 1972 5 bis 7 Millionen Golfspieler gegeben haben (es sind aber noch mehr, wenn man diejenigen mitzählt, die nur die Schläge üben), und viele Millionen Menschen fahren Ski. Die Japaner wollen in ihren Ferien (die für unsere Begriffe immer noch sehr kurz sind) und am Wochenende skifahren, wandern, bergsteigen, schwimmen, segeln (wenn sie Geld haben) oder an einem hübschen Ort angeln. Die Erfahrungen in einigen Erholungs- und Vergnügungsparks haben diesen Trend bestätigt: Die Japaner bevorzugen in ihrer Freizeit eine aktive Erholung, nicht eine passive. Das zeugt sicherlich von dem noch vorhandenen gesunden Sinn der Inselbewohner. Für ihren Sport sind sie bereit, finanzielle Opfer zu bringen. So geben sie für ihre Golfutensilien oder für die Angelausrüstung ein Heidengeld aus, auch wenn sie dafür einen Bankkredit aufnehmen müssen. (Manche japanische Banken gewähren Kredite zum Ankauf von Sportausrüstungen.) Im Jahre 1971 wurden für die Anschaffung von Golfausrüstungen (ein-

schließlich der Bekleidung) in Japan beinahe 1 Milliarde Franken ausgegeben (80 Milliarden Yen, um genau zu sein), für Skiausrüstungen (wieder einschließlich der Bekleidung) über 700 Millionen Franken und für die Geräte für die Sportfischerei über 600 Millionen Franken[8]. Am ersten Januar 1973 gab es in Japan 681 Golfplätze, 214 waren im Bau und weitere 532 sind geplant. Aber natürlich reichen auch diese bei weitem nicht aus, obwohl Golf nur der Sport der oberen Schichten ist. Abermillionen von Japanern sehnen sich nach Bewegung und frischer Luft und erhalten heute zu wenig davon.
Die hier geschilderten Umwelt- und Großstadtschäden und ihre Folgen sind in anderen Ländern von ähnlicher, wenn auch meist nicht so schlimmer Art. Sie sind nicht speziell japanisch, außer daß es in Japan lange dauerte, bis die bestehenden und immer ärger werdenden Gefahren erkannt wurden. Manchmal werden die Japaner als gute Planer bezeichnet. Ich glaube, daß bei dieser Behauptung eine Verwechslung von Planungsvermögen und Zielstrebigkeit vorliegt. Die Japaner sind äußerst zielstrebig, aber die Planung war bisher nicht ihre Stärke. Unter Planung versteht man doch im allgemeinen die Aufstellung eines umfassenden Zukunftsprogramms, wobei etwaige Folgen und Begleiterscheinungen so weit wie möglich berücksichtigt und einkalkuliert werden. Auf diese umfassende Art haben die Japaner bisher nicht geplant, statt dessen sind sie immer nur einem Ziel nachgelaufen, nämlich dem, ein hohes Bruttosozialprodukt zu erreichen. Es fehlt ihnen im allgemeinen an einer gewissen Vorstellungskraft und Phantasie. Bezeichnenderweise haben japanische Denker und Dichter noch nie eine Utopie entworfen. Was noch nicht konkret vorhanden ist, wird nicht in Betracht gezogen. Das war in Japan immer so. Wenn eine große oder kleine Katastrophe eingetreten ist, gehen sie, um ihrer Herr zu werden, allerdings pragmatisch und tüchtig an die Arbeit. So ist es auch jetzt mit der Umweltkatastrophe.

Bevor wir auf die Gegenmaßnahmen eingehen, welche die japanische Regierung jetzt in Angriff nehmen will, soll noch etwas über die psychischen und seelischen Einwirkungen gesagt werden, denen die japanischen Großstädter ausgesetzt sind. Von den rein physischen, das heißt gesundheitlichen Folgen des jetzigen Großstadtlebens, braucht nicht weiter die Rede zu sein, schließlich kommt es auf dasselbe heraus, ob ein Japaner, Europäer oder Afrikaner den fotochemischen Smog einatmet. Im übrigen reagieren die Japaner zum Teil ähnlich wie wir, zum Teil aber auch anders. Selbst wenn die Japaner ein anderes Natur- und Kunstgefühl haben als wir, so werden sie bestimmt, manchmal vielleicht nur unbewußt, von der Häßlichkeit ihrer Städte berührt. Ein Blick auf eine Blume vermag die Asphaltstraßen, die endlosen Häuserzeilen und den Lärm nicht wettzumachen, und das Blümchen kann schon gar nicht frische Luft und

Sonne ersetzen, so sehr ich mich bei der Betrachtung auch »in das Wesen der Natur« zu versenken versuche. Das Schöne und Bedeutende im Kleinen zu finden, hilft dem Japaner sicher, aber es genügt nicht mehr, heute weniger denn je. Bertrand de Jouvenel hat sich mit diesem Thema beschäftigt[9]. Einige seiner Äußerungen sind meiner Ansicht nach so treffend, daß sie hier wiedergegeben seien. Er schreibt, daß es ihm weniger um Museen und historische Bauwerke gehe, »als um all das, was der Mensch in seinem Alltag sieht: Wenn er nach dem Aufstehen aus dem Fenster blickt, wenn er nach dem Verlassen des Hauses zum Arbeitsplatz fährt und während seiner Arbeit selbst«. Weitere Zitate: »Der Blick aus dem Fenster ist ein wesentlicher Bestandteil unserer Bildung« und »damit die ›pianta huomo‹ gedeihen kann, muß sie in einem schönen Garten leben«. Er meint ferner, daß die Großstadt ihre zivilisierende Funktion eingebüßt hat und daß die Drohung der urbanen Erstickung zu den großen Problemen gehört.

Alle diese Bemerkungen Jouvenels gelten gewiß auch für Japan. Der japanische Großstädter ist nicht nur äußerlich blaß, er ist auch innerlich blaß, weil es ihn an erfrischenden Ausblicken mangelt. Nur selten sieht er im Frühling blühende Bäume und Büsche oder im Herbst die berühmte rotgelbe Pracht des japanischen Ahorns. Daher fühlen sich viele Japaner innerlich leer und unzufrieden. Und natürlich heißt es daher heute, wohl nicht zu unrecht, daß der Anstand und die Moral darunter leiden würden. Es kommt ja im Leben eines Menschen nicht nur auf das eigene innere Leben an, sondern auch auf die täglichen Erlebnisse. Man könnte sagen: Nicht nur auf die großen Leitsätze, auch auf die kleinen Ansporne und Anregungen. Weil das seiner Wesensart entspricht, ist es beim Japaner besonders der Fall. Nyozekan Hasegawa sagt[10]: »Die japanische Kultur kann als die Kultur des täglichen Lebens beschrieben werden.« Er geht dabei von der bekannten Tatsache aus, daß die japanische Kunst immer etwas mit dem täglichen Leben und mit dem Handwerk zu tun hat und daß es in Japan daher kaum eine »reine Kunst« gibt. Er fährt fort, viele Tätigkeiten der Japaner, nicht nur Singen oder Gedichte aufsagen, sondern auch Bogenschießen, Fechten, altjapanisches Fußballspiel, Teetrinken und anderes mehr, seien »auf das Niveau der Kunst emporgehoben worden«. Ich möchte sagen, daß auch die japanische Höflichkeit und die vielen Formalitäten in den menschlichen Beziehungen geradezu einen künstlerischen Rang besitzen. Alles dies ist ein Teil der »Kultur des täglichen Lebens«. Unter dieser Voraussetzung muß in Japan mehr als anderswo die Betrachtung der Natur zur »Kultur des täglichen Lebens« gehören. Daraus folgt, daß die Japaner in den Großstädten unter dem Mangel an Natur leiden müssen.

Zusammenfassend ergibt sich, daß bei der Untersuchung der Frage »kann ein naturliebendes Volk wie die Japaner auf die Dauer in solcher Großstädten gedeihen?« ein Widerspruch zum Vorschein kommt. Die Inselbewohner können die Verdrängung und Zerstörung der Natur nicht ertragen, weil sie zu ihrer Kultur, der Kultur des täglichen Lebens, gehört. Andererseits vermögen sie bis zu einem gewissen Grade besser als wir ohne Natur, das heißt ohne große Parks, Wälder und großartige Landschaftsbilder auszukommen, weil sie die Natur auch im Kleinen zu genießen verstehen. Das Resultat dieser Feststellung ist, so glaube ich, daß die Japaner die Probleme, die mit ihren Ballungszentren zusammenhängen, auf ähnliche Weise anpacken und lösen müssen wie wir. Also wozu diese ganze Analyse? Weil die Japaner als besonders naturliebendes und naturverbundenes Volk gelten und weil es daher nicht von vornherein offenkundig ist, wie sie auf ihre Beton-Dschungel reagieren. Ich hoffe, daß meine Analyse richtig ist: In gewisser Weise leiden die Japaner unter dem Großstadtleben mehr als wir, in anderer Weise werden sie besser damit fertig.

Wie aber wird in Japan die beinahe hoffnungslos verfahrene Situation angepackt? Besteht Aussicht auf eine zufriedenstellende Umstrukturierung und auf eine Überwindung der Probleme?
Was bisher geschah, war mehr oder weniger Flickarbeit. Das Problem ist für die Japaner zu neu und überwältigend. Es fehlt an Koordination, weil die Ministerien und Ämter mit ihrem Gruppengeist in Japan ständig miteinander konkurrieren. Folgende Ministerien beschäftigen sich mit den unlösbar verwobenen Problemen des Umweltschutzes und der Urbanisierung: Das Bauministerium, das Gesundheitsministerium, das Erziehungsministerium, das Agrarministerium, das Transportministerium, das Wirtschaftsplanungsamt und das 1971 gegründete Amt für Umweltschutz. Alle hängen weitgehend vom Finanzministerium ab. Im Herbst 1972 gab es allein sieben verschiedene Programme, die sich mit der Ferienzeit und der Erholung befaßten. So gab das Bauministerium im Juni 1972 bekannt, daß es »Wochenendstädte« zu bauen gedenke, von denen zwanzig bis 1985 fertiggestellt sein sollten. Das Amt für Umweltschutz hingegen setzte sich unabhängig davon im Oktober 1972 für »nationale Feriendörfer« ein. Die Überschneidung liegt auf der Hand. Diese Pläne wurden recht skeptisch zur Kenntnis genommen.
Schon vor einigen Jahren hat die Regierung den Bau der Wissenschaftsstadt Tsukuba beschlossen. Sie liegt eine Eisenbahnstunde von Tokyo entfernt. Dorthin sollen 43 Forschungsinstitute sowie andere Regierungsstellen mitsamt den in diesen arbeitenden Akademikern und Technikern umgesiedelt werden. Man rechnet damit, daß die neue Stadt schließlich 220 000 Einwohner haben wird. Dies ist ein löblicher Plan, um zur Dezentralisierung der verstopften Hauptstadt beizutragen. Die Umsiedlung soll 1975 in Angriff genommen werden. Aber siehe da: Die weitaus meisten Betroffenen (es heißt 80 Prozent) wehren sich dagegen. Die Wissen-

schaftler behaupten, sie seien dort zu weit von den Instituten entfernt, mit denen sie zusammenarbeiten müßten. Außerdem sind die Japaner ziemlich seßhaft und ziehen nicht gerne um. Es ist vorgekommen, daß Arbeiter, deren Fabrik anderswohin verlegt wurde, sich energisch weigerten, dorthin zu ziehen. In den letzten Jahren haben zwar viele Japaner, die es sich leisten können, die zentralen Bezirke Tokyos verlassen (weil es dort nicht mehr auszuhalten war oder weil sie keine passende Wohnung fanden), um in den Vorstädten zu wohnen. Aber damit sind sie immerhin noch in Tokyo geblieben.

Die allgemeine Bevorzugung der Großstädte galt bisher als ein arges Problem für die Zukunft. Denn der Tanaka-Plan setzt, wie wir sehen werden, die Umsiedlung in viele neue kleinere Städte voraus. Und schon allein der Umzug in eine einzige neue Kleinstadt, nämlich nach Tsukuba, ist bisher auf so viel Widerstand gestoßen! Seit kurzem macht sich aber, wie schon erwähnt, ein ganz neuer Trend bemerkbar: Die Abwanderung auf das Land. Es sind nicht nur, aber vor allem jüngere Leute, die aus den Großstädten wieder in ihre heimatlichen Präfekturen zurückkehren. Viele Tausende sind, wie das Arbeitsministerium meldete, etwa seit 1970 in ihre heimatlichen Gefilde zurückgezogen, ja, diese Rückwanderung sei mancherorts bereits stärker als der in Japan seit langer Zeit übliche Zustrom in die Großstädte. Über die Motive dieser Flucht aus den Großstädten ist bisher nichts Näheres bekannt geworden, doch wird angenommen, daß sie mit den miserablen Lebensbedingungen in den Ballungszentren zusammenhängen. Man nimmt an, daß dieser Trend, ein Zeugnis für den gesunden Sinn des japanischen Volkes, anhält und für den Tanaka-Plan und die Verlagerung der Industrien aus den Agglomerationsbereichen eine günstige Voraussetzung bildet.

Doch zurück zu den heutigen Zuständen: Vorschläge für neue Grünanlagen und Sportplätze gibt es genug, aber verwirklicht wurden erst wenige. Da Japan in dieser Beziehung rückständig geblieben ist, klingen die Zahlenangaben der neuen Pläne immer gleich gewaltig. So will das Erziehungsministerium von 1973 bis 1978 nicht weniger als 3500 Sportanlagen (incl. Schwimmbäder) mit öffentlichen Mitteln bauen lassen. Das Endziel sind 12 000 neue öffentliche Sportanlagen. In Osaka (3,5 Millionen Einwohner) wurde 1970 ein großer Park fertiggestellt, der auf einem im Kriege zerbombten Gebiet angelegt worden ist. Es wurden dort bereits 100 000 Bäume gepflanzt und die Anpflanzung wird fortgesetzt. Das geschieht nicht einfach »von oben«, sondern zahlreiche gemeinnützige Organisationen in allen Distrikten der Stadt sind aktiv an der Schaffung des »Waldes für die Bürger« beteiligt. Osaka, angeblich die Stadt der Krämerseelen, hat Tokyo in dieser Hinsicht heute bereits überflügelt. In der alten Kaiserstadt Kyoto (ca. 1,5 Millionen Einwohner), die immer noch weitgehend von Wald umgeben ist, wurde neuerdings die Errichtung

von Hochhäusern und anderen Bauten Beschränkungen unterworfen. Das sind erfreuliche Anfänge. Aus dem schlimm versmogten Kawasaki werden demnächst einige Industrieunternehmen abwandern. Auf dem freigewordenen Gelände sollen Bäume gepflanzt und Grünflächen angelegt werden. So heißt es wenigstens. Und hoffentlich wird das sehr umfangreiche neuangeschüttete Land in der Bucht von Tokyo nicht, wie offenbar ursprünglich beabsichtigt, gänzlich mit Fabriken (einzelne stehen schon) und Wohnblocks überbaut werden. Die Tokyoter würden sich sicher über einen Riesenpark mit vielen Bäumen freuen. In der schmutzigen Tokyo-Bucht mit dem Boot zu fahren, ist nämlich schon längst kein Vergnügen und keine Erholung mehr.
Natürlich müssen mehr Autostraßen gebaut (wie soll man sonst in die unverschmutzten Gebiete gelangen?) und Landstraßen (die ja meistens nicht asphaltiert sind) verbessert werden. Vieles ist in dieser Hinsicht schon geschehen. Etwas ganz Besonderes, das die zentralen und regionalen Behörden Japans geschaffen haben, ist der neue Tokaido-Wanderweg. Er führt von Tokyo nach Osaka und ist 1376 Kilometer lang. Ich weiß nicht, ob es sonst irgendwo in der Welt einen so langen Wanderweg gibt! Der Tokaido-Weg, der streckenweise nur anderthalb Meter breit ist, führt durch Naturwälder und an historisch berühmten Stätten vorbei. Die Hälfte der Strecke verläuft durch Nationalparks, zum Beispiel durch das bekannte Hakone-Gebiet, und durch geschützte Naturgebiete. In verschiedenen Präfekturen ist man im Begriff, ebenfalls solche meist recht langen Wanderwege anzulegen, wobei man sich von der Schönheit der Landschaft und historischen Reminiszensen leiten läßt (man wählt nicht nur Schlachtfelder, sondern Pfade, die einst Dichter und Pilger gewandert sind). Der Tokaido-Wanderweg soll Ende 1972 fertiggestellt worden sein und sich wachsender Beliebtheit erfreuen.
Betrachtet man die heutigen Zustände in Japan vorurteilslos, so ist es klar, daß Besserung nur allmählich geschaffen werden kann. Es wird wohl Jahre dauern. Dabei werden vermutlich zwei Tendenzen nebeneinander herlaufen: Erstens soll verhindert werden, daß urbane und industrielle Agglomerationen weiter anwachsen, zugleich ihre Auflockerung durch Parks und Grünflächen, zweitens sollen neue Industriezentren und Kleinstädte in bisher dünn besiedelten Gebieten geschaffen werden.
Alle Maßnahmen zur Dezentralisation der Siedlungsgebiete wären natürlich fruchtlos, wenn nicht gleichzeitig die Umweltverschmutzung energisch bekämpft würde. Die Regierung hat Gesetze gegen die Bodenverschmutzung erlassen, gegen die Gewässerverunreinigung (vorläufig nur für die Industriegebiete), gegen die Meeresverunreinigung, gegen die Luftverschmutzung und für die Abfallbeseitigung. Diese Gesetze, alle erst seit 1970 erlassen, sind sicherlich noch nicht das letzte Wort. Ihre Wirkung ist zum Teil noch begrenzt. Aber schließlich kommt es nicht nur auf die

Gesetzgebung an, sondern auch darauf, daß sie ohne Stockungen im Produktionsprozeß praktisch befolgt werden kann. Die technischen Voraussetzungen hierfür sind noch längst nicht auf allen Gebieten vorhanden. Verschiedene japanische Industriezweige haben sich mit Eifer daran gemacht, Verfahren zur Beseitigung der Verschmutzungsfaktoren auszuarbeiten.

Japan war, daß sei nicht vergessen, auf diesem Gebiet bisher weit zurück[11]. Man denke nur an die Abfallbeseitigung. Tokyo hat bisher nur zwei Prozent seines Budgets dafür ausgegeben, New York und London aber je vier Prozent. Außerdem benützen die Tokyoter (die Japaner sind Fanatiker der Verpackung) fünfmal so viel die für die Müllbeseitigung so ärgerlichen Plastikstoffe wie die New Yorker. Wohin mit all dem Abfall jeglicher Art? Bevor strenge Gesetze erlassen werden, müssen Müllverbrennungsanlagen und Kläranlagen vorhanden sein. Daran hapert es in Japan. In Tokyo streiten sich die Stadtdistrikte untereinander, weil keiner eine Verbrennungsanlage dulden will, in der auch Müll aus einem benachbarten Stadtteil verbrannt wird. Bisher wurde der größte Teil des Tokyoter Mülls dazu benützt, in der Tokyo-Bucht Neuland zu gewinnen. Ich habe mir dieses stinkende, qualmende Neuland betrachtet. Wie lange wird es dauern, bis aus diesem Abfall Erde wird und was wird mit dem Plastikmaterial geschehen, das sich nicht zersetzt?

Im Kampf gegen die Autoabgase gedenkt Japan in Führung zu gehen. Das Transportministerium plant eine neue Gesetzgebung, die am ersten April 1973 in Kraft treten soll. Danach werden die Auspuffgase nicht nur neuer, sondern auch gebrauchter Wagen einer Kontrolle unterworfen. Die japanische Autoindustrie bemüht sich zur Zeit, möglichst »reine« Motoren und Vorrichtungen zur Entgiftung von Auspuffgasen zu entwickeln.

Die Umweltverschmutzung durch die Industrie hat schon seit Jahren Krankheiten verursacht, die großes Aufsehen erregten, darunter vor allem die Minamata-Krankheit (so benannt nach einem Ort in Süd-Japan) und die Itai-Itai-(Au-Au-)Krankheit. Die Minamata-Krankheit ist eine organische Quecksilbervergiftung, die durch die Abgase und Abwässer von Stickstoffwerken entsteht. Sie trat nicht nur in Minamata, sondern auch in anderen Industriegebieten auf. Die Itai-Itai-Krankheit beruht auf einer durch Abwässer der Montan-Industrie verursachten Kadmiumvergiftung. Ferner entstanden Vergiftungen durch PCB (Polychlorinat-Biphenyl). Im Zusammenhang mit dem Smog in Tokyo erwähnten wir die Halskrankheiten, die durch schwerindustrielle und chemische Werke hervorgerufen werden.

Daß die allgemeinen Zustände unhaltbar geworden sind, sieht man schon daran, daß einige japanische Industrien von sich aus trotz enorm hoher Kosten mit Umsiedlungen begonnen haben. Hitachi (elektrische und elektronische Apparate aller Art, Maschinen und Maschinenanlagen etc.)

war, soweit mir bekannt ist, das erste Großunternehmen, das im Frühjahr 1972 mit der Verlegung einiger seiner Betriebe aus der berüchtigten Kawasaki-Gegend in andere Gebiete begonnen hat. Die Kosten der Verlegung der Kawasaki-Betriebe der Firma Hitachi wurden bisher auf etwa 400 Millionen Franken geschätzt. Die Ursache für diesen Entschluß waren nicht nur die immer lauter werdenden Klagen der Bevölkerung über die Luftverschmutzung, sondern auch die Tatsache, daß in diesem dichtbesiedelten Industriegebiet die Mobilität verloren gegangen war (Verkehrsstockungen). Außerdem war kein Terrain für Erweiterungsbauten vorhanden. Mehrere andere Großunternehmen, die hier nicht alle aufgezählt werden können, haben ebenfalls mit der Verlegung von Industrieanlagen begonnen.

Das geschah bisher nach Belieben der Firmen, also ohne allgemeine Planung. Vielfach wird darauf hingewiesen, daß es auf diese willkürliche Art nicht weitergehe, weil dadurch abermals unüberschaubare und unerwünschte Zustände entstehen könnten. Ferner müsse dem Verschmutzungsproblem die größte Aufmerksamkeit gewidmet werden. Bisher seien nämlich gerade einige Industrien, die ihren Standort in entfernten Gebieten haben, die allergrößten Sünder auf diesem Gebiet gewesen. Premierminister Tanaka beabsichtigt, mit seinem vieldiskutierten Plan Ordnung in die weitere Entwicklung zu bringen.

Bei alldem muß man in zunehmendem Maße mit der Volksstimmung rechnen. Natürlich gibt es in Japan, wie überall, apathische Menschen, die mit dem Argument »es geschieht ja doch nichts« meinen, es habe nicht viel Sinn zu protestieren. Trotzdem entstehen, wie erwähnt, immer mehr Protestgruppen. Daher spielen die Umweltschutzfragen bereits eine Rolle in der Lokalpolitik. Die Regierung hat um so mehr Grund aufzuhorchen, als viele Japaner die Schuld für die Verschlechterung der Verhältnisse nur der Industrie und der von dieser beeinflußten Regierung in die Schuhe schieben. Sofort heißt es dann, die »Ausbeutung durch die Kapitalisten« sei für die Misere verantwortlich. Wer auch immer das behauptet, vergißt, daß das Volk selbst mit Schuld trägt. Jedenfalls muß die Regierung Maßnahmen ergreifen, um der einseitigen Polemik der Linken, die nur teilweise berechtigt ist, entgegenzutreten. Die Wahlen vom Dezember 1972 waren ja bereits eine Warnung.

Im Zusammenhang mit den Umweltschädigungen sind schon seit Jahren Prozesse geführt worden, von denen einige von den Geschädigten gewonnen wurden, andere in Kompromissen endeten. Seit 1971 ist es, infolge der Opposition der betroffenen Betriebsgewerkschaften, auch schon zur Schließung von im Aufbau befindlichen Fabriken gekommen. In einem Fall hat eine Firma, die Tetraäthyl-Blei herstellen wollte, den Bau der neuen Anlage abgebrochen, weil die Arbeiter und die Anwohner gegen die damit verbundenen Bleivergiftungen protestierten. Die Firma hatte

bereits Unkosten von über 50 Millionen Franken gehabt[12]. Kein Zweifel, daß die Protestaktionen des Volkes hier und da bereits ihre Wirkung getan haben.
Die Japaner sind sich nicht nur der gesundheitsgefährdenden Umweltverschmutzung bewußt geworden, sondern auch, wie bereits erwähnt, in steigendem Maße der Verschandelung ihrer Landschaft. Gab es schon seit einiger Zeit einzelne Gruppen, die den »Touristendreck« aufräumten, so wurde im Sommer 1972 in Tokyo eine große, von verschiedenen Vereinigungen getragene Organisation gegründet, die sich auf Englisch »Keep Japan Beautiful Council« nennt. Die Anregung geht auf eine entsprechende amerikanische Organisation zurück. Dieser »Council« ist die erste umfassende Vereinigung von Freiwilligen, deren Ziel es ist, den Sinn für die Schönheit und Sauberkeit der japanischen Inseln wachzuhalten und die japanische Sucht, bekannte Ausflugsorte und Meeresstrände in Abfallhaufen zu verwandeln, bekämpfen soll. Endlich! Sicherlich werden sich die Japaner auf die Dauer nicht damit zufrieden geben, daß Japan vollends zum dreckigen und stinkenden Hinterhof Asiens wird.

Die Japaner haben bisher nicht nur ihre Luft, ihre Gewässer sowie ihre Erde verschmutzt und ihre Landschaft verschandelt, sie sind auch recht unbesorgt mit den kargen Naturschätzen umgegangen, die ihnen zur Verfügung stehen. Daß Japan, ähnlich wie die Schweiz, äußerst wenig Rohstoffe besitzt, ist bekannt. Aber man sollte doch meinen, daß es in diesem regenreichen Lande wenigstens genug Wasser gibt. Nicht einmal das ist der Fall, weil der an und für sich schwierige Wasserhaushalt der bergigen Inseln zu leichtsinnig ausgebeutet wurde. Nicht nur die Landwirtschaft und die Haushalte brauchen Wasser, sondern vor allem die Industrie, die ja im Verhältnis zum Umfang des Landes gewaltig ist. Das Regenwasser wird in Japan geradezu verschwendet. Die japanischen Flüsse sind nicht eigentlich Ströme, sondern eher Bergbäche. In der Trockenzeit kann man in vielen steinernen Flußbetten, in denen ein kleines Rinnsal fließt, spazieren gehen. Wenn es regnet, stürzen tosende Wassermassen, die oftmals über die Ufer treten, von den Bergen herab. Diese Wassermassen werden meist nicht aufgefangen, sie fließen nutzlos ins Meer. Das Bauministerium hat im Sommer 1971 bekanntgegeben, daß spätestens 1985 eine verheerende Wasserknappheit in den industriellen und städtischen Ballungszentren eintreten werde, besonders im Tokyo-Gebiet. Es seien Riesensummen erforderlich für neue Dämme, Flußregulierungen, Reservoirs und künstlichen Seen. (Sogar von der Entsalzung von Meerwasser ist die Rede.) Die Unkosten würden bewirken, daß das Wasser in Japan pro Tonne dann zwanzigmal so teuer sein wird, wie in den Vereinigten Staaten! Für das Wasser werden also in Japan, ebenso wie bei der Umsiedlung der Industrien, nachträglich enorme Ausgaben notwendig sein.

Als Premierminister Kakuei Tanaka im September 1972 in Peking weilte, besuchte er auch die Große Mauer. Bei dieser Gelegenheit erklärte ihm Tschou En-lai, daß die Mauer 6000 Kilometer lang sei und fügte hinzu: »Ich höre, daß Sie in Ihrem Lande Schnellstraßen in der Länge von 6000 Kilometern bauen wollen.« Tanaka erwiderte, daß die Schnellstraßen nach ihrer Vollendung im Jahre 1985 9000 Kilometer lang sein würden. Es gäbe Leute in Japan, die meinten, dieser Plan habe trübe Aussichten. Der Besuch der Großen Mauer habe ihm aber die Gewißheit verliehen, daß er Japan umstrukturieren könne. Prahlerei des Herrn Tanaka? Ein wenig gewiß – aber die Chinesen mußten ja schon oft genug über die Leistungen der »Zwerge« von den Japanischen Inseln staunen.
Kakuei Tanaka, 1918 als Sohn eines armen Bauern geboren, hat sich aus eigener Kraft hochgearbeitet. Tanaka hat keine höhere Schule oder Universität besucht. Im Alter von 16 Jahren kam er als Bauarbeiter nach Tokyo, wo er neben der Arbeit an Abendkursen teilnahm, um seine Bildung zu vervollkommnen. Schon mit 19 Jahren hatte er ein eigenes Baubüro. Im Jahre 1947, im Alter von 29 Jahren, wurde er Mitglied des Parlaments. Seitdem bekleidete er wichtige Posten im Rahmen der Liberal-Demokratischen Partei und leitete in relativ jungen Jahren die beiden wichtigsten Ministerien, das Finanz- und das Wirtschaftsministerium, bevor er im Juli 1972 japanischer Regierungschef wurde. Tanaka ist gescheit und kontaktfreudig und besitzt zudem ein so gutes Gedächtnis, daß er »Herr Computer« genannt wird. Er ist durch seine Baugeschäfte und wahrscheinlich auch durch Grundstücksspekulation ein reicher Mann geworden, was von der Linken natürlich gern angeprangert wird. Er ist mit seinen 54 Jahren einer der jüngsten Premierminister, die in Japan je dieses Amt innehatten.
Sein im Juni 1972 erschienenes Buch mit dem Titel »Die Umgestaltung der Japanischen Inseln« stand viele Monate lang auf der Bestsellerliste. Das Buch ist wichtig und grundlegend, weil es, was ja in Japan relativ selten ist, einen umfassenden Plan enthält. Einzelne seiner Vorschläge standen zwar schon früher zur Diskussion, was zum Teil von ihm selbst angeregt worden war. Es gab vor einigen Jahren auch schon ein oder zwei umfassende Programme. Aber seine Zusammenfassung, in der ältere und neue Ideen zu einem Leitfaden verarbeitet sind, wirkte dennoch wie eine Sensation. Es ist natürlich nicht möglich, vorauszusagen, inwiefern oder wieviel vom Tanaka-Plan verwirklicht werden wird. Jedenfalls wird manches im praktischen Verlauf der Dinge geändert werden. Wenn ich hier kurz auf den Plan eingehe (der ja ein ganzes Buch umfaßt), so geschieht dies nicht zuletzt, weil er eine gute Übersicht über die gewaltigen Probleme vermittelt, denen das Inselland heute gegenübersteht. Sie sind auch ein Bestandteil des Themas »Die Japaner und die Natur«. Man darf sich natürlich nicht vorstellen, daß infolge der Sensation, die der Plan

auslöste, nun etwa die gesamte Wirtschaftspolitik umgestülpt würde. Es wäre ebenso einseitig, jetzt nur noch an die Umgestaltung zu denken, wie es einseitig war, sich nur auf das Bruttosozialprodukt zu konzentrieren. Japans Wirtschaft muß weiterwachsen – wie sonst sollen die schwindelerregenden Geldmittel, die für die Umstrukturierung nötig sind, aufgebracht werden? Es wird viele Jahre dauern, bevor sich der Tanaka-Plan richtig auswirken kann. Japan hat nach wie vor mit bedeutenden wirtschaftlichen Problemen zu tun: mit der Anpassung an den Welthandel, mit der Liberalisierung, den Zahlungsbilanz-Schwierigkeiten, dem Währungsproblem, der Sicherstellung der Rohstoffversorgung und anderem mehr. Japans wirtschaftliche Macht wird weiterhin anwachsen, allerdings nicht mehr so rasch wie bisher.

Ich will hier nur einige Aspekte des Tanaka-Plans herausgreifen. Eine Zusammenfassung, die von der Deutschen Industrie- und Handelskammer in Japan verfaßt wurde, befindet sich am Ende dieses Buches.

Im Tanaka-Plan werden die Japanischen Inseln als eine Landschaft aufgefaßt, in der viele mittelgroße und kleine Siedlungen mit ihren Industrien verstreut liegen und durch ein weiterhin auszubauendes Verkehrssystem miteinander verbunden sind. Der Unterschied zwischen Stadt und Land, so wie er heute besteht, soll dabei ausgeglichen werden. Alle Japaner sollen von der Zusammenpferchung in den Ballungszentren und von den Umweltschäden verschont werden, allen sollen die gleichen Lebensbedingungen geboten werden.

Zu diesem Zweck ist die Gründung neuer Städte mit nicht mehr als 200 000, höchstens 300 000 Einwohnern geplant. In den kommenden Jahren sollen 60–80 neue Städte gebaut werden. Staat, Gemeinden und private Wirtschaft sollen dabei unter einheitlichen Gesichtspunkten zusammenarbeiten. In diese neuen Siedlungsgebiete sollen Industrien und andere Wirtschaftszweige eingebettet werden. Heute werden 75 Prozent an der pazifischen Küste produziert, im Jahre 1985 sollen es nur noch 50 Prozent sein. Das Ziel ist also realistisch: Von einer Totalumstrukturierung, die unmöglich wäre, ist nicht die Rede, jedoch wird eine wesentliche Verbesserung der Verhältnisse angestrebt.

Das Werksgelände, das durch die geplanten Umsiedlungen frei wird, will man in Parkanlagen, Sportplätze und Erholungszentren umwandeln. Planziel ist, daß die Menschen nahe ihren Arbeitsplätzen wohnen sollen und nicht mehr lange Zeit täglich in den Verkehrsmitteln vergeuden müssen oder mit ihren Privatautos zu den Verkehrsstockungen beitragen.

Hier sei ein Moment Halt gemacht. Haben wir nicht schon einmal von ähnlichen Gedanken gehört? Sie kamen aus China. Dort wurden die Industrien, soweit wie möglich, in den letzten Jahren dezentralisiert; die ländlichen Volkskommunen haben bis zu einem gewissen Grade eigene Industrien aufgebaut, und große industrielle Komplexe mit ihren nahe-

gelegenen Arbeitersiedlungen betreiben eigene Landwirtschaften. Auch in der Sowjetunion ist früher schon der Begriff der Agrostädte aufgetaucht. Zwar will Tanaka keine ländlichen Volkskommunen mit eigenen Industrien schaffen und ebensowenig plädiert er dafür, daß Industriekomplexe in entlegenen Gebieten ihre eigene Landwirtschaft betreiben sollen, aber wie die chinesischen Kommunisten setzt er sich für die Dezentralisierung ein und auch dafür, daß der Unterschied zwischen Stadt und Land immer geringer werden soll. Man weiß nicht, ob Tanaka von Mao Tse-tung angeregt wurde. Wahrscheinlich nicht. Seine Vorschläge haben sich wohl aus der in Japan gegebenen Situation ergeben. Trotz einer gewissen Ähnlichkeit der Auffassungen sind eben die Verhältnisse in dem kleinen Japan und in dem riesigen China ganz verschieden. Aber beachtenswert ist es doch, daß Gedanken zu einer Umstrukturierung in einem bei uns kaum faßlichen großen Maßstab zugleich von diesen beiden im übrigen so verschiedenen ostasiatischen Nationen kommen.
Es ist aufschlußreich, daß Premierminister Tanaka für eine neue zentrale Regierungsorganisation zur Erschließung des Landes bei gleichzeitiger Stärkung der Gemeindeverwaltungen eintritt. Die Gemeindeverwaltungen sollen erweitert werden und mehr Selbständigkeit erhalten. Die Regierung soll die allgemeinen Richtlinien bestimmen, in deren Rahmen sich die Gemeinden den örtlichen Verhältnissen anpassen und selbständig vorgehen können. Hier finden wir die im siebten Kapitel angedeutete Tendenz wieder, nämlich das Zusammenspiel einer »Autorität von oben« mit einer (echt japanischen) »Demokratie von unten«.
Für die Finanzierung des kühnen Projektes sind verschiedene Maßnahmen (Reform des Finanz-, insbesondere des Steuerwesens, Anleihen, Spezialfonds) vorgesehen, die in der Zusammenfassung des Tanaka-Planes am Schluß dieses Buches erläutert werden. Unter den steuerlichen Maßnahmen, welche die Dezentralisation und die lokale Erschließung fördern sollen, sei die sogenannte Strafsteuer erwähnt[13]. Es ist geplant, in Gebieten, aus denen die Industrien vertrieben werden sollen, den dort bleibenden Werken eine Steuer von 500 Yen (ca. 6–7 Franken) pro Quadrameter Boden aufzuerlegen. Wer in diesen Gebieten eine neue Fabrik baut oder seine Anlage erweitert, muß eine Strafsteuer von 2000 Yen pro Quadratmeter zahlen. Man erwartet, daß diese Steuer im Laufe der Jahre erhöht, ja sogar verzehnfacht wird, so daß sich schließlich ein Verbleiben finanziell kaum mehr lohnt. Andererseits sollen Betriebe, die umgesiedelt werden, Subventionen erhalten.
Ein dorniges Problem für die Volkswirtschaft stellen das Privateigentum an Grund und Boden und die Bodenspekulation dar. Natürlich wird behauptet, daß große Baufirmen sowie industrielle und andere Unternehmungen, zum Teil schon im Hinblick auf den Tanaka-Plan, längst Boden in entfernten Gebieten aufgekauft und damit die Bodenpreise in

ganz Japan zu Rekordhöhen hinaufgetrieben hätten. Bestimmt ist dies mancherorts geschehen. Da aber der Tanaka-Plan, nachdem sein Autor den Posten des Regierungschefs erhalten hat, heute als offizielle Politik des Landes gilt, muß die Regierung eingreifen, wenn sie das Programm nicht von vornherein in Frage stellen will. Daß die oppositionelle Linke in diesem Zusammenhang auf Skandale lauert, ist klar. Da es in Japan seit dem Kriege üblich war, eine geradezu ängstliche Rücksichtnahme auf die Rechte der privaten Landeigentümer zu nehmen, liegt hier ein schwieriges Problem. Allerdings ist in den letzten Jahren schon wiederholt die Frage gestellt worden, ob der private Landbesitz nicht strengeren Restriktionen unterworfen werden müsse, damit es dem Staat erleichtert wird, Land für den öffentlichen Gebrauch zu erwerben. Diese Frage wurde zum Beispiel im Weißbuch des Bauministeriums vom Sommer 1970 angeschnitten. Dem Tanaka-Plan zufolge soll ein Fachausschuß für Boden und Grundstücksfragen gebildet werden. Dieser Ausschuß soll für eine angemessene Bodennutzung sorgen und das Recht erhalten, Enteignungen anzuordnen und einheitliche Grundstückspreise zu bestimmen. Einige ausländische Beobachter in Japan sind im Zusammenhang mit dem Kampf gegen die Bodenspekulation und gegen die Umweltschäden der Meinung, die dort in Erinnerung an frühere Zeiten bestehende »Scheu vor der Autorität« müsse überwunden werden, bevor wirklich wirksame Maßnahmen ergriffen werden können. Das mag richtig sein, aber die Beratungen und Erörterungen sind noch im Gange, was bei dieser verzwickten Frage wohl begreiflich ist. Jedenfalls sind die Bodenpreise letzthin in dermaßen dramatischer Weise in die Höhe geklettert, daß wohl demnächst mit drastischeren Maßnahmen gerechnet werden muß.
Was die Umsiedlung der Industrien betrifft, so sei noch vermerkt, daß im Tanaka-Plan zwischen relativ »harmlosen« und besonders umweltverschmutzenden Industrien (Stahlwerke, Erdölraffinerien, einige chemische Betriebe u. a.) unterschieden wird. Letztere sollen in entlegenen und dünn besiedelten Regionen errichtet werden oder in überseeischen Gebieten, wo mehr Raum vorhanden ist. Das setzt eine gesunde Zusammenarbeit mit anderen Ländern, vor allem wohl mit den südostasiatischen voraus, die für beide Seiten zufriedenstellend ist. Der Tanaka-Plan in seiner Gesamtheit läßt sich also nur verwirklichen, wenn die friedliche Außenpolitik Japans glaubwürdig bleibt.

Die Kritik der Oppositionsparteien am Tanaka-Plan ist sehr scharf. Trotz der großen Popularität, die der Regierungschef anfänglich genoß, hat sich das Volk, wie das Wahlresultat vom Dezember 1972 anzuzeigen schien, diese Kritik teilweise zu eigen gemacht. Die Opposition ist natürlich schon allein deswegen gegen den Plan, weil er von einem konservativen Premierminister stammt. Abgesehen davon, daß die Linke meint, der Plan diene nur der Bereicherung der Großkapitalisten, zum Beispiel durch die Bodenspekulation, verficht sie die These, durch die Dezentralisation werde die allgemeine Verschmutzung auf ganz Japan ausgedehnt. Übrigens warnen auch andere Kreise vor dieser gefährlichen Möglichkeit. Dabei wird übersehen, daß die Regierung gleichzeitig die Umweltschutzmaßnahmen zu verstärken gedenkt. Im übrigen ist die Kritik ziemlich steril, denn die japanische Linke, die auf diesem Gebiet hinterherhinkt, obwohl sie sich für progressiv hält, hat bisher selbst keine umfassenden Vorschläge oder Gegenvorschläge vorgelegt. Eine ernstzunehmende Kritik, die aus Wirtschaftskreisen kommt, ist der Hinweis auf die Gefahr einer Beschleunigung der Inflation. Auch die Finanzierungsmöglichkeiten werden, was begreiflich ist, mit Skepsis betrachtet. Ganz allgemein läßt sich darauf entgegnen, daß der wirtschaftliche Aufstieg Japans in den beiden letzten Jahrzehnten dauernd pessimistisch beurteilt wurde, ja, eine solche skeptische Beurteilung schon seit der Eröffnung des Landes im vorigen Jahrhundert bestanden hat. Und die Inflation? Das moderne Japan hat eigentlich nie ohne sie gelebt, die Inflation ist auch schon seit hundert Jahren, wenn auch nicht mit so raschen Schritten auf dem Marsch. Und stets sind die Japaner nicht nur mit ihren Krisen fertiggeworden, sondern haben ihr Land auch weiterhin entwickelt.

Jedenfalls glaube ich, daß es unseriös ist, von vornherein über die geplanten »Tanakavilles« nur zu spötteln. Wieder muß ich an China denken. Wie ist vor 15 Jahren über Mao Tse-tungs »utopische« Volkskommunen gehöhnt worden! Nach einigem Auf und Ab und nach schweren Krisen bestehen sie heute als eine nützliche und wertvolle Organisationsform des neuen China. Bestimmt wird es auch im Laufe der kommenden Jahre bei der Verwirklichung des Tanaka-Plans manchmal krisenhaft zugehen. Aber nicht auf die großen Schwierigkeiten, sondern auf das Resultat kommt es an. In Japan sind schon früher erstaunliche Dinge geschehen – warum sollte es keine Wiederholung geben? Als sich Japan vor hundert Jahren mit großen Schritten modernisierte, galt es auch, das Feudalsystem abzuschaffen. Damals haben sich Japans Feudalfürsten mit der »respektvollen Bitte« an die neu eingesetzte Kaiserliche Regierung gewandt, ihnen ihre Ländereien wegzunehmen. Dem Wunsche wurde entsprochen; die solchermaßen ihrer Einnahmen beraubten großen Feudalherren erhielten finanzielle Zuwendungen, aber keine hohen und nur für einige Jahre. Auch anderthalb Millionen Samurai, die damals ihrer Vorrechte als Kriegerkaste verlustig gingen, haben ihr Los opferwillig ertragen. Die Tüchtigsten vermochten sich mit der Zeit durchzusetzen und sind sogar im neuen Japan führend gewesen, andere aber gerieten an den Bettelstab. Das alles ging ohne Revolution vor sich. Ich glaube, daß dieser Geist heute noch lebendig ist.

Japan hat, wenn es vernünftig besiedelt wird, Platz für mehr Einwohner als es heute hat. Lange schon mußte man sich, wenn man in Japan umherreiste, fragen, warum die Berggebiete und auch die Gebiete an der Westküste so wenig entwickelt und verhältnismäßig dünn besiedelt waren. Die Japaner gingen bisher sozusagen immer nur den Weg des geringsten Widerstandes. Mit den heutigen technischen Mitteln könnten die Berggebiete sicherlich besser ausgenützt werden. Auf diese Weise würde Japan auf einmal »viel größer«. Ich erinnere mich daran (und habe seinerzeit auch in der »Frankfurter Zeitung« darüber geschrieben), daß ich 1936, also vor 37 Jahren, der Meinung war, daß auf der großen Nordinsel Hokkaido, die zu dieser Zeit 2,5 Millionen Einwohner hatte, Raum für 10 Millionen Menschen vorhanden sei. Dabei behaupteten die Japaner damals, sie wären »ein Volk ohne Raum«. Die Japaner siedelten nicht gern auf Hokkaido, weil es ihnen dort zu kalt war und der Reisanbau nur beschränkt möglich ist. Im Jahre 1970 hatte die Nordinsel 5,3 Millionen Einwohner. Hokkaido (87 000 Quadratkilometer) ist größer als die Schweiz (41 000 Quadratkilometer) mit ihren hohen Schneebergen und Gletschern, die es weder auf der japanischen Nordinsel noch sonstwo in Japan gibt. Die viel kleinere Schweiz hatte 1970 6,27 Millionen Einwohner. Daraus darf man wohl schließen, daß auf Hokkaido immer noch Platz für mehrere Millionen Menschen ist. Dies nur als Beispiel. Außerdem kommt die Neulandgewinnung durch Aufschüttungen in den Küstengebieten hinzu. Nicht nur in der Tokyo-Bucht, auch anderswo an der Ostküste sind Aufschüttungen in gewaltigem Ausmaße im Gange. Es wird sogar für möglich gehalten, daß der Flächeninhalt des Neulandes, das Japan auf diese Weise dem Meere abringen will, in einigen Jahrzehnten der Größe der Schweiz entsprechen könnte. Doch dies klingt wie ein Traum, denn die Kosten wären enorm.

Japan, so möchte ich abschließend sagen, hat immer noch Entwicklungsmöglichkeiten. Dabei kann auch der Natursinn der Japaner berücksichtigt werden. Es ist nicht notwendig, daß dieses Volk in seinen häßlichen und ungesunden Großstädten und Industriegebieten degeneriert.

x Begabung für die »Massengesellschaft«

Die Japaner sind gesellig, neugierig und gesprächig. Sie verabscheuen die Einsamkeit, die für sie ein großes Unglück bedeutet. Wenn mich ein gewöhnlicher Japaner fragt, wie viele Kinder ich hätte und ich ihm darauf antworte, ich sei unverheiratet, dann drückt sein Antlitz tiefes und inniges Bedauern aus: »Wie schrecklich! Sie müssen sehr einsam sein. Ich verstehe nicht, daß Sie das aushalten.« Diese Reaktion beruht nicht nur darauf, daß die Japaner Familienleben und Kinder als etwas Selbstverständliches empfinden, sondern vielmehr auch auf der Furcht vor dem Alleinsein. Das geht so weit, daß ein japanischer Professor erklärt hat, zur Bekämpfung der Einsamkeit in den Großstädten seien »Einrichtungen wie Klatschgesellschaften und Hausgemeinschaften außerordentlich nützlich«[1]. Ich habe in Zürich von diesem japanischen Professor mit seinen Klatschgesellschaften erzählt, stieß aber nur auf ablehnende und befremdete Mienen. Aber Klatsch ist ja nicht nur etwas Böses, er kann auch eine warme Anteilnahme am Schicksal der Mitmenschen bedeuten. Natürlich gibt es in Japan genug üble Nachrede, doch im allgemeinen handelt es sich beim Klatsch um die Neugier am mitmenschlichen Geschehen. Man kann auch sagen: Klatsch verbindet die Menschen. Man schaue sich einmal anstatt nur die an den Straßenecken schwatzenden Hausfrauen die japanischen Magazine und Wochenschriften an! Sie sind voll von Klatschgeschichten über bekannte Persönlichkeiten, im allgemeinen wird einfach unterhaltsam berichtet, sozusagen ganz ohne Sinn und Moral.

Der Klatsch ist in positiver und negativer Hinsicht eine Mischung aus dem japanischen Drang nach Geselligkeit und der Furcht vor der Einsamkeit. In krassem Widerspruch dazu steht die meditative Haltung der Japaner und ihre Fähigkeit zur Verinnerlichung. Es scheint, als rufe das eine Extrem das andere hervor. Die Japaner, seit Jahrhunderten zu Hause von vielen Familienmitgliedern umringt (die Räume sind nur getrennt durch Papierschiebetüren) und an ihren Arbeitsplätzen umgeben von Arbeitskameraden, haben oftmals das Bedürfnis, zu sich selbst zu kommen und sich zu besinnen. Sie tun das in den Tempeln (bei uns sind die Zenbuddhistischen am bekanntesten), in der einsamen Natur, bei der nachdenklichen Betrachtung ihrer winzigen Gärten (diese sind nämlich nur zur Betrachtung, nicht aber zum Betreten da) oder in ihren privaten, ganz einfachen Teehütten (falls sie Geld genug dafür haben). Manche bringen es auch fertig, zu Hause nachzusinnen und zu meditieren. Dabei sind sie imstande, nichts von dem zu sehen und zu hören, was um sie herum vorgeht. Nun ist es natürlich nicht so, daß alle Japaner im wahren Sinne des Wortes »meditieren«, wie das etwa bei der Zen-Meditation getan wird. Das muß in langen Jahren gelernt und geübt werden und geschieht im allgemeinen nur in den gebildeten Schichten. Aber auch die einfachen Japaner besitzen eine Begabung für tiefe Besinnlichkeit. Bauern und Fischer sitzen zweilen in aller Stille am Rande des Reisfeldes im kleinen Tal oder auch am Meeresufer, die Augen offen, aber ohne eigentlich etwas zu sehen. Sie erleben auf ihre Weise das Wesen und die Vergänglichkeit der Welt.

Die Japaner haben zwar ein Bedürfnis nach Kontemplation und gelegentlichem Alleinsein, sind aber nie echte Einsiedler gewesen. Das Alleinsein ist für diese Inselbewohner mit ihrem Realitätssinn, ihrer Freude an der Aktivität und ihrer hohen Wertschätzung der Menschlichkeit vor allem eine Erholungs- und Besinnlichkeitspause und im allgemeinen nicht mehr als das. Es hat japanische Einsiedler gegeben, buddhistische und andere, die zurückgezogen in der Natur lebten. Doch der bereits wiederholt erwähnte Hajime Nakamura sagt von ihnen: »Sie fühlten sich nicht nur zur Natur hingezogen, sondern bewahrten in ihrem Herzen einen warmen Platz für Gefährten und sehnten sich auch während ihrer Einsiedlerzeit ständig nach Mitmenschen.«[2] Basho, der berühmte Dichter der Kurzgedichte (haiku), der allein durch Japan wanderte und alle Besucher abwehren wollte, klagte darüber, daß er in einer Mondnacht oder an einem Morgen, wenn es schneit, eben doch Sehnsucht nach Gefährten habe. In den Erzählungen aus früherer Zeit kommen häufig Japaner vor, die der bösen Welt entsagen und in den Bergen hausen oder umherwandern, aber trotzdem gelegentlich die Städte besuchen, um dort das Neueste zu hören und sich im Kreise von Gefährten ein Gläschen Wein zu genehmigen. Trotz des Verlangens nach Stille, Schweigen und Kontemplation bedeutet das Alleinsein für die Japaner auf die Dauer nichts anderes als Trübsal blasen. Säulenheilige, konsequente Eremiten oder ausgemergelte Heilige wie in Indien hat es in dem Insellande nie gegeben.

Wenn wir uns mit den Japanern und dem Großstadtleben beschäftigen, müssen wir an beide Seiten ihres Charakters denken, an das Bedürfnis nach menschlichem Umgang und an die Fähigkeit, sich zu besinnen, selbst wenn sie vom Getriebe umgeben sind. Diese letzte Fähigkeit scheint mir für das Leben in übervölkerten Ballungszentren besonders wichtig. Elisabeth Gössmann, die mehrere Jahre in Japan als Universitätsdozentin tätig war, ist eine der wenigen, die darüber nachgedacht haben[3]. Sie schreibt: »Diese Gabe des praktischen Vereinbarens von meditativer Haltung und nüchternem Realitätssinn ist das Geheimnis der heutigen Japaner, woran die Ausländer soviel herumrätseln. Vielleicht ist diese, die Individualität schützende, aber nicht individualistische Innerlichkeit auch dasjenige, was die Anfälligkeit der Japaner für den Kommunismus mindert ... Japaner brauchen die Innerlichkeit und wehren sich gegen jede propagandistische Veräußerlichung.« Elisabeth Gössmann glaubt daher, daß Japan uns in der modernen Welt »soziologisch überrunden« wird.

Damit hat sie das Kernproblem genannt, das hier behandelt werden soll. Zu diesem Zweck muß versucht werden zu klären, was die Japaner unter Persönlichkeit verstehen. Was könnte Elisabeth Gössmann meinen, wenn sie von der »die Individualität schützende, aber nicht individualistische Innerlichkeit« spricht? Darauf soll am Schluß dieses Kapitels eingegangen werden. Zunächst sollen einige andere Aspekte des komplexen Themas über die Japaner und die Industriegesellschaft erörtert werden.

Heutzutage wird viel von »Massenmenschen« und »Massengesellschaft« gesprochen. Das sind westliche Begriffe, die aus unseren Verhältnissen hervorgegangen sind. Trotzdem werden sie von manchen Japanern, die sich einseitig an der westlichen Soziologie orientiert haben, etwas kritiklos auf Japan angewendet, während andere Japaner diese Begriffe für ihr Land ablehnen. Vorsicht ist also geboten, wenn von Japan und der Massengesellschaft die Rede ist. Allerdings wird das englische Wort »mass« heutzutage von den Japanern häufig verwendet, etwa wenn sie von »massu edu« (mass education) oder dergleichen sprechen. Aber mit »massu« meinen sie gewöhnlich nur eine große Zahl, sie benützen das Wort also ohne psycho-soziologische Implikationen.

»Massengesellschaft« steht bei uns im Gegensatz zur freiheitlich-bürgerlichen Gesellschaft, die den Individualismus zur Voraussetzung hat. Der Ausdruck soll bedeuten, daß die Individuen durch die Massengesellschaft eingeengt oder vergewaltigt werden. Anders ausgedrückt: Eine in Individuen atomitisierte Gesellschaft wird von der Kraft der Masse und der Massenideologie überrannt. Extreme Beispiele sind der Kommunismus und der Faschismus. Bürgerliche und marxistische Wissenschaftler gehen dabei im Westen gewöhnlich von der gleichen Grundlage aus: Sie sehen immer nur das Individuum im Gegensatz zur Gesellschaft oder eben zur Masse.

In Japan hat es aber nie Individuen in unserem Sinne gegeben. Die Japaner sind Gruppenmenschen. Die japanische Nation wurde – und zwar schon sehr früh – aus Gruppen zusammengeschweißt. Ein Japaner, der sich nicht als Individuum in unserem Sinne empfindet und den westlichen Individualismus ablehnt, ist deswegen noch lange kein Massenmensch. Er hat andere Bindungen, die der Massengesellschaft widersprechen und widerstehen. Er fühlt sich wohl im Rahmen einer Gruppe und ihrer Besonderheiten.

Das ist die Ausgangssituation im heutigen Japan. Die Gruppentradition ist praktisch und psychologisch noch sehr stark. Deswegen muß man bei der Beurteilung der soziologischen Verhältnisse in dem Insellande vorsichtig sein. Es gibt nämlich heute auch eine Tendenz zur Massengesellschaft in unserem Sinne. Die Entwicklung ist, wie vieles im derzeitigen Japan, vielschichtig und kompliziert. Fast alle ausländischen Beobachter sind, ganz zu Recht, einigermaßen ratlos in ihrem Urteil. Zu all dem gesellt sich noch die Fähigkeit zur Verinnerlichung. Aber soviel kann man wohl sagen: Die japanische Industriegesellschaft sieht anders aus und wird auch in Zukunft anders aussehen als die unsrige.

Zuerst sei die Gruppenmentalität und die Gruppenstruktur skizziert und sodann der Trend zur Massengesellschaft.

Die anfangs betonte Furcht vor der Einsamkeit und das Bedürfnis nach menschlichem Umgang hängen selbstverständlich mit der Gruppenbildung zusammen. Das heißt, zunächst haben existente Gruppen durch Gewohnheit und Tradition eine Gruppenmentalität erzeugt. Die japanische Auffassung der »menschlichen Verknüpfung« (siehe S. 36 ff) besagt ja, daß die Funktion an sich das Wichtigste ist, nicht die Menschen, die sie ausüben oder von ihr betroffen werden.

Die ersten Gruppen sind organisch erwachsen, vor allem die Großfamilien und die Dorfgemeinschaften. Bis zum heutigen Tage gehen manche japanische Organisationstypen auf diese Urformen zurück. Später entstanden in den Städten Nachbarschaftsvereinigungen und gewerbliche Innungen mit leichten Abarten. In der Feudalzeit (von ca. 1200–1868) kamen die Gruppen der Feudalherren mit ihrer Gefolgschaft hinzu.

Die Dorfgemeinschaften sind heute durchlöchert. Die zurückgebliebenen Dorfbewohner (sehr viele sind ja in die Städte abgewandert) gehen nämlich häufig einem Nebenerwerb in der näheren oder weiteren Umgebung nach. Sie sind daher zeitweilig abwesend und gehen auf ihren Arbeitsplätzen neue Bindungen ein. Deshalb sind, politisch gesehen, größere lokale Distrikte heute wichtiger als die Dorfgemeinschaften. Aus ähnlichen Gründen sind die Nachbarschaftsvereinigungen in den Städten immer schwächer geworden. Wer in einer Mietskaserne wohnt, in der die Familie ja nicht seit Jahrzehnten gelebt hat, kennt seine Nachbarn kaum noch, und die Arbeitsplätze liegen verstreut.

In unserer Zeit gibt es viele neue Gruppierungen, die teilweise von großer Bedeutung sind. Es sei nur an das Cliquenwesen in den Regierungs- und Parteikreisen erinnert, über das man in fast jedem Japanbuch nachlesen kann, ferner an die Bürokratie, in der jedes Ministerium für sich eine höchst egoistische Gruppe darstellt. Hingegen bilden die politischen Parteien, außer in den Spitzengremien, keine Gruppen, sie sind zu lose organisiert. Eine Ausnahme bilden vielleicht die Kommunisten und die ultranationalistischen Verbände. Die letzteren besitzen aber heute keine große Bedeutung. Selbstverständlich gehören die großen Wirtschaftsbetriebe hierher, die ja, wenn sich die Verhältnisse auch allmählich ändern, eine Gruppenloyalität voraussetzen. Auch einige religiöse Sekten und Vereinigungen, die zum mindesten eine Teilloyalität fordern, bilden Gruppen. Die große Soka-Gakkai-Bewegung bildet dagegen keine Gruppe. Sie ist eher eine Massenbewegung.

Außerdem gibt es zahlreiche Gruppenbildungen auf dem Gebiete des altjapanischen und des modernen Sportes und der Kultur sowie neuerdings, wie wir sahen, große lokale Vereinigungen zur Bekämpfung der Umweltverschmutzung. Hans Schwalbe, der erwähnte Japankenner, spricht von der Vereinsmeierei der Japaner und meint, es gäbe nur wenige Länder auf der Erde, in denen sich die Menschen mit solcher Begeisterung und Loyalität zu kleinen Vereinen zusammenschließen: Zu Fotoklubs und Kurzgedicht-Gesellschaften, zu Vereinen der Go-Spieler und der Blumensteckkunst, der Karate- und Judo-Sportler, sowie der Liebhaber der Teezeremonie und des No-Spiels. Es gibt auch Vereine zur Züchtung von Chrysanthemen, Rosen und Zwergbäumen, solche zur Beobachtung der Vögel oder Affen in den Bergen und viele andere mehr. Typisch sind ferner die höchst straff organisierten Gruppen der radikalen Studenten und außerdem die ebenso straff organisierten Gangsterbanden. In Japan werden die Verbrechen meistens nicht von einzelnen Räubern und Totschlägern ausgeführt, sondern von Banden, mitunter von Einzelnen im Auftrag der Banden. Ich kann mich hier nicht weiter über die seltsamen japanischen Gangsterbanden auslassen, sondern möchte nur sagen, daß manche von ihnen ein offiziöses Dasein führen. Dies mag zum Teil daran liegen, daß die Banden, durch das Loyalitätsprinzip an ihren Boß gebunden, in ihrer Art zuverlässig sind: Sie sind diszipliniert, haben ihre eigenen Ehrbegriffe und ihre eigenen Spielregeln. Es kommt vor, daß sie politisch eine Rolle spielen, obwohl sie Schandtaten vollbringen. Wenn ein Mörder, der bei einer Messerstecherei umgekommen ist, begraben werden muß, sorgt seine Bande für eine feierliche Trauerveranstaltung mit buddhistischen Priestern und allem, was dazugehört. In einem Fall wurden letzthin 300 Kränze für einen verstorbenen Mörder gestiftet, und der Tempel war überfüllt. Mit Genehmigung der Polizei regelten dabei die Gangster, die ihre eigenen Uniformen trugen, die Absperrungen und den Verkehr selbst.

Überhaupt sind gerade auf kriminellem Gebiet Gruppenaktionen sehr häufig, zum Beispiel bei der Jugendkriminalität. Es ist selten ein Jugendlicher, es sind immer mehrere, die gemeinsam einbrechen, vergewaltigen oder unliebsame Kameraden foltern. Nicht nur bei der »Roten Armee« oder bei einigen radikalen Studentengruppen, über deren Grausamkeiten wir berichteten, ist das der Fall. Alles das ist schauerlich, aber es darf dabei nicht vergessen werden, daß in Japan relativ weniger Verbrechen geschehen als in andern Industriestaaten. Diesbezügliche Vergleichszahlen für Tokyo und New York wurden bereits angeführt (siehe S. 105). Bezeichnend für die Neigung zur Gruppenaktivität waren auch die Grausamkeiten, die von japanischen Soldaten von Nanking (1937) bis Manila (1945) begangen wurden. Fast immer wurden die Kriegsgreuel von ganzen Banden von Soldaten und Offizieren begangen. Nur in den aller-

seltensten Fällen wurde später herausgefunden, wer für diese Untaten verantwortlich gewesen ist.
Deshalb ist es in Japan manchmal – so war es auch bei den Kriegsverbrecherprozessen – kaum möglich, einen Schuldigen zu finden: Ein einzelner ist fast nie allein schuldig, die ganze Gruppe ist schuldig. Zuweilen gewinnt man den Eindruck, daß die meisten Japaner aus Verantwortungsscheu in die Gruppenaktivität fliehen. Sie wollen, handle es sich nun um Politik, Wirtschaft oder Verbrechen, nicht allein verantwortlich sein, sie fühlen sich sicherer, wenn sie mit andern gemeinsam handeln.
Mit dieser Einstellung hängt es auch zusammen, daß es in Japan so wenige berühmte Persönlichkeiten gibt. Der einzelne, sei er ein Premierminister oder irgendein »Boß«, ist eben nur der Repräsentant der Gruppe, ein Teil der Gruppe. Drängt sich ein begabter und fähiger Mann in Japan zu sehr in den Vordergrund, so ist das sehr gefährlich für ihn. Sofort versucht seine eifersüchtige Gruppe ihn niederzuhalten. Wenn ein solcher Mann wirklich sehr klug ist, bemüht er sich, nicht allzu überragend zu wirken oder seine Fähigkeiten zu kaschieren. Der prominente Japaner versinkt sozusagen in seiner Gruppe. Vergleichen wir in diesem Zusammenhang einmal Japan und China im 20. Jahrhundert: in China gibt es mindestens vier international bekannte Persönlichkeiten: Sun Yat-sen, Tschiang Kaischek, Mao Tse-tung und Tschou En-lai. Und in Japan? Vielleicht wird der eine oder der andere gebildete Europäer den Kaiser Meiji erwähnen. Aber das ist irreführend, denn dieser Herrscher, der nach dem nicht von ihm bewirkten Sturz des Tokugawa-Regimes mit 15 Jahren auf den Thron gesetzt wurde, war zwar eine kluge, aber keine besonders initiativreiche und führende Gestalt. Er war eher das Symbol seiner großen Periode, der Zeit, in der Japan erfolgreich in die Familie der Nationen eintrat. Die aufbauende Arbeit wurde von mehreren sehr bedeutenden Staatsmännern und Erziehern geleistet, die aber eben keine internationalen Berühmtheiten geworden sind. Ältere Menschen mögen sich auch noch an Admiral Togo erinnern, der 1905 die aufsehenerregende Seeschlacht von Tsushima gegen die Russen gewann. Das ist so ungefähr alles. Ich habe festgestellt, daß die meisten gebildeten und auch politisch interessierten Europäer nicht einmal mehr wissen, wer Shigeru Yoshida gewesen ist, der nach der Katastrophe von 1945 Japans Politik jahrelang mit Geschick leitete und damit den Grundstein zur heutigen bedeutenden Stellung des Insellandes gelegt hat. Adenauer war bezeichnenderweise, obwohl er nicht mehr geleistet hat als Yoshida und obwohl die Bundesrepublik heute hinter dem Wirtschaftsriesen Japan nachhinkt, international viel bekannter.

Aber damit ist die Erörterung der Gruppenmentalität der Japaner noch nicht beendet. Man kann, wenn man das Thema weit faßt, auch die traditionelle berufsständische Gliederung dazu rechnen. Die Japaner sind es gewohnt, sich als Berufsangehörige zu empfinden, nicht als Bürger. In der Feudalzeit gab es vier Hauptgruppen: Krieger, Bauern, Handwerker, Kaufleute. Die Krieger standen also an erster Stelle, die Kaufleute an letzter. Innerhalb dieser Klassen gab es Sondergruppen. Jeder Japaner hatte seinen besonderen Platz, sowohl in der Familie als auch in seinem Beruf, dem er, war er einmal ergriffen, treu bleiben mußte. Die Gesellschaft wurde als ein harmonischer Organismus aufgefaßt, der nur gedeihen konnte, wenn alle Teile die ihnen bestimmten Aufgaben erfüllten. Der Ehrgeiz des einzelnen Menschen blieb daher auf seine berufliche und standesgemäße Tätigkeit beschränkt. Ein Gärtner wollte der beste Gärtner sein, ein Schwertschmied der berühmteste von allen, ein Kaufmann der erfolgreichste Händler und ein Samurai der loyalste und tapferste Krieger. Der allgemein anerkannte amerikanische Japan-Kenner, Prof. Edwin O. Reischauer, verficht die These, daß der rasche Aufschwung Japans im 19. Jahrhundert zum Teil auf diese aus der Feudalzeit stammenden Gliederungen des japanischen Volkes zurückzuführen sei[4]. In China sei es der allgemeine Ehrgeiz gewesen, Mandarin, das heißt Beamter, zu werden. In Japan habe es für die meisten Berufsgruppen derartige politische oder bürokratische Ambitionen nicht gegeben und daher hätten die Japaner im Zuge der Modernisierung auf allen Fachgebieten so Vorzügliches geleistet. Tatsächlich hatte das japanische Volk mit Staatsgeschäften und Politik nichts zu tun. Dazu war auf Grund ihrer organischen Gesellschaftsauffassung die Regierung da, von der angenommen wurde, daß sie, wie ein jeder in seinem Berufe, ihr Bestes täte. Diese Auffassung ist auch heute noch häufig spürbar. Es mag im ersten Augenblick seltsam anmuten, aber hiermit hängt auch das hohe Bildungsniveau des japanischen Volkes zusammen. Schon zur Tokugawa-Zeit war, wie wir erwähnten, die Volksbildung in Japan wahrscheinlich weiter verbreitet als in Europa. Die Japaner hatten, im Gegensatz zu vielen Europäern, keine Angst vor der Volksbildung (vgl. S. 18), so fest war das Vertrauen, daß jeder Japaner sich an seinen Stand und Beruf halten und sich nicht um Dinge kümmern würde, die ihn nichts angingen. In Japan konnte man sozusagen alles lernen, nur nicht, wie man ein Bürger in unserem Sinne wird.

Die Tendenz, nur den eigenen besonderen Aufgaben nachzugehen, ist, wie gesagt, heute noch recht stark. Manchmal wird darauf hingewiesen, daß die Japaner das »am besten informierte Volk der Welt« seien und dabei wird auf das Riesenangebot der Fernsehdarbietungen, der Radiosendungen, der Millionenblätter und der Wochen- und Monatsschriften hingewiesen, deren Auflagen ebenfalls manchmal in die Hunderttausende gehen. Aber was wird denn davon gesehen, gehört und gelesen? Vor dem Fernsehkasten sitzt man vor allem, um sich zu unterhalten und um Kurznachrichten zu hören; der Radioapparat ist angedreht wegen der sentimentalen Lieder und Schlager und vielleicht auch der Nachrichten wegen. Wenn ein Japaner sich gründlicher über die Politik orientieren will, liest er die Zeitung. 90 Prozent des Informationsangebotes (Fernsehen, Radio, Zeitungen, Zeitschriften) werden aber, wie 1972 auf Grund einer Untersuchung festgestellt wurde, nicht beachtet, also gewissermaßen weggeworfen. Tatsächlich ist, wie ich immer wieder feststellen konnte, das Interesse für Politik nicht sehr verbreitet, abgesehen von lokalen Angelegenheiten, besonders in Verbindung mit den Umweltschäden.

Andererseits – und das ist entscheidend – verschlingen die Japaner alles, was mit ihrer speziellen Tätigkeit zusammenhängt. Daher haben sich im Lande des Wirtschaftswunders Wirtschaftszeitungen und -zeitschriften enorm entwickelt. Auf ihren Spezialgebieten, sei es Wirtschaft, Technik, Wissenschaft, Architektur, Landwirtschaft oder sonst etwas, sind die Japaner erstaunlich gut informiert. Es ist tatsächlich auf allen Gebieten so, sei es moderne Malerei, Städtebau, Literatur, Küchenrezepte oder Rosenzucht. Es hat mich zum Beispiel immer wieder beeindruckt, wie gut informiert und gelehrig die japanischen Bauern sind. Sie sind oft nicht nur auf eine, sondern auf zwei oder drei landwirtschaftliche Zeitschriften abonniert und beachten außerdem gewissenhaft die landwirtschaftlichen Nachrichten und Vorträge in Radio und Fernsehen.

Das Angebot der Massenmedien ist enorm, aber ein jeder pickt sich davon nur das heraus, was für ihn beruflich wichtig oder was unterhaltsam ist. Dies ist bis zu einem gewissen Grade überall der Fall, aber in Japan ist es besonders auffallend, gerade weil die Möglichkeit, Nachrichten, Auskünfte und Belehrungen zu erfahren, so überwältigend groß ist. Bei uns ist viel von der »transparenten Gesellschaft« die Rede, das heißt von der Forderung, daß insbesondere politische und wirtschaftliche Erörterungen, Entwicklungen und Entscheidungen jedermann zugänglich sein sollen. Das ist in Japan weitgehend der Fall. Dennoch ist das japanische Volk deshalb politisch nicht interessierter als andere Völker. In vielen wichtigen Fragen bleibt es ganz unbeteiligt, obwohl es sehr viel darüber erfahren könnte. Recht scharf, aber im ganzen treffend, hat sich einmal Oskar Pfenniger, ein jüngerer Schweizer, der einige Jahre lang ein internationales Studentenheim in Kyoto leitete, darüber geäußert. Er meinte in einer Rundfunkdiskussion mit mir: »Was die Informationen, das Informieren und das Informiertsein der Öffentlichkeit anbelangt, so bin ich der Meinung, daß es in ganz Ostasien – von uns aus gesehen – unterentwickelt ist. Traditionellerweise ist doch in Ostasien nur die Führungsschicht wirklich informiert, für alle andern ist es eine Tugend, nur beschränkt informiert zu sein. Man soll nicht mehr Orientierung besitzen, als es für die Funktion, die man in der Gesellschaft ausübt, unbedingt nötig ist.«

In Japan wird es einem so recht klar, daß die Forderung nach der offenen

Gesellschaft, in der alles besser werden soll, zum Teil utopisch ist. Wenn Herr Suzuki oder Herr Watanabe abends von der Tagesarbeit erschöpft nach Hause kommen, wollen sie sich nicht über die japanische China-Politik, die Yen-Aufwertung oder die Zukunft des Japanisch-Amerikanischen Sicherheitspaktes den Kopf zerbrechen. Sie sehen sich im Fernsehen nur das an, was sie beruflich interessieren könnte, oder lassen sich durch Schlager singende populäre Stars, historische Samurai-Filme, einen amerikanischen Western oder sportliche Veranstaltungen unterhalten.

Die Vorliebe für Gruppenbildung und das Zusammengehörigkeitsgefühl mit dem Beruf haben dazu geführt, daß häufig von der »Wabenstruktur« Japans gesprochen wird. Überflüssig zu sagen, daß alle diese »Waben«, und nicht die einzelnen Individuen durch den Nipponismus zusammengehalten werden.
Solange die Japaner einer Gruppe angehören, fühlen sie sich auch in der Großstadt nicht einsam und entfremdet. So hat die Gruppenmentalität durchaus ihre positiven Seiten, obwohl einiges von dem oben Gesagten nicht mehr ganz genau stimmt oder sich verschoben hat. Es ist bereits darauf hingewiesen worden, daß sich ein Angestellter in einer Großfirma in erster Linie als Mitsui-Mann oder Sumitomo-Mann empfindet und nicht als Kaufmann, Buchhalter oder Ingenieur. Der Gruppensinn hat sich also teilweise vom Berufsstand weg und zum Betrieb hin gewandelt. Aber geblieben ist, und nur das ist entscheidend, die Gruppenmentalität.
Der traditionellen Gesellschaftsstruktur Japans übergestülpt ist nun die neuerliche Tendenz zur Vermassung. Beides besteht miteinander und nebeneinander. Das macht die Beurteilung so schwierig. Um gleich mit einem der in Japan so häufigen Widersprüche zu beginnen: Die Gruppenmentalität schützt vor der Vermassung, aber gleichzeitig trägt sie auch zu dieser bei. Psychosoziologisch gesehen hängt dies wohl mit dem Mangel an Individualismus zusammen.
Die Japaner scheuen sich, hervorzustechen, sie wollen sich stets anpassen. Sie sind aus einem oft nur emotional bestimmten Anpassungswillen heraus sehr anfällig für Modeströmungen. Sie waren es, wie ihre Geschichte zeigt, immer schon. Jeder Japaner will das tun, was »man tut« (zum Beispiel Golf spielen, kegeln) und das kaufen, was »man kauft« (zum Beispiel eine Waschmaschine oder eine besondere Krawatte). Insofern sind sie rechte Spießer, nur immer darauf bedacht, was »man« von ihnen sagt (kein Wunder bei der Klatschsucht!). Ich glaube, daß die Japaner die beste Konsumentengesellschaft der Erde sind, ein ideales Publikum für die Industrie. Sie sind bereit, alles zu erwerben, wenn es nur genügend angepriesen wurde und zur Mode geworden ist. Vor Freude an Artikeln und Geräten, die Mode sind, vergessen sie fast, was ihnen *nicht* angeboten wird, zum Beispiel anständige Wohnungen oder eine moderne Kanalisation.

Zur Vermassung tragen bei: Erstens die Massenmedien und zweitens die Industrialisierung und die wirtschaftliche Entwicklung. Beginnen wir, weil gerade davon die Rede war (nicht weil sie wichtiger wären als die industrielle Entwicklung), mit den Massenmedien.

Das weitaus bedeutendste Massenmedium ist das Fernsehen. Mit 24 Millionen Fernsehapparaten (Anfang 1973) ist Japan nach den Vereinigten Staaten die größte Fernsehnation der Welt. Man hat ausgerechnet, daß jeder Japaner täglich vier Stunden und zwanzig Minuten vor der Fernsehtruhe sitzt. Diese Angabe kann insofern irreführend sein, als der Apparat ja manchmal angestellt ist, ohne daß ihm Beachtung geschenkt wird. Jedenfalls beansprucht nach dieser Feststellung das Fernsehen mehr Zeit als Zeitungslektüre, Zerstreuungen und Vergnügungen *aller* Art. Dabei ist zu beachten, daß selbst Unterhaltungssendungen mit Musik und Tanz ebenso wie kurze politische Nachrichten unter Umständen eine Beeinflussung bewirken könne, je nachdem wie sie dargeboten und abgefaßt werden.

Falls es in Japan nur eine staatliche Rundfunk- und Fernsehorganisation gäbe, wäre die Lage angesichts der Fernsehbesessenheit des japanischen Volkes bedenklich. Vielleicht ist diese Besessenheit aber auch nur eine Mode. Ich könnte mir vorstellen, daß die Japaner allmählich einigermaßen fernsehmüde werden. Jedenfalls ist das Fernsehen in Japan pluralistisch aufgebaut. Die größte Anstalt, vielleicht die größte und finanzkräftigste der Welt, ist die N.H.K. (Nippon Hoso Kyokai = Japanische Rundfunkgesellschaft), die aus der monopolistischen Rundfunkgesellschaft der Vorkriegszeit hervorgegangen ist. Heute ist die NHK eine öffentlich-rechtliche Körperschaft, die weder eine monopolistische Stellung einnimmt, noch einen offiziellen oder halboffiziellen Charakter besitzt. Dafür besitzt die NHK eine Lizenz, die sie als einzige Anstalt dieser Art ermächtigt, Gebühren zu erheben (1970 waren es ca. 1 Milliarde Franken), ihr jedoch untersagt, Reklamesendungen zu bringen. Daneben gibt es mehr als 60 kommerzielle Gesellschaften, die mit der NHK konkurrieren. Davon sind die Hälfte, ebenso wie die NHK, Rundfunk-Fernsehanstalten, ein Viertel Rundfunk- und ein Viertel Fernsehanstalten. In Tokyo allein gibt es sieben verschiedene Fernsehstationen. Da man in der Hauptstadt auch noch andere japanische Sender einstellen kann, ist die Auswahl groß. So kann man etwa in Tokyo, sagen wir einmal um acht Uhr abends, wählen zwischen einer Show mit beliebten Stars, einer sportlichen Veranstaltung, einem aktuellen japanischen Fernsehspiel, einem altjapanischen Fernsehdrama, einem ausländischen Film, einem Konzert westlicher Musik, einem Vortrag, Wetternachrichten, politischen Nachrichten und anderem mehr. Die kommerziellen Sender leben im Gegensatz zur NHK von der Reklame.

Diese Verschiedenartigkeit verhindert eine gleichförmige Masseninformation und Unterhaltung. Aber die Stellung von NHK ist kraft ihrer finanziellen Mittel, ihrer vielen Tausende von technischen und andern Mitarbeitern, ihrer mannigfaltigen und oft vorzüglichen Programme trotzdem überragend. Zudem kann man ihre Darbietungen ungestört genießen, weil sie nicht immer wieder durch Reklame unterbrochen werden. Bei den andern Sendern erscheinen kurze Reklamefilme oder Anzeigen nicht nur in bestimmten Perioden (etwa zu Anfang eines Filmes), sondern sie werden mitten in Dramen oder kulturelle Darbietungen eingeblendet. Wenn zum Beispiel ein junges Mädchen, das aus Liebeskummer Selbstmord begangen hat, im Sterben liegt, erscheint unter dem Bett eine Anzeige für Zahnpasta oder ein neues Automodell.

Zweifellos vermag NHK das japanische Publikum weitgehend zu beeinflussen, mehr jedenfalls als die Zeitungen. Besonders auf dem kulturellen Gebiet. Sie vermag Modetendenzen in der Freizeitgestaltung, in der Art des Wohnens und des Möblierens, in der Ernährung, in der sportlichen Betätigung, in der Hinwendung zu bestimmten Problemen (etwa Umweltverschmutzung) zu entfachen. Politisch schlängelt sich die NHK, die ja weder mit der Regierung noch mit irgendeiner Partei liiert ist, für gewöhnlich durch die Mitte. Manchmal neigt sie – das kommt durch ihre intellektuellen Mitarbeiter – etwas nach links. Doch zu weit vermag sie sich auf keine Seite vorzuwagen, denn letzten Endes ist sie ja von der staatlichen Lizenz abhängig.

Dennoch kann den Zuschauer in Anbetracht einer so mächtigen Anstalt unter Umständen ein unheimliches Gefühl beschleichen. Könnte z. B. eine starke politische Organisation, etwa die Regierung selbst, langsam, unauffällig und mit Hilfe geheimer Intrigen Einfluß auf die NHK gewinnen? Das ist in Anbetracht der Struktur der NHK und auch der heutigen politischen Struktur Japans unwahrscheinlich. Wie aber, wenn die Fernsehdirektoren selbst die Macht ausüben würden? Diese Frage hat Thomas Ross in einem Artikel in der »Frankfurter Allgemeinen Zeitung« angeschnitten[5]. Wir wissen seit Jahren, daß es Methoden gibt, den Fernsehzuschauer zu beeinflussen, ohne daß er es merkt, Methoden, die aber, soweit bekannt, nirgends angewandt werden. Man kann zum Beispiel Slogans oder Bilder in Bruchteilen einer Sekunde einblenden, so daß der Betrachter sie nicht bewußt sieht, im Unterbewußtsein aber von ihnen beeinflußt wird. Eine schaurige Vorstellung: Die Fernsehchefs könnten Regierungen stürzen, Persönlichkeiten hochspielen und Maßnahmen durchsetzen oder vereiteln, wie es ihnen paßt. Aber in Japan wäre das, wie andernorts auch, unmöglich, vielleicht noch unmöglicher. Denn die Gruppenmentalität ist eifersüchtig. Nichts würde geheim bleiben, sondern sofort ausspioniert und damit unmöglich gemacht werden. Die Japaner können ja, wie man weiß, besonders gerissene Spione sein.

Daß die NHK zu einer gewissen Gleichmacherei beiträgt, ist kaum zu bezweifeln. Auf wirtschaftlichem Gebiet sind es aber weitgehend die kommerziellen Sender mit ihren vielen Reklamen, die den Konsum beeinflussen. Viele Trickfilme und Bilder wenden sich an Hausfrauen, manche auch an Kinder, die das Neueste natürlich ebenfalls haben wollen.

Die Massenbeeinflussung hat ihre gute und ihre schlechte Seite. Die industrielle Massenherstellung ist billiger und vermag außerdem zu einem gewissen Stil, zu einem Volksstil beizutragen. Andererseits wirkt die Sucht der Industrie, immer wieder neue Artikel auf den Markt zu werfen, beunruhigend und veranlaßt die durch die Massenmedien beeinflußten Konsumenten zu immer neuen Ausgaben. Dies ist zwar ein internationales Problem, aber ich glaube, daß die Japaner besonders stark darunter leiden. Ihr Drang nach Stabilität und Ruhe wird nicht befriedigt, sie fühlen sich dauernd gehetzt. Sie verdienen mehr Geld denn je, empfinden sich aber trotzdem als arme Leute. Sie genießen ihren neuen Reichtum, der in der alten Zeit und noch vor zwanzig Jahren unvorstellbar war, nicht recht, weil sie immer wieder zu neuen Ausgaben verleitet werden.

Die Entwicklung ist im Fluß und hängt von so vielen Faktoren inner- und außerhalb Japans ab, daß man keine Voraussage treffen kann. Trotzdem spiele ich mit dem Gedanken, daß die japanische Industrie vielleicht eine der ersten sein wird, die mehr und mehr zur Herstellung von standardisierten Dauerartikeln übergehen wird, die eine lange Zeit gebraucht werden können und ebenso lange unverändert bleiben. Dabei werden, falls diese Annahme zutreffend sein sollte, sowohl wirtschaftliche als auch soziologische und kulturelle Erwägungen bestimmend sein.

Japan hat länger als wir, nämlich fast bis in das zwanzigste Jahrhundert hinein, einen Stil besessen. Infolgedessen halte ich es für möglich, daß die Japaner sich eher als wir darauf zurückbesinnen werden, obwohl es zur Zeit in dieser Beziehung in Japan, besonders was den Städtebau betrifft, grauenhaft aussieht.

Vielleicht darf ich auf Grund persönlicher Erfahrungen etwas deutlicher sagen, was ich meine. Zu Anfang unseres Jahrhunderts bestanden die japanischen Städte, wenn es auch Ausnahmen westlicher Art gab, aus ein- bis zweistöckigen Holzhäusern, die, wenn auch mit gewissen Modifikationen, doch alle in dem gleichen Stil erbaut waren. Größere Gebäude, wie etwa buddhistische Tempel oder Shinto-Schreine mit ihrem besonderen Stil, lagen abseits der Straßen, umgeben von Büschen und hohen Bäumen. Die Straßen mit ihren ziemlich gleichmäßigen Häusern vermittelten einen harmonischen und ruhigen Eindruck. Große Plätze, umrahmt von großartigen Bauten wie in Europa, gab es nicht. Viele westliche Reisende empfanden die japanischen Städte als eintönig und langweilig. Mir ging es umgekehrt, ich empfand sie, wohl weil ich sie gewohnt war, als schön. In Europa hingegen hatte ich Mühe mit unseren Städten, die ich zunächst

einmal als häßlich empfand. Dieses Durcheinander von Bauten aus verschiedenen Jahrhunderten, diese Stillosigkeit! Jeder baute, so schien mir, individuell, wie es ihm eben paßte. Ein künstlerisch einheitliches Bild entstand auf diese Weise nicht, jedenfalls nicht in unseren modernen Städten.
Das Stilgefühl vermißte ich in Europa auf vielen Gebieten, etwa bei den Inneneinrichtungen, in der Keramik, bei vielen Geräten und Handwerkszeugen, bei den Textilien und in der Kleidung. Noch heute denke ich zuweilen daran, wie schön es damals aussah, wenn die Japaner und Japanerinnen an Sommerabenden in ihren blau-weißen Sommerkimonos spazieren gingen. Die Kimonos waren alle von der gleichen Art (abgesehen von dem verschiedenen Schnitt für Männer und Frauen), aber die blauweißen Muster waren ganz verschieden. Es war ein künstlerisches Bild wie auf der Bühne bei einer geschmackvollen Show. Früher waren in Japan (wie zum Teil heute noch) viele Dinge genormt: Die Binsenmatten, die Bettdecken, die Papiertüren, die Schränke und Schranktüren, die äußeren Holztüren und manches andere. Die Maße waren zwar für Westjapan und Ostjapan (oder, wie die Westländer meistens sagen, Süd-Japan und Nord-Japan) nicht genau die gleichen, aber immerhin konnte man in entfernte Gebiete umziehen, ohne sich Sorge darüber zu machen, ob die vorhandenen Einrichtungsgegenstände in die neue Behausung passen würden. Auch diese Normen (wobei man Matten, Türen usw. nach Belieben halbieren konnte) haben zu dem einheitlichen Stil beigetragen. Die japanische Kultur war, darin möchte ich dem bereits mehrfach erwähnten Nyozekan Hasegawa ganz und gar recht geben, eine Kultur des ganzen Volkes. Es gab nirgends etwas Unschönes und Unkultiviertes, keine unkünstlerischen Teekannen, Teller oder Körbe, auch nicht bei armen Fischern und Bauern.

Wir können bei den heutigen Bevölkerungszahlen nicht ohne die Industrie leben. Es ist nutzlos und gedankenlos, darüber zu lamentieren und die Technik und die Industrie zu verdammen. Die Industrie muß nicht unbedingt auf dieselbe Art weiterproduzieren, wie sie es heute mit einem oft überflüssigen Neuerungsfimmel tut. Es ist auch nicht einzusehen, warum sie in Zukunft nicht mehr zur Standardisierung und damit zur Verbilligung und Verschönerung beitragen könnte. Es gibt überall derartige Tendenzen (wenn auch oftmals mehr preiswert als schön) aber sie haben sich nur sporadisch durchgesetzt. Bertrand de Jouvenel, der der Meinung ist, daß »eine häßliche Umgebung demoralisierend wirkt«, hat dieses Thema angeschnitten. So schreibt er: »Ich würde gern konzedieren, daß man für Einfamilienhäuser lediglich ein paar wenige Typen produzieren sollte; nicht die Vielheit sorgt für Schönheit, sondern eine gewisse Harmonie mit der Landschaft[6].«

Die japanische Industrie wäre insofern fähig, eine führende Rolle einzunehmen, als den Japanern das künstlerische Gefühl im Blute liegt. Sie waren immer Meister der angewandten Kunst, der Architektur und des Kunsthandwerkes. Was wir brauchen, ist nicht nur eine große und tiefe Kunst (die zum Teil ja nur in den Museen, die das Volk gar nicht besucht, aufgehängt oder ausgestellt ist), sondern die Kunst des Alltags, eine Kunst für alle. Außerdem sind die Japaner realistisch und praktisch, sie begreifen, was sich aus einem bestimmten Material, sei es natürlich oder ein moderner Kunststoff, herstellen läßt und sind imstande, das Richtige und Schöne daraus zu machen. Heute befinden sie sich zwar noch, wie wir alle, in einem Übergangsstadium und machen Fehler. Aber warten wir ab.
Bei den Bestrebungen, wieder einen Stil zu finden, die allzu große Neuerungssucht bei der industriellen Produktion abzubremsen und bei einmal als tauglich und zufriedenstellend empfundenen Erzeugnissen zu bleiben, könnten die Massenmedien eine nützliche Rolle spielen. Information und Aufklärung können heute nicht mehr von Mund zu Mund erfolgen, sie müssen das gesamte Volk, nicht nur einige Schichten erfassen. Das in Japan bestehende pluralistische Fernsehsystem und die miteinander konkurrierenden großen Zeitungen (Auflagen bis 5 Millionen und mehr) bieten eine gewisse Gewähr dafür, daß Kritik und Diskussion lebendig bleiben. Desgleichen sorgt die regionale Waben-Struktur, wie das in Japan immer der Fall war, dafür, daß es nicht zu einer öden Gleichmacherei ohne jede Abwechslung kommt.

Die Hauptbegabung der Japaner, mit der heutigen und mit der kommenden Gesellschaft fertig zu werden, liegt aber wohl – zunächst einmal nur oberflächlich gesagt – in ihrer Fähigkeit, sozusagen ein privates Seelenleben ausschließlich in sich selbst zu führen. Hiermit kommen wir auf das Thema zurück (vergl. S. 178), das Elisabeth Gössmann angeschnitten hat, die es für möglich hält, daß die Japaner uns soziologisch überholen könnten.
Die Japaner tragen (ähnlich wie die Chinesen) der Welt gegenüber eine Maske, die ihrer Stellung und ihrer Aufgabe angepaßt ist. In einer Welt, in der die hohe Bedeutung des menschlichen Zusammenlebens betont wird, ist das geradezu eine Notwendigkeit, um den zwischenmenschlichen Verkehr möglichst reibungslos zu gestalten. Über dieses Thema und damit zusammenhängende Fragen hat Robert Schinzinger mehrfach geschrieben[7]. Da er sich wohl am gründlichsten damit beschäftigt hat, sei ausdrücklich auf ihn verwiesen, denn ich kann das Thema hier nur kurz und unzureichend behandeln. Ich möchte sagen, daß das Tragen der Maske eigentlich eine Pflicht ist und ebenso ist es die Pflicht der Persönlichkeit, mit dieser Maske fertig zu werden.
Zur Frage, was Persönlichkeit im japanischen Sinne bedeutet, darf ich

vielleicht wiederum auf mein Buch »Ostasien denkt anders«* hinweisen. Darin ist ein Kapitel enthalten mit dem Titel »Persönlichkeitsideal ohne Individualismus«, desgleichen ist von »Gesinnungsfreiheit, nicht politische Freiheit« die Rede. Diese Formulierungen deuten bereits manches an. Schinzinger meint, man könne geneigt sein, den Unterschied zwischen der heutigen abendländischen und japanischen Auffassung »durch eine abstrakt-theoretische Unterscheidung von Individuum und Persönlichkeit« zu erklären. Das deutsche Wort »Persönlichkeit« erlaube aber eine solche Trennung nicht, weil in dem Begriff der Persönlichkeit der Begriff des Individuums mitgedacht werde[8]. Ich glaube aber, daß man, zu mindestens als Arbeitshypothese, die Unterscheidung doch machen kann, um die japanische Auffassung einigermaßen zu erklären.

C. G. Jung wies darauf hin, daß Selbstverwirklichung in der modernen Psychologie meist als »Individuation« bezeichnet wird, und daß über diesen Begriff leicht eine falsche Auffassung entstehen könne. Es werde nicht verstanden, daß Selbstverwirklichung und Selbstentäußerung zusammengehören und keine Gegensätze bedeuten[9]. Er sagt darüber:

»Dieses Mißverständnis ist ganz allgemein, indem man ungenügend zwischen Individualismus und Individuation unterscheidet. Individualismus ist ein absichtliches Hervorheben und Betonen der vermeintlichen Eigenart im Gegensatz zu kollektiven Rücksichten und Verpflichtungen. Individuation aber bedeutet geradezu eine bessere und völligere Erfüllung der kollektiven Bestimmungen des Menschen, in dem eine genügende Berücksichtigung der Eigenart des Individuums eine bessere soziale Leistung erhoffen läßt, als wenn die Eigenart vernachlässigt oder gar unterbunden wird. Die Eigenartigkeit des Individuums ist nämlich keineswegs als eine Fremdartigkeit seiner Substanz oder seiner Komponenten zu verstehen, sondern viel eher als ein eigenartiges Mischungsverhältnis oder als gradueller Differenzierungsunterschied von Funktionen und Fähigkeiten, die an und für sich universal sind. Jedes menschliche Gesicht hat eine Nase, zwei Augen usw., aber diese universalen Faktoren sind variabel, und es ist diese Variabilität, welche individuelle Eigenarten ermöglicht. Individuation kann daher nur einen psychologischen Entwicklungsprozeß bedeuten, der die gegebenen individuellen Bestimmungen erfüllt, mit anderen Worten, den Menschen *zu dem* bestimmten Einzelwesen macht, das er nun einmal ist. Damit wird er nicht ›selbstisch‹ im landläufigen Sinne, sondern er erfüllt bloß eine Eigenart, was, wie gesagt von Egoismus oder Individualismus himmelweit verschieden ist. Insofern nun das menschliche Individuum als lebendige Einheit aus lauter universalen Faktoren zusammengesetzt ist, ist es völlig kollektiv und steht daher in keinerlei Gegensatz zur Kollektivität. Eine individualistische Betonung der Eigenart setzt

* Erschienen im Verlag Kurt Desch, München.

sich daher in Widerspruch mit dieser Grundtatsache des menschlichen Wesens. Die Individuation hingegen erstrebt eben gerade eine lebendige Zusammenwirkung aller Faktoren.«

Diese Darlegungen von C. G. Jung machen einiges, aber nicht alles in der japanischen Auffassung begreiflich. Die allgemeine Betonung der kollektiven Grundlage sowie der Hinweis, daß Selbstverwirklichung und Selbstentäußerung zusammengehören, entspricht der japanischen Art. Hingegen kann man, so scheint mir, Jungs Ansicht, die Individuation könne nur einen psychologischen Entwicklungsprozeß bedeuten, »der die gegebenen individuellen Bestimmungen erfüllt«, als westlich und somit unjapanisch bezeichnen. In Japan geht es nicht so sehr darum, »den Menschen *zu dem* bestimmten Einzelwesen zu machen, das er nun einmal ist«. Sondern es geht darum, den Menschen zu einem vorbildlichen Typ zu machen, der seiner Position und seinen Aufgaben entspricht, das heißt, das Tragen der Maske nach außen hin gehört mit zur Individuation und somit zur Persönlichkeit.

Wir sprachen im anderen Zusammenhang davon, daß es in Japan darauf ankam, den idealen Typ des Handwerkers, des Bauern oder des Kriegers darzustellen. Schinzinger meint, daß viele alte Masken heute nicht mehr passen und sich bereits neue entwickelt hätten. Unter anderem nennt er: Industriearbeiter, Großindustrielle, Filmstars, linksradikale Intellektuelle, rasende Reporter und Forscher, die von Kongreß zu Kongreß reisen. Schinzinger fügt hinzu, daß die Angleichung an den Westen sich äußerlich rapide vollziehe, aber im Kern, in der Wurzel sei die Besonderheit der japanischen Persönlichkeit unverkennbar. Dieser Meinung möchte ich mich anschließen.

Unter dem Persönlichkeitsideal wird in Japan die Selbstverwirklichung des Menschen, seine Blüte und Reife, verstanden. Selbstüberwindung und Selbstentäußerung gelten als die Voraussetzungen zur Bildung einer freien, innerlich unabhängigen und reifen Persönlichkeit. Dieser organische Persönlichkeitsbegriff impliziert die erfolgreiche Anpassung und Einordnung des Menschen in seine Umwelt. Die Begriffe Individualismus und Kollektivismus tangieren ihn nicht, er steht über ihnen. In diesem Sinne gilt auch für Japan der Ausspruch des Konfuzius: »Vom Himmelssohn bis zum gewöhnlichen Mann gilt dasselbe: Für alle ist die Bildung der Persönlichkeit die Wurzel.« Wer denkt da nicht an die Verse Goethes »Volk und Knecht und Überwinder ...«?

Die Japaner sind von Natur nicht rebellisch, sie sind konformistisch. Dies hat sich wohl schon aus den bisherigen Ausführungen ergeben. Anpassung und Eingliederung sind für sie das Wichtigste, aber Anpassung unter Beibehaltung der Persönlichkeit, nicht unter Aufgabe der Persönlichkeit. Ich möchte hier Schinzinger zitieren: »Es gibt zwei Arten der personalen Formung: ein Sich-selbst-bestimmen und ein Sich-bestimmen lassen. Wenn die freie schöpferische Dynamik des Kerns vorherrscht, könnte man von ›genialischer‹ Persönlichkeit sprechen; wenn die Persönlichkeit sich aber, auf Grund eigener freier Entschließung, durch geltende Normen bestimmen läßt, so könnte man von ›normativer‹ Persönlichkeit sprechen. Wo es aber weder zu genialischer noch zu normativer Persönlichkeit kommt, wo der Mensch nur von Fall zu Fall durch zufällige Einflüsse und kleinliche Interessen bestimmt wird, da gibt es noch verschiedene Person-Typen, doch kann man da nicht von wirklicher Persönlichkeit sprechen. Der unterste Person-Typus wäre dann jener, den Schopenhauer als ›Fabrikware der Natur‹ bezeichnet, also ein hoffnungsloses Abgleiten von Selbstsein in die Allgemeinheit des ›man‹.«

Diese Ausführungen scheinen mir nützlich, weil man im Westen immer noch Menschen antrifft, die die Japaner für »Massenmenschen« und für unpersönliche Arbeitstiere halten, denen man nur zu befehlen braucht. Da sie der Herkunft nach keine Individualisten sind, wird ihnen auch die Persönlichkeit abgesprochen. Die Japaner seien, wie man sogar ziemlich häufig lesen kann, menschlich immer noch in einem primitiven und rückständigen Stadium. Wenn dann etwa die Rede auf Japans wirtschaftliche Wundermänner kommt, wird anerkennend bemerkt, Japan mache eben Fortschritte im modernen Sinne und daher gäbe es dort bereits große Wirtschaftsführer. Als ob es in Japan früher keine bedeutenden Persönlichkeiten gegeben hätte! Kurz, die Japaner werden als »Fabrikware der Natur« betrachtet, die in der anonymen Masse des »man« leben. »Fabrikware der Natur« gibt es überall, im heutigen Japan ebenso wie im heutigen Europa. In Japan gibt es ebenso viele starke Persönlichkeit wie bei uns, nur daß sie eben im allgemeinen normativer, nicht genialischer Art sind.

Bei uns hat noch im Mittelalter der normative Typus eine Rolle gespielt, die Wertschätzung des genialischen Typs begann erst so recht in der Neuzeit. Dabei kam es immer mehr zu einer einseitigen Herausarbeitung, man könnte sagen zu einer ideologischen Herausarbeitung des Individualismus. Es sei hier, wie dies schon häufig geschehen ist, angemerkt, daß Goethe den normativen Typ für den reiferen Menschen hielt, ja, daß er den Sinn des menschlichen Lebens darin sah, sich zu dieser Art Persönlichkeit zu entwickeln. Daß Goethe in Japan so hochgeschätzt wird und nicht nur als Dichter, sondern vielmehr auch als großer Philosoph anerkannt wird, hängt auch hiermit zusammen.

Das japanische Persönlichkeitsideal ist schwer zu verwirklichen. So manch ein Japaner ist daran zugrunde gegangen. Jede Kultur ist eine nach einem bestimmten Stil geformte Natur. Jede Kultur beruht darauf, daß die menschlichen Triebe und Instinkte gelenkt, veredelt und gebändigt werden. Die Unterschiede zwischen den einzelnen Kulturen entstehen dadurch, daß Stile und Werturteile sich verschieden entwickeln und es daher vorkommen kann, daß in der einen Kultur als Sünde betrachtet wird, was für die andere eine Tugend ist und umgekehrt. Als Beispiel sei angeführt, daß im alten Japan alle Verbrechen gegen Leben und Besitz des Einzelnen als leichte Schuld galten, hingegen galt als schwere Schuld alles, was das Wohl und Wehe der Gemeinschaft betraf[10]. Ein gewöhnlicher Totschlag konnte unter Umständen für weniger schlimm gelten als Ungehorsam gegenüber der Familie oder Disloyalität gegenüber dem Lehensherrn. In jedem Kulturvolk wird von dem Menschen die Respektierung einer bestimmten Anschauung und der damit zusammenhängenden Lebensweise erwartet. Dabei kann es zu schweren Kämpfen und Opfern kommen. Bei uns sind Ketzer, kühne Geister und wissenschaftliche Entdecker, Rebellen gegen die herrschende Sitte und viele andere verfolgt und auch getötet worden. Auch in Japan gab es starke Spannungen. Nur spielten hier die Spannungen zwischen den verschiedenen Treueverpflichtungen eine größere Rolle. Ging die Loyalität gegenüber der Familie oder gegenüber den Lehensherren vor? Solche Konflikte waren bisweilen unlösbar und endeten oftmals in Mord und Selbstmord. Die Hauptspannung in Japan, so scheint mir, war außerdem und ist heute noch der Widerstreit zwischen einer geradezu individualistischen Selbstbehauptung und der Anerkennung der Norm. Mit anderen Worten: Zwischen dem Einzelnen und der »menschlichen Verknüpfung«. Wir sehen hier, daß alle menschlichen Veranlagungen bei allen Kulturvölkern vorhanden sind. Es gibt »genialische« Japaner ebenso wie es bei uns »normative« Typen gibt. Aber die Beurteilung ist eben verschieden: In Japan gilt der genialische Mensch als böse, asozial und anmaßend. Es ist zum Beispiel wiederholt, so auch von Elisabeth Gössmann, vermerkt worden, daß Japaner, die gern zum Christentum übertreten möchten, es dennoch nicht wagen, weil das als eine unverschämte Anmaßung und Besserwisserei gegenüber ihrer nicht christlichen Familie aufgefaßt würde.

Die meisten Japaner, die selbst genialisch veranlagt waren, haben den Vorrang der normativen Persönlichkeit anerkannt. Solche Japaner waren, wie Schinzinger schreibt, »bereit, trotzige Selbstverleugnung und Verneinung der Norm mit dem Tode zu bezahlen«.

Hiermit stoßen wir auf das tief empfundene Verständnis der Japaner für tragische Konflikte (vergl. auch S. 37). Sie haben Sinn für die Probleme, sie begreifen sie. Sie hegen tiefe Sympathie für den Zerschellten, ja, oftmals betrachten sie ihn als Helden. Sie erkennen an, daß der Betreffende sterben mußte, vergießen darüber aber Tränen. Als einziges Beispiel (in diesem Falle vor allem ein Loyalitätskonflikt) sei der große Saigo Takamori genannt. Er war zur Zeit der Wiedereröffnung Japans eine führende Gestalt und kämpfte für die kaiserliche Restauration, ergriff aber schließlich, hauptsächlich aus Loyalitätsgründen gegenüber seinen Kampfgenossen aus dem Süden, das Schwert gegen den Kaiser Meiji. Er wurde von dem Kaiserlichen General Yamagata geschlagen und ließ sich auf dem Schlachtfelde von einem seiner Gefährten enthaupten. Yamagata weinte. (1877.) Saigo gilt nicht nur bis heute als Volksheld, für diesen Krieger, der gegen den Kaiser kämpfte, wurde auch ein Denkmal in dem bekannten Ueno-Park zu Tokyo errichtet.

Wie weit in Japan die Pflicht zur Anpassung anerkannt wird, geht in besonders drastischer Weise aus den Ermittlungen des amerikanischen Psychologen James Clark Moloney hervor[11]. Obwohl er sich vor etwa zwanzig Jahren in Japan aufhielt und sich inzwischen einiges geändert haben mag, kommt seinen Feststellungen doch grundsätzliche Bedeutung zu. Der amerikanische Psychologe beschäftigt sich insbesondere mit der Psychoanalyse und macht zunächst darauf aufmerksam, daß diese in Japan nur schwer Eingang fand, weil ihre Grundlagen auf der westlichen Auffassung vom Individuum und der Selbstverwirklichung beruhen. Es ist daher kaum zu verwundern, daß Moloney über die Einstellung der japanischen Psychologen und Psychoanalytiker, mit denen er in Verbindung stand, einigermaßen verblüfft war. Die meisten von ihnen verhalfen ihren Patienten nicht zu einer Befreiung und Selbstverwirklichung im westlichen Sinne; statt dessen bemühten sie sich, eine bessere Anpassung der Patienten an die Umwelt herbeizuführen. Sie unterdrückten bei den Patienten die Triebe und den Drang, von der Norm abzuweichen. Sie scheuten sich zum Beispiel davor, die »genialischen« Tendenzen eines Patienten (die ja gerade zu seinen Schwierigkeiten geführt hatten) zu unterstützen, weil dadurch der bereits vorhandene Konflikt mit seiner Familie noch größer geworden wäre. Die Familie wurde also für wichtiger gehalten als der Patient. Ein japanischer Psychiater, der in den Vereinigten Staaten und in Deutschland studiert hatte, schrieb ihm: »Ich helfe meinen Patienten für gewöhnlich, sich den Umweltbedingungen anzupassen. Es hängt von ihnen selbst, von der Einstellung ihrer Familien und den Umständen ab, wieweit ich sie im individualistischen Sinne führe.«
Moloney kommt zu dem Resultat: »Anstatt sich, wie die westlichen Psychoanalytiker, zu bemühen, das Individuum von seinen inneren Fesseln zu befreien, verstärkt der japanische Analytiker diese Fesseln.« Der amerikanische Psychologe weiß noch manches Aufschlußreiche zu berichten, doch ich weise hier nur auf seine Haupteindrücke hin. Übrigens ist er Japan und der japanischen Psychoanalyse gegenüber völlig negativ eingestellt. Er weiß zu wenig von den japanischen Anschauungen und offenbar nichts vom japanischen Persönlichkeitsideal. Seine Beobachtungen sind zwar richtig, aber er bewertet alles vom westlichen Standpunkt aus. Wenn er meint, daß die Psychoanalyse (nach ihrer westlichen Definition) in Japan ebenso versagen wird wie das Christentum, so bin ich ganz seiner Meinung. Nur daß ich nichts Negatives darin sehe.

Erwähnt seien aber noch Moloneys Besuche in zwei japanischen Irrenanstalten, die eine in Kyoto und die andere in der Umgebung von Tokyo. Er schreibt: »Ich fand eine Situation, die geradezu unglaublich ist: Es gab keine besonderen Einrichtungen zur Einschließung der Geistesgestörten, die Allerungestümsten von ihnen lebten zusammen in Zimmern, die durch Papiertüren ohne Riegel abgegrenzt waren. Die Fenster waren nicht vergittert und bestanden aus gewöhnlichem Glas.« Natürlich war er erstaunt darüber, daß er in den Anstalten, die er nach Belieben inspizieren konnte, keine Fälle von gewalttätigen Geistesgestörten antraf.

Ich habe nie japanische Irrenhäuser besucht, habe aber mit japanischen Schwachsinnigen oder total Irren, die vielfach, besonders in den Dörfern und Kleinstädten, frei herumlaufen, die gleichen Erfahrungen gemacht. So hatte zum Beispiel eine geistesgestörte, recht wohlsituierte Frau noch 1962 nicht begriffen, daß der Krieg beendet war. Manchmal trat sie auf die Straße, blickte auf das Meer und gab auf fanatische Weise, dabei mit den Armen weisend, in vorschriftmäßigem Marine-Jargon Befehle an die kaiserlich-japanische Flotte, wie sie die amerikanischen Kriegsschiffe abzuwehren habe. Wenn die Dorfjungen sie auslachten und verhöhnten, blieb sie ganz ruhig und gutmütig. Ein jüngerer Irrer, der oft nackt herumlief, und sich wie ein Hund Speisereste und Obstschalen aus den Abfallhaufen holte (obwohl er zu Hause gekleidet und ernährt wurde), wurde von den Buben noch viel ärger geneckt. Auch er blieb stets freundlich und wurde nie zornig. Vielleicht sind diese Beispiele aus dem täglichen Leben nicht stichhaltig. Man könnte einwenden, daß solche Geistesgestörte nicht frei herumlaufen würden, wenn sie gefährlich wären. Aber die weitaus meisten japanischen Irrsinnigen sind eben nicht gewalttätig und gefährlich, man trifft sie überall in Japan an. Manchmal dachte ich mir, daß diese armen verstörten Menschen gutmütig und harmlos blieben, weil sie eben nicht in Anstalten eingesperrt wurden, sondern am allgemeinen Leben teilnehmen konnten. Ich habe gesehen, wie solche Irre (auch wenn sie die Kleider gleich verschmutzten oder auch bald wieder wegwarfen) bei festlichen Angelegenheiten schön und korrekt bekleidet wurden und auch ein bißchen Wein zu trinken bekamen. Wie glücklich bewegten sie sich dann bei all ihrem Irrsein durch die festliche Menge! Der Japaner haßt die Einsamkeit, auch wenn er verrückt ist. Wenn man geistesgestörte Japaner hinter Gitterstäben einsperren würde, dann würden sie vielleicht gewalttätig und böswillig werden und Tobsuchtsanfälle bekommen. Die Frage, ob man es bei uns im Westen immer richtig macht, möchte ich hier nicht aufwerfen.

Wie ist das Benehmen und wie ist die Behandlung der japanischen Geistesgestörten zu erklären? Denn es gibt ja auch japanische Amokläufer. Aber sie sind sehr selten. Überhaupt vermögen Japaner, wenn sie in blinde Übererregung geraten, auf sinnlose Weise zu töten und zu morden –

andere und sich selbst. Das hat man gegen Ende des Krieges mancherorts erlebt. Japanische Soldaten haben japanische Frauen und Kinder in den überseeischen Kampfgebieten umgebracht. Solche durch das Kriegsgeschehen hervorgerufene Wahnsinnstaten sind natürlich Ausnahmefälle. In Japan sind, etwa analog dazu, nicht die Vulkanausbrüche und Erdbeben vorherrschend, sondern es ist normalerweise das Land des milden, angenehmen Klimas und der lieblichen, schönen Landschaft.
Das manierliche Benehmen der Geistesgestörten in Japan läßt sich nur mit dem japanischen Volkscharakter erklären, vor allem damit, daß die Japaner die Anpassung dermaßen gewöhnt sind, daß sie ihnen im Blute liegt. Selbst die Verrückten benehmen sich, natürlich unbewußt, entsprechend. Es gibt wohl kaum einen besseren Beweis für die hohe Bedeutung der »menschlichen Verknüpfung« in Japan, als das Verhalten der unbewußt reagierenden Geistesgestörten.

Hier sei, weil dies zur Problematik der heutigen Gesellschaft gehört, ein Passus über Freizeit und Urlaub eingeschaltet. Dieses Thema ist im Zusammenhang mit Japan aufschlußreich, weil der Begriff der »Freizeit« wie manch anderer Begriff aus dem Westen stammt. Für Japan waren bisher die Ferien, das heißt die Erholung von der Arbeit, von geringer Bedeutung. Viel wichtiger war die Entspannung, das heißt die Erholung von den menschlichen Verpflichtungen.
Zunächst einmal hatten die Japaner früher ein anderes Zeitgefühl als die modernen Europäer. Der Tag war nicht so rational und mechanisch in Stunden eingeteilt wie bei uns, so als ob die Stunden etwa wie Schubladen in einer Kommode alle genau gleich seien. Es war eher ein qualitatives Zeitgefühl als ein quantitatives. Noch in meiner Jugend gab es in Japan entlegende Gegenden, in denen die zwölf Stunden des Tages von Sonnenaufgang bis Sonnenuntergang gerechnet wurden, so daß die zwölf Tagesstunden im Sommer länger waren als im Winter und natürlich die Nachtstunden im Winter länger waren als im Sommer.
Auch war die japanische Auffassung von der Arbeit eine andere als die unserige. Arbeit und Leben waren nicht getrennt, sie gingen ineinander über. Die Arbeit galt als eine Verpflichtung, die dem Menschen ebenso wie die allgemeinen menschlichen Verpflichtungen je nach seinem Platz in der Gesellschaft zufiel. Die Japaner arbeiteten, bis eine bestimmte Arbeit erledigt war, wobei die Zeit, die dafür benötigt wurde, eine sekundäre Rolle spielte. Wurden sie nicht fertig, so arbeiteten sie bis tief in die Nacht hinein, war ihre Arbeit aber schon mittags erledigt, dann verschwatzten und vertrödelten sie gemütlich den Rest des Tages. Man kann diese Art heute noch etwa beim Bau von japanischen Häusern beobachten. Da wird wie verrückt geschuftet vom frühen Morgen bis zehn oder elf Uhr abends, so daß das Haus in vier bis sechs Wochen fertiggestellt ist. Danach tun die

Schreiner und sonstigen Bauarbeiter ein paar Tage lang überhaupt nichts. Das ist nicht so genau geregelt. Oder man denke an die kleinen japanischen Verkaufsläden, die heute noch oftmals bis zehn Uhr abends geöffnet sind. Wenn gerade keine Kunden anwesend sind, hocken die sonst schnellen und fleißigen Ladeninhaber samt ihren Familienangehörigen oder Angestellten im Hintergrund auf ihren Matten, schlürfen Tee, lesen die Zeitung, haben das Fernsehen oder Radio angestellt oder schwatzen miteinander oder mit ihren Nachbarn. Die Arbeit erscheint nicht so sehr als Last, sondern eher als Zeitvertreib oder Spiel, mit dem man den Tag verbringt.

Es ist klar, daß diese Einstellung sich nicht mit der modernen Industriegesellschaft vereinen läßt. In Fabriken, großen Büros oder Warenhäusern muß nach einem bestimmten Zeitplan gearbeitet werden. Das ist für die Japaner relativ neu und sie halten sich, wenn irgend möglich, nicht genau an die Regeln. Die japanischen Angestellten verlassen, wenn sie noch etwas zu tun haben, ihre Arbeitsstätten nicht bei Büroschluß, sondern arbeiten (ohne bezahlte Überstunden) weiter. Und wenn es nicht anders geht, nehmen sie die Akten mit nach Hause. Auf der anderen Seite lesen Leute, die nichts zu tun haben, in ihrem Büro illustrierte Zeitschriften oder geben sich dösend einem Schläfchen hin. Ich habe die Fähigkeit der Japaner, zu jeder Zeit und bei jeder Gelegenheit ein Nickerchen einschalten zu können, immer bewundert, aber manche Besucher aus dem Westen halten das gelegentliche Nichtstun im Büro für höchst unrationell. Sie vergessen dabei, daß dieselben Leute, wenn es darauf ankommt, nicht darauf bestehen, um sechs Uhr das Büro zu verlassen.

Die heutige Notwendigkeit, die Arbeitszeit genau einzuteilen und zu berechnen, setzt sich in Japan notgedrungen immer mehr durch. Damit sind die Japaner zum erstenmal vor das Freizeit- und Ferienproblem gestellt. Früher spielte es eine geringere Rolle, weil man sich auch während der Arbeit erholen konnte oder weil man sich zwischendurch einmal ein oder zwei Tage Urlaub nahm, etwa um an einer Trauerfeier an einem entfernten Ort teilzunehmen, um einem Tempelfest der Sekte, der man angehörte, beizuwohnen, oder um seinem Vater, der eine kleine Reise unternehmen wollte, Gesellschaft zu leisten. Heute ist es nicht mehr so selbstverständlich, einfach ein oder zwei Tage wegen solcher menschlicher Verpflichtungen nicht zur Arbeit zu erscheinen. Außer der Arbeitszeit muß jetzt auch die Freizeit geregelt werden.

Das bereitet den Japanern aus verschiedenen Gründen immer noch Mühe, schon allein deshalb, weil sie geregelte und regelmäßige Ferien noch nicht gewöhnt sind. Manchmal wissen sie nicht, was sie in der Urlaubszeit anfangen sollen. Das Verreisen mit der Familie ist, außer wenn etwa firmeneigene Einrichtungen am Meer oder in den Bergen zur Verfügung stehen, nicht so einfach. Denn alle Erholungszentren sind überfüllt und auch ziemlich teuer. Zuhause bleiben in der viel zu engen, überfüllten Wohnung, ohne sich »zur Abwechslung« an die Arbeitsstätte begeben zu können? Auch nicht verlockend. Außerdem gilt es aus traditionellen Gründen heute noch als egoistisch und wenig loyal, die vom Unternehmer angebotenen bezahlten Ferien auszunützen. Dabei waren die Urlaubstage bisher für unsere Begriffe knapp genug bemessen: zwei bis drei Wochen jährlich, aber nicht zusammenhängend, sondern auf das ganze Jahr verteilt (einschließlich der Neujahrstage und der nationalen Feiertage). Manche Firmen gewährten bisher nur zwei bis drei, höchstens aber fünf Tage für die Sommerferien. Die Tendenz geht jetzt, angeführt von den Ministerien, offenbar dahin, den Sommerurlaub auf sieben Tage zu bemessen.

Auch fürchten viele Japaner, sie könnten, falls sie Ferien machen, ihre Stellung verlieren. Sie meinen, daß die Unternehmer die »loyalen« Arbeitskräfte vorzögen, die das Ferienangebot nur beschränkt oder gar nicht ausnützen. Tatsächlich machen, wie alle Umfragen und statistischen Grundlagen der letzten Jahre ergeben haben, die japanischen Arbeitnehmer nur selten von den ihnen zustehenden Ferien vollen Gebrauch. Von den 27 000 Angestellten des Arbeitsministeriums waren es 1971 zum Beispiel nur 12,1 Prozent! Und das war schon ein Fortschritt, denn 1970 waren es nur 3,8 Prozent. Das Wirtschaftsministerium versuchte im Sommer 1972 sogar die Ferien zu erzwingen: Wer sie nicht voll beanspruchte, mußte eine Buße bezahlen! Aber immerhin: Die vielfachen Bemühungen, die Menschen sozusagen in die Ferien zu hetzen, haben bereits einigen Erfolg gehabt. Zum erstenmal haben im Sommer 1972 sehr viele Menschen die Ferien wahrgenommen. Man glaubt, daß die meisten von ihnen das Bedürfnis hatten, der unerträglich schlechten Luft in den Ballungszentren zu entfliehen. Jedenfalls steht die japanische Industriegesellschaft auf diesem Gebiet noch vor mancherlei Problemen.

Hinzu kommt aber noch etwas anderes. Die Japaner sind eigentlich immer angespannt, weil sie so viele Verpflichtungen haben (gegenüber ihren Eltern, ihren Lehrern, ihren Freunden, ihren Gönnern, ihren Vorgesetzten, gegenüber der Gruppe, der sie angehören, gegenüber dem Vaterland). Sie sind, da sie so stark vom Urteil der Mitwelt abhängen, ständig darum besorgt, es richtig zu machen. Entspannung bedeutet für sie, wie bereits angedeutet, wenn sie sich einmal nicht zu sehr bedrückt fühlen oder vorübergehend ausweichen können. Sie besuchen, wenn sie es sich leisten können, gern die heißen Quellen, wo sie lange Zeit im heißen Wasser sitzen, um sich zu entspannen, oder sie betrinken sich. Ein Trinker ist berechtigt, seine »Maske« abzulegen, es wird ihm nicht übel genommen, was er in diesem Zustande sagt oder tut.

Ich weiß, wovon ich rede, da ich japanische Verwandte habe. Es wurde mir zum Beispiel sehr verargt, wenn ich nicht oft genug die Gräber meiner Mutter oder meines älteren Bruders, die in Yokohama begraben sind, besuchte. Die Entschuldigung, ich müsse dringend journalistische Arbeit erledigen, nützte nichts. Mißbilligend wurde mir dann bedeutet, ich besäße eben wie alle Westländer keinen Anstand. Ich hätte mich eben abhetzen müssen, um meinen Verpflichtungen nachzukommen. Um es zu wiederholen: Entspannung bedeutete bisher für die Japaner eher Erholung von ihren menschlichen Verpflichtungen als von ihrer Arbeit.

Nun müssen sie umdenken. Sie müssen die Freizeit und die Ferien als Gegensatz zur Arbeit begreifen. In gewisser Hinsicht fällt es ihnen auch leichter als früher, weil manche der alten Verpflichtungen an Bedeutung verloren haben.

Die neue, bisher unbekannte Freizeit muß ausgefüllt werden. Dabei entstehen ähnliche Probleme wie bei unserer Freizeitgestaltung. Auf diesem Gebiet geschieht in Japan bereits einiges, wie wir im Zusammenhang mit den sportlichen Neigungen der Japaner angedeutet haben (vgl. S. 162 und 163). Darüber kann hier nicht weiter ausführlich berichtet werden, da es den Rahmen dieses Buches sprengen würde. Hier sollten lediglich die früher für die Japaner ungeahnten Probleme angedeutet werden. Ich bin überzeugt, daß sie sie allmählich meistern werden. Eine gute Voraussetzung dafür ist das hohe Bildungsniveau des japanischen Volkes, denn, wie die allgemeine Erfahrung lehrt, verstehen es die Menschen besser, ihre Freizeit zu gestalten, je gebildeter sie sind. Außerdem sind sehr viele Japaner immer gewissen Liebhabereien nachgegangen, wie bei den Ausführungen über die Vereinsmeierei geschildert wurde (vgl. S. 181). Sie werden sich diesen nun vermehrt in den Ferien widmen können, denn es gibt ja viele neue sportliche und andere Möglichkeiten. Vielleicht wird Japan uns in Zukunft sogar bei der Freizeitgestaltung voraus sein. Auch dies gehört zum Thema des »soziologischen Überholens«.

Das für die »Massengesellschaft« so wichtige Thema der gleichzeitigen Fähigkeit zur sozialen Anpassung und zur Verinnerlichung sei noch von einer andern Seite angeschnitten. Im Jahre 1966 fand in Tokyo eine Tagung der Mont Pélerin-Society statt, auf der das Thema »Liberalismus im Orient und Okzident« diskutiert wurde. Mir standen die Vorträge, die auf dieser Tagung gehalten wurden, nicht im Original zur Verfügung, deshalb muß ich mich hier auf den ziemlich ausführlichen Bericht des bekannten Wirtschaftsspezialisten der »Neuen Zürcher Zeitung«, Willy Linder, verlassen, der sich viel mit Japan beschäftigt hat und wiederholt dort gewesen ist[12].

Für unser Thema war das Referat von Prof. Masatoshi Matsushita, dem bekannten Präsidenten der Rikkyo-Universität zu Tokyo, besonders aufschlußreich.

Der japanische Professor stellte die innere Freiheit der äußeren gegenüber. Unter innerer Freiheit versteht er »die Fähigkeit des Menschen, sein

Schicksal unabhängig von den äußeren Umständen zu meistern«. Die äußere Freiheit ist für ihn der Reflex der sozialen Institutionen, ein Freiheitsbegriff, der, ihm zufolge, im liberalistischen Gedankengut der westlichen Welt vorherrscht. Die innere Freiheit mache den Menschen von allen äußeren Umständen unabhängig; er sei in einem Gefängnis ebenso frei wie in einem Palast.
Prof. Matsushita stellte nicht, wie ich es getan habe (da ich mich auf Japan beschränkte), die innere Freiheit der »menschlichen Verknüpfung« gegenüber, sondern stellte sie, weil es auf der Tagung um Orient und Okzident ging, in Gegensatz zur westlichen Ideologie. Im Westen habe man sich, so meinte er, im Laufe der Entwicklung immer weniger mit der inneren Freiheit beschäftigt, so daß eine Lücke entstanden sei, in die, sozusagen als Religionsersatz, der Marxismus einfließen konnte. Prof. Matsushita ist der Meinung, daß die orientalisch-japanische Auffassung zur Stagnation beigetragen, dagegen der westliche Begriff der Freiheit die Entwicklung in gewissem Sinne vorwärtsgetrieben habe. Denn die äußere Freiheit richte ihre Aufmerksamkeit vor allem auf die Veränderungen, denen die Gesellschaftsordnung unterworfen sei. Mit andern Worten: Im Westen werde vielfach angenommen, daß die Freiheit lediglich von der entsprechenden Gestaltung der äußeren Bedingungen abhänge. Dies sei ein Trugschluß, die äußere Freiheit allein könne nicht zur wahren Freiheit des Menschen führen. Die westliche Auffassung sei zu einseitig. Der japanische Professor meint (nach der Formulierung von Linder): »Innere und äußere Freiheit müssen sich in Harmonie befinden, denn der Mensch hat sowohl als Individuum wie als Teil einer sozialen Ordnung zu leben; fehlt eines dieser Elemente oder ist es verkümmert, so unterliegt das Konzept der menschlichen Freiheit Degenerationserscheinungen.« Jedoch hat nach Matsushita die innere Freiheit an erster Stelle zu stehen, die äußere Freiheit als soziale Erscheinung rangiert erst an zweiter Stelle. Auß für diesen westlich gebildeten japanischen Gelehrten, der das Wort »Individualität« mit Selbstverständlichkeit braucht, bedeutet die Freiheit von der sozialen Verknüpfung also erst das sekundäre Ziel.
Solche Gedankengänge sind für die meisten Westländer offenbar immer noch ziemlich schwer zu begreifen. Es ist bezeichnend, daß Linder über den Vortrag von Prof. Matsushita bei weitem am ausführlichsten berichtet hat. Er kommt zu dem Schluß: »Die Zerlegung des integralen Freiheitsbegriffs in diese beiden Komponenten und der Versuch, sie zu einer neuen Einheit zu verschmelzen, sind Ausdruck eines Gedankenganges, der nicht im ›klassischen‹ Liberalismus wurzelt, sondern in der orientalischen Geisteswelt ...«
Ja, aber wo ist der »klassische« Liberalismus geblieben? Heute ist im Westen vorwiegend der Glaube verbreitet, daß mit Hilfe von äußeren Maßnahmen, das heißt mit Gesetzen, die die soziale Gerechtigkeit herbei-

führen sollen, die Menschen frei und glücklich gemacht werden können. An die Bemühungen des einzelnen Menschen, seine Persönlichkeit zu entwickeln und zu vervollkommnen, wird dabei zuwenig gedacht.
Japan hat sich immer gewandelt, wenn auch nicht so schnell wie wir. Der Sinn für äußere Freiheit ist, wenn auch mit anderen Nuancen als bei uns, heute vorhanden. Damit entwickelt sich Japan, so scheint es, in Richtung auf Matsushitas Ziel, nämlich der Erlangung einer Harmonie zwischen innerer und äußerer Freiheit.
Hinzu kommt etwas, worüber der japanische Professor offenbar nicht gesprochen hat, nämlich der japanische Sinn für die menschliche Verknüpfung und für die Auffassung, daß jeder in der Gesellschaft seinen bestimmten Platz habe (und daher eine bestimmte »Maske« trägt). Ich glaube, ebenso wie Schinzinger und andere, daß diese geistige Einstellung erhalten bleiben und in Japan wesentlich zur Meisterung der Industriegesellschaft beitragen wird, obwohl die Japaner von der äußeren Freiheit immer mehr verstehen. Wenn man Japan beschreibt, läßt sich nicht alles eindeutig und logisch erklären – das liegt nicht am Beobachter, sondern daran, daß in dem Insellande nie klare und logische Verhältnisse geherrscht haben. Dort haben im Laufe der Geschichte immer Anschauungen und Einrichtungen, die eigentlich nicht zueinander passen, miteinander und nebeneinander bestanden. Das heutige Japan ist auch schon als »Museum des internationalen Sammelsuriums« bezeichnet worden, wobei aber nicht vergessen werden darf, daß nicht das Sammelsurium das Wichtigste ist, sondern der Umstand, daß das Museum Leuten gehört, die Nipponisten sind. Logisch wäre es, anzunehmen, daß »menschliche Verknüpfung« und »äußere Freiheit« Gegensätze seien, die nicht gleichzeitig nebeneinander bestehen können. Aber in Japan, diesem komplizierten und differenzierten Gebilde, sind heute beide Faktoren wirksam und werden es auch wohl bleiben. Allmählich wird ein neuer Organismus, genannt Japan, heranwachsen, und die Japaner werden das Verlangen nach innerer Freiheit, das so tief in ihnen sitzt, hochhalten. Sie werden trotz der beträchtlichen Schar ihrer übertrieben verwestlichten Intellektuellen nicht glauben, daß allein durch soziale Maßnahmen (obwohl sie heute dringend notwendig sind) das Glück der Menschen gewährleistet werden kann. Die Einsicht, daß die Verderbnis beginnt, wenn das Streben der Menschen nach Vollkommenheit aufhört, ist in Japan durchaus lebendig. Dies gibt dem japanischen Volke große Kraft.

Es besteht heute für Japan kein Modell mehr, dem es nacheifern könnte. Die Periode, in der es vom Westen Wesentliches und Nützliches lernen konnte, ist vorbei. Das Inselland ist wieder einmal in einem Stadium seiner Geschichte angelangt, in dem es, nach Anregungen von außen her, seine eigene Form suchen muß. Auf dem Wege in die Zukunft bringt

Japan, wie mir scheint, einige günstige Voraussetzungen mit, die hier noch einmal aufgezählt werden sollen.

Erstens: Die gleichzeitige Fähigkeit der Japaner zur Verinnerlichung und zur Anpassung an die Gesellschaft, auch wenn es sich um eine »Massengesellschaft« handelt.

Zweitens: Die japanische Gruppen- oder Wabenstruktur wirkt der totalen Vermassung entgegen.

Drittens: Das traditionelle künstlerische Stilgefühl der Japaner auf allen Gebieten könnte ihnen dazu verhelfen, in der Industriegesellschaft einen neuen Stil, gerade mit Hilfe der Industrie, zu schaffen.

Viertens: Im Zusammenhang damit besteht die Möglichkeit, daß die Japaner als diszipliniertes Volk auf die Dauer aufhören werden, auf dem industriellen Sektor Neuerungen um der Neuerung willen zu produzieren. Damit würden sie zum Abbremsen des sinnlosen materiellen Wettrennens beitragen. Es wäre typisch japanisch, wenn sie das Kunststück fertigbrächten, konkret unter Beweis zu stellen (theoretisch ist es ja schon versucht worden), daß die übertriebene Dynamik der Marktwirtschaft nicht immanent sein muß.

Die Japaner werden natürlich ebensowenig wie andere Völker je ein utopisches Ziel erreichen. Das wissen sie, wahrscheinlich sogar besser als unrealistische Träumer anderswo. Schließlich war für sie nie das Ziel, sondern der »Weg« das Wichtigste, das unablässige Streben der Menschen. Auf dem Wege in die Zukunft könnten sie manches erreichen, was anderen Nationen als Anregung dienen könnte. Doch immer werden es Dinge konkreter und lebensnaher Natur sein, nicht abstrakter und theoretischer Art. Gerade ein solches pragmatisches Anpacken der Probleme tut uns heute in Anbetracht unseres Ideologie-Gewirrs not. Immer wieder wird man in Japan an Goethe erinnert: »Grau, teurer Freund, ist alle Theorie.«

SCHLUSSBETRACHTUNGEN

XI Nipponismus und Internationalismus

Seit ein paar Jahren kann man kaum noch eine Flugreise unternehmen oder ein Hotel betreten, ohne Japaner anzutreffen. Das hängt damit zusammen, daß die früher sehr strikten Devisenbestimmungen seit 1964 gelockert wurden und die im Zuge des wirtschaftlichen Aufschwungs prosperierenden Japaner immer mehr Geld verdienten. Es ist wirklich ein Segen, man möchte beinahe sagen: ein Glück für die Welt, daß sich so viele Japaner die Gelegenheit nicht entgehen lassen, weite Auslandsreisen zu unternehmen. Das war nämlich noch nie der Fall, weder vor noch nach dem Kriege. Noch vor wenigen Jahren gelangten fast nur japanische Geschäftsleute, die zu diesem Zweck eine Sonderbewilligung für Devisen erhielten, ins Ausland. Sogar japanische Akademiker, die an internationalen Kongressen teilnehmen wollten, hatten Schwierigkeiten. Japanische Touristen? So etwas hat es noch nie gegeben. Heute begegnen wir in Europa nur einem Teil der japanischen Reisenden, denn sehr viele fahren nach Hongkong, Singapur und Südostasien, nach Hawaii, nach Kalifornien und in andere Gebiete der Vereinigten Staaten. Die Japaner reisen meistens in größeren oder kleineren Gruppen. Nur unter den jungen Leuten gibt es viele, die das ausländische Abenteuer individuell oder in Gesellschaft von ein oder zwei Freunden oder Freundinnen antreten.

Endlich beginnt das Inselvolk also, sich die Welt zu betrachten. Es war höchste Zeit, denn insulare Begrenztheit und Beschränktheit bergen immer Gefahren in sich. Gewiß sind die Japaner seit alters insofern weltoffen gewesen, als sie sich bereitwilligst von fremden Kulturen anregen ließen. Aber sie übernahmen immer nur, was ihnen paßte und was sie von ihrem nipponistischen Standpunkt aus brauchen konnten. Im übrigen interessierte die Welt sie nur wenig; eine Notwendigkeit, sich der Völkergemeinschaft anzupassen, war ja in früheren Jahrhunderten, insbesondere in der Zeit der Abgeschlossenheit, nicht vorhanden. Später lag das mangelnde Bedürfnis nach Welterfahrung auch an der Introvertiertheit des Inselvolkes. Die Japaner, überzeugt von ihrer Einzigartigkeit, wollten Vorbild sein, Vorbild für alle Völker der Erde. Es ist gewiß löblich, als edles Musterbeispiel wirken zu wollen. Aber die Japaner vergaßen dabei allzusehr, daß man kein Vorbild sein kann, wenn man auf andere Völker keine Rücksicht nimmt und sich nicht anpaßt. Mit einer egozentrischen Introvertiertheit macht man sich nur unbeliebt.

Hier stoßen wir auf einen gewissen Widerspruch. Innerhalb ihrer Gesellschaft halten die Japaner die Anpassung für die oberste Pflicht des Einzelmenschen. Doch scheinen sie bisher nicht auf den Gedanken gekommen zu sein, daß innerhalb der Gesellschaft der Völker die Einordnung ebenfalls eine Pflicht ist. Was für die einzelnen Menschen gilt, sollte auch für die einzelnen Nationen gelten. Dieser Gedankensprung ist notwendig, wenn Japan weiterhin gedeihen will. Wird er nicht vollzogen, dann sieht die Zukunft des Insellandes recht ungewiß und finster aus. Japan hat in den letzten Jahren, vor allem auf Grund seines Wirtschaftsnationalismus, schon Unwillen genug erzeugt. Es muß lernen, auch einmal verzichten zu können. Das bedeutet nicht, daß die Japaner die Grundlage ihres Wesens, den Nipponismus, aufgeben müssen. Denn dieser gehört sozusagen zu ihrer »Volkspersönlichkeit«. Die einzelnen Japaner geben, wie wir sahen, ihre Persönlichkeit (die »innere Freiheit«) nicht dadurch auf, daß sie sich in ihre Gesellschaft einordnen. Im Gegenteil, ihre Persönlichkeit reift durch die Anpassung. Ebenso kann die »Volkspersönlichkeit« durch eine bessere Eingliederung in die Völkergemeinschaft zu höherer Reife gelangen. Selbstverständlich hängt das Schicksal Japans aber nicht nur vom guten Willen und den Bestrebungen des japanischen Volkes ab. Es kommt auch darauf an, wie die Welt auf Japan reagiert und auf die entsprechende japanische Gegenreaktion. Davon wird noch im Zusammenhang mit der politischen Situation die Rede sein.

Selbstverständlich ist es bedeutsam, daß Hunderttausende von Japanern (1971 waren es 1 260 000 und 1972 1 390 000) jetzt in der Welt umherreisen und sie kennenlernen. Die jüngeren Japaner sind dabei wohl am wichtigsten, weil sie am aufgeschlossensten und aufnahmefähigsten sind. Die älteren Touristen kommen im allgemeinen aus ihrer Verwunderung nicht heraus und empfinden alles, was sie sehen und erleben, nur als seltsam. Sie kehren aus Amerika und Europa nach Japan zurück, als ob sie einen Zirkus oder Zoologischen Garten besichtigt hätten, und verbleiben weitgehend bei ihren alten Anschauungen und Gewohnheiten. Die japanischen Touristen treten zwar auch bei uns in Europa bisweilen in Gruppen auf, aber sie benehmen sich (weil man es ihnen eingebleut hat) nicht so ungeniert japanisch wie in Südostasien. In Hongkong, Taiwan oder Singapur geht der Gruppe, wie das in Japan selbst üblich ist, ein Reiseleiter mit einem Fähnchen voran; die Touristen folgen brav wie Schulkinder und ohne aus der Reihe zu tanzen. Die Reiseleiter führen sie in japanische Restaurants und in Hotels und Läden, die Japanern gehören. Die japanische Ernährungsweise hat sich zwar recht weitgehend verwestlicht (mehr Fleisch und Fett als früher), aber trotzdem lieben die Japaner es nicht, dreimal am Tag fremdländisch, sei es nun asiatisch oder europäisch, zu essen, schon gar nicht wenn, wie bei uns, zu den Mahlzeiten kein Reis serviert wird. Außerdem fällt es vielen Japanern noch schwer, anstatt mit Eßstäbchen mit Messer und Gabel umzugehen; mit den Fingern essen wie die Inder, Thailänder und andere mögen sie ebenfalls nicht. Da geht man lieber in ein japanisches Restaurant, wo man laut Suppe oder Tee schlürfen kann und die Männer rülpsen dürfen ohne aufzufallen. Das gilt aber, wie gesagt, viel weniger für die jungen Japaner, die sich unter gleichaltrigen Fremden recht wohl fühlen können.

Die übrigen Asiaten machen sich über die Besonderheiten und Eigenarten der Japaner lustig, besonders über die Gruppen mit den Fähnchen. Sie amüsieren sich, wenn die Japaner sich gegenseitig mit feierlichen und tiefen Verbeugungen auf der Straße und im Restaurant begrüßen. Kurz, die des Auslands bisher so ungewohnten Inselbewohner fallen überall auf. Hinzu kommt, daß die japanischen Geschäftsleute, von denen es heute in Südostasien und anderswo wimmelt, sich gerne absondern. Sie machen zwar mit den Einheimischen Geschäfte, aber im Privatleben treffen sie diese Leute selten. Sie würden wahrscheinlich am liebsten noch überall ihre eigenen Golfplätze anlegen. Die übrigen Asiaten klagen, abgesehen davon, daß sie die Japaner für »ökonomische Tiere« halten, viel über das Benehmen der Japaner und ihren Drang zur Absonderung.

Dieser Drang hat zwei Hauptursachen. Erstens empfinden sich die Japaner andern Asiaten gegenüber meist als überlegen, und zweitens wissen sie nicht recht, weil sie ja zu Hause in einer statusbewußten Gesellschaft leben, wie sie sich einordnen sollen. Daher geraten sie oft in Verlegenheit und fühlen sich trotz ihres Überlegenheitsdünkels unsicher. Wenn sie sich entspannen wollen, bleiben sie also lieber unter sich. Die Verhältnisse liegen bei den in Europa lebenden japanischen Geschäftsleuten etwas anders. Natürlich sind sie bisweilen gern unter sich, aber sozusagen auf eine ganz normale Weise. Schließlich sind auch wir manchmal gern unter uns, wenn wir im Ausland leben. Aber in Europa legen die Japaner ihren Dünkel, jedenfalls nach außen hin, nicht so kraß an den Tag. Übrigens gehören diese Geschäftsleute meist den oberen Schichten an, und besonders die Kaufleute und Bankiers unter ihnen sind längst an internationale Sitten gewöhnt. Es ist bezeichnend, daß die meisten japanischen Diplomaten sich nicht gern in asiatische Länder versetzen lassen, denn es gilt als »feiner«, nach Amerika oder Europa geschickt zu werden. Man kann fast behaupten, daß China das einzige asiatische Land ist, in dem die Japaner die Einheimischen als gleichberechtigt anerkennen. Es bedarf für die Japaner einer Anstrengung, um erstens von ihren übertriebenen insularen Besonderheiten und zweitens von ihrer anmaßenden Einstellung gegenüber den andern Asiaten loszukommen. In dieser Beziehung steht Japan heute, so ist wenigstens zu hoffen, vor einer entscheidenden Wende. Die vielen Auslandsreisen werden endlich zu einer größeren Weltkenntnis und Weltgewandheit beitragen.

Aber auf einem andern Gebiet sind die Japaner immer noch im Rückstand. Das sind die Sprachenkenntnisse. Es ist manchmal ganz unbegreiflich,

daß das im übrigen so intelligente Volk der Japaner die Bedeutung des Sprachenproblems einfach nicht wahrhaben will, obwohl so viele ihrer Schwierigkeiten im Umgang mit Ausländern damit zusammenhängen. Seit Jahren und Jahrzehnten sind die Japaner darauf aufmerksam gemacht worden, doch sie reagierten stets negativ. Vor einigen Jahren waren die Amerikaner bereit, zu günstigsten Bedingungen zahlreiche Englisch-Lehrer nach Japan zu schicken. Die Japaner waren beleidigt. Sie brauchten keine sprachlichen »Entwicklungshelfer«. Dieses Problem stellt sich in den meisten andern asiatischen Ländern, zum Teil aus historischen Gründen, nicht in gleichem Maße. Viele dieser Länder waren Kolonien und erlernten unter der Fremdherrschaft notgedrungen eine Fremdsprache. Das Englisch ist ja in Indien beinahe zu einer Nationalsprache geworden. Auch die Chinesen, die ihre Unabhängigkeit nie gänzlich verloren hatten, sprechen, wenn sie es gelernt haben, viel besser Englisch als die Japaner. Im heutigen kommunistischen China wird Englisch in den Mittelschulen gelehrt, und es gibt sogar schon Rundfunk-Unterricht zur Erlernung dieser Sprache. Allerdings sind die Chinesen sprachbegabt und es macht ihnen nicht viel Mühe, sich ein fremdes Idiom mit der richtigen oder beinahe richtigen Aussprache anzueignen.
Das Sprachenproblem ist in Japan ganz besonders schwierig. Es ist nämlich durchaus nicht so, daß in Japan keine Fremdsprachen gelehrt würden. Ganz im Gegenteil: Englisch, Deutsch und andere Sprachen werden fleißig gebüffelt – aber nur das Lesen und Schreiben, nicht das Sprechen! Ein japanischer Professor etwa kann Kant oder Goethe ins Japanische übersetzen, ist aber kaum imstande, auf deutsch »Guten Morgen« zu sagen. Die Schwierigkeit liegt in der Eigenart der japanischen Sprache und der japanischen Silbenschrift, die als Ergänzung zu den chinesischen Schriftzeichen gebraucht wird. Es sei hier kurz auf ein in unserem Zusammenhang wichtiges Charakteristikum der japanischen Sprache hingewiesen. Die japanischen Worte und Silben enden nicht mit Konsonanten, sondern mit sogenannten Auslaufvokalen. Die Grundform der Silbe ist also offen (Konsonant plus Vokal)[1]. Dementsprechend ist die japanische Schrift, durch welche, wie gesagt, die aus China übernommenen Schriftzeichen ergänzt oder auch völlig ersetzt werden, eine Silbenschrift. Konsonanten wie b, m, r und andere können nicht als solche wiedergegeben werden. Statt dessen heißt es in dem »Kana« genannten japanischen Alphabet: ba, bi, bu, be, bo, ma, mi, mu, me, mo usw. Mit dieser Schrift nun – und das ist die »Katastrophe« – werden oft auch die Fremdsprachen wiedergegeben. Da liest man dann »betto« statt Bett, »herupusuto« statt Herbst und »Miura« statt Müller. Unsereins kann dabei ganz »ekisaito« (excited) werden. Der Fremdsprachenunterricht wird in Japan in japanischer Sprache erteilt, eben weil die Lehrer zwar Englisch oder Deutsch lesen und schreiben, aber kaum sprechen können. Sie erklären den Schülern was

»mudo« (mood), »sutoreiku« (strike), oder »rejia-bumo« (leisure-boom) bedeute. Die Schüler schreiben die Vokabeln dann meistens mit der japanischen Silbenschrift nieder. Dadurch wird die miserable Aussprache dermaßen erhärtet, daß Ausländer oft die Worte ihrer eigenen Sprache nicht wiedererkennen, wenn sie von Japanern ausgesprochen werden. Da die Japaner sowieso die Tendenz haben, Vokale an Konsonanten zu hängen, wird es natürlich noch schlimmer, wenn sie fremde Worte mit ihrer Silbenschrift wiedergeben. Eine Besserung könnte nur eintreten, wenn sie die europäischen Sprachen nur mit lateinischen Buchstaben schreiben würden, und wenn die japanischen Englisch-Lehrer imstande wären, selbst fließend Englisch oder eine andere Sprache zu sprechen. Japan würde dringend Amerikaner und Engländer als Englisch-Lehrer brauchen, ebenso wie japanische Englisch-Lehrer, die in den angelsächsischen Ländern ausgebildet worden sind. Die finanziellen Mittel dazu sind durchaus vorhanden, aber viele Japaner – einschließlich der Beamten des Erziehungsministeriums – haben immer noch nicht so recht verstanden, wie wichtig die Sprachenfrage ist. Ein sehr hoher Beamter im japanischen Außenministerium beklagte mir gegenüber die Sprachenbarriere, die er für politisch nachteilig hielt: »Der deutsche Bundeskanzler Brandt konnte sich mit Präsident Nixon allein ohne die Anwesenheit eines Dolmetschers unterhalten. Japanische Regierungschefs benötigen immer einen Dolmetscher.« Die höchsten japanischen Regierungsbeamten mit Ausnahme der Diplomaten im Außenministerium beherrschen Fremdsprachen nur mangelhaft oder überhaupt nicht. Das gleiche gilt für die meisten japanischen Großindustriellen. Deshalb sind in Japan die riesigen Handelshäuser so wichtig, die auf den Verkehr mit dem Ausland spezialisiert sind und deren Vertreter daher im allgemeinen eine Fremdsprache, meist Englisch, beherrschen.

Die Fähigkeit, eine Fremdsprache zu sprechen, gehört in Japan noch nicht zur allgemeinen Bildung. Sie wird eher als Spezialität betrachtet, die nur für bestimmte Berufe erforderlich ist. Daraus resultiert der oft bedauerte Mangel an Kontakt zwischen Japanern und Ausländern. Das bedeutet nicht, daß Ausländer, die sich für Ostasien interessieren, sich nicht bemühen sollten, Japanisch zu lernen. Aber das Japanische ist keine Weltsprache. Die Japaner müssen, wenn sie sich in der Welt zurechtfinden sollen, besser als bisher Fremdsprachen lernen. Dies gilt nicht nur für das Englische und andere europäische Sprachen, sondern sogar für das Chinesische. Es ist geradezu erstaunlich, wie wenig Japaner Chinesisch sprechen können. Ich habe manchmal den Verdacht, daß es mehr Amerikaner und Europäer gibt, die sich fließend mit Chinesen unterhalten können, als Japaner. Natürlich haben es die Japaner, wenigstens die gebildeten, bedeutend leichter, chinesische Texte zu lesen. Aber sie vermögen die Sprache des großen Nachbarlandes selten zu sprechen, was, ähnlich wie bei den

europäischen Sprachen, ebenfalls auf Ausspracheschwierigkeiten und den falschen Lehrmethoden beruht. Außerdem wurde die chinesische Umgangssprache in Japan bisher nur nebenbei gelehrt. Die europäischen Sprachen galten als wichtiger.
Die Japaner wären durchaus imstande, Fremdsprachen perfekt zu erlernen, wenn sie nur wollten und wenn sie ihre Lehrmethoden ändern würden. Japaner, die längere Zeit angelsächsische Lehrer oder Lehrerinnen gehabt haben (zum Beispiel in den christlichen oder Missions-Schulen), sprechen recht gut, wenn nicht sehr gut Englisch. Und die Japaner, die im Ausland aufwachsen, sprechen Fremdsprachen fast akzentlos, auch wenn sie zu Hause in der eigenen Familie japanisch gesprochen haben.

Die beiden Themen, die zu Anfang dieses Kapitels behandelt wurden, sind keineswegs nebensächlich, denn die Auslandsreisen und das Sprachenproblem gehören zu dem Fragenkomplex, der in den letzten Jahren gelegentlich unter dem Schlagwort von der »neuen Eröffnung Japans« zusammengefaßt wurde. Dieses Schlagwort betraf ursprünglich wohl die Wirtschaft. Gemeint war damit vor allem die Abkehr vom Protektionismus, das heißt, die Öffnung Japans für die internationale Konkurrenz, also die weitergehende Liberalisierung. Die »Neueröffnung« läßt sich aber auch im umfassenderen Sinne verstehen. Sie betrifft ebenso die erwachende Aufmerksamkeit der Japaner für die Sorgen und Interessen anderer Völker wie für die Kunst des Zusammenlebens mit ihnen ohne rein subjektiven Egozentrismus und Egoismus.
Die Klagen über den Wirtschaftsnationalismus der Japaner sind bekannt. Sie sind bei der Eroberung fremder Märkte nicht nur tüchtig und unternehmungslustig, sondern manchmal sogar unfair vorgegangen. Auf einigen Gebieten haben sie das verpönte Dumping betrieben, indem sie zum Beispiel in den Vereinigten Staaten manche Geräte billiger verkauften als auf ihrem Binnenmarkt. Gleichzeitig waren sie darauf bedacht, fremde Einfuhren und Kapitalinvestitionen möglichst zu verhindern. Das hat sich bereits geändert und soll sich weiterhin im Zuge der Liberalisierung ändern. Wahrscheinlich fällt es Japan leichter, die Importe von Fertiggütern (die wichtigsten Rohmaterialien wurden ja sowieso immer aus dem Ausland bezogen) freizugeben, als zu viele fremde Kapitalinvestitionen, worauf besonders die Amerikaner bestehen, im eigenen Lande zuzulassen. Die japanische Industrie dürfte inzwischen stark genug sein, um den Wettbewerb mit ausländischen Erzeugnissen auf dem Binnenmarkt aufzunehmen. Die Steigerung der Importe wird die japanische Wirtschaftsstruktur wahrscheinlich bis zu einem gewissen Grade beeinflussen. Denn die Ausländer drängen schon längst darauf, daß der weitverzweigte, verteuernde und unproduktive Zwischenhandel in Japan auf ein vernünftiges Maß reduziert oder abgeschafft wird. Viele Japaner haben selbst längst einge-

sehen, daß dieser traditionelle Zwischenhandel unzeitgemäß und nicht mehr rationell ist. Auf diesem Gebiete wird es sicher langsam und allmählich, auch ohne ausländischen Druck, zu einer stärkeren Rationalisierung kommen.

Anders ist es mit den fremden Kapitalinvestitionen. Sie gehen den Japanern eher unter die Haut. Ursprünglich spielte dabei vor allem die Furcht vor der Überfremdung eine Rolle; natürlich nicht zu unrecht, denn auf dem Wege über die Investitionen haben die Westländer, in jüngster Zeit hauptsächlich die Amerikaner, mancherorts politischen Einfluß auf die betreffenden Länder gewonnen. Heute spielt die Furcht vor der Überfremdung in Japan immer noch eine Rolle, aber in anderer Art als früher. Davon, daß irgendeine Nation über Kapitalinvestitionen in Japan politischen Einfluß gewinnen könnte, kann keine Rede sein. Aber ausländische Anlagen könnten die Struktur der japanischen Wirtschaft allzusehr beeinflussen und die japanische Planung stören. Falls eine ausländische Firma in einem japanischen Unternehmen das finanzielle Übergewicht besitzt, hat sie ein großes Wort mitzureden. Davor fürchten sich die Japaner. Denn der japanische Unternehmer denkt im allgemeinen nicht nur an seine Firma und erst recht nicht nur an seine eigenen Gewinne, sondern auch an das Wohl und Gedeihen der japanischen Volkswirtschaft im allgemeinen. Der Ausländer in Japan aber denkt nur an den Erfolg seines Unternehmens, wobei ihm die allgemeinen Belange Japans mehr oder weniger gleichgültig sind. Für ihn ist die Hauptsache, daß die Stammfirma in seiner eigenen Heimat zufrieden ist. Hier können also in nicht zu unterschätzender Weise die Interessen kollidieren. Und heute will Premierminister Tanaka »die Struktur Japans umwandeln«, wobei er schon genug Mühe und Sorge mit den japanischen Unternehmern haben wird. Aber mit diesen läßt sich reden, wenn es zum Wohle Japans ist, und sie werden sich zur Mitarbeit bereit erklären, solange es wirtschaftlich tragbar ist. Mit den Ausländern ist das anders – warum sollten sie sich für Nippons Gedeihen in Unkosten stürzen und warum sollten ihre Firmen vielleicht zeitweilig weniger verdienen? Sie könnten sich wehren und Schwierigkeiten machen, am Ende gar mit Prozessen drohen, die die Japaner ja sowieso nicht lieben. Sie scheuen derartige Streitigkeiten, weil sie ihnen ganz einfach lästig sind. Sie behaupten dann gerne, die Ausländer würden Japan nicht verstehen.

Man muß zugeben, daß die Japaner mit der Liberalisierung der Einfuhr von Konsumgütern und gewissen Geräten zu lange gezögert haben, aber ihre Abneigung gegen zuviel ausländische Kapitalanlagen ist einigermaßen verständlich. Das Inselland ist für ein noch mächtigeres Wachstum seiner Industrien, sogar wenn neue Betriebe laut Tanaka-Plan dezentralisiert angelegt würden, schon fast zu klein. Der auf den engen Inseln zusammengeballte Industrieapparat könnte allzu leicht aus dem Gleichge-

wicht geraten und zu einer Verschlimmerung der Umweltverschmutzung führen. Für die japanische Regierung und Industrie wäre die Lage noch schwieriger, wenn zu viele Ausländer mit hineinreden würden. Soviel läßt sich vielleicht zur Entschuldigung der japanischen Einstellung sagen.
Im übrigen müssen die Japaner ihre Märkte weiterhin öffnen. Sie können nicht immer mehr verkaufen und gleichzeitig nur wenig aus dem Ausland beziehen. Auch in der Währungsfrage ist die japanische Regierung zu zurückhaltend gewesen. Sie war sich, wenn nicht alles trügt, im Winter 1972/73 durchaus bewußt, daß der Yen nochmals aufgewertet werden müsse. Aber sie hat, obwohl allerlei andere, nicht sehr wirkungsvolle Maßnahmen durchgeführt wurden, die Initiative dazu nicht ergriffen. Die Ursache hierfür lag in der innenpolitischen Situation. Sehr viele kleinere Industrien (nicht die Großindustrie) würden nämlich unter einer neuerlichen Aufwertung beträchtlich leiden. Eine Mißstimmung in diesen Kreisen könnte der Regierungspartei (es stehen ja immer wieder lokale und andere Wahlen bevor) schaden. Deshalb hält es die Regierung taktisch für klüger, sich die Aufwertung sozusagen von außen »aufzwingen« zu lassen. Dann könnte sie ihre Hände in Unschuld waschen und behaupten, die Amerikaner oder die böse Welt im allgemeinen seien Schuld daran. Es ist verständlich, daß Premier Tanaka, der so gewaltige Pläne hat, seine innenpolitische Position nicht gefährden will. Aber es ist ein Fehler der Japaner, wenn sie annehmen, daß das Ausland diese Situation ohne weiteres versteht und hinnimmt. Das Ausland ist geneigt, darin nur japanischen Egoismus zu sehen. Die Welt soll immer nur Japan verstehen, aber die Japaner haben sich bisher wenig Mühe gegeben, sich der Welt verständlich zu machen.
Japan ist, im Gegensatz zu China, in keiner Hinsicht autark und muß wirtschaftlich und politisch die Konsequenzen daraus ziehen. Das hat es bisher zuwenig getan. Nur selten war es zum Verzicht zugunsten anderer bereit. Dies muß jetzt nachgeholt werden, denn sonst muß Japan mit Gegenmaßnahmen rechnen, die schließlich das Gedeihen der japanischen Wirtschaft bedrohen. Politisch würde es durch eine sture Haltung auch nicht gerade beliebter werden. Daß aber nicht nur Japan allein, sondern auch die andern Nationen an der jetzigen Situation mitschuldig sind, werden wir noch auseinandersetzen.
Die Japaner könnten zu einer grundsätzlich andern Einstellung gelangen, wenn sie erst einmal eingesehen haben, daß sie unumgänglich ist. Es wäre nicht das erste Mal, daß sie mit einer kaum zu meisternden Aufgabe fertig werden. Die japanische Industrie wurde, was meist übersehen wird, ursprünglich ohne Schutzzölle entwickelt. In den ersten Jahrzehnten der Meiji-Zeit, also nach der Eröffnung des Landes, durfte Japan auf Grund der »ungleichen Verträge«, die es mit den Westmächten abschließen mußte, nur niedrige Zölle erheben. Die japanische Regierung behalf sich seiner-

zeit damit, daß sie einzelne Schlüsselindustrien subventionierte. Die Mittel dafür wurden letzten Endes von der Bauernschaft aufgebracht, die damals noch die große Mehrheit des japanischen Volkes darstellte. Die japanischen Bauern haben einen großen Teil der Industrialisierung ihres Landes auf ihren Schultern getragen und sind dabei verarmt. Japan hat sich zeitweilig auch mit ausländischen Anleihen beholfen, die in London und New York aufgelegt wurden. Aber im wesentlichen hat sich das Inselland allein emporgearbeitet. Daraus erklärt sich auch in gewisser Weise die japanische Einstellung zur Entwicklungshilfe. Doch hier sollte zunächst dargelegt werden, daß die Japaner imstande sind, mit unmöglich erscheinenden Aufgaben fertig zu werden, wenn sie nur wollen.

Der Kern des Problems liegt darin, daß Japan nicht in dem bisherigen Tempo wirtschaftlich weiter wachsen kann. Dazu ist es zu klein und zu arm an Rohstoffen. Es gilt, bei gemäßigtem und überlegtem Wachstum das Erreichte zu festigen; es kommt nicht darauf an, »die Vereinigten Staaten einzuholen« oder entsprechende Ziele zu erreichen. Japan kann nur in dem Umfange wirtschaftlich weiter wachsen, wie es seine Einordnung in die Welt zuläßt. Einen wachsenden japanischen Wirtschaftsimperialismus würde die Welt ebensowenig hinnehmen wie den politisch-militärischen Größenwahn der dreißiger Jahre. Nun ist allerdings, wie bereits angedeutet, Japan nicht allein an den heutigen Schwierigkeiten schuld. Denn das Inselland ist bei der Expansion seiner Exporte in den letzten Jahren teilweise auf eine kaum berechtigte Abwehr gestoßen, und zwar mehr in Europa als in den Vereinigten Staaten. Das Prinzip der Gegenseitigkeit muß auch von manchen europäischen Ländern stärker beachtet werden. Schließlich kann man es Japan nicht einfach als Sünde ankreiden, wenn es tüchtig ist.

Das soll jedoch nicht heißen, daß das Inselland sich überhaupt nicht weiterentwickeln kann. Es hat genug damit zu tun, mehr und mehr von der Quantität auf die Qualität hinzuarbeiten und ein Land zu werden, das vor allem hochqualifizierte und spezialisierte Artikel und Anlagen liefert. Es ist ja bereits auf dem Wege dazu. Das kommt einer gewissen Arbeitsteilung mit dem übrigen Asien zugute. Der jetzige japanische Außenminister Ohira hat einmal gesagt, Japan müsse, indem es seine innere Struktur und seine Außenpolitik vervollkommne, »ein verfeinertes Beispiel geben, wiewohl ein kleines«[2]. Dies ist es, was wir meinen.

Noch heute ist in Japan die Wachstumsfrage umstritten, obwohl die Regierung ihre Aufmerksamkeit und zum Teil auch ihre finanziellen Mittel der Verbesserung der Infrastruktur und der sozialen Fürsorge zugewandt hat. Immer noch werden geradezu erschreckende Zukunftszahlen vorausgesagt. Im Jahre 1972 verbrauchte Japan 230 Millionen Tonnen Erdöl, aber 1980 werde das Land, so heißt es, 600 Millionen Tonnen importieren müssen. Premierminister Tanaka nimmt, laut seinem Plan zur Umwandlung der japanischen Inseln, an, daß Japan 1985 nicht weniger als 160 Millionen Tonnen Stahl produzieren werde (1972 waren es rund 100 Millionen Tonnen) und daß dann 50 Millionen Kraftwagen (heute sind es 20 Millionen) im Gebrauch sein würden.

Neuerdings hat der Industrielle Planungsrat diese Voraussagen scharf angegriffen[3]. Gleichzeitig behauptet er, ebenso wie andere Kritiker, der Tanaka-Plan nehme zuwenig Rücksicht auf die Umweltverschmutzung. Die Verschmutzung und Rohmaterialbeschaffung würden zusammenhängen. Die Parole müsse heißen »Einsparung von Rohmaterialien und Kampf der Pollution«. Die angemessene Stahlproduktion für Japan im Jahre 1985 sei 110 Millionen und nicht 160 Millionen Tonnen. Höchstens 35 Millionen Kraftfahrzeuge dürften in Japan verkehren – nicht aber 50 Millionen. Außerdem werde es weder vernünftig noch aus Gründen der internationalen Konkurrenz möglich sein, 1980 mehr als 400 Millionen Tonnen Erdöl zu importieren, anstelle der vorausgesagten 600 Millionen. Das im Tanaka-Plan veranschlagte Bruttosozialprodukt von 1000 Millarden amerikanischer Dollar (mehr als zweieinhalb Mal soviel wie 1972) sei viel zu groß. Die schlimmsten Sünder auf dem Gebiete der Umweltverschmutzung seien die Erdölraffinerien, die petrochemische Industrie, die Stahlproduktion, die Metallindustrie, einige chemische Betriebe und einige andere mehr. Alle diese Unternehmen müßten ihre Produktion einschränken. Betriebe, die stark zur Pollution beitragen und sehr viel Rohmaterial verbrauchen, sollten ihre Produktion einstellen.

Dem Industriellen Planungsrat in Tokyo gehören bedeutende Wirtschaftsführer und Wirtschaftsexperten an. Es handelt sich also nicht um eine nur akademisch angehauchte Organisation, sondern hier sind Männer vertreten, die im praktischen Leben stehen. Die Ansichten des Planungsrates sind also ziemlich ernst zu nehmen, auch wenn er nur einen Teil der wirtschaftlichen Kreise Japans repräsentiert. Die Kritik einzelner Punkte und Unterlassungen des Tanaka-Plans ist gewiß berechtigt. Tanaka zeigt sich mit seinem Programm zu optimistisch, aber der Plan behält seine Bedeutung, auch wenn er, wie schon früher angedeutet (siehe S. 171), in mancher Hinsicht revidiert werden muß. Von diesem Plan wird Japan nie mehr ganz abkommen, selbst wenn Kakuei Tanaka als Regierungschef zurücktreten müßte. Denn ein gründliches Umdenken ist für Japan notwendig. Es ist das Verdienst Tanakas, daß er, auch wenn er sich in einzelnen Zielsetzungen geirrt haben mag, dazu einen Anstoß gegeben hat. Das wird durch Verlautbarungen, wie das hier teilweise wiedergegebene Memorandum des Industriellen Planungsrates, bewiesen. Noch vor einigen Jahren wäre kein Japaner auf den Gedanken gekommen, daß die Produktion eingeschränkt werden müsse. Jedenfalls hätte niemand so etwas laut gesagt, um nicht als Verrückter oder Verräter gebrandmarkt zu werden. Es gibt genügend Warnungen (neuerdings zum Beispiel vom »Club of Rome«), welche die internationele Rohstoffvergeudung und Umweltzerstörung und -verschmutzung betreffen. Im Zusammenhang damit mag interessieren, daß Tschou En-lai sich im Januar 1973 in einem Gespräch mit japanischen Reichstagsabgeordneten in ähnlicher Weise äußerte[4]. Er sagte, Japans Erdölverbrauch betrage heute ungefähr 200 Millionen Tonnen und es hieße, daß er 1980 auf 600 Millionen Tonnen steigen würde. Der Erdölverbrauch der Vereinigten Staaten werde sich dann wahrscheinlich auf 1 Milliarde Tonnen belaufen. Er fuhrt fort: »Wenn die Entwicklung so weiter geht, wird etwas Schreckliches passieren. Die Vorräte der Erde werden gegen Ende des 20. Jahrhunderts erschöpft sein. Ich möchte warnen, daß dies eine Verschwendung von Rohstoffquellen ist... Die Vergeudung von Rohmaterialien verschlimmert die öffentlichen Plagen. Es ist die Hauptaufgabe der Menschen, sparsam mit den Rohstoffquellen umzugehen und die öffentlichen Plagen zu beseitigen.«

Die japanischen Probleme sind nicht nur auf das Inselland beschränkt, sie sind weltweit. Beispielhaft werden jene Nationen sein, die nicht nur diskutieren und wehklagen, sondern praktisch etwas unternehmen, auch wenn es Verzicht und Opfer bedeutet. Es gibt ein bekanntes japanisches Sprichwort, welches lautet »Nach der Schlacht binde den Helm fester!« Wirtschaftlich ist Japan jetzt an diesem Punkte angelangt.

Das gewisse Umdenken, das in Japan seit einiger Zeit im Gange ist, muß – und wird wahrscheinlich – auch die japanische Einstellung zur Entwicklungshilfe betreffen. Das japanische Vorgehen ist nicht nur von den Empfängerländern, sondern auch von westlichen Beobachtern immer wieder scharf kritisiert worden. Die japanische Einstellung war aber, wie ich glaube, nicht vollständig falsch, sondern nur zum Teil, weil Japan bei seiner Entwicklungshilfe selbst zuviel verdiente. Daß Japan sehr wenig »Geschenke« macht, läßt sich, wie wir sehen werden, begreifen; aber es bleibt anstößig, daß das Inselland bei seinen geschäftlichen Transaktionen mit den Entwicklungsländern zu sehr auf seinen eigenen Profit und Vorteil aus war. In Südostasien zum Beispiel zielte Japan im Grunde genommen nur darauf hin, mittels der Entwicklungshilfe die dortigen Märkte möglichst für sich allein zu erobern.

Die japanische Haltung hat mancherlei Ursachen. Zunächst einmal hängt sie damit zusammen, daß die Japaner keine Christen sind und daß ihnen deshalb unser Begriff der Nächstenliebe unbekannt ist. In all den Jahren in Japan habe ich es nie erlebt, daß irgendeine religiöse Organisation oder Sekte sich, etwa mit der Parole »Brot für Brüder«, für die Entwicklungshilfe oder sonstige Hilfsaktionen eingesetzt hätte. Wohl empfinden sich die Japaner manchmal als Kinder Asiens, wobei ein gewisses Gemeinschaftsgefühl zum Ausdruck kommt. Aber dieses Gefühl, das früher mit dem Schlagwort »Asien ist eins« umrissen wurde, beruhte vor allem auf der Abwehr gegen den Westen und nicht auf einem wirklichen Zusammengehörigkeitsgefühl. Das ist eigentlich kaum verwunderlich, denn das riesige Asien wurde ja im Gegensatz zum Abendland nie durch eine gemeinsame Religion oder Kultur zusammengehalten.

Die Einstellung der Japaner gegenüber anderen Asiaten wird selten von religiösen Empfindungen oder ethischen Traditionen untermauert. Deshalb sind für die japanische Entwicklungshilfe fast ausschließlich wirtschaftliche und politische Überlegungen maßgeblich. Es sei nicht bestritten, daß dies auch bei den westlichen Nationen weitgehend der Fall ist, aber bei uns ist dabei doch immer noch das Gefühl für echte und wohlgemeinte Hilfeleistung, für »Brot für Brüder« wirksam.

Die Japaner geben manchmal vor, daß sie ein schlechtes Gewissen gegenüber ihren früheren Kolonien und den Ländern hätten, die sie im Kriege erobert und besetzt hatten. Doch damit ist es nicht weit her. Es ist bezeichnend, daß das schlechte Gewissen am häufigsten China gegenüber geäußert wird, hauptsächlich jedoch, weil China zu einer starken Macht geworden ist, mit der man höflich umgehen muß. Dabei hat China die japanischen Bücklinge und das japanische Entgegenkommen am allerwenigsten nötig, vermochte es sich doch in erster Linie ohne fremde Hilfe und aus eigener Kraft wieder auf die Beine zu stellen.

Dafür, wie es mit den japanischen Sympathien und dem Mitgefühl für Nippons frühere Kolonien bestellt ist, sei ein Beispiel angeführt. Nachdem ich einmal wieder – es war im Jahre 1955 – Südkorea besucht hatte, traf ich in Tokyo einen japanischen Diplomaten, mit dem ich seit vielen Jahren befreundet war. Er meinte, ich müsse meine Eindrücke unbedingt einem japanischen Publikum vermitteln, da man in Japan viel zuwenig über Korea Bescheid wisse. Daraufhin hielt ich einen Vortrag, dem eine Diskussion folgen sollte, im Rahmen einer außenpolitischen Gesellschaft. Ich habe in diesem Vortrag nicht die einstige japanische Kolonialpolitik in Korea angeprangert, nicht von den zuweilen brutalen Unterdrückungsmethoden und von der japanischen Ausbeutung der Halbinsel gesprochen! Ich setzte nur auseinander, daß Südkorea es schwer habe, da es unter dem Koreakrieg (1950/52) gelitten habe, außerdem nur der wirtschaftlich unvollkommene Teil eines geteilten Landes sei und es daher wohl erwartet werden könne, daß Japan wirtschaftlich Beistand leiste und außerdem politisch eine wohlwollende Haltung annehme. Kurz, der große Bruder Japan könne sich dem kleinen Bruder Südkorea gegenüber, obwohl dort damals noch antijapanische Demonstrationen abgehalten wurden, großzügig verhalten, ohne sich dadurch etwas zu vergeben. Nach dem Vortrag herrschte eisiges Schweigen. Von Diskussion keine Spur. Die ungefähr 200 Zuhörer verließen eilends den Saal. Nur zwei japanische Journalisten kamen auf mich zu, um mich zu trösten. Ich solle mir nichts aus dieser

Reaktion machen, denn ich hätte vollkommen recht. Die Japaner hätten nur wenig Kenntnis von den Verhältnissen auf der Halbinsel und wüßten nicht recht, wie sie sich den Koreanern gegenüber zu verhalten hätten. Diese etwas verlegene Entschuldigung ließ erkennen, daß die Journalisten über Korea und die früheren japanischen Unterdrückungsmethoden Bescheid wußten und außerdem bedauerten, daß die Japaner dem Nachbarvolk gegenüber so wenig Mitgefühl an den Tag legten. Ich habe dieses Beispiel angeführt, weil die Japaner nicht einmal für eine frühere Kolonie, die gerade einen harten und unverschuldeten Krieg erlebt hatte, spontane Hilfsbereitschaft und Sympathie empfanden. (Übrigens hatte Japan durch Lieferungen an die Amerikaner am Koreakrieg enorm verdient.) Inzwischen sind rege diplomatische und wirtschaftliche Beziehungen zwischen Japan und Südkorea aufgenommen worden. Dazu reichte aber nicht einmal die früher bestehende gemeinsame Front gegen die kommunistischen Länder, es war auch ein gewisser amerikanischer Druck notwendig.
Diese Ausführungen müssen genügen, um zu zeigen, daß in Japan Kooperation und Entwicklungshilfe in keiner Weise von religiösen und ethischen Impulsen und Erwägungen getragen werden wie bei uns. Die Einstellung ist eine andere.

Diese Einstellung ist psychologisch eine der Erklärungen dafür, warum die Japaner andern Völkern nicht gern »Geschenke« machen. In dieser Beziehung halten sie einen unglaublichen Minus-Rekord. Im Jahre 1968 machten die ungebundenen Geschenke nur 0,6 Prozent ihrer sogenannten Entwicklungshilfe aus[5]. Alles andere waren geschäftliche Transaktionen oder war an Lieferungen aus Japan, an die Anstellung japanischer Experten und dergleichen gebunden. Die Japaner haben sogar die Kriegsreparationen, die zu zahlen sie verpflichtet waren, geschickt zu ihrem Vorteil in ihre Entwicklungshilfe eingebaut.
Die Japaner halten Geschenke an andere Nationen für ziemlich sinnlos. Damit haben sie allerdings nicht ganz unrecht. Einem Japaner braucht man nicht zu predigen, daß man nur dem helfen solle, der sich selbst hilft. Die Japaner denken dabei an ihre eigene Erfahrung. Sie werden in ihrer Auffassung bestätigt durch das Erstarken des kommunistischen China, das nur vorübergehend von der Sowjet-Union einige Hilfe empfing, diese aber schon längst bis auf den letzten Pfennig bezahlt hat. China, das sich erfolgreich weiterentwickelt, hat keine Auslandschulden. Indien jedoch, dem Hilfskredite und Entwicklungshilfe in reichstem Maße zuflossen, ist hoch verschuldet. Außerdem verläuft die Entwicklung in Indien unbefriedigender als in China. Ähnlich sieht es mit anderen Ländern aus, die Entwicklungshilfe erhielten. Hätte man so etwas vor einigen Jahren behauptet, so wäre man scheel angesehen worden, als ließe man es am rechten Idealismus fehlen. Seit zwei oder drei Jahren aber gibt es bei uns gelehrte

Abhandlungen, die sich voller Bierernst mit der Frage befassen, warum China erfolgreicher war als Indien. Es ist mir immer aufgefallen, daß die westlichen Ostasienkorrespondenten, die gewöhnlich ihren Sitz in Tokyo hatten, der Entwicklungshilfe keine besondere Aufmerksamkeit schenkten, ebensowenig wie den internationalen Hilfsorganisationen aller Art, die oft mit den Vereinten Nationen zusammenhängen. Wir wußten aus Erfahrung und weil wir gewohnt waren, uns mit der Psychologie der Völker zu befassen, welch ein verzwicktes Problem die Entwicklungshilfe darstellt. Denn es kommt ja nicht nur auf den Geber, sondern mehr noch auf den Empfänger an – eigentlich eine sehr banale Feststellung. Die Entwicklungshilfe muß nicht nur wohl überlegt sein, man darf auch nicht einmal etwas davon erwarten. Sie ist ein Risiko, das man manchmal auf sich nehmen kann und wohl auch muß. Wer hinterher enttäuscht ist, beweist damit nur seine Naivität und seinen Mangel an Menschenkenntnis. Noch ein psychologischer Hinweis: Wenn Menschen zuviel Hilfe empfangen, läßt ihre eigene Initiative nach und sie arbeiten wohl auch weniger. Sie verfallen dann unter Umständen in eine gewisse Lässigkeit und erklären, wie es einzelne Staatsmänner aus Entwicklungsländern tatsächlich getan haben, der Westen habe ihre Länder einst ausgebeutet und es sei nichts als seine Pflicht und Schuldigkeit, nunmehr für ihre Prosperität zu sorgen. Die Japaner und Chinesen wissen längst und vielleicht am besten, daß diese Auffassung falsch ist.

Japan hat sich aus eigener Kraft entwickelt und modernisiert. Das geschah – denken wir nur an das Verbot, Schutzzölle zu erheben (siehe S. 212) – sogar unter widrigen Bedingungen. Für seine ausländischen Anleihen mußte das Land hohe Zinsen zahlen, weil man seiner Solidität anfangs nicht so recht traute. Seine erste ausländische Anleihe legte das Land bereits 1870 (nur zwei Jahre nach der Meiji-Restauration) in England auf, um den Bau seiner ersten Eisenbahn von Tokyo nach Yokohama zu finanzieren. Dafür mußten nicht weniger als 9 Prozent Zinsen gezahlt werden! Trotzdem waren die Fortschritte in den ersten vierzig bis fünfzig Jahren nach der Meiji-Restauration so erstaunlich, daß im Vergleich damit die jüngsten japanischen Erfolgsstatistiken kaum noch imponieren können. So stieg die Kapazität der Thermal-Kraftwerke von 31 000 Kilowatt im Jahre 1903 auf 200 000 im Jahre 1914, und diejenige der Hydro-Elektrischen-Kraftwerke stieg in der gleichen Periode von 13 000 Kilowatt auf 417 000. Also im ganzen gesehen eine Verzehnfachung in nur elf Jahren.

Die japanische Regierung hat damals von sich aus Hunderte von westlichen Fachleuten und Lehrkräften angestellt. Das Industrieministerium allein hat von 1870–1885 über 500 Ausländer, meist Ingenieure britischer Nationalität, beschäftigt. Das Gehalt eines japanischen Kabinetts-Ministers betrug zu dieser Zeit ungefähr 500 US-Dollar monatlich; aber unter den Ausländern waren nicht weniger als 200 Ingenieure, die 2000 US-Dollar im Monat bezogen. Außerdem wurden von der japanischen Regierung zahllose Physiker, Mathematiker, Chemiker, Biologen, Geographen, Astronomen, Ärzte, Pharmakologen und andere nach Japan berufen, unter denen viele Deutsche waren, vor allem Ärzte[6].

Die Japaner waren den Westländern, die, wie sie sagten, »eine so weite Reise antraten, um Japan zu helfen«, sehr dankbar. Für viele von ihnen, etwa für den berühmten deutschen Arzt Erwin Bälz, wurden Denkmäler errichtet. Die Japaner errichten sogar Denkmäler für bedeutende Wissenschaftler und Pioniere, die nur kurz oder überhaupt nicht in ihrem Lande tätig waren, aus deren Erfindungen sie aber großen Nutzen zogen. So wurde Rudolf Diesel in Japan mit zwei Denkmälern geehrt, in Deutschland gibt es, soweit mir bekannt ist, überhaupt keines. Manchmal widmen die Japaner auch Institute oder andere Gebäude noch lebenden ausländischen Persönlichkeiten und bringen eine entsprechende »Gedenktafel« an. Im Jahre 1970 nahm ich an der Einweihung des »Fischer-Hauses« teil, das eine japanische Textilfirma Prof. Guido Fischer, dem in München lehrenden Initiator des Gedankens der »betrieblichen Partnerschaft«, gewidmet hat. Prof. Fischer, der leider zu diesem Anlaß nicht nach Japan reisen konnte, wäre wohl über die Verehrung, die ihm dort zuteil wird, einigermaßen verblüfft gewesen. Das Ereignis sei hier, weil es so bezeichnend für die japanische Einstellung ist, im Telegrammstil geschildert:

Schon am Eingang des Städtchens flatterten japanische und deutsche Fahnen, man sah Vertreter des Betriebes, Polizisten, zahllose Neugierige. Vor dem Stadthaus war eine schneeweiß uniformierte Kapelle aufgestellt, die das Deutschlandlied spielte; danach feierlicher Einzug in den großen Saal, wo tausend Mitglieder der Belegschaft versammelt waren. Das Podium für Honoratioren und Gäste war überaus üppig und prächtig mit Blumen geschmückt, darüber ein riesiges Fischer-Bild und ein ihm gewidmetes Spruchband. Feierliche Ansprachen folgten zum Lobe der »betrieblichen Partnerschaft«. Der Firmeninhaber und seine Arbeiter verneigten sich gleichermaßen tief, wenn sie hervortraten, um etwas zu sagen. Dann wanderte man durch einen wunderschönen alten Tempelgarten hinauf zum neuen Fischerhaus, vor dem ein Professor Fischer gewidmeter Gedenkstein mit dem Motto »Einer für Alle, Alle für Einen« steht. Unterwegs fand eine Tee-Zeremonie für die Gäste statt, danach im Fischerhaus Begrüßung durch den Oberbürgermeister, anschließend eine buddhistische Messe zur Würdigung des deutschen Professors. Speziell für diesen Zweck war ein goldprotzender buddhistischer Altar aufgebaut worden, davor standen schöne alte rotlackierte Sessel für die Priester. Auch hier hing, wie in andern Räumen, ein großes Fischer-Bild mit Widmung. Drei farbig in Seide und Brokat gehüllte Bonzen lasen in singendem Tone die Messe.

Danach holten sich alle Anwesenden eine der bereit liegenden Chrysanthemen und legten sie, sich verbeugend, zur Verehrung von Prof. Fischer auf einen vor dem Altar stehenden Tisch. Auf diese Weise verging der ganze Tag, unterbrochen von europäischem Essen, japanischem Essen und schließlich amerikanischen Cocktails. So haben die dankbaren japanischen Anhänger seiner Lehren einen deutschen Professor geehrt.

Ein japanischer Professor erzählte mir von einer Begebenheit, die sich vor nicht langer Zeit in einem asiatischen Entwicklungsland abspielte. Die Einheimischen hatten sich darüber beschwert, daß die japanischen Experten zu hohe Gehälter erwarteten. Ein Japaner antwortete: »Wir waren auch einmal ein Entwicklungsland. Wir haben unsern ausländischen Helfern freiwillig das Doppelte, ja, das Vielfache von dem bezahlt, was wir Japaner damals verdienten. Wenn Sie das nicht begreifen, werden Sie nie etwas lernen.« Wenn diese Belehrung auch für japanische Begriffe recht unhöflich war, so war sie wohl doch nicht ganz unberechtigt. Der japanische Professor Kiyoshi Tsuchiya, welcher der Entwicklungshilfe gegenüber ganz positiv eingestellt ist, drückte die japanische Auffassung über Entwicklungsländer so aus: »Internationale Hilfe muß diesen Ländern zwar in starkem Maße gewährt werden; sie wird aber nur dann einen wirksamen Entwicklungsbeitrag leisten, wenn die Entwicklungsländer Hilfsmaßnahmen nicht als selbstverständlich ansehen und sich nicht ausschließlich auf diese Hilfe verlassen. Japan beteiligt sich nach besten Kräften an der Entwicklungshilfe, es will diese Hilfe jedoch immer als Beitrag zum eigenständigen Wachstum der Entwicklungsländer verstanden wissen[7].« Ein anderer Japaner sagte mir einmal in einem Gespräch über die Entwicklungshilfe: »Wenn man ein Bäumchen gepflanzt hat, muß man zunächst abwarten, wie es wächst.« In diesen Worten kommt ein besonderer Wesenszug der Japaner zum Ausdruck, nämlich die Geduld. Sie wissen, daß die Dinge Zeit brauchen, um zu reifen und daß man Entwicklung und Wachstum bei andern Völkern nicht forcieren kann. Der erwähnte Professor Tsuchiya ist der Meinung, daß den Entwicklungsländern geholfen werden müsse, »selbst wenn der Aufbau und die Entwicklung dieser Länder zu modernen Industrienationen ein Jahrhundert beanspruchen würde«. Im Westen will man gewöhnlich, nachdem man auf irgendeine Weise »gezahlt« hat, viel zu schnell Resultate sehen. Treten sie nicht ein, so ist man enttäuscht und geneigt, die ganze Entwicklungshilfe in Frage zu stellen.

Japan hatte bis vor wenigen Jahren große Sorgen mit seiner Zahlungsbilanz. Es wäre dem Lande, selbst wenn es den besten Willen dazu gehabt hätte, recht schwer gefallen, sich bezüglich der Entwicklungshilfe großzügiger zu verhalten. Diese Situation hat sich geändert und die Japaner sind im Begriff, mit Entwicklungsländern, besonders mit asiatischen, uneigennütziger zu kooperieren. Sie werden dabei wahrscheinlich keine Enttäuschungen erleben, sondern von vornherein einkalkulieren, daß die Resultate da und dort unbefriedigend sein könnten. Das größere Entgegenkommen andern asiatischen Ländern gegenüber ist für Japan eine absolute politische und wirtschaftliche Notwendigkeit. Zunächst einmal wegen des japanischen Außenhandels: Etwa ein Drittel der japanischen Exporte ging bisher nach Südostasien, ein Drittel in die Vereinigten Staaten, und das letzte Drittel wurde von der übrigen Welt aufgenommen. (Diese Dreiteilung könnte sich in Zukunft verändern, falls etwa die Vereinigten Staaten weiter restriktive Maßnahmen gegen japanische Importe ergreifen sollten.) Außerdem bezieht Japan Rohstoffe aus Südostasien und aus Indien. Ebenso wichtig, wenn nicht noch wichtiger, ist jedoch die Erdölfrage. Ungefähr 80 Prozent seines Ölbedarfes deckt das Inselland aus dem Vorderen Orient. Die Tanker müssen auf dem Wege nach Japan durch den Indischen Ozean und durch südostasiatische Gewässer fahren. Was würde geschehen, wenn etwa die Straße von Malakka für japanische Schiffe gesperrt würde? Die japanischen Tanker könnten einen, die Transporte verteuernden, südlichen Umweg nehmen; aber auch dieser, besonders der »nähere« Umweg, würde ebenfalls durch südostasiatische, vor allem indonesische Gewässer führen. Japan ist gezwungen, sich mit den Anrainerstaaten an diesen Meeren und Meerengen gut zu stellen. Das muß es sich etwas kosten lassen. Die Filipinos sind, zum Teil auf Grund ihrer üblen Kriegserfahrungen, recht antijapanisch eingestellt, und in Thailand kam es Anfang 1973 zu antijapanischen Demonstrationen. Der Grund hierfür lag nicht zuletzt darin, daß Japan sich zwar in Thailand einen bedeutenden Markt erschlossen hat, von dort aber zuwenig einführt. Außerdem ärgern sich die Thailänder, ebenso wie andere Südostasiaten, wie schon angedeutet, darüber, daß die Inselbewohner sich gern absondern und ihre eigenen Cliquen bilden. Zudem geht ihnen die Anmaßung mancher Japaner, die sich als tüchtige Leute den Südländern überlegen fühlen, auf die Nerven. Diese Einstellung der japanischen Geschäftsleute ist nicht neu. Ich habe sie schon vor dem Zweiten Weltkrieg in Bangkok beobachtet. Bedauerlich ist nur, daß die Japaner, die sich ja in mancher Beziehung völlig verändert haben, sich ihr Überlegenheitsbewußtsein so sehr anmerken lassen. Manchmal wird außerdem behauptet, es sei eher leichter, mit den staatlichen Vertretern der kommunistischen Länder zu verhandeln als mit den Japanern. Man habe es eigentlich nie mit einer einzigen japanischen Firma zu tun, sondern mit der geschlossenen Front ganzen japanischer Industriezweige. Seltsamerweise waren viele Japaner verdutzt und haben nicht recht begriffen, warum in Bangkok eine antijapanische Stimmung entstanden ist. Hier hat sich wieder die insulare Mentalität ausgewirkt. Es ist aber anzunehmen, daß die zahlreichen neuerlichen Auslandsreisen zum besseren Verständnis der Japaner für andere Völker beitragen werden. Desgleichen wird, so ist zu hoffen, die liberaler werdende japanische Wirtschaftspolitik mehr Wert auf Gegenseitigkeit und Zusammenarbeit bei den wirtschaftlichen Beziehungen legen. Die Japaner müssen ihren Ruf, nichts als egoistische »ökonomische Tiere« zu sein, loswerden.

In dieser Hinsicht hängen, vor allem in Südostasien, Wirtschaft und Politik eng zusammen. Japan hat zwei Möglichkeiten: Eine friedfertige Politik samt wirtschaftlichen Beziehungen auf Gegenseitigkeit, damit die Nationen Japan wohlgesinnt bleiben und die Überzeugung gewinnen, daß sie sich selbst schaden würden, wenn sie Japans Gedeihen stören; oder der Versuch einer machtpolitisch-militärischen Sicherung der für das Inselland lebensnotwendigen Zufahrtswege, und, soweit wie möglich, Rohstoffquellen. Von der letztgenannten Möglichkeit, die manchmal diskutiert wird, soll später im Zusammenhang mit der Furcht vor dem etwaigen Wiedererwachen des japanischen Militarismus und mit der japanischen Aufrüstung die Rede sein.

Europa, insbesondere die von den Japanern mit einigem Mißtrauen und Sorge betrachtete EG, muß einsehen, daß dem Inselland zuweilen gar nichts anderes übrigblieb, als verbissen und aggressiv vorzugehen, weil es häufig auf protektionistische Schranken stieß. Die Amerikaner behaupten zu Recht, im Gegensatz zu den Europäern hätten sie die »Last« des japanischen Exportzwanges (womit sollten die Japaner sonst ihre importierten Rohmaterialien bezahlen?) getragen. Japan, das die drittstärkste Industrienation der Erde ist, steht im Lager der freien Welt und braucht einen regen wirtschaftlichen Austausch. Ich habe manchmal das Gefühl, daß bei uns in Europa eine gewisse Mißgunst besteht. Gewohnt, bisher in jeder Beziehung zu den obersten Spitzennationen zu gehören, will man nicht wahrhaben, daß die Japaner auf vielen Gebieten wirkungsvoller organisieren und produzieren können. Die japanischen Produkte sind heute aber ebenso solide und perfekt wie die europäischen. In der Schweiz, die ja nicht der EG angehört, werden neuerdings zum Beispiel sehr viele japanische Autos, vor allem von der Marke Toyota, verkauft. Die Käufer behaupten, die Toyota-Wagen seien besser als die bisher so beliebten Volkswagen. Die Volkswagen seien mit ihren Einrichtungen und ihrer Ausstattung etwas zurückgeblieben und außerdem ungefähr ebenso teuer.

Die international angesehene Wirtschaftswochenschrift »Far Eastern Economic Review«, Hongkong, wies kürzlich in ihrem Leitartikel darauf hin, daß die Japaner zunehmend versuchten, ihren Warenaustausch mit kommunistischen Ländern zu verstärken; nicht nur mit der Sowjetunion und mit China, sondern auch mit den kleinen kommunistischen Ländern wie Nordkorea und Nordvietnam, die noch nicht sehr viel zu bieten hätten.

Aber da Japan von der »kapitalistischen Feindseligkeit« bedroht sei, böten die kommunistischen Länder einige Kompensationen. Die Wochenschrift meint abschließend: »Irgendwann müssen Europäer und Amerikaner einsehen, daß es nur zwei Möglichkeiten gibt: nämlich entweder den Japanern die volle Mitgliedschaft in ihrem gemütlichen Klub zu gewähren, oder dem Lande einen Fußtritt zu erteilen. Falls Japan der vernünftige Zugang zu einem liberalen Handel mit den anderen fortgeschrittenen Ländern versagt wird, werden die Verlierer die Vereinigten Staaten und die EG sein. Ob es einem gefällt oder nicht, die Japaner besitzen die Leistungsfähigkeit und die technologische Stoßkraft, zur Erhaltung des allgemeinen Wohlstandes der nichtkommunistischen Welt beizutragen. Der Preis, der dafür bezahlt werden muß, ist die Liquidation konkurrenzunfähiger Firmen im Westen, aber dieser Preis ist schwerlich zu hoch, wenn der Gewinn dabei letztlich der fortgesetzte japanische Beitrag zum internationalen Wirtschaftswachstum ist[8].« Nun, so könnte man einwenden, wenn man an die Schließung westlicher Werke denkt: In Hongkong und Ostasien läßt sich so etwas leicht sagen! Aber tatsächlich wird uns auf die Dauer kaum etwas anderes übrigbleiben als einige Bitternis zu schlukken. Auch wir müssen uns in gewisser Weise umstellen, was, wie die »Far Eastern Economic Review« annimmt, letzten Endes zu unserem eigenen Vorteil führen wird. Tun wir es nicht, dann handeln wir genauso, wie wir es den Japanern bisher vorgeworfen haben: Engstirnig-nationalistisch oder Europa-zentrisch und protektionistisch. Von dem Ideal des freien Weltmarktes wären wir dann weit entfernt. Gerade heute in einer Periode, in der die Japaner weitgehend zu liberalisieren bereit sind, wäre es politisch wohl kaum weise, sie vor den Kopf zu stoßen. Kürzlich hat sich der Präsidentenberater Henry Kissinger in ähnlichem Sinne geäußert. Nach einem Bericht der Neuen Zürcher Zeitung vom 24. April 1973 hat er am Tage vorher bei einer Ansprache in Washington unter anderem »die Europäer auf ihren Platz gewiesen«. Außerdem soll er gesagt haben, daß die Atlantische Gemeinschaft kein exkluviser Klub sein dürfe. Japan müsse ihr wichtigster Partner in den gemeinschaftlichen Unternehmen sein. Diese Ansprache ist auch insofern bemerkenswert, als Henry Kissinger, wie wir gleich sehen werden, bis dahin nicht gerade viel Rücksicht auf Japan genommen hat.

Das japanisch-amerikanische Verhältnis ist in der letzten Zeit getrübt worden. Das lag vor allem an den sogenannten Nixon-Schocks (1971), nämlich an der Annäherung der Vereinigten Staaten an China ohne vorherige Information, geschweige denn Konsultation mit dem Bündnispartner Japan und an den bald danach erfolgten amerikanischen Import-Restriktionen. (Es ist übrigens bezeichnend für die japanische Reaktion, daß der Ausdruck »Nixon-Schock« in Japan erfunden wurde.) Aber auch

schon früher hatte es Reibereien aus wirtschaftlichen Gründen und im Zusammenhang mit den amerikanischen Stützpunkten in Japan und auf Okinawa gegeben. Es kann für uns nicht gleichgültig sein, wenn sich das japanisch-amerikanische Verhältnis verschlechtert. Denn ein unzufriedenes Japan könnte zu einem Störfaktor werden, weil Unzufriedenheit immer Unruhe, Ressentiment und eine gewisse Unberechenbarkeit stiftet.
Die Aufnahme der, wenn auch noch nicht formalen, Beziehungen zwischen den Vereinigten Staaten und der Volksrepublik China war nach beinahe allgemeiner Ansicht (außer der sowjetrussischen) sicherlich ein willkommenes Ereignis. Kritik kann aber an der gleichzeitigen Behandlung Japans seitens der Amerikaner geübt werden. Nicht nur, daß Japan nicht konsultiert wurde, es ist auch in der Folgezeit nachlässig behandelt worden. So hat Henry Kissinger, nachdem er in Peking gewesen war, zweimal seinen Besuch in Tokyo abgesagt, als ob das Inselland eine Quantité négligeable wäre. Manche Amerikaner, unter andern der Japanologe und Japan-Kenner Prof. Edwin Reischauer, der mehrere Jahre Botschafter in Tokyo gewesen ist, haben sogleich eindringlich vor einer solchen Behandlung Japans gewarnt. Nunmehr scheint sich aber, wie die zitierten neuesten Aussagen Henry Kissingers anzuzeigen scheinen, in den Vereinigten Staaten offenbar eine ausgewogenere und rücksichtsvollere Haltung Japans gegenüber durchzusetzen.
Die Amerikaner haben erkannt, daß China und nicht Japan auf die Dauer die stärkste Macht in Asien sein wird – mit Ausnahme natürlich der Sowjetunion, die ja gleichzeitig eine europäische und eine asiatische Macht ist. Eine Balance gegenüber der Sowjetunion konnte deshalb nur in Peking und nicht in Tokyo gefunden werden; ein Dreieck-Spiel vermag nur zwischen den beiden etablierten Supermächten und der potentiellen Supermacht China, nicht aber mit Japan betrieben werden. Das heißt aber nicht, daß andere bedeutende, wenn auch nicht supermächtige, Komplexe nicht ebenfalls vorhanden wären, vor allem Japan und Westeuropa.
Eine Verärgerung Japans könnte gefährlich werden. Es handelt sich um über 100 Millionen empfindliche, tüchtige und nationalbewußte Menschen. Die Japaner sind heute ehrlich und aus Überzeugung bestrebt, eine friedliche Politik zu treiben und kosmopolitisch denken zu lernen. Es wäre sinnlos, sie dermaßen zu reizen, daß es zu ähnlichen Reaktionen kommt wie vor dem Zweiten Weltkrieg. Diejenigen Kräfte in Japan, die stark, ja nuklear aufrüsten wollen, könnten die Überhand gewinnen – unter anderem mit dem Hinweis darauf, daß man international nichts zu sagen habe, wenn man nicht dem nuklearen Klub angehöre. Damit hätten wir Japan wieder als möglichen Störenfried. Gewiß wäre es für das Inselland heute unmöglich, zu einer so starken Bedrohung zu werden, wie es das vor dem Zweiten Weltkrieg gewesen ist. Aber die Japaner, dieses emotionale

Volk, sind imstande zu »explodieren«, ohne zu beachten, daß sie im Anschluß daran zerschmettert werden könnten. Doch bevor dies geschehen würde, könnten sie aber schon erhebliches Unheil und womöglich eine globale Kriegsausbreitung verursacht haben. Ein rechtsstehender, ziemlich prominenter Japaner, mit dem ich darüber sprach, daß Japan durch einen nuklearen Schlag in kurzer Frist vernichtet werden könnte, antwortete mir: »Das macht nichts. Dann würden wir wieder von vorne anfangen. Wir haben bewiesen, daß wir das können.« Eine solche Denkweise darf nicht um sich greifen.

Japan steht nicht allein auf dieser Welt. Es wird, wie alle Nationen, nicht nur von seinen eigenen Bestrebungen und Wünschen bestimmt, sondern auch durch die Behandlung beeinflußt, die es von anderen Staaten erfährt. Ein Volk ist selten für seine Taten allein verantwortlich, oft besteht eine gewisse Mitverantwortung der Umwelt, ebenso wie bei den einzelnen Menschen. Mit den Japanern ist deshalb etwas schwierig umzugehen, weil sie als ein Volk, das in hohem Maße auf Würde und Höflichkeit (das »Gesicht«!) bedacht ist, nicht nur auf sachlich bedingte Beeinträchtigungen oder Ungerechtigkeiten sauer reagieren (etwa die amerikanischen Importrestriktionen), sondern auch auf psychologische Ungeschicklichkeiten (keine Information über die amerikanischen Chinapläne). Man sollte annehmen, daß erfahrene Politiker das wissen. Es kostet nur wenig, Rücksicht zu nehmen oder eine Unterlassungssünde wiedergutzumachen. Oft genügen ein paar Worte oder eine Geste der Entschuldigung.

Die japanische Regierung ist darauf bedacht, ein möglichst gutes Verhältnis mit den Vereinigten Staaten aufrechtzuerhalten, und das keineswegs nur aus wirtschaftlichen Gründen. Japan kann vorläufig nur als Verbündeter der Vereinigten Staaten (Sicherheitspakt) einigermaßen zufriedenstellende Beziehungen zu China und der Sowjetunion herstellen. Da es ein geringer machtpolitischer Faktor ist, kann es vorläufig nur mit der amerikanischen Supermacht im Rücken politisch zwischen den beiden kommunistischen Mächten lavieren und sie bis zu einem gewissen Grade gegeneinander ausspielen. Wenn auch das Verhältnis zwischen Amerika und Japan nicht mehr so eng ist und nicht mit der gleichen Selbstverständlichkeit hingenommen wird wie früher und die Japaner auch nicht mehr recht wissen, ob sie sich in jedem Fall auf den nuklearen Schutzschirm der Amerikaner verlassen können, so besteht der Sicherheitspakt doch immer noch und Japan ist mit keinem andern Staate so eng liiert wie mit den Vereinigten Staaten. Für die Erhaltung des Weltfriedens ist es von Vorteil, daß in Japan keine starke antiamerikanische Stimmung aufkommt, die es bis zu einem gewissen Grade dort immer gegeben hat. Und auch keine antijapanische (etwa infolge von isolationistischen Tendenzen) in den Vereinigten Staaten.

Wenn man gute Beziehungen mit China unterhalten will, ist es außerdem, so scheint uns, ganz überflüssig, es mit den Amerikanern zu verderben. Peking hat sich in den letzten Monaten im Gegensatz zu seiner früheren Einstellung nicht gegen den Japanisch-Amerikanischen Sicherheitspakt gewandt und auch die Notwendigkeit einer angemessenen Aufrüstung des Insellandes anerkannt. Die Chinesen sind infolge ihrer Konfrontation mit der Sowjetunion nicht daran interessiert, daß Japan militärisch allzu schwach ist, das heißt, mehr oder weniger ein militärisches Vakuum darstellt. Von Peking aus gesehen ist vorläufig eine gewisse amerikanische Präsenz im ostasiatischen und südostpazifischen Raum mit Japan als kleinem Bollwerk wünschenswert.

Diese Ausführungen könnten beinahe den Eindruck erwecken, als ob die Vereinigten Staaten, China und Japan kooperieren würden. Aber so einfach liegen die Verhältnisse nicht. Es ist nur eine, wenn auch nicht die unwichtigste der Perspektiven in der jetzigen Konstellation. Hinzu kommt das spezielle Verhältnis Japans zu China und zur Sowjetunion.
Die Beziehungen zwischen Japan und China gestalten sich recht schwierig, wahrscheinlich viel schwieriger, als manche westlichen Beobachter meinen. Von einer »Verbrüderung« dieser beiden Völker (gelbe Gefahr!), die sich seit fast zweitausend Jahren kennen, kann keine Rede sein. Obwohl Japan einen großen Teil seiner Kultur aus China bezogen hat, sind diese beiden Völker politisch nie besonders befreundet gewesen. Mit der gegenseitigen Kenntnis ist es ebenfalls nicht weit her, jedenfalls nicht mit der japanischen Chinakenntnis. Wenn man klassische chinesische Schriften lesen kann, bedeutet dies noch lange nicht, daß man das neuzeitliche China kennt und einigermaßen begreift. Ein, wenn auch etwas schiefer Vergleich: Jemand braucht kein Italien-Freund oder -Kenner zu sein, nur weil er lateinisch gelernt hat. Ebensowenig verhilft der Besuch des humanistischen Gymnasiums zur Kenntnis des heutigen Griechenlands. Die Japaner sind in der neueren Zeit sogar schlechte China-Kenner gewesen. Viele von ihnen geben das selbst zu. In der Zeitschrift »Kagami« wurde 1967 (Heft 1) ein Gespräch von drei Japanern über »Bücher zum Verständnis Chinas« wiedergegeben[9]. Dabei wurden fast nur amerikanische Autoren wie Edgar Snow, Agnes Smedley und auch Jack Belden und Owen Lattimore erwähnt. Entsprechende japanische Bücher, so wurde festgestellt, gäbe es nicht. Auch die Kenntnis der neueren chinesischen Literatur sei vor dem Zweiten Weltkriege »sehr schlecht« gewesen. In derselben Zeitschrift (1967, Heft 3) ist in einem Artikel mit dem Titel »Was bedeutet China für Japan?« von Prof. Kanichi Fukuda von der Tokyo-Universität zu lesen: »Das geographisch und kulturell nahe, jedoch politisch ferne China ist jetzt für die Japaner auch geistig zum fernen Land geworden, was sich besonders auffällig an der Generation zeigt, die in der Zeit der Trennung (womit er hier die Zeit seit der japanischen Niederlage

meint) herangewachsen ist.« Er meint ferner, ein »naives Gefühl der Verbundenheit« zwischen den beiden Völkern gäbe es nicht mehr. Auch sei nach dem Zweiten Weltkriege »das Gefühl der Chinesen-Verachtung tief verwurzelt noch vorhanden gewesen und das Bewußtsein, von China besiegt zu sein, habe zunächst gar nicht existiert«. Die Geschichte der China-Kenntnisse und China-Studien in Japan, die immer widerspruchsvoll gewesen sind, kann hier nicht wiedergegeben werden. Die wiedergegebenen Angaben zeigen wenigstens andeutungsweise an, daß in Japan von einer allgemeinen China-Kenntnis nicht die Rede sein kann[10].

Für diesen Umstand seien wenigstens einige Gründe angegeben. Zunächst einmal war Japan seit dem Anfang des 17. Jahrhunderts von der Welt und damit auch von China (obwohl chinesische Klassiker gelesen wurden) abgeschnitten. Nach der Wiedereröffnung des Landes wandte sich das Interesse der Japaner fast ausschließlich dem Westen zu, der unter Androhung von Waffengewalt an die Tore gepocht hatte, denn der Westen, nicht aber das alte, zerrüttete Reich der Mitte war inzwischen auf der ganzen Erde in jeder Beziehung zum maßgeblichen Faktor geworden. Als das Inselland sich modernisierte und erstarkte, lag China noch darnieder, und die Japaner traten, wie wir früher ausführten, in die Fußstapfen der imperialistischen Westmächte, wodurch sie schließlich zu Feinden Chinas wurden. Damals entstand auch gleich (mit gewissen Ausnahmen) der japanische Überlegenheitsdünkel, was ich selbst noch während des China-Krieges erlebt habe (1937–1945), besonders in den ersten Jahren dieses Konflikts, als die Japaner sich noch siegesgewiß fühlten. Ich erinnere mich, außer an viele Gespräche mit Japanern, unter anderem daran, wie japanische Freunde in Schanghai chinesische Intellektuelle nachahmten. Sie ließen die Schultern nach vorn hängen, streckten den Bauch vor und gingen dann schwächlich wankend durch das Zimmer. Kein Japaner, Zivilist oder Militär, glaubte damals, daß die Chinesen sich dieses Mal erbittert und tapfer wehren würden. Die Japaner begriffen nichts von der Wucht des erwachten chinesischen Nationalismus. Außerdem wußten sie weniger von der Entschlossenheit und Tüchtigkeit der chinesischen Kommunisten – es war nach dem heroischen »Langen Marsch« 1934/35 – als andere Ausländer in China. (Womit nicht gesagt werden soll, daß der japanische Geheimdienst keinerlei Informationen hatte). Nachdem Mao Tse-Tung 1949 an die Macht gekommen war und Erfolg hatte, staunten die Japaner mehr als manche Westländer, weil für sie die neuerwachte Vitalität und Leistungsfähigkeit der Chinesen allzu überraschend kam. Jedenfalls habe ich und haben viele ausländische Beobachter von der japanischen China-Kenntnis nie viel gehalten. Jetzt bemühen sie sich darum, weil sie aus aktuellen Gründen dazu gezwungen sind, nicht wegen alter kultureller Verpflichtungen.

Die breite Masse des japanischen Volkes wußte nie viel von China. Dabei besteht mindestens die Hälfte des japanischen Wortschatzes aus chinesischen Worten, richtiger ausgedrückt aus Worten chinesischen Ursprungs. Wieder ein, wenn auch ebenfalls etwas hinkender Vergleich: Auch die deutsche Sprache enthält viele Worte lateinischen Ursprungs, wenn auch nicht im entferntesten soviele Fremdworte wie das Japanische. Aber das Volk weiß trotzdem kaum etwas von der römischen Geschichte und den Verhältnissen in der Antike, natürlich mit Ausnahme der Gebildeten, die ein Gymnasium besucht haben. Auch in Japan haben sich im allgemeinen nur die oberen Stände, die buddhistischen Priester und die Mönche mit den chinesischen Schriften, der chinesischen Geschichte und den staatlichen und sonstigen Institutionen im Reich der Mitte befaßt. In jüngerer Zeit geschah das immer weniger. Vor dem Zweiten Weltkrieg wurde in den japanischen Oberschulen nur eine Stunde wöchentlich klassisches Chinesisch gelehrt. Die chinesische Umgangssprache wurde nie und wird bis zum heutigen Tage nicht gelehrt. An den japanischen Universitäten studieren nur sehr wenige Studenten Sinologie und lernen chinesisch. Die weitaus größere Zahl der Studierenden befaßt sich mit Englisch, Deutsch, Französisch und anderen Fremdsprachen.

Nicht nur mit der japanischen China-Kenntnis ist es vorläufig nicht zum besten bestellt, auch die japanische Sympathie für das große Nachbarland war, jedenfalls bis vor kurzem, gering. Die vielen Hunderttausende von japanischen Soldaten, die während des Krieges in China waren, haben nur das frühere, schmutzige, verlotterte und, abgesehen von den Küstenstädten, rückständige China gekannt. Sie verabscheuten es, und ihre Berichte waren entsprechend, als sie 1945 nach Japan zurückkehrten. In Japan werden ziemlich regelmäßig Meinungsumfragen über die beliebtesten Länder gemacht. China stand dabei oft, jedenfalls bis 1971, an der allerletzten Stelle. Übrigens wurde die Schweiz häufig als das beliebteste Land genannt. Denn die Schweiz gilt in Japan als das »Land des Friedens«, und die schweizerische Neutralität wird von vielen Japanern als idealer Zustand angesehen.

In den Jahren 1971/72 kam, angeheizt durch die großen Zeitungen, eine recht starke China-freundliche Stimmung auf, vor allem, nachdem die Vereinigten Staaten die Verbindung mit Peking aufgenommen hatten. Es wurde als geradezu schandbar empfunden, daß Japan hinterher hinkte. Bis dahin waren zwar nicht ausschließlich, aber hauptsächlich die japanischen Sozialisten aus politischen Gründen pro-chinesisch eingestellt. Sie waren es seit vielen Jahren: Erstens auf Grund ihrer anti-amerikanischen Einstellung und zweitens aus ideologischen Gründen. Allerdings hat die China-Freundlichkeit der Linksparteien durch die chinesische Kulturrevolution einen sehr starken Dämpfer erhalten. Die Japaner vermochten sich auf diese Revolution ebensowenig einen Vers zu machen wie die meisten westlichen Chinakenner. Auch das ist ein Beweis dafür, daß die Japaner

von China nicht mehr verstehen als wir. Die pro-chinesische Stimmung der Jahre 1971 und 1972 scheint aber heute (April 1973) schon wieder teilweise abzuflauen.
Die Annäherung beruht beiderseits auf politischen und wirtschaftlichen Überlegungen. Alle Vereinbarungen werden dabei, wie meist in der Politik, durch die Vernunft diktiert. Große Sympathien bestehen dabei, wie schon gesagt, zwischen den beiden Völkern nicht. Den Chinesen kann man das wohl kaum verargen, denn sie haben während des letzen Krieges unsagbar unter der japanischen Aggression mit ihren zerstörerischen Kämpfen und unter der japanischen Besatzung gelitten. Außerdem streben diese beiden Nationen letzten Endes vielleicht auch verschiedene außenpolitische Ziele an.
Peking wünscht ein »angemessen« bewaffnetes neutrales Japan, das sich weitgehend nach den chinesischen Wünschen richtet. Hier liegt ein Widerspruch, denn die wahre Neutralität eines Landes läßt sich nicht mit der gleichzeitigen Gefügigkeit gegenüber einem andern Lande vereinigen. Es ist daher zweifelhaft, wie ernst es Peking mit der Neutralisierung des Insellandes meint. Manche Chinesen wünschen offenbar, daß Japan, diese »kleine«, zweitrangige Nation, ein Satellit ihres Landes sein solle. Dies ist nicht besonders neu, denn die Chinesen waren von altersher der Auffassung, daß Japan eigentlich dem chinesischen Kaiser gegenüber tributpflichtig sei. Die Frage ist allerdings, ob der hier angedeutete Vormachtsanspruch Chinas Japan gegenüber den Tatsachen entspricht. Auch in Peking gibt es, wie überall, verschiedene Ansichten. Viele Chinesen fürchten aufrichtig eine Wiedergeburt des japanischen Militarismus und möchten den Japanern bei jeder Gelegenheit Knüppel zwischen die Beine werfen. Andere halten dieses Vorgehen für falsch, weil Japan dadurch gereizt und sein militärischer Geist erst recht angespornt werden könnte. Außerdem kommt es in der Politik auch auf die verschiedenen Nuancen an. Ich glaube zwar, daß die chinesische Einstellung hier richtig wiedergegeben wurde, auch wenn es sich nur um eine unterschwellige Grundeinstellung handeln sollte, um einen vom chinesischen Standpunkt aus erwünschten Idealzustand: Die japanischen Inseln als ein Satellit und eine Industriewerkstatt Chinas. Aber von dieser Vorstellung bis zu ihrer Verwirklichung wäre ein sehr weiter, dornenvoller Weg. Vielleicht werden chinesische Staatsmänner versuchen, diesen Weg einzuschlagen; aber sie werden wohl den Versuch wieder aufgeben, wenn sie erst merken, daß die japanische Resistenz unüberwindlich ist und gefährliche Folgen haben könnte. Jedenfalls gibt es verschiedene Nuancen und Möglichkeiten. Aber da diese chinesische Grundstimmung vorhanden ist, muß es latente Spannungen geben, die andauern werden. Das chinesisch-japanische Verhältnis wird frostig bleiben, und jede der beiden Nationen wird hauptsächlich ihre eigenen Ziele anstreben.
Was ist nun aber das japanische Ziel, falls überhaupt ein solches besteht?

Tokyo will sich vorläufig durch die Weltgeschichte hindurchwinden, es versucht, in Anlehnung an die Vereinigten Staaten, die sich widersprechenden Interessen der drei Supermächte auszunützen. In dieser Hinsicht ist, wie manche maßgeblichen japanischen Persönlichkeiten meinen, ein starkes China für Japan willkommen, denn es vermindert die Möglichkeit, daß das Inselland zwischen den Vereinigten Staaten und der Sowjetunion zerquetscht wird. Im übrigen läßt sich über die japanische Einstellung wenig sagen, außer daß das Land völlig selbständig sein und eine unabhängige Außenpolitik treiben möchte. Für die Wirtschaft hat Japan wiederholt Planziele aufgestellt, jedoch in der Politik ist das viel schwieriger, weil es hier nicht nur auf die eigene Tüchtigkeit, sondern mehr noch die eigene Geschicklichkeit ankommt. Tokyo laviert, wie es das in den vergangenen Jahren immer getan hat. Gleich nach dem Kriege war in bezug auf Japan oft von Neutralität die Rede; von amerikanischen Politikern wurde sogar das Wort geprägt, Japan solle die »Schweiz des Ostens« werden. Später wurde es auf der amerikanischen Seite um diese Frage stiller, was vor allem mit dem »Kalten Krieg«, dem Korea-Krieg und dem Vietnam-Krieg zusammenhing. Doch in Japan ist der Gedanke an Neutralität nicht nur bei den Links-Parteien, sondern im ganzen Volke lebendig geblieben. Die konservativen Regierungen vermochten bisher dieser Tendenz nicht zu entsprechen, da sie aus realpolitischen und wirtschaftlichen Gründen die Vereinigten Staaten brauchten. Man kann annehmen, daß sich mit der veränderten Weltlage auch die Bestrebungen der konservativen Kreise ändern.
Heute lassen sich, vereinfachend gesehen, zwei Hauptströmungen herausschälen: Eine Tendenz, die auf eine soweit wie nötig bewaffnete De-Facto-Neutralität hinzielt und eine andere, die zu einer schwer und auch nuklear bewaffneten Großmacht hinstrebt. Die meisten westlichen Beobachter, zu denen auch ich gehöre, sind überzeugt, daß Japan den ersten Weg einschlagen wird, andere unken schon längst wieder von der neu aufkeimenden militärischen Großmannssucht. Eine irgendwie ernst zu nehmende Tendenz, mit China einen »Block« oder dergleichen zu bilden gibt es hingegen nicht. Dazu sind die Japaner im allgemeinen zu realistisch. In einem solchen Block wäre Japan als der viel kleinere und potenziell schwächere Teil auf die Dauer untergeordnet. Und das kommt nicht in Frage.

Gegen ein sehr enges Zusammengehen der beiden ostasiatischen Länder sprechen auch wirtschaftliche Gründe. Denn die Chinesen mit ihrem Riesenland möchten wirtschaftlich so autark wie möglich bleiben. Sie können und sind wohl auch dazu bereit, den Japanern einen für diese angenehmen zusätzlichen Markt zu bieten, mehr aber nicht. Die Chinesen denken auch nicht daran, ihren wirtschaftlichen Austausch einseitig auf Japan auszurichten. Sie werden wie bisher mit verschiedenen Ländern Handel treiben,

die Konkurrenz unter ihren Handelspartnern ausnützen und auch an politische Opportunitäten denken. Die Japaner haben dabei gewisse Vorteile, schon allein auf Grund der geringeren Transportkosten. Zusätzlich wird die japanische Regierung von jetzt an Kredite für die von China in Japan getätigten Aufträge genehmigen. Trotzdem sind sich die japanischen Wirtschaftsführer der Grenzen bewußt, die den China-Handel einschränken. Außerdem wollen auch sie das Risiko eines allzu einseitigen Handels mit einem Land, in diesem Fall China, nicht auf sich nehmen. In Japan herrscht das wirtschaftliche »Versicherungs-Denken« vor. Man kann nicht wissen, was in Zukunft geschieht, und es ist besser, seine Bedürfnisse zu diversifizieren.
Manche Rohmaterialien, die das Inselland dringend braucht, kann China übrigens gar nicht oder nur in unzulänglichen Mengen liefern. Dies gilt besonders für Erdöl, aber auch für Holz und andere Materialien. Die Sowjetunion ist reich an diesen Dingen. Wenn also behauptet wird, die chinesische und die japanische Volkswirtschaft könnten sich ergänzen, so ist das nur teilweise richtig.

Diejenigen, die freundschaftliche Beziehungen zwischen China und Japan skeptisch betrachten, weisen gern darauf hin, daß in Südostasien eine politische und wirtschaftliche Rivalität zwischen diesen beiden Ländern bestehe. Dieses Argument läßt sich nicht ohne weiteres bestätigen. China will seine Grenzen schützen und ist darum bestrebt, seine Nachbarländer nicht unter feindlichen Einfluß geraten zu lassen. Dies gilt besonders für Vietnam (zumindest Nordvietnam), Kambodscha, Laos, Nordkorea und auch Burma, Gebiete also, die auf dem Kontinent liegen. Die betreffenden Länder sollten chinafreundlich oder wenigstens neutral sein. Die Insel- und in gewisser Weise auch die Halbinselwelt ist für China weniger wichtig. Auf den Philippinen, in Indonesien und in Malaysia besitzt China keine direkten Interessen.
Wenn diese Gebiete, die ja keine eigentlichen Machtfaktoren darstellen, politisch unsicher sind und ein bißchen hin und her schwanken, so macht dies für China wenig aus. Nur eines sollte vom chinesischen Standpunkt aus nicht geschehen: Nämlich daß die Sowjetunion in dieser Weltgegend Einfluß gewinnt. Daher ist China mit einer gewissen Präsenz der Vereinigten Staaten dort (Siebte Flotte, Flugzeugbasen) ganz einverstanden.
Japan vermag politisch gar nicht zu stören, weil es nur wenig politischen Einfluß besitzt. Wenn man von der These ausgeht, daß die Japaner einer neutralen Haltung zustreben, wird es diesen Einfluß auch niemals haben. Eine politische Rivalität wäre in Zukunft nur denkbar, wenn man von der unwahrscheinlichen Annahme ausgeht, daß das Inselland bedeutende Flottenverbände aufstellen und Flug- sowie Raketenstützpunkte errichten werde.

In der Wirtschaft gibt es auf einigen Sektoren eine gewisse Konkurrenz. China, vorläufig bis zu einem gewissen Grade selbst ein Entwicklungsland, ist gar nicht imstande, Japan von den südostasiatischen Märkten zu verdrängen. Japan wird für lange Zeit ein sehr wichtiger Faktor im Wirtschaftsleben Südostasiens bleiben. Warum sollte dies China so sehr stören? Es wird ihm ja nichts dadurch weggenommen. Selbst für diejenigen Chinesen, die Japan in die Abhängigkeit ihres Landes bringen möchten, braucht die Situation nicht ungünstig auszusehen. Die Japaner können mit ihren Handelsschiffen und Tankern keine Flugzeuge abschießen oder Unterseeboote bekämpfen. Expansionslustige Chinesen können sich sogar freuen, wenn Japan in Südostasien wirtschaftliche Vorarbeit leistet. Schließlich haben die chinesischen Kommunisten auch von den Werken profitiert, die die Japaner einst in der Mandschurei errichtet haben. Und wenn sie in Zukunft Hongkong übernehmen sollten (der Pachtvertrag mit Großbritannien, der das weitaus größte zu Hongkong gehörende Gebiet betrifft, läuft 1997 ab), werden sie ganz zufrieden sein, daß es dort viele Fabriken gibt. Es ist also zu bezweifeln, ob die wirtschaftliche Rivalität in Südostasien die japanisch-chinesischen Beziehungen beträchtlich stört.

Wenn auch die Anlehnung an die Vereinigten Staaten das Fundament der japanischen Außenpolitik darstellt, so ist die Notwendigkeit, gleichzeitig mit der Volksrepublik China und der Sowjetunion auszukommen, doch fast ebenso wichtig. Japan könnte, selbst wenn es wollte, etwa im fortlaufenden chinesisch-sowjetischen Konflikt nicht die Partei Chinas ergreifen, weil es sich als machtpolitisch und militärisch schwacher Faktor eine Konfrontation mit der Sowjetunion nicht leisten könnte, schon gar nicht in einer Periode, in der die für das Inselland so wichtige Supermacht Amerika trotz der Annäherung an China passable Beziehungen mit der Sowjetunion erstrebt. Mit einer einseitig pro-chinesischen Politik würden die Japaner also sozusagen aus der Reihe tanzen und könnten nicht damit rechnen, daß bei einer Bedrohung Japans durch die Sowjetunion die Amerikaner sogleich selbstlos zur Hilfe bereit sein würden. Der amerikanische Schutz ist zwar im Prinzip noch vorhanden, aber er gilt längst nicht mehr als so selbstverständlich wie noch vor wenigen Jahren und würde wohl nicht mehr automatisch funktionieren.
Hinzu kommen für Japan handfeste wirtschaftliche Gründe, es nicht mit der Sowjetunion zu verderben. Das Inselland ist mit Hinblick auf die ungewisse Zukunft und im Zusammenhang mit seinem wirtschaftlichen Versicherungsdenken stark daran interessiert, aus der Sowjetunion Erdöl zu beziehen. (Ungefähr 80 Prozent des japanischen Erdölverbrauches kommen jetzt, wie erwähnt, aus dem Vorderen Orient.) Von Bedeutung sind die Erdölvorkommen in Tyumen in Westsibirien, die Moskau gern in Zusammenarbeit mit den Japanern ausbeuten möchte. Zu diesem Zweck soll

unter anderem eine Pipe-line von Tyumen nach dem fernöstlichen russischen Hafen Nakhodka angelegt werden. Daß eine solche Erdölleitung und die damit verbundene geplante Straße für die Verteidigung des äußersten Ostens der Sowjetunion von größter Bedeutung wäre, liegt auf der Hand. Das ist aber wegen der chinesischen Entrüstung auch die Schwierigkeit für die Japaner. Natürlich ist auch den Japanern an der Stärkung der sowjetischen Militärposition im Fernen Osten nichts gelegen. Aber sie denken an ihre Erdölsorgen, und auch andere sibirische Produkte wären ihnen ebenfalls willkommen.

Die Situation erfordert auf japanischer Seite sehr viel diplomatische Klugheit und Gewandtheit. Wahrscheinlich werden die Japaner demnächst in das sibirische Ölgeschäft einsteigen und müssen das den Chinesen mundgerecht machen. Die Japaner hoffen, daß sich auch amerikanische Firmen an dem Projekt beteiligen werden. Davon war schon seit einiger Zeit die Rede. Dann würde Japan gegenüber China nicht als der alleinige Sündenbock dastehen. Zudem wird von japanischer Seite darauf hingewiesen, daß die Sowjet-Russen die Pipe-Line und die Straße auch allein und ohne fremde Hilfe anlegen könnten, falls sie es aus strategischen Gründen für unbedingt notwendig erachten sollten. Die Japaner wären daher unschuldig daran, wenn ein vom japanischen Standpunkt aus rein wirtschaftliches Projekt unter Umständen auch militärisch ausgenützt würde.

Es stehen noch zwei andere große Projekte im Fernen Osten der Sowjet-Union zur Diskussion, auf die hier aber nicht eingegangen werden kann. Hier sollten anhand des Tyumen-Projektes nur die außenpolitischen Probleme Japans dargelegt werden.

Im übrigen bestehen zwischen Japan und der Sowjetunion eigentlich nur zwei Streitpunkte: Die Inseln im Norden Japans, die von der Sowjetunion nach dem Kriege besetzt wurden, und die, wenn auch nicht hochpolitische, Fischereifrage, die seit vielen Jahrzehnten, sogar schon seit der Vorkriegszeit, immer wieder zu Reibereien führte. Beiden Fragen widmet das japanische Volk keine allzu große Aufmerksamkeit. Auf den fernen unwirtlichen Nordinseln leben kaum noch Japaner. Der Kampf um die Rückgewinnung Okinawas hat höhere Wellen geschlagen als die Bemühungen der japanischen Regierung, die südlichsten Kurilen-Inseln – um die es sich hier handelt – unter japanische Oberhoheit zu bringen. Für die Fischereirechte interessieren sich fast nur die Fischereikreise. Trotzdem beruht aber die Tatsache, daß Japan noch keinen Friedensvertrag mit Moskau abgeschlossen hat, nicht zuletzt auf dem Streit über die südlichen Kurilen. Vielleicht werden die Russen, gemäß einem früheren Versprechen, zwei der Inseln hergeben, die nahe der japanischen Küste liegen – mehr aber bestimmt nicht. Moskau kann nicht mehr konzedieren, weil sich die Chinesen, die immer noch in einem Grenzstreit mit der Sowjetunion liegen, sonst darauf berufen würden.

Augenblicklich wird Japan von China und der Sowjetunion umworben. Beide Mächte wünschen, das Inselland ihren Bestrebungen gefügiger zu machen. Zu diesem Zwecke lassen sie das eine Mal anerkennende und verlockende Worte, das andere Mal tadelnde und ärgerliche Zurechtweisungen verlauten. Natürlich bemühen sie sich auch, einander Schaden zuzufügen.

Manchmal wird bezweifelt, ob die japanische Regierung fähig sei, mit der jetzigen verzwickten Lage fertig zu werden. Es wird etwa darauf hingewiesen, daß die Japaner zwar in ihrer Innenpolitik schlau, elastisch und erfolgreich sind, in ihrer Außenpolitik aber recht ratlos und auch ungeschickt. Diese Ratlosigkeit und der Vorwurf, daß die Japaner »keine außenpolitische Linie« hätten, lag weniger an ihnen selbst als an der Nachkriegssituation. Sie waren als geschlagene Nation Objekt und nicht Subjekt der Politik. Sie mußten nach Washington schielen; horchen, was von ihnen erwartet wurde, und vermochten dann nur, falls ihnen etwas nicht paßte, einigermaßen widerstrebend und sauer zu reagieren. Als Objekt konnten sie gar keine Linie haben. Erst in letzter Zeit wird das Inselland allmählich wieder Subjekt der Politik. Auch der Hinweis, die mangelnde Auslandskenntnis sei an der außenpolitischen Hilflosigkeit schuld gewesen, ist nicht unbedingt stichhaltig. Sie betrifft nur das Volk, weniger die obersten Regierungskreise und schon gar nicht das Außenministerium. Die konservativen Politiker sind – mit einigen Ausnahmen – zu einer realpolitischen Erfassung der Weltlage durchaus fähig. Und wenn sie sich einmal für eine bestimmte Linie entschieden haben, dann werden sie diese dem Volke begreiflich machen, auch wenn es nicht sogleich mitzieht.

Es ist nicht richtig, anzunehmen, Japan habe in der neuen Zeit keine fähigen Staatsmänner gehabt. So darf man wohl den verstorbenen Premierminister Yoshida und Premierminister Sato, den Vorgänger Kakuei Tanakas, von einer solchen Behauptung ausschließen. Japan kann sogar auf eine große Tradition zurückblicken, vor allem auf die Männer, die in der ersten Meiji-Zeit, als Japan noch ein Neuling auf der Weltbühne war, die Geschicke des Volkes leiteten. Damals mußte Japan sogar das »Unerträgliche ertragen« (vgl. S. 27) und hat es zu seinem Nutzen ertragen. Es ist nicht einzusehen, warum in der Meiji-Zeit die letzten großen Staatsmänner des Landes gelebt haben sollen.

Für manche Japaner mag der Gedanke »unerträglich« sein, daß ihr Land heute keine führende Großmacht mehr ist, während andere, wie etwa der jetzige Außenminister Ohira, das längst begriffen haben. Weltmächte oder Supermächte können heute nur riesige Länder mit einer großen Bevölkerung und mit eigenen Rohstoffquellen sein. Die Spannungen zwischen den Supermächten ermöglichen die Existenz der zweitrangigen Nationen, sofern diese die Situation begriffen haben und keinen falschen Ehrgeiz hegen. Für Japan wäre in einigen Jahren eine neutrale Position denkbar.

Nicht nur weil Japan wahrscheinlich danach strebt, sondern mehr noch, weil ein solches Japan im Interesse der Supermächte liegen könnte. Man darf in diesem Zusammenhang vielleicht an die Entstehung der Schweizerischen Neutralität denken. Sie kam nicht nur auf Wunsch des Schweizer Volkes zustande, sie wurde auch von den damaligen Großmächten bereitwillig gewährt. Diese wollten verhindern, daß eine von ihnen Einfluß auf die damals mehr als heute strategisch wichtigen Alpenpässe gewänne. Man könnte einwenden, die winzige Schweiz sei nicht mit dem viel größeren und wirtschaftlich mächtigen Japan vergleichbar. Das ist insofern ein Trugschluß, als die Schweiz im 19. Jahrhundert den damaligen Großmächten gegenüber ebenso groß oder klein war, wie es Japan heute den Supermächten gegenüber ist. Das Verhältnis ist dasselbe, nur die Größenordnungen haben sich geändert. Der Gedanke der Neutralität wäre für Japan einleuchtender als etwa für die Bundesrepublik Deutschland, nicht nur weil Japan ein Inselland ist, sondern auch weil es einsam und allein dasteht und im Gegensatz zur Bundesrepublik keine Gemeinschaft mit nahegelegenen gleichgesinnten Industrieländern bilden kann. Denn im Norden und Westen liegen – abgesehen von Südkorea – die kommunistischen Länder und im Süden zudem noch in ziemlicher Entfernung nur Entwicklungsländer, die außerdem militärisch schwach sind.

Ein neutrales Japan müßte ebenso wie die Schweiz ein bewaffnetes Land sein. Daß die Neutralität erst dann glaubwürdig ist, wenn sie verteidigt werden kann, ist eine Binsenwahrheit, die manchmal sogar in Europa nicht recht verstanden wird. Ein unbewaffnetes Land ist ein Vakuum, in das ein jeder einmarschieren kann. Daraufhin erhält die Gegenseite des Angreifers die Möglichkeit zu erklären, da das betreffende Land sich nicht verteidigt habe, stecke es offenbar mit dem Feinde unter einer Decke und es sei deshalb ebenfalls als Feind zu betrachten. Eine neutrale Nation erhält nur dann Hilfe, wenn sie gezeigt hat, daß sie sich so gut wie möglich verteidigt. Es hat lange gedauert, bis diese Erkenntnis in Japan einigermaßen durchdrang und manche Japaner, wie zum Beispiel die Linkssozialisten, haben es immer noch nicht begriffen. Es hängt natürlich auch mit der im japanischen Volk aus historischen Gründen entstandenen naiven Meinung zusammen, daß, wer nicht angreift, auch nicht angegriffen wird (vgl. S. 21/22). Daraus wird gefolgert, daß Streitkräfte in einem friedlich gesinnten Lande überflüssig sind. Einmal erzählte ich einem konservativen japanischen Reichstagsabgeordneten, der sich gerade auf eine Wahlreise begeben wollte, die Schweiz könne, relativ betrachtet, sehr starke Streitkräfte aufstellen. Dies war ihm (es ist kaum zu glauben!) vollkommen neu. Er war äußerst erfreut darüber, daß er nun bei seiner Wahlkampagne das Argument anbringen konnte, das bewunderte neutrale »Land des Friedens« besäße eine beachtliche Armee. Er war so begei-

stert, daß er mich zu einem feudalen Essen einlud, bei dem es die größte Languste gab, die ich je in meinem Leben gesehen habe.
Japan hat in früheren Jahren – zum Ärger der Amerikaner – nur wenig aufgerüstet und nur geringe Mittel dafür aufgebracht. Auf Grund des im Herbst 1972 von der Regierung beschlossenen Vierten Fünf-Jahres-Planes der Verteidigung (1972–1976) machen die aufzuwendenden Mittel ungefähr 1 Prozent des Bruttosozialproduktes (Schweiz ungefähr 2,4 Prozent) aus, liegen also immer noch niedriger, zum Teil sogar viel niedriger als bei anderen Industrienationen. Allerdings ist das japanische Bruttosozialprodukt sehr hoch und wächst immer noch; die Rüstungsausgaben sind also höher, als diese Prozentzahlen anzuzeigen scheinen. Aber sehr bedeutend oder gar »erschreckend hoch« sind sie noch längst nicht. Trotzdem gelang es der Regierung vorläufig nicht, diesen Verteidigungsplan im Reichstag durchzubringen. Die linke Opposition arbeitet mit Obstruktionen und Aufschiebungstaktiken. Und es ist nun einmal im allgemeinen nicht die japanische Art, ein Gesetz mit Hilfe der Majorität einfach durchzuzwängen. Die Geduld und Vorsicht der Regierung machen außerdem deutlich, wie wenig populär die Aufrüstung in Japan ist.
Die geplante weitere Aufrüstung des Insellandes ist mehr qualitativer als quantitativer Art. Der jetzige Wirtschaftsminister Yasuhiro Nakasone pflegte, als er noch Generaldirektor des Verteidigungsamtes war (bis Juli 1971), die Verteidigungskonzeption seines Landes gern als »eine Verbindung von Kaninchen und Stachelschwein« zu bezeichnen. Manchmal sagte er auch »Kaninchen und Stachelschwein plus Japanisch-Amerikanischem Sicherheitspakt«. Bezeichnend für das Kaninchen sind die langen Ohren dieses Tieres, die sich lauschend nach allen Richtungen drehen. Ebenso soll Japan in den siebziger Jahren vor allem »lauschen«: politisch, strategisch und militärtechnisch. Es bedeutet, daß die japanische Regierung nicht an eine sofortige mächtige Aufrüstung gedacht hat. So ist es heute noch. Gleichzeitig soll das Land aber die bestehenden Streitkräfte – das Stachelschwein – so gut wie möglich modernisieren. In der Kaninchen- oder Warteperiode muß Japan weiterhin eng mit den Vereinigten Staaten zusammengehen. Denn was nützt es zum Beispiel, etwas zu »erlauschen«, es dann aber nicht zu bekommen? Japan ist militärtechnisch ziemlich zurückgeblieben. Es kann diesen Rückstand nur mit Hilfe der Vereinigten Staaten, mit denen es ja verbündet ist, aufholen.
Alles, was in Japan jetzt auf militärischem Gebiet geschieht und vorläufig geschehen wird, dient hauptsächlich zur Vorbereitung. Dabei werden ungefähr bis gegen Ende der siebziger Jahre verschiedene Möglichkeiten offengelassen, vielleicht sogar die einer nuklearen, jedoch nur taktisch, nicht strategisch nuklearen Aufrüstung. Offiziell wird heute jede atomare Aufrüstung strikt abgelehnt. Das resultiert nicht nur aus politischer Einsicht. Das Inselland mit seinen dichtgeballten Industrie- und Wohngebie-

ten könnte mit einem Schlag vernichtet werden. Japan hätte nach der Meinung seiner Militärexperten keine Möglichkeit zu einem »Zweiten Schlag«[11].

Die neuen Verteidigungspläne sollen den Staatsmännern der kommenden Jahre nicht die Hände binden. Die Japaner halten große Veränderungen in der Kriegsführung und der Waffentechnik für möglich. Zur langfristigen Verteidigungsplanung gehört der Ausbau der Forschung. In Japan wurde bisher nur ein geringer Teil der Militärausgaben für Forschungszwecke verwendet. Das ändert sich jetzt. Japan ist wissenschaftlich und technisch im Rückstand, vor allem in der Weltraum- und Ozeanforschung, in der hochqualifizierten modernen Nachrichtenbeschaffung und -vermittlung sowie in der hochentwickelten Nukleartechnik. Das vorläufige Zweckinteresse gilt vor allem der Elektrotechnik, den neuartigen Radaranlagen, der Raketentechnik und dem Flugzeugbau. Man beabsichtigt aber nicht, sämtliche neuentwickelten Waffen und Geräte sogleich massenweise zu produzieren, sondern nur solche, die bei der kurzfristigen Planung für das »Stachelschwein« gebraucht werden. Denn, so heißt es, Waffen, die heute hochmodern sind, könnten schon in fünf Jahren veraltet sein.

Deshalb wird die stetig betriebene Forschung des »lauschenden Kaninchens« als so wichtig erachtet. Die japanischen Experten behaupten, Japan brauche vielleicht zehn Jahre oder noch länger, um die technische Lücke auf militärischem Gebiet auszugleichen. Auch dies sei nur mit Hilfe amerikanischer Lizenzen möglich. Japan könne allerdings, wenn es will, vermutlich bald Atombomben herstellen. Doch eine sinnvolle, wenn man so sagen darf, nukleare Aufrüstung wäre das noch nicht, denn diese impliziert einen umfangreichen Apparat von spezialisiertem Wissen und hochqualifiziertem technischem Können. In dieser Beziehung könnten vorläufig nur die Amerikaner einspringen. Ein prominenter japanischer Militärexperte meinte 1970 in einem Gespräch mit mir: »Man sollte heutzutage eigentlich nicht von militärischer Unabhängigkeit sprechen; es geht um die technologische Unabhängigkeit.« Zuweilen wird behauptet, die Vereinigten Staaten (und vermutlich auch China) hätten ein Interesse an der Aufrechterhaltung des Japanisch-Amerikanischen Sicherheitspaktes, weil die Amerikaner auf diese Weise die japanische Aufrüstung kontrollieren könnten. Das hängt wohl auch mit dem erwähnten technologischen Rückstand Japans zusammen.

In der kurzfristigen Planung (bis 1976) ist vor allem die Stärkung der Marine und der Luftwaffe beabsichtigt. Die Tonnage der Flotte soll verdoppelt, die Luftwaffe vermehrt werden. Dabei sind kleine Marine-Einheiten vorgesehen, nicht etwa Kreuzer, große Flugzeugträger und dergleichen. Marine und Luftwaffe sollen imstande sein, einen etwaigen konventionellen Angriff möglichst schon in den Küstengewässern und im

Luftraum abzuwehren. Diese Bestrebungen sind neu. Bisher verließ sich das Inselland dabei hauptsächlich auf die Amerikaner. Falls Japan aber bestrebt sein sollte, allmählich eine neutrale Position zu erringen, was schließlich zur Aufkündigung des Sicherheitspaktes führen würde, dann müßte es versuchen, zur Bekämpfung eines feindlichen Angriffs und zur Verhinderung einer feindlichen Landung sich nicht erst an der Küste, sondern schon in den Küstengewässern zu verteidigen. Es wird auch darüber diskutiert, ob es in Zukunft unter Umständen notwendig werden könnte, japanische Handelsschiffe bis zu einer begrenzten Entfernung von Einheiten der Marine begleiten zu lassen. Die Behauptung, Japan beabsichtige, sich an der Verteidigung der Straße von Malakka oder andern entfernten Meeresgebieten zu beteiligen, entbehrt jedoch jeglicher ernst zu nehmender Grundlage. Ein solcher Plan würde allenthalben nur Mißtrauen hervorrufen und eine gefahrvolle Situation heraufbeschwören.
Der Mannschaftsbestand der japanischen Streitkräfte soll dem Vierten Verteidigungsplan entsprechend nur ganz unwesentlich erhöht werden. Die Vergrößerung dieser Freiwilligen-Armee wäre, abgesehen von psychologisch-politischen Gründen, auch praktisch schwer möglich, weil in Japan ein Mangel an Arbeitskräften herrscht, der durch die Veränderung der Alterspyramide der Bevölkerung in den nächsten Jahren noch schlimmer werden wird. Hier könnte nur die allgemeine Wehrpflicht helfen, die in Japan aber, wie angesichts der Volksstimmung ohne weiteres begreiflich ist, nicht zur Diskussion steht. Statt dessen sollen die Streitkräfte technisch auf ein höheres Niveau gebracht und voll mechanisiert werden. Sie sollen schließlich den Charakter einer »Truppe von Technikern« erhalten. Denkt man außerdem an die große Anzahl der Offiziere im Vergleich zu den Mannschaften, dann scheint es, als ob die jetzigen Streitkräfte als Rahmen für eine größere Streitmacht dienen könnten. Das ist aber kein Anlaß zu einem schlimmen Verdacht, denn keine Regierung könnte die Japaner heute zwingen, Militärdienst zu leisten. Die jungen Japaner würden jedoch – dies ist die überwiegende Meinung – zu den Waffen eilen, falls ihr Land angegriffen oder in unmißverständlicher Weise bedroht würde.
Manchmal wird mit vielsagender Miene darauf hingewiesen, in Japan bestehe ein »militärisch-industrieller Komplex«, der immer bedeutungsvoller werde. Solange man damit nur eine gewisse Zusammenarbeit zwischen den militärischen Stellen und den in Frage kommenden industriellen Unternehmungen meint, ist das weitgehend richtig. Denn wie sollten ohne entsprechende Kooperation Waffen, Flugzeuge und für das Militär notwendige Geräte hergestellt werden? Falsch ist es jedoch, wenn unterstellt wird, dieser militärisch-industrielle Komplex könne in Japan politischen Einfluß gewinnen und in militaristischem Sinne wirken. Es soll nicht geleugnet sein, daß einzelne japanische Politiker, Industrielle und Militärs,

die den Großmachtsfimmel nicht loswerden, mit diesem Gedanken spielen. Aber die Gegenkräfte in der Regierung, in der Wirtschaft und im Volke sind viel zu stark. Die meisten japanischen Politiker und Wirtschaftsführer haben die Erfahrungen, die ihr Land gemacht hat, nicht vergessen, sie wissen, was der einstige Militarismus gekostet hat. So wurde unter anderem darauf hingewiesen, daß die Eroberung und militärische Besetzung der Mandschurei Japan mehr Geld gekostet habe, als es dabei herausgewirtschaftet hat. Tatsächlich ist das Inselland heute reicher denn je – ohne die Mandschurei, Korea und andere Gebiete. Gleichzeitig wird auf die Enttäuschungen der amerikanischen Militärmacht in Vietnam hingewiesen, die Milliarden verschlungen hat. Japan, so heißt es daher, habe ausschließlich an die Verteidigung seiner Inseln zu denken. Außerdem wissen die japanischen Massen heute genau, was sie mit dem Stimmzettel, mit Demonstrationen, Streiks und passivem Widerstand erreichen oder verhindern können. Der alte Yoshida, der nach dem Kriege jahrelang Premierminister war und seinem Lande wieder Ansehen verschaffte, hat einmal gesagt: »Das erste japanische Torpedo wird Japan selbst torpedieren.«

Einige konservative japanische Politiker, unter ihnen der jetzige Wirtschaftsminister Nakasone, würden es gern sehen, wenn die Verteidigungskräfte oder Selbstverteidigungskräfte, wie sie offiziell genannt werden, auch im Hinblick auf die Bekämpfung von inneren Unruhen organisiert und ausgebildet würden. Das klingt nicht gerade angenehm, sondern fast so, als ob die Regierung in Zukunft eine unliebsame Opposition mit Gewalt unterdrücken wolle. Natürlich wünschen die Konservativen, die bisherige Gesellschaftsordnung beizubehalten, was bisher allerdings noch nie ernstlich in Frage gestellt war. Vielleicht sind Minister Nakasone und seine Gesinnungsfreunde durch die Aktionen der »Roten Armee« und ähnliche Vorkommnisse aufgeschreckt worden. Vielleicht haben sie auch an die Attentate, Entführungen, Sabotage-Akte und Flugzeugentführungen im Ausland gedacht. Außerdem hatten sie wenigstens bis vor kurzem – das steht fest – eine andere Möglichkeit im Auge: Nämlich die Infiltration fremder revolutionärer Agenten oder Kommandos – was an den langen Küsten des Insellandes kaum zu verhüten wäre –, und die Zusammenarbeit dieser Eindringlinge mit einheimischen Revolutionären. Ob mit einer solchen Möglichkeit noch gerechnet wird, nachdem Japan die Beziehungen zu China aufgenommen hat, ist wohl zweifelhaft. Die Sowjet-Russen kommen für einen solchen »Eroberungsversuch« durch Infiltration und Subversion nicht in Frage, da sie der weißen Rasse angehören und sofort auffallen würden.
In der Wochenschrift »Far Eastern Economic Review« war in einem Artikel über die japanische Aufrüstung von ihrem japanischen Mitarbeiter

Koji Nakamura folgendes über dieses Thema zu lesen: »Eine weitere Gefahr ist die Einbeziehung der Verteidigungskräfte in Aufgaben, die die Polizei angehen: die innere Sicherheit ... Dies scheint die Möglichkeit gemeinsamer Operationen der Polizei und der Verteidigungskräfte gegen ›Elemente, welche die nationale Sicherheit gefährden‹, anzuzeigen. Diese Möglichkeit beweist den rechtsgerichteten Charakter der Tanaka-Regierung: Sie verfolgt eine liberale und fortschrittliche Außenpolitik, könnte aber in der Innenpolitik repressiv vorgehen[12].«
Es ist in unserem Zusammenhang von Bedeutung, daß Nakamura trotz der möglichen »repressiven Innenpolitik« an eine friedliche Außenpolitik glaubt. Das entspricht der Meinung, die in diesem Buche vertreten wurde. Gleichzeitig wurde (vgl. Kapitel VII) dargelegt, daß in Japan in Zukunft vielleicht eine mehr oder weniger autoritäre Regierung herrschen könnte. Es ist nur zu hoffen, daß dies ohne ein gewaltsames Zupacken der Polizei im Verein mit den Verteidigungskräften geschehen würde. Vorläufig ist, soweit bekannt, noch kaum etwas geschehen, um die Verteidigungskräfte auf eigentlich polizeiliche Aufgaben vorzubereiten. Jedoch mußte die Tendenz hierzu, um ein möglichst wahrheitsgetreues Japanbild wiederzugeben, registriert werden[13].

Japan ist heute zwar keine führende Großmacht mehr, stellt aber trotzdem einen der wichtigsten Faktoren in der Weltpolitik dar. Da diese heute nur global gesehen werden kann, müssen Entscheidungen, die irgendwo in irgendeinem Land getroffen werden, die Situation auf der ganzen Welt mehr oder weniger beeinflussen. Ganz besonders, wenn es sich dabei um einen so bedeutenden, wenn auch heute zweitrangigen Staat wie Japan handelt. Eine friedliche und neutrale Haltung des Insellandes, durch welche das bestehende, einigermaßen prekäre internationale Gleichgewicht nicht in Erschütterung gebracht wird, verhilft zur Beibehaltung des Weltfriedens. Japan nimmt diese Haltung ein – es gibt jedenfalls keinen konkreten Anlaß zur Annahme, daß es dies nicht tun wird. Außerdem muß sich das Land in den nächsten Jahren nicht nur um seinen Außenhandel und seine Rohmaterialbeschaffung kümmern, sondern es wird auch vollauf damit beschäftigt sein, das eigene Haus in Ordnung zu bringen.
Dazu ist es auch notwendig – ein Thema, das bisher nicht angeschnitten wurde –, daß es in Japan nicht zu einer Bevölkerungsexplosion kommt. In den letzten Jahren hat die Bevölkerungszahl, wenn auch in eher mäßiger Weise, zugenommen, aber es ist denkbar, daß das Wachstum allmählich immer geringer wird, ja, vielleicht zum Stillstand kommt. Abgesehen von den sozialen Faktoren, die dazu beitragen, dürfte es den Japanern kaum besonders schwerfallen, ihre Bevölkerungszahl auf ein bestimmtes Maß zu beschränken. Sie besitzen in dieser Beziehung Traditionen. So hatte Japan in der Tokugawa-Zeit, also in einer Periode von über 250

Jahren, konstant ungefähr 30 Millionen Einwohner. Auf die zum Teil unmenschlich anmutenden Methoden (Aussetzung von Neugeborenen, was als »Unkraut ausrupfen« bezeichnet wurde), die damals angewandt wurden, braucht hier nicht näher eingegangen zu werden. Denn heute sind in Japan fast sämtliche modernen Methoden üblich, die es gibt (einschließlich sehr vieler Abtreibungen). Geburtenbeschränkung ist in Japan, so scheint mir, ein geringeres Problem als etwa in den christlichen Ländern. Hier soll kein moralisches Werturteil gefällt, sondern nur die japanische Wirklichkeit aufgezeigt werden.

Japan gleicht einem Familienvater, der jahrelang schwer gearbeitet hat und nun, nachdem er es zu einem gewissen Reichtum gebracht hat, zur Besinnung kommt. Er sieht ein, daß er sich mehr seiner Familie widmen muß und daß sein Haus, um das er sich bisher nicht gekümmert hat, vieler Reparaturen bedarf. Der Mann, der von seiner Begabung und von seinen Fähigkeiten immer überzeugt war, setzt nunmehr seinen Ehrgeiz darein, ein schönes Haus und einen schönen Garten zu besitzen.

Das nipponistische Japan ist heute bestrebt, ein schönes Land zu werden, in dem alle Bewohner ihr Auskommen haben. Zuerst eroberungslüsterner Krieger, dann ökonomisches Tier und jetzt Musterschüler. Dieser ehrgeizige Musterschüler will ein Musterland und einen Wohlfahrtsstaat aufbauen. Dabei wird es ungeheure Schwierigkeiten geben, aber es ist zumindest das neu-nipponistische Ziel. Auf ihre früheren Weltmachtvorstellungen müssen die Japaner allerdings verzichten. Das ist der Preis, den ihnen die Weltgeschichte abfordert. Sie werden ihn bezahlen, um die Existenz ihres Volkes und ihres Landes auch in Zukunft sicherzustellen.

Die folgende Zusammenfassung des Tanaka-Plans entnehmen wir dem »Japan-Handel«, dem Informationsblatt des Deutsch-Japanischen Wirtschaftsbüros in Hamburg (Japan-Handel vom 13. September 1972). Sie stammt von der Deutschen Industrie- und Handelskammer in Japan, die den Tanaka-Plan ins Deutsche übersetzen und eine gekürzte Übersicht verfassen ließ. Beide Organisationen haben sich dankenswerter Weise mit der Wiedergabe der Zusammenfassung in diesem Buche einverstanden erklärt. Es sei darauf hingewiesen, daß seit der Abfassung dieses Überblicks schon viele Monate vergangen sind und inzwischen scharfe Kritik daran geübt wurde.

Die Umwandlung der japanischen Inseln

von

Ministerpräsident Kakuei Tanaka

Auf den japanischen Bestsellerlisten findet sich an prominenter Stelle das Ende Juni 1972 im Verlag der japanischen Wirtschaftszeitung »Nikkan Kogyo Shimbun« erschienene Buch des neuen japanischen Ministerpräsidenten Kakuei Tanaka »Nihon Retto Kaizoron« (Die Umwandlung der japanischen Inseln). Wegen der Bedeutung dieses Buches, insbesondere für die Wirtschaftspolitik der Regierung Tanaka, hat die Deutsche Industrie- und Handelskammer in Japan eine kurze Darstellung des Inhaltes im Mitteilungsblatt 6/72 erarbeiten lassen, die wir nachstehend auch unseren Lesern zugänglich machen wollen.

Ministerpräsident Tanaka beabsichtigt, das in seinem Buch »Die Umwandlung der japanischen Inseln« niedergelegte Konzept als Grundlage seiner Regierungspolitik, insbesondere der Innenpolitik, zu verwenden. Dieses Konzept mußte anfangs als persönliches Gedankengut Tanakas gelten; nachdem er aber zum LDP-Fraktionschef und zum Ministerpräsidenten gewählt worden ist, scheint es ziemlich rasch Aufnahme in die offizielle Regierungspolitik zu finden. Das MITI (Wirtschaftsministerium) hat am 19. Juli 1972 bereits einen Entwurf für die Realisierung dieses Konzepts bekanntgemacht. Dieser Entwurf heißt »Konzept für den Aufbau neuer Städte mit 250 000 Einwohnern« und bezieht sich auf folgende Einzelmaßnahmen:

1. Die optimale Größe einer neuen Stadt soll 200 000 bis 300 000 Einwohner umfassen. In den kommenden Jahren sollen 60–80 solcher neuen Städte im ganzen Land aufgebaut werden.
2. Zur Konkretisierung dieser Maßnahmen soll bald ein »Gesetz über die

Förderung zum Aufbau neuer dezentralisierter Lokalstädte« erlassen werden, damit Staat, Gemeinden und private Wirtschaft unter einheitlichen Gesichtspunkten dafür zusammenarbeiten können.

3. Um die Finanzmittel für den Erwerb von Grundstücken zu sichern, richtet man einen »Sonderhaushalt für die Neuordnung bzw. Umorganisation industrieller Gebiete« ein.

Diese geplanten Maßnahmen werden bald dem Beratungsausschuß für die Umwandlung der japanischen Inseln, der in Kürze als ein Beratungsorgan für den Ministerpräsidenten die Arbeit aufnehmen soll, vorgelegt.

Zu beachten ist, daß der Ministerpräsident selbst aus eigener Initiative mit einem solchen Konzept aufgetreten ist. Außer dem ehemaligen Ministerpräsidenten Ikeda ist Tanaka bisher der einzige Kabinettschef, der ein solches innenpolitisches Konzept entworfen hat. Das Konzept Ikedas war der »Plan zur Verdoppelung des Einkommens«. Dieser Plan war eine der Triebkräfte des japanischen wirtschaftlichen Wachstums. Unter Sato war man sich zwar der Notwendigkeit zur Verbesserung der Infrastruktur bewußt, jedoch ist dieses Vorhaben aus dem Status des Schlagwortes nicht herausgekommen und hat keine konkreten Formen angenommen. Tanakas Konzept ist bereits in der japanischen Öffentlichkeit sehr hoch bewertet worden, da es die dringenden Aufgaben sehr deutlich gemacht hat. Auch die Schwächen der japanischen Infrastruktur sind klar hervorgehoben worden, und man kann sagen, daß die meisten Japaner dieses Konzept als Ziel der Regierungspolitik ernst nehmen. Wie dieses Konzept in die Praxis übertragen werden soll, ist Gegenstand eines weiten öffentlichen Interesses in Japan.

1. Problemstellung

Einhundert Jahre sind vergangen, seit Japan die Abschließung seines Landes gegen die Außenwelt aufgehoben hat. Im Laufe dieser hundertjährigen Entwicklung haben sich die verschiedensten Widersprüche, vor allem die Vor- und Nachteile der Konzentrationsbewegung in den Großstädten erheblich zugespitzt.

Menschen, die in Großstädten leben, sind heutzutage ständig durch die dichte Besiedlung, die Umweltverschmutzung, Preissteigerungen usw. bedroht. Andererseits verkommen ländliche Gebiete infolge ihrer dünnen Besiedlung. Die unausgeglichene Entwicklung von Stadt und Land, von den Küstengebieten am japanischen Meer und an der pazifischen Seite Japans hat heute ihren Höhepunkt erreicht. Dieser Zustand muß möglichst schnell verbessert werden. An alle Japaner wird daher die Anforderung gestellt, eine neue Gesellschaft aufzubauen, in der alle Bürger, gleichgültig ob sie in einer Großstadt oder in einem kleinen Dorf wohnen, in Wohlstand und in menschwürdigen Verhältnissen leben können. Das ist das Hauptmotiv der vorliegenden Arbeit von Tanaka.

2. Fünf Schwerpunkte Tanakas

Tanaka hat schon im Jahre 1960 das Gesetz für eine integrierte Erschließung des ganzen Landes (»Kokudo Sogo Kaihatsu Ho«) angeregt. Dieses Gesetz bildet die Grundlage für verschiedene Verordnungen und Erlasse, in denen der Verkehr geregelt, die Erhebung von Autostraßengebühren und einer Benzinsteuer ermöglicht und ein Rahmen für die Gewässerverwaltung und die Erschließung von Wasserquellen geschaffen wird. Schließlich führte dieses Gesetz im Jahre 1968 zu einem Grundriß für die Stadtplanung (»Toshi Seisaku Taiko«). Dieser Grundriß bedeutet keine Stadtplanung im engeren Sinne, sondern faßt die gesamte japanische Inselkette als integrierte Stadtlandschaft auf. Tanaka hat schon in diesem Grundriß folgende fünf Schwerpunkte hervorgehoben und diese jetzt wiederholt:

1. Entwurf einer integrierten Stadtplanung und Reform des bestehenden Rechtssystems für die Realisierung dieses Planes sowie Neugestaltung einer zweckentsprechenden Verwaltungsorganisation zur Erschließung der japanischen Inselkette unter neuen Gesichtspunkten.

In der neuen Stadtplanung sollen zunächst grundsätzliche Ziele für die Erschließung neuer Industrien und die Verbesserung von Natur und Umwelt sowie für die Neuordnung des japanischen Verkehrsnetzes gesetzt werden. Die Planung enthält auch eine Entwicklungspolitik für Boden, Bevölkerung und Wasserreserven, die die Besonderheiten einzelner Gebiete organisch berücksichtigt. Sie bedingt weiterhin, daß die bisherige Gesetzgebung zur Landesplanung grundlegend geändert wird, da diese sehr kompliziert war. Um die Erschließung des Landes zu beschleunigen, soll eine neue zentrale Verwaltungsorganisation im Verein mit einer erweiterten Gemeindeverwaltung errichtet werden. Dabei soll die gegenwärtige Aufteilung in relativ kleine Präfekturen mit unzureichender Selbstverwaltung zur Diskussion gestellt werden. Neue Eisenbahnlinien sollen möglichst schnell aufgebaut werden, damit alle Städte Japans noch bessere Verbindungen erhalten. Schließlich soll ein zentrales Institut für die umfassende Erschließung des Landes errichtet werden.

2. Befreiung der Menschen von Wohnungsnot, von den Unzuträglichkeiten des Verkehrs und von der Umweltverschmutzung.

Bei der Entwicklung der japanischen Städte soll darauf geachtet werden, daß Arbeitsplatz und Wohnung benachbart liegen. Der Aufbau von Vorstädten und ihrer Umgebung soll systematischer erfolgen (sog. »New Cities«). Dabei ist die Teilnahme privater Initiative unbedingt erforderlich. Um einen reibungslosen Verkehr zwischen den Städten und den Wohngebieten zu gewährleisten, sollen noch mehr neue Untergrundbahnen gebaut werden.

3. Aufbau denzentralisierter Verwaltungsblöcke für größere Gebiete, d. h. Verstärkung einer dezentralisierten Verwaltung; Dezentralisierung der Stützpunkte für die Erschließung der lokalen Wirtschaft und der Infrastruktur.

Finanzmittel sind einzusetzen, um die dezentralisierten Erschließungsstützpunkte mit dem Hinterland und den Landgemeinden zu verbinden. Dies setzt den Aufbau neuer Autostraßen und Basisindustrien für Verbraucher voraus. Zur Erhöhung des Einkommens in den neuen Entwicklungsgebieten ist die Verlagerung sekundärer und tertiärer Wirtschaftszweige in diese Stützpunkte erforderlich. Die bisherige Agrarverfassung ist gründlich zu reformieren. Insbesondere auf die Förderung gewinnbringender landwirtschaftlicher Tätigkeit wird Gewicht gelegt. Eine steigende Produktion von Viehzucht und Obstbau muß sich dem jeweiligen Bedarf anpassen.

4. Bei der Bodenplanung soll der allgemeine Nutzen in den Vordergrund gestellt werden.

Hierzu gehören u. a. eine optimale Anordnung der Städte, eine optimale Verteilung industrieller Standorte, die Sicherung der besten Ackerböden sowie ein planvoller und vielseitiger Naturschutz. Besonders ist wichtig, die bisherige unsystematische Grund- und Bodenerschließung abzubauen. Um neue gemeinnützige Grundstücke zu erhalten, ist möglichst bald eine Bodenordnung für die Stadtplanung zu schaffen. Dafür ist die Errichtung eines Fachausschusses für Boden- und Grundstücksfragen erforderlich. Dieser Ausschuß soll befugt sein, nicht nur eine wirksame und angemessene Bodennutzung zu fördern, sondern auch aus eigener Initiative über Enteignungen zu befinden und einheitliche Grundstückspreise zu bestimmen.

5. Um die für die Umwandlung Japans erforderlichen Finanzmittel aufzubringen, ist das gesamte Volksvermögen zu mobilisieren.

Dazu müssen bald Regierungsanleihen mit Festverzinsung geschaffen werden, welche die erforderlichen Investitionen ohne Inflationsgefahr ermöglichen. In diesem Zusammenhang sind folgende Finanzinstitute neu zu gründen: Eine Bank für Stadtplanung, eine Bank für die lokale Erschließung und eine Industriebank. Die Beschaffung langfristiger Mittel zu niedrigem Zins stellt dabei ein besonderes Erfordernis dar.

3. Reform des staatlichen Finanzwesens

In der japanischen Finanzwirtschaft ist seit der Meiji-Restauration das Steuerwesen vernachlässigt worden und hat im Staatshaushalt nur eine ergänzende Rolle gespielt. Eine solche sekundäre Rolle des Steuerwesens ist heute fast nur noch in Entwicklungsländern zu finden. Hier ist in Japan ein Umdenken und eine Umgestaltung erforderlich.

Um den starken Zug zur Großstadt abzuschwächen und eine lokale Erschließung zu fördern, sind steuerliche Mittel einzusetzen. Ersparnisse und Gewinne sollten größtenteils zur Umwandlung des Landes eingesetzt werden. Für den Bau einer neuen Siedlung sollte die Besteuerung ermäßigt werden.

Einwohner und gewerbliche Betriebe in Neuansiedlungsgebieten sollten in den Genuß besonderer Vorteile kommen. So sollten beispielsweise Stromgebühren je nach Besiedlungsdichte differenziert werden. Auch die Gebühren für den industriellen Wasserverbrauch sollten entsprechend unterschiedlich sein. Die Einwohnersteuer in dünnbesiedelten Gebieten sollte im Vergleich zu der in dichtbesiedelten Gebieten niedriger sein. Unternehmen, die in dünnbesiedelte Regionen verlagert werden, sollten Steuererleichterungen für 20 Jahre erhalten. Die hierdurch verringerten Steuereinnahmen der Gemeinden sind durch staatliche Subventionen auszugleichen.

Alle Geldmittel, die von Lebens- und Schadensversicherungen, von Treuhandgeschäften und von Agrargenossenschaften aufgebracht werden können, sollten als unmittelbare Finanzmittel für die Umwandlung des Landes eingesetzt werden.

Wir müssen uns von dem Gedanken freimachen, daß die öffentliche Anleihepolitik nur zum Ausgleich des Haushalts eines Jahres dienen sollte. Wir müssen vielmehr im Rahmen einer langfristigen Finanzplanung eine neue Anleihepolitik verfolgen.

4. Förderung der Zusammenlegung bzw. Eingemeindung kleinerer Städte und Dörfer

Alle Landesteile Japans sollen in Zukunft innerhalb eines Tages mit Bahn und Bus erreichbar sein. Für die Verkürzung der Reisezeiten ist zunächst eine Erweiterung der bisherigen Gemeindeverwaltungsgrenzen nötig. Zwar sind bereits einmal Gemeinden zusammengelegt worden; aber diese Eingemeindungen sind weiter bis zu einer optimalen Gemeindegröße fortzuführen. Damit könnte auch die selbständige Verwaltungs- und Finanzbasis der Gemeinden verstärkt werden. Die verstärkte Selbständigkeit der erweiterten Gemeindeverwaltungen könnte allerdings eine Isolation zwischen den Gemeinden zur Folge haben. Um dieser Isolation zu begegnen, ist eine rationelle Koordination durch die Zentrale notwendig. Der Staat setzt die obersten Ziele, auf Grund derer die einzelnen in hohem Grade verselbständigten Gemeindeverwaltungen ihre Politik bestimmen.

5. *Strukturverbesserung der japanischen Agrarwirtschaft*

Im Jahre 1960 gab es insgesamt 13,56 Mio. Beschäftigte in der Landwirtschaft. Diese Zahl entsprach etwa 31 Prozent der gesamten arbeitenden Bevölkerung Japans. Im Jahre 1971, also 11 Jahre später, ist diese Quote auf 15,9 Prozent (7,68 Mio.) gesunken. Zu beachten ist, daß davon ca. 66 Prozent alte Leute und Frauen oder arbeitsunfähige Menschen sind. Um die Versorgung mit landwirtschaftlichen Produkten in Anpassung an die jeweilige Nachfrage auch weiterhin zu sichern, sollte die japanische Landwirtschaft möglichst schnell in größtem Umfange mechanisiert werden. Mit fortschreitender Mechanisierung einerseits und mit der Abnahme von Arbeitskräften in der Landwirtschaft andererseits werden sich in zunehmendem Maße neue Betriebsformen wie Kooperative oder Akkordverträge herausbilden.

ANMERKUNGEN

Einleitung: Warum ich dieses Buch schreibe 9–14

1 Tuge Hideomi, »Historical Development of Science and Technology in Japan«, Kokusai Bunka Shinkokai, Tokyo 1968, Seite 110.

2 Dr. Adolf Freitag, »Japan und die Japaner«, Deutsche Gesellschaft für Natur- und Völkerkunde Ostasiens, Verlag Otto Harrassowitz, Leipzig, 1942.

3 Ralph-Rainer Wuthenow, »Die Entdeckung Japans durch Philipp Franz von Siebold«, in »Gedenkschrift für Engelbert Kaempfer und Philipp Franz von Siebold«, Deutsche Gesellschaft für Natur- und Völkerkunde Ostasiens, Tokyo 1966, Seite 76.

I Einzigartigkeit und Sendungsglaube 15–29

1 Marius P. Jansen, »Tokugawa and Modern Japan« in »Japan Quarterly« January-March 1965. Der Historiker Prof. Jansen ist Direktor des Studienprogramms für Ostasien an der Princeton-University, USA.

2 Zitiert und übersetzt nach »Sources of Japanese Tradition«, Columbia University Press New York and London 1958.

3 »Sources of Japanese Tradition«, siehe oben.

4 »Sources of Japanese Tradition«, siehe oben.

5 Donald Keene, »Landscapes and Portraits«, Kodansha International Ltd., Tokyo and Palo Alto 1971, Seite 259 ff.

6 Takeuchi, Minoru, »The Background to Chinese Studies in Japan« in »Japan Quarterly«, July–September 1971.

7 Okakura-Kakuzo, »Das Buch vom Tee«.

8 Joseph Roggendorf SJ, »Niedergang und Wiederaufstieg: Die Geschichte der letzten fünfzig Jahre« in »Das Moderne Japan«, Sophia-Universität Tokyo 1963.

II Die »menschliche Verknüpfung« und die Große Eintracht . 30–41

1 »The Japanese Culture«, ein Artikel von Prof. Mineo Hashimoto in der »Japan Times« vom 18. November 1972.

2 Shusaku Endo, »Silence« (aus dem Japanischen übersetzt), Verlag Charles E. Tuttle Co., Rutland, Vermont, and Tokyo 1969.

3 Hajime Nakamura, »The Ways of Thinkung of Eastern Peoples«, Japanese National Commission for Unesco 1960 (aus dem Japanischen übersetzt), Seite 471.

4 P. Emil Naberfeld SVD, »Grundriß der Japanischen Geschichte«, Deutsche Gesellschaft für Natur- und Völkerkunde Ostasiens, Verlag Otto Harrassowitz, Tokyo 1940.

5 Dr. Wilhelm Gundert, »Japanische Religionsgeschichte«, D. Gundert Verlag Stuttgart 1935, Seite 106 ff.

6 Hajime Nakamura, siehe oben. Prof. Nakamura ist Professor an der berühmten Tokyo-Universität, Tokyo.

7 John Whitney Hall, »Das Japanische Kaiserreich«, Fischer-Bücherei GmbH, Frankfurt am Main, 1968.
8 Hajime Nakamura, siehe oben, Seite 319.
9 Daß es sich in Japan nicht um Familien im eigentlichen Sinne handelt, sondern um »Häuser« oder Haushalte, sei hier beiseite gelassen. Die Einheit bestand nämlich aus allen in einem Hause wohnenden Menschen, also auch den Dienstboten. Diese waren dem Familienoberhaupt ebenso unterstellt wie die eigentlichen Familienangehörigen. Siehe dazu die Abhandlung von Cornelius Ouwehand »Aspekte der Japanischen Familie« in »Ostasien Tradition und Umbruch«, Sozialwissenschaftliche Studie, herausgegeben vom Schweizerischen Institut für Auslandsforschung, Eugen Rentsch Verlag, Erlenbach-Zürich und Stuttgart, 1971.

III Der Nipponismus ist urjapanisch 42–54

1 Richard Halloran, »Japan, Images and Realities«, Charles E. Tuttle Co., Tokyo 1970, Seite 123.
2 Teisuke Akamatsu, »Legal Practices« in »Doing Business in Japan«, Robert J. Ballon, Editor, published by Sophia University, Tokyo, in Cooperation with Charles E. Tuttle Company, Rutland, Vermont & Tokyo, Japan, 1970.
3 Von dem 1971 in japanischer Sprache veröffentlichten Buch erschien 1972 eine englische Übersetzung bei John Weatherhill, Inc., New York.
4 Hajime Nakamura, siehe oben.
5 Komao Murakami, »Das Japanische Erziehungswesen«, Tokyo 1934.
6 Komakichi Nohara, »Das wahre Gesicht Japans«, Zwinger Verlag, Dresden 1935.
7 Hajime Nakamura, siehe oben, Seite 593.
8 Max Weber, »Aufsätze zur Religionssoziologie«.
9 D. J. Enright, »The World of Dew«, Secker & Warburg, London 1955, Seite 156.
10 Dr. jur. Dr. phil. Wilhelm Röhl, »Die Japanische Verfassung«. – Die Staatsverfassungen der Welt in Einzelausgaben, Alfred Metzner Verlag, Frankfurt am Main, Berlin, 1963, Seite 90/91.

IV Die neue Familie und die Frauenemanzipation 55–70

1 D. J. Enright, siehe oben, Seite 160.
2 »Japan Times«, 28. Oktober 1971.
3 Donald Keene, »Landscapes and Portraits«, Kodansha International Ltd., Tokyo and Palo Alto, 1971, Seite 33.
4 Nyozekan Hasegawa, »The Japanese Character« (aus dem Japanischen übersetzt), Kodansha International Ltd., Tokyo, Palo Alto, California, USA, 1966, Seite 77/78.
5 Donald Keene, siehe oben, Seite 29.
6 Basil Hall Chamberlain, »Things Japanese«, London: Kegan Paul, Trench, Trübner & Co., Ltd, Tokyo: The Hakubunsha, Ginza 1890, Seite 367 ff.
7 F. von Richthofen, »Das Meer und die Kunde vom Meer«, Berlin 1904.

8 Albrecht Magnus, »Zum Selbstverständnis des Japaners in der Gegenwart«, Mitteilungen des Instituts für Asienkunde, Hamburg 1965.
9 Vergleiche u. a. Reiko W. Sekiguchi, »Frauenstudium in Deutschland und Japan«, Mitteilungen des Instituts für Asienkunde, Hamburg 1970.
10 »Japan Times«, 13. Oktober 1972.

V Die Jugend: konfus, aber zukunftsgläubig 71–93

1 Einige davon sind in deutscher Sprache veröffentlicht in den Büchern von Wilfried Scharnagl, »Japan, die konzertierte Aggression«, Franz Ehrenwirth Verlag KG, München 1969, und Horst Eliseit, »Japan, eine Herausforderung«, Safari-Verlag, Berlin 1969.
2 Vgl. L. Abegg, »Ostasien denkt anders«, Atlantis-Verlag Zürich, 1949, Neuauflage Verlag Kurt Desch, München 1970.
3 Vortrag von Prof. Cornelius Ouwehand, »Zur Spiegelung der Kultur in der japanischen Sprache«, im Rahmen der Gesellschaft für Deutsche Sprache und Literatur, Zürich, am 14. Januar 1970. – Zitiert wurde hier nach der Besprechung in der Neuen Zürcher Zeitung vom 5. Februar 1970.
4 »Japan Quarterly«, January/March 1965, Seite 46.
5 Yanagida, Kunio, »Das Leben der Lehrenden an der Naturwissenschaftlichen Fakultät der Tokyo-Universität« (aus dem Japanischen übersetzt), in »Kagami« (Japanischer Zeitschriftenspiegel), III. Heft, 1967. Diese Zeitschrift, die von der Deutschen Gesellschaft für Natur- und Völkerkunde Ostasiens, Tokyo, und dem Institut für Asienkunde, Hamburg, herausgegeben wurde, erscheint leider nicht mehr.
6 Basil Hall Chamberlain, siehe oben.
7 Frankfurter Allgemeine Zeitung vom 14. Februar 1972. Artikel »Deutsch – das Latein des Fernen Ostens«, von Sabine Gerbaulet.
8 Reiko W. Sekiguchi, »Frauenstudium in Deutschland und Japan«, Mitteilungen des Instituts für Asienkunde, Hamburg, 1970.
9 Nach neueren offiziellen Angaben sollen sogar 26,8 Prozent der japanischen Mittelschüler an Hochschulen studieren. »Japan Times« vom 7. Januar 1973.
10 Reiko W. Sekiguchi, siehe oben.

VI Der durchlöcherte Paternalismus in der Wirtschaft 94–104

1 »Doing Business in Japan«, Robert J. Ballon, Editor, published by Sophia University, Tokyo, Charles E. Tuttle Company, Rutland, Vermont & Tokyo, Japan.
2 Håkan Hedberg, »Die japanische Herausforderung«, Hoffmann und Campe, Hamburg 1970, Seite 195.
3 M. Y. Yoshino, »Japan's Managerial System«, The Massachusetts Institute of Technology, Cambridge, Massachusetts and London, England 1968, Seite 254.
4 M. Y. Yoshino, siehe oben – Seite 259.
5 »Industriegesellschaften im Wandel, Japan und die BRD«, herausgegeben von Karl Hax und Willy Kraus, Bertelsmann Universitätsverlag, 1970. –

Artikel von Takafusa Nakamura, »Wirtschaftliches Wachstum und Nivellierung der Einkommensverteilung«. – Seite 68.

6 »Industriegesellschaften im Wandel, Japan und die BRD«, siehe oben Artikel von Yoshihiko Seki, »Industrialisierung und Arbeiterbewegung in Japan« – Seite 116.

7 Artikel von Gebhard Hielscher, »Die Gewerkschaften im sozialen System Japans« in »Die Wirtschaft Japans«, herausgegeben von Hans-Bernd Giesler, Econ Verlag, Düsseldorf, Wien, 1971 – Seite 174.

8 Håkan Hedberg, siehe oben – Seite 123 ff.

9 Graf Hermann Keyserling, »Das Reisetagebuch eines Philosophen«, Band II, Otto Reichl Verlag, Darmstadt, 1921 – Seite 623.

VII Die Macht der Bürokratie und die Demokratisierung . . 105–134

1 Masuji Ibuse, »Tagebuch eines Dorfpolizisten« (aus dem Japanischen von Oscar Benl) in »Eine Glocke in Fukagawa und andere japanische Erzählungen«, Horst Erdmann Verlag, 1969.

2 Der japanische Reichstag besteht aus einem Unterhaus und einem Oberhaus, wobei dem Unterhaus die entscheidende Bedeutung zukommt. Dieses wird in den Fremdsprachen meist als »Parlament« bezeichnet. Manchmal ist aber auch, wenn vom japanischen »Reichstag« die Rede ist, nur das Unterhaus damit gemeint.

3 Hajime Nakamura, »The Ways of Thinking of Eastern Peoples«, Japanese National Commission for Unesco (übersetzt aus dem Japanischen), 1960 – Seite 506.

4 Elisabeth Gössmann, »Religiöse Herkunft – Profane Zukunft?«, Max Hueber Verlag, München 1965 – Seite 51.

5 »Japan-Times«, 21. November 1972.

6 Kuwata Koichiro, »Lessons of the General Local Elections« in »Japan Quarterly«, July–September 1971.

7 Karl Zahl in »Internationales Asienforum« (Weltforum Verlag München), Oktober 1972 – Seite 535.

VIII Japanisches Denken und westliche Logik 135–148

1 Dieser Artikel erschien in »Menschliche Existenz und Moderne Welt«, herausgegeben und mitverfaßt von Richard Schwarz, Teil II, Verlag Walter de Gruyter & Co., Berlin 1967. Dr. Ezawa ist Dozent an der Universität Köln.

2 Artikel von Dr. Ezawa, siehe oben Seite 338.

3 L. Abegg, »Ostasien denkt anders«, siehe oben.

4 Vgl. etwa Kitaro Nishida, »Intelligibility and the Philosophy of Nothingness«, translated and introduced by Robert Schinzinger, Maruzen Co. Ltd., Tokyo 1968. Robert Schinzinger, »Der Grund und das Nichts«, in »Asien – Tradition und Fortschritt«, Festschrift für Horst Hammitzsch zu seinem 60. Geburtstag, Verlag Otto Harrassowitz, Wiesbaden 1971. Robert Schinzinger, »Japanische Philosophie«, Deutsche Gesellschaft für Natur- und Völkerkunde Ostasiens, Tokyo 1942, Kommissionsverlag von Otto Harrassowitz, Leipzig (heute Wiesbaden).

5 Robert Schinzinger in »Asien – Tradition und Fortschritt«, Seite 522.
6 Die Schrift »Kokutai No Hongi« wurden erst nach dem Zweiten Weltkrieg ins Englische übersetzt. Wir stützen uns hier auf Auszüge, die in »Sources of Japanese Tradition«, Colombia University Press, New York 1968, erschienen sind. Das Wort »Kokutai« ist schwer zu übersetzen. Im Deutschen wird es auch mit »Staatskörper«, im Englischen mit »polity«, »entity«, »structure« und andern Ausdrücken wiedergegeben.
7 Robert J. Lifton, »Youth and History«, in »Asian Cultural Studies«, Internation Christian University, Tokyo October 1962.
8 Hajime Nakamura, siehe oben.
9 Tuge Hideomi, »Historical Development of Science and Technology in Japan«, Kokusai Bunka Shinkokai, Tokyo 1968.
10 Zitiert nach Hajime Nakamura, siehe oben – Seite 514.
11 Dietrich Krusche, »Japan – konkrete Fremde«, in »Internationales Asien-Forum« (Weltforum Verlag München), April 1972. – Inzwischen ist im Meta Verlag, München 1973, ein Buch von Dietrich Krusche mit dem gleichen Titel erschienen. Dieses Buch, das mittlerweile mit dem Untertitel »Eine Kritik der Modalitäten europäischer Erfahrung von Fremde« vorliegt, konnte ich jedoch nicht mehr zu Rate ziehen.
12 Diese Behauptung stimmt weitgehend, aber nicht ganz. Man denke etwa an das Buch »Kappa« des berühmten japanischen Schriftstellers Ryunosuke Akutagawa (aus dem Japanischen übersetzt), The Hokuseido Press, Tokyo 1949. In diesem Buche läßt der Autor Millionen von Büchern fabrizieren, indem Unrat und getrocknete Eselsgehirne in Maschinen geworfen werden. Akutagawa läßt die fertigen Bücher innerhalb fünf Minuten aus dem Ausstoß der Maschinenanlage herauskommen. Diese Vorstellung ist einer Dämonisierung der Technik wohl sehr nahe.
13 Erzählt von Carl J. Burckhardt, »Gespräch in Peking«, Olten 1942.
14 M. Y. Yoshino, »Japan's Managerial System«, The Massachusetts Institute of Technology, Cambridge, Massachusetts, and London, England, 1968 – Seite 88.

IX Naturliebe und Großstadtleben 149–176

1 Der schon früher zitierte Pater Joseph Roggendorf SJ ist Professor an der Sophia-Universität zu Tokyo.
2 Hans Schwalbe, »Über japanisches Naturgefühl«, Deutsche Gesellschaft für Natur- und Völkerkunde Ostasiens, Tokyo 1943. Otto Harrassowitz, Leipzig (heute Wiesbaden).
3 Nyozekan Hasegawa, »The Japanese Character« (aus dem Japanischen übersetzt), Kodonsha International Ltd., Tokyo und Palo Alto, California 1965 – Seite 126.
4 Erzählt nach Hans Schwalbe, siehe oben – Seite 42.
5 »Die Geburt des modernen Japan in Augenzeugenberichten«, herausgegeben und eingeleitet von Gertrude C. Schwebell, Karl Rauch Verlag, Düsseldorf 1970 – Seite 301/2.
6 Nyozekan Hasegawa, siehe oben – Seite 127.
7 Håkan Hedberg, siehe oben – Seite 46 ff.

8 »Japan-Times« vom 8. Sepetmber 1972.
9 Bertrand de Jouvenel, »Jenseits der Leistungsgesellschaft«, Verlag Rombach, Freiburg, 1970.
10 Nyozekan Hasegawa, siehe oben Seite 27.
11 In diesem Zusammenhang sei auf den Artikel von Udo Ernst Simonis, »Infrastrukturausgaben in Japan – Zum Problem des sozialen Gleichgewichts in der modernen Industriegesellschaft«, in der Zeitschrift »Internationales Asien-Forum«, Ausgabe vom Juli 1972, hingewiesen. Es handelt sich um eine Studie über den bisherigen Mangel an öffentlichen Infrastrukturausgaben in Japan.
12 »Asahi Evening News«, Tokyo, vom 14. Januar 1971.
13 »Oriental Economist«, Tokyo, Augabe vom Oktober 1972, Seite 45.

X Begabung für die »Massengesellschaft« 177–204

1 Prof. Kazue Watanabe, »Sind die japanischen menschlichen Beziehungen unfruchtbar?« (aus dem Japanischen übersetzt), in »Kagami« (Japanischer Zeitschriftenspiegel), 1. Heft 1968. Deutsche Gesellschaft für Natur- und Völkerkunde Ostasiens, Tokyo, Institut für Asienkunde, Hamburg.
2 Hajime Nakamura, siehe oben Seite 551.
3 Elisabeth Gössmann, »Religiöse Herkunft – Profane Zukunft?«, Max Hueber Verlag, München, 1965 – Seite 19.
4 Edwin O. Reischauer, »Modernisation in Nineteenth Century China and Japan« in »Japan Quarterly« July/September 1963.
5 Thomas Ross in der »Frankfurter Allgemeinen Zeitung« vom 16. April 1971.
6 Bertrand de Jouvenel, siehe oben – Seite 209.
7 Siehe etwa Robert Schinzinger, »Wesen und Maske – Beitrag zum Problem der japanischen Persönlichkeit«, in »Jubiläumsband 1873–1963« der Deutschen Gesellschaft für Natur- und Völkerkunde Ostasiens, Teil 1, Tokyo 1963.
8 Robert Schinzinger, »Wesen und Maske«, siehe oben – Seite 4.
9 C. G. Jung, »Die Beziehungen zwischen dem Ich und dem Unbewußten«, Rascher Verlag, Zürich 1945, Seite 91/2.
10 Hans Schwalbe, »Acht Gesichter Japans«, Deutsche Gesellschaft für Natur- und Völkerkunde Ostasiens, Tokyo 1970 – Seite 52.
11 James Clark Moloney, M.D., »Unterstanding the Japanese Mind«, Charles E. Tuttle Company, Rutland, Vermont und Tokyo 1954.
12 Neue Zürcher Zeitung vom 30. September 1966.

XI Nipponismus und Internationalismus 205–248

1 Vgl. hierzu etwa im »Kleinen Wörterbuch der Japanologie«, herausgegeben von Bruno Lewin (Harrassowitz-Verlag, Wiesbaden 1968), das Stichwort »Sprache«.
2 Zitiert nach Thomas Ross, Frankfurter Allgemeine Zeitung vom 9. Mai 1970.
3 »Far Eastern Economic Review«, Hongkong, 2. April 1973. – »The Oriental Economist«, Tokyo, April 1973. – Der »Industrial Planning Council« ist im Januar 1972 von 31 Persönlichkeiten aus dem Wirtschaftsleben gegründet worden.

4 Zufolge der japanischen Wochenschrift Shukan Gendai vom 12. Februar 1973.
5 Vgl. etwa Prof. Kiyoshi Tsuchiya über die japanische Entwicklungshilfe in »Industriegesellschaften im Wandel«, herausgegeben von Karl Hax und Willy Kraus, Düsseldorf 1970. – Christian Uhlig über das gleiche Thema in der Zeitschrift »Internationales Asienforum« vom Juli 1970, Weltforum-Verlag, München, und die kritischen Ausführungen von Håkan Hedberg in seinem Buche »Die japanische Herausforderung«, Hamburg 1970.
6 Diese Angaben sind dem Buche von Tuge Hideomi, »Historical Development of Science and Technology in Japan«, Kokusai Bunka Shinkokai, Tokyo 1968, entnommen.
7 Artikel von Prof. Kiyoshi Tsuchiya, siehe oben.
8 »Far Eastern Economic Review«, Hongkong, 9. April 1973.
9 »Kagami«, Japanischer Zeitschriftenspiegel, 1967, Heft 1, herausgegeben von der Deutschen Gesellschaft für Natur- und Völkerkunde Ostasiens, Tokyo, und dem Institut für Asienkunde, Hamburg. Alle Beiträge im »Kagami« sind aus dem Japanischen übersetzt.
10 Siehe u. a. den Artikel von Takeuchi Minori, »The Background of Chinese Studies in Japan«, in »Japan Quarterly«, July–Sept. 1971, Tokyo.
11 Vgl. hierzu die neue Schrift von Joachim Glaubitz, »Die Außen- und Sicherheitspolitik Japans«, herausgegeben von der »Stiftung Wissenschaft und Politik«, Eggenberg, Januar 1973. Postanschrift 8026 Ebenhausen, Isar.
12 »Far Eastern Economic Review«, Hongkong, 21. Oktober 1972.
13 Weiteres hierüber bei Joachim Glaubitz, Seite 89 ff., siehe oben.

Register